V&R

Jürgen Gückel

HEIMKEHR EINES AUSCHWITZ-KOMMANDANTEN

Wie Fritz Hartjenstein drei Todesurteile überlebte

Mit einem Vorwort von Susanne Willems

Vandenhoeck & Ruprecht

Autor und Verlag haben sich nach bestem Wissen und Gewissen bemüht, die Rechteinhaber der vorliegenden Abbildungen zu recherchieren, was nicht in allen Fällen möglich war. Sollten berechtige Ansprüche bestehen, bitten wir um Kontaktaufnahme mit dem Autor bzw. dem Verlag.

Bibliografische Information der Deutschen Nationalbibliothek:
Die Deutsche Nationalbibliothek verzeichnet diese Publikation in der Deutschen Nationalbibliografie; detaillierte bibliografische Daten sind im Internet über https://dnb.de abrufbar.

Umschlagabbildung: Fritz und Gustel Hartjenstein mit Söhnen im Mai 1944 im Garten ihres Hauses Nummer 177 in der SS-Siedlung Auschwitz.
Quelle: Privat.

Korrektorat/Lektorat: Volker Manz, Kenzingen
Satz: SchwabScantechnik, Göttingen
Umschlaggestaltung: Guido Klütsch, Köln
Druck und Bindung: ⊕ Hubert & Co. BuchPartner, Göttingen
Printed in the EU

Vandenhoeck & Ruprecht Verlage | www.vandenhoeck-ruprecht-verlage.com

ISBN 978-3-525-31137-0

Inhalt

»Die größte Gefahr für uns alle geht vom Vergessen aus.«

Frank-Walter Steinmeier, Bundespräsident

Vorwort

Eine Familiengeschichte der Hartjensteins, eine Stadtgeschichte von Peine, eine Geschichte der SS-Wachmannschaften, eine der SS-Totenkopf-Division, eine der Konzentrationslager Auschwitz und Natzweiler, deren Kommandant Fritz Hartjenstein war? Eine Geschichte der Nachkriegsjustiz? Mehr als das: Jürgen Gückel legt mit seiner Reportage Wahrheiten über die bundesdeutsche Nachkriegsgesellschaft frei, in der die Naziverbrechen so intensiv beschwiegen wurden, daß im privaten und im öffentlichen Leben Selbstgerechtigkeit Platz greifen konnte. Jede einzelne der Geschichten ist Erinnerungsarbeit, die die Verblendungen in familiären und politischen Erzählungen durchdringt, die tatsächlichen Verhältnisse aufspürt und nach Gerechtigkeit sucht.

Fritz Hartjenstein war einer von sechs Kommandanten, die im Konzentrations- und Vernichtungslager Auschwitz-Birkenau zwischen Mai 1940 und Januar 1945 eingesetzt waren. Vier von ihnen wurden bis 1947 nach Urteilen von britischen, französischen und polnischen Gerichten hingerichtet. Wegen der in Auschwitz begangenen Verbrechen hatten sich nur die beiden Kommandanten in Warschau dem Obersten Volksgerichtshof Polens stellen müssen. Der letzte Kommandant, der bis 1960 in der Bundesrepublik unter falschem Namen gelebt hatte, starb noch bevor er in dem vom hessischen Generalstaatsanwalt Fritz Bauer angestrengten Frankfurter Auschwitz-Prozeß angeklagt werden konnte.

Als Fritz Hartjenstein im September 1942 als Führer der SS-Wachmannschaften nach Auschwitz versetzt wurde, hatte er eine militärische Laufbahn hinter sich, die ihm eine zivile Ausbildung und Erwerbstätigkeit entbehrlich erscheinen ließ: Nach zwölf Jahren als Berufssoldat in der Reichswehr wechselte er 1939 von der Wehrmacht zur Waffen-SS und führte die Wachmannschaft eines Außenlagers des KZ Sachsenhausen im westfälischen Niederhagen, dessen Gefangene den Ort und die Wewelsburg bei Paderborn zur SS-Ordensburg ausbauen sollten. Ende 1939 wurde Hartjenstein zum Kriegsdienst in den SS-Totenkopf-

Verbänden mobilisiert. Deren Einsatzgebiet führte nach dem Überfall auf Polen im September 1939 bis nach Bialystok. Nach dem Überfall auf die Niederlande, Belgien und Luxemburg im Mai 1940 war die SS-Totenkopf-Division am Krieg gegen Frankreich beteiligt, in einem Operationsgebiet, das entlang der Atlantikküste bis zur spanischen Grenze reichte. Im Krieg gegen die Sowjetunion ab Juni 1941 war sie der Heeresgruppe Nord zugeordnet, deren 18. Armee Leningrad belagerte. Mit Truppen der 16. Armee saß die Division am südlicher gelegenen Ilmensee seit dem Winter 1941/42 im Gebiet von Demjansk fest. Hartjenstein wurde vom Kriegsdienst zurückversetzt zur Inspektion der Konzentrationslager. Diese war Mitte März 1942 in das SS-Wirtschafts- und Verwaltungshauptamt integriert worden, das fortan die Konzentrationslager vollständig in den Dienst der deutschen Kriegswirtschaft stellen sollte.

Nach Auschwitz wurden ab März 1942 zu tausenden Juden aus der Slowakei und aus Frankreich deportiert, ab Juli auch aus den Niederlanden und ab August aus Belgien. Von den Deportierten sollten die Männer an die Baustelle des Chemiewerks in Monowitz übernommen werden, 10.000 KZ-Arbeiter hatte die SS bereits ein Jahr zuvor der IG Farben zugesagt. Frauen setzte die SS in den landwirtschaftlichen Betrieben in der Umgebung des Lagers ein. Als das ab März 1942 mit einem ersten Transport aus dem KZ Ravensbrück und dann mit politischen Gefangenen aus polnischen Gefängnissen und jüdischen Deportierten belegte Frauenlager innerhalb des Stammlagers Auschwitz im August nach Birkenau verlegt wurde, war von den 16.500 eingelieferten Frauen fast jede Zweite ums Leben gebracht. Ab Ende April, als erstmals ein mit ganzen Familien aufgefüllter Deportationszug aus der Slowakei eintraf, selektierte die SS bei der Ankunft die für den Arbeitseinsatz untauglichen Kinder, Alte und Gebrechliche zur sofortigen Vernichtung. Wie zehntausende polnische Juden, die aus den Ghettos und Zwangsarbeitslagern mit Todestransporten in Auschwitz eintrafen, wurden sie in den Gaskammern des Lagers ermordet.

Das zweite Auschwitzer Lager, Birkenau, hatte die SS im Jahr 1941 als Kriegsgefangenenlager geplant. Die fast 10.000 im Herbst 1941 eingelieferten sowjetischen Kriegsgefangenen brachte die SS innerhalb des Stammlagers unter, 8.000 erlagen vor Jahresende den Massakern der SS oder verreckten unter den menschenunwürdigen Bedingungen im Lager. Sie wurden, wie nach ihnen die ab Mai 1942 in zwei zu Gaskammern umfunktionierten einstigen Bauernhäusern ermordeten Juden, jenseits des Birkenauer Lagers in Massengräbern verscharrt. Für den Bau von Kriegsgefangenenlagern konnte die SS ab 1942 keine neuen Zuweisungen von kontingentierten Baumaterialien, nicht mal mehr von Holzbaracken, erhalten. Solche Investitionen galten nicht mehr als kriegswichtig. Nachdem die IG Farben im Handel gegen 10.000 Sklavenarbeiter für den Ausbau des Stammlagers Baumaterial und eigene Kontingente abgezweigt hatte und dessen Erweiterung als besonders dringlich für die chemische Erzeugung gefördert wurde, diente die SS den Ausbau des Birkenauer Lagers dem Rüstungsministerium an. Mitte September 1942 kam dieser Handel zum Abschluß: gegen 50.000 kurzfristig erwartete Sklavenarbeiter aus den Reihen der deportierten Juden sagte Rüstungsminister Speer die Kontingentierung von Baumaterial in genau dem Umfang zu, den die SS für den Bau einer Kommandantur und Kasernen in Birkenau, des dortigen dritten Lagerabschnitts, eines riesigen Effektenlagers, einer Sauna genannten Anlage für die Entlausung von Gefangenen und die Desinfektion von Kleidung – und vier Krematorien mit angeschlossenen Gaskammern. Die SS nannte dieses Bauprogramm für Auschwitz-Birkenau Sonderprogramm Reichsminister Prof. Speer.

Als Hartjenstein seinen Dienst im September 1942 in Auschwitz antrat, begannen in den nach und nach exhumierten Massengräbern in Birkenau die Verbrennungen der Ermordeten des Vorjahrs. Auf Scheiterhaufen ließ die SS bis zur Fertigstellung der neuen Krematorien ab März 1943 nach eigenen Angaben mehr als 100.000 Ermordete unter freiem Himmel in offenen Feuern verbrennen. Flecktyphus hatte sich 1942 in den Auschwitzer Lagern epidemisch ausgebreitet und zu kompletten Lagersperren geführt. Deshalb errichteten die IG-Farben auf ihrem Baugelände das dritte Auschwitzer Lager, Monowitz, das ab Oktober 1942 belegt wurde. Bis Ende August 1942 waren mehr als 100.000 Juden nach Auschwitz deportiert worden. Als Gefangene im Lager zählte die SS am 1. September 22.335 Männer, und etwa 10.700 Frauen befanden sich im Birkenauer Lager. Bis Jahresende verdoppelte das Reichssicherheitshauptamt die Zahl der deportierten Juden noch auf fast 200.000. Als Gefangene ins Lager aufgenommen wurden 60.000 Juden und 26.000 politische Gefangene, zumeist Polen.

Die Zahl der in den Außenlagern der Industrie eingesetzten Sklavenarbeiter stieg erst im November 1943 auf mehr als 12.500, von denen die IG Farben 6.000 beanspruchte. Die meisten Gefangenen waren zur Bedienung des Lagers und zu dessen weiterem Ausbau eingesetzt. Und die größere Zahl der registrierten Gefangenen erlag dem Terror der SS, der Mangelernährung, der Obdachlosigkeit und den Krankheiten noch bevor sie zur Arbeit hätten eingesetzt werden können. An diesen Verhältnissen änderte sich auch nichts mehr: die absolute Zahl der täglich zur Sklavenarbeit in den Außenlagern der Industrie eingesetzten Gefangenen erhöhte die SS nur durch immer mehr Massendeportationen nach Auschwitz. Die sofortige Vernichtung der nicht arbeitsfähigen Deportierten war Voraussetzung dieses minimalen Erfolgs, der der Industrie ab September 1944 mehr als 30.000, allein der IG Farben 11.500 Sklavenarbeiter bescherte. Dafür erhöhte die SS die Zahl der im Lager bereit gehaltenen Gefangenen: ab November 1943 waren es fast 90.000 Menschen, die dort ihr Leben hinter Stacheldraht fristeten.

Mit dem ersten Kommandantenwechsel in Auschwitz im November 1943 wurden für das Lager Birkenau mit den Außenkommandos und Nebenlagern in der Landwirtschaft und für das Lager Monowitz, dem die Außenlager bei der Industrie zugeordnet wurden, jeweils Kommandanten berufen. So stand Hartjenstein nur noch die Führung der Birkenauer Wachmannschaften zu, aber er übernahm die Aufsicht über die Führung der einzelnen Lager innerhalb des Birkenauer Lagers, zu dem das Frauenlager, das Männerlager, das Lager der 23.000 deportierten Sinti und Roma, das Quarantänelager und das Lager der aus Theresienstadt deportierten Juden gehörten. Das Effektenlager und der Komplex der Vernichtungsstätten, die politische Abteilung, der Arbeitseinsatz und die Sanitätsabteilung wurden weiterhin zentral von der Verwaltung in der Kommandantur im Stammlager geführt, wo auch Hartjenstein als Kommandant von Birkenau seinen Sitz behielt.

Der Frage, wie Friedrich Hartjenstein sich ab September 1942 mit seiner Familie umgeben vom Todeslager Auschwitz-Birkenau eingerichtet hatte, bis er im Mai 1944 als Kommandant nach Natzweiler versetzt wurde, geht Jürgen Gückel mit seiner Reportage nach. Zur Frage der Kenntnis in den Familien über die in Auschwitz-Birkenau begangenen Verbrechen hat Hermann Langbein dokumentiert, was Karl Lill, wie er Häftlingsschreiber beim Standortarzt, im Frankfurter

Auschwitz-Prozeß bezeugt hat: Die Frau des SS-Lagerarztes Dr. Rohde kam ins Büro und fragte dessen Mitarbeiter wann denn endlich wieder Transporte zu erwarten wären. Dieser sagte, er hätte gehört, daß demnächst wieder Transporte, und zwar aus Ungarn, erwartet würden. Da antwortete Frau Rohde: »Gott sei Dank, daß man endlich wieder einmal etwas bekommen kann!«

Dr. Susanne Willems
Geschichtsbüro Berlin

Karriere im Krieg

Aus der Familie

Zinksarg. – »Onkel Fritz ist zurück aus Frankreich – im Zinksarg!«

Dieser Satz hat Werner nie losgelassen. Der Onkel – zurück aus Frankreich, aus Paris, zurück aus dem Krieg? Tot!? Ein katholischer Pfarrer hat den Zinksarg von Paris nach Peine gebracht – Peine, Pattensen, Paris, nur anders herum. Und tragisch, nicht witzig. Der Geistliche hat den Onkel auf seinem letzten Weg begleitet. Ein Katholik – dabei ist doch die ganze Familie evangelisch.

Werner war schon 23 und Student, als er das hörte. Man schrieb das Jahr 1954. Der Krieg war neuneinhalb Jahre vorbei. Bald würde Werner an der Universität Göttingen seinen Abschluss machen: Diplom-Handelslehrer. Er würde zurückkehren in seine Heimatstadt und Pädagoge an der Handelsschule werden. An jenem Sonnabendnachmittag war er übers Wochenende daheim bei den Eltern. Onkel Hans und seine Frau waren da – wie so oft herübergekommen aus der Werderstraße. Man spielte samstags mit Werners Eltern Doppelkopf. Auch an jenem Sonnabend, dem Tag, als Werner erstmals von Onkel Fritz und seiner Paris-Heimreise hörte. Im Zinksarg! Das Bild vom dachrinnenfarbigen Sarg, das er nie gesehen hat, das er sich immer nur ausmalte – wie der Kaplan (oder war es ein Pfarrer?) auf dem menschengroßen mattsilbrigen Kasten hockt und über Hunderte Kilometer das rhythmische Stoßen der Bahnschienen erduldet –, sollte Werner ein langes Leben hindurch begleiten.

Über Onkel Fritz, eigentlich Friedrich, hatten sie in der Familie nie viel geredet. Genauer gesagt: gar nicht, jedenfalls nicht nach 1945 und nicht vor den Ohren der Kinder. Dabei hätte es viel zu berichten gegeben – wenn man über die Zeit seiner sagenhaften Karriere bei den Totenkopfbrigaden der SS noch hätte berichten wollen. Und wenn man in der Familie seinen fast eine Dekade währenden Todeskampf hätte wahrhaben wollen. Beinahe zehn Jahre in Kriegsgefangenschaft, die meiste Zeit davon in der Todeszelle. Stets mit mehr als nur einem Bein auf dem Schafott oder unter dem Galgen oder an der Erschießungswand. Fast durchgängig in dieser Zeit dem sicheren Tode geweiht. Und die ganze Zeit in der Todeszelle im steten Ringen um Rettung.

Werner hat davon nichts gewusst – und er hat, für ihn heute unverständlich, auch nicht danach gefragt. In dem Jahrzehnt nach dem Krieg hat er im Elternhaus nichts gehört über das Schicksal des nahen Verwandten »Onkel Fritz«. Der war nicht wirklich ein Onkel. Der Familienstammbaum weist ihn als Cousin von Werners Mutter aus. Aber im engen Familienverbund der angesehenen Peiner Kaufmannsfamilie waren für die Kinder der Fritz, der Gerd und der Hans eben »die Onkel«. Was der erfolgreiche Fritz im Krieg gemacht hatte, davon hat Werner als Kind, als Jugendlicher, nicht einmal als junger Mann etwas erfahren. Der Satz mit dem Zinksarg ist die erste greifbare Erinnerung an den Großcousin. Da war der schon tot – und wurde in der Familie auch weiterhin totgeschwiegen. Ein halbes Jahrhundert später sollte Onkel Fritz dann aber Werner noch beschäftigen wie niemand sonst aus der Familie. Fritz, der KZ-Kommandant, sollte Werners letzte Lebensjahre ausfüllen – nein: überschatten!

Jetzt sitzt Werner über einen tischgroßen Stammbaum gebeugt in seinem Wohnzimmer und studiert die Familienverhältnisse. Das handschriftliche Ahnenregister hat Urgroßonkel Karl einst gefertigt. Es ist riesig, leicht vergilbt, das dicke hellbraune Papier zusammengeklebt mit deutlich dunkleren Papier-Klebestreifen. Elf Generationen der Familie Hartjenstein seit 1580 sind verzeichnet. Dort oben in der neunten Generation Werners Großmutter Ida sowie die Eltern von Fritz und Hans und Gerd auf einer Ebene – Nichten und Neffen Hartjenstein also, alle geboren im letzten Viertel des 19. Jahrhunderts, damit Eltern jener Generation, die in Deutschland die NS-Zeit bestimmen sollte. Wann er angefangen hat, das Schicksal des Onkels Fritz zu rekonstruieren, weiß Werner nicht mehr. Es muss spät im Leben gewesen sein, und es begann schleichend. Wann er erfahren hat, dass Onkel Fritz KZ-Kommandant war, kann Werner heute nicht mehr sagen. Vielleicht nach der Pensionierung, als er die Zeit fand, sich mit seiner Herkunft zu beschäftigen. Vielleicht auch erst, als ihm der alte Stammbaum in die Hände kam, oder als das Internet auch seine Generation erreicht hatte und er erstmals den Namen seiner Angehörigen suchte. Oder vielleicht, als er auf den Namen seines Verwandten in einem jener dicken Bücher stieß, die

die Täter von Auschwitz benennen. Auch darin hat er Fritz Hartjenstein gefunden, hat bei Wikipedia oder in der Literatur zu deutschen Konzentrationslagern Angaben zum Onkel Fritz entdeckt und sich vorgenommen, das alles, was da in der Familie 75 Jahre verschwiegen, totgeschwiegen wurde, einmal genau zu erforschen und darüber ein Buch zu schreiben.

Werner ist jetzt im 90. Lebensjahr. Das Lesen fällt ihm immer schwerer – die Augen. Nur noch mühsam kann er neue Literatur zur NS-Zeit durcharbeiten. Was zu seinem Thema passt, hat er in den Büchern angestrichen, hat sich Seiten aus dem Internet ausgedruckt, hat alte Adressbücher, Dokumente, Papiere aus der Familiengeschichte, Texte zur Stadtgeschichte, Todesanzeigen und Telefonbücher, eigene Notizen und fremde Aufzeichnungen gesammelt. Wie das wohl alles zusammenhängt? Gibt es überhaupt einen Zusammenhang? Längst ist ein Knäuel aus Erinnerungen, Texten, Zeitungsausschnitten, vagen Familienlegenden und unwahren Wikipedia-Informationen, aus Dokumenten und Deutungen, Recherchen und Abwehrreaktionen entstanden, in dem er sich verfangen hat. Das alles zu entwirren, aufzuarbeiten, es nachvollziehbar zu dokumentieren und mit Archivinhalten zu belegen, scheint unmöglich geworden zu sein. Je tiefer Werner sich hineinbegeben hat in seine Erforschung der verschwiegenen Familiengeschichte, umso dichter und undurchschaubarer wurde das Gewebe aus Fakten und Vertuschung.

Angehörige haben ihm nicht helfen wollen – oder können. Wer möchte sich schon mit den Verbrechen der Vorfahren befassen? Sie haben sich teils gar abgewandt von dem, der das Nest zu beschmutzen droht, der da mit seinen alten Nazi-Geschichten nervt, obwohl wir doch endlich vergessen wollen. So empfindet er das. Inzwischen hat er sogar Angst, dass sie ihm eines Tages das alles hier, seine Aufzeichnungen und Ausschnitte, seine Bücher und Belege, seine Dokumente und eilig notierten Denkanstöße wegnehmen werden. Noch meistert er sein Leben in dem großen Haus in der Innenstadt seiner Heimatstadt Peine selbstständig. Aber die ersten Andeutungen, gar die ersten Versuche, ihn betreuen zu lassen, gibt es schon. Und was wird dann aus seinem Buch? Seinen Büchern? Denn er hat ja noch so viel mehr gefunden in der Familiengeschichte als nur das Drama um Taten und Tod des unfähigen KZ-Kommandanten Fritz Hartjenstein.

Zustände. – Zu einem der Konzentrationslager, für die der Onkel Verantwortung trug, fand Werner diese Schilderung der Zustände im Häftlings-Krankenrevier und druckte sie sich aus:

»Im Korridor (…) standen sechs aus rohen Brettern zusammengenagelte Kisten übereinander, die als Särge dienten. Aus den Fugen sickerte Blut. Im untersten Sarg war plötzlich ein Klopfen zu hören. Eine schwache Stimme wimmerte: ›Macht auf, macht auf, ich lebe noch!‹ (…) Die Grünen (grüne Stoffdreiecke an Häftlingsuniformen = Kriminelle) holten den Sarg hervor und öffneten ihn. Mit zerschlagenen Gliedern und verletztem Kopf starrte uns ein mit einem Toten zusammenliegender Häftling an. Ich wollte zugreifen, um ihn aus dieser fürchterlichen Lage zu befreien, wurde aber von den BVern (befristete Vorbeugehaft für Kriminelle) sofort zur Seite gestoßen. Einige dumpfe Schläge, dann war der Sarg wieder zugenagelt und kam in das Krematorium.«

So schrieb nach dem Krieg ein Zeuge, ein als Revierpfleger eingeteilter Häftling, den Eugen Kogon in seinem Buch »Der SS-Staat – das System der deutschen Konzentrationslager« zitiert. Täglich hätten sich Häftlinge gegenseitig erschlagen, weil die Essensrationen so kärglich, die Ernährungssituation katastrophal und die Gewalt unter den verschiedenen Häftlingsgruppen deshalb dramatisch gewesen sei. Häftlinge hätten einander getötet, nur um die Ration des anderen zu rauben – um selbst zu überleben. Es habe Nächte gegeben, in der bis zu 30 Mann von Mitgefangenen erschlagen ins Revier gebracht wurden, so der Zeuge.

Doch ein genauerer Blick auf dessen Aussage macht deutlich, dass zumindest der Mord an dem Mann im Sarg und die Zustände, die dazu führten, nicht Fritz Hartjenstein vorgeworfen werden können. Der Häftling beschreibt Ereignisse im Juli 1942. Werners Großcousin Hartjenstein übernahm aber erst im Mai 1944 das Lager im Elsass als Kommandant – ein Zeitpunkt freilich, zu dem die Zustände dort mit Sicherheit noch viel brutaler waren. Nach Kriegsende werden sich die alliierten Militärgerichte mehr als neun Jahre lang mit der Frage auseinandersetzen, ob die Situation unter Hartjenstein als verantwortlichem Kommandanten nun besser oder schlechter geworden ist. Es wird Zeugen geben, die den Peiner als Menschenfreund in der Hölle des Lagersystems darzustellen versuchen. Und es wird andere geben, die dies vehement abstreiten und ihn als eine der vielen Bestien in SS-Uniform beschreiben. Die ganze Wahrheit über den Menschen Fritz Hartjenstein, die nun auch sein Großcousin Werner sucht, werden weder britische noch französische Militärrichter letztlich herausfinden.

Wer war denn nun verantwortlich für die Zustände, die diese Bestialitäten ermöglichten, dafür, dass sie geduldet, gar gutgeheißen und vorangetrieben wurden? Alle Deutschen? Das NS-Regime? Adolf Hitler? Heinrich Himmler? Die SS? Der Kommandant des Lagers, in dem diese Barbarei stattfand? Oder nur die, die wirklich Hand anlegten, die schossen, zuschlugen, vergasten, verbrannten, töteten? Die niederen Dienstränge also, die Kommandoführer, die Wachmannschaften, die Sonderkommandos aus KZ-Häftlingen, die Kapos, die stärksten und rücksichtslosesten unter den Mitgefangenen? Also die, die einfach nur am Leben bleiben wollten und den Tod der Mitgefangenen dafür in Kauf nahmen? Die Militärgerichte der britischen und danach auch der französischen Besatzungsarmeen befanden nach ihrem Sieg 1945: Ja, auch der Kommandant war verantwortlich, auch der Sohn einer angesehenen Peiner Kaufmannsfamilie, auch Fritz Hartjenstein.

Anfrage. – Wer war Fritz Hartjenstein? In seiner Heimatstadt ist der einstige KZ-Kommandant so gut wie unbekannt. Wenn Schulklassen an die Orte seiner Verbrechen reisen, erfahren sie dort viel über den millionenfachen Mord durch »die Nazis«, aber nichts darüber, dass ein Zeitgenosse ihrer Groß- oder Urgroßeltern, vielleicht deren einstiger Schulkamerad oder Nachbar in Peine, beteiligt war an diesem einzigartigen Massentöten. Eines seiner Kinder wollte es – sehr spät im Leben – genauer wissen, was der beinahe unbekannte Vater Fritz Hartjenstein in der SS getan hat. Wen fragt man da? Am 13. September 2016 ging eine Anfrage an die Deutsche Dienststelle für die Benachrichtigung der nächsten Angehörigen von Gefallenen der ehemaligen deutschen Wehrmacht (WASt) von Peine aus nach Berlin. Die Antwort war dürftig. Das liege daran, schreibt die Deutsche Dienststelle vorsorglich, dass Personalpapiere wie Wehrpass, Wehrstammbuch oder Personalakte dort nicht vorlagen, weil sie vermutlich durch Kriegseinwirkung verloren gegangen seien.

Die SS-Nummer des Peiners wird mit 327350 angegeben. Als Dienststellen Hartjensteins sind in Berlin nur die SS-Totenkopf-Division, der

Personal-Stab Reichsführer SS »laut Meldung vom 1.10.1942« sowie die Aufgabe als Kommandeur des Konzentrationslagers Natzweiler »laut Meldung vom 1.10.1944« bekannt. In der Waffen-SS sei Hartjenstein erst ab 1. Juli 1944 gewesen, damals schon Kommandeur im Konzentrationslager Natzweiler. Seine Beförderungen lauten: ab 9. November 1941 Sturmbannführer, ab 9. November 1944 SS-Obersturmbannführer. Laut Meldung vom Oktober 1942 ausgezeichnet mit dem Eisernen Kreuz 1. Klasse, dem Totenkopfring und dem Ehrendegen des Reichsführers SS. Schließlich sei Hartjenstein am 8. Mai 1945 in Pilsen in westalliierte Gefangenschaft geraten und am 31. Dezember 1948 entlassen worden.

Die Mitteilung gibt Rätsel auf. Entlassen? War er nicht bis zu seinem Lebensende im Militärgefängnis? »Verstorben: 20.10.1954, 23.00 Uhr im Gewahrsam in Paris, Haus 19, Rue Qudinot« heißt es schließlich in dem Schreiben der Deutschen Dienststelle. Und zur Erklärung: »Laut Aktennotiz ist bekannt, dass Ihr Vater am 2.7.1954 vom ständigen Militärgericht Metz zum Tode verurteilt wurde. Nähere Angaben liegen nicht vor.« Kein Wort aus Berlin über seine Rolle in Auschwitz. Also geht es auch den Kindern wie dem Großneffen Werner: Viele Fragen bleiben offen. Immerhin empfiehlt die Berliner Dienststelle noch, man könne ja auch im Bundesarchiv sowie im Militärarchiv in Freiburg nachfragen. Schließlich empfiehlt der Sachbearbeiter einschlägige Literatur: Bei Karin Orth, »Die Konzentrationslager-SS« sowie in den Bänden 5 und 6 der Reihe »Der Ort des Terrors – Geschichte der nationalsozialistischen Konzentrationslager« werde der Name des Vaters erwähnt. Da hat also noch jemand gegoogelt.

Du. – Das Knäuel an Erinnerungen und Informationen, das es zu entwirren gilt, hat viele lose Enden. Wenn Werner in den vielen Jahren, in denen er sich bereits damit beschäftigte, an einem dieser Enden zog, schien sich der Rest noch mehr zu verknoten, zu verwirren, sich unauflöslich zu verfilzen. Das liegt eben auch an diesen nicht zueinander passenden, sich widersprechenden Informationen. Eines dieser losen Enden ist eine Todesanzeige, aufgegeben für den 23. Oktober 1954 in der Peiner Allgemeinen Zeitung. »So ist der Tod eines Massenmörders in Peine angezeigt worden«, hat Werner darunter notiert, als er dir die Kopie der Anzeige in die Hand drückte.

Das war an jenem Tag, als du dein Buch »Klassenfoto mit Massenmörder«, die unglaubliche Lebensgeschichte deines ersten Lehrers Artur Wilke, in deinem Heimatdorf öffentlich vorgestellt hast. Darin beschreibst du die Verbrechen eines SS-Offiziers in der Kriegszeit, eines Partisanenjägers, britischen Agenten, Bigamisten, Betrügers, falschen Lehrers und falschen Onkels für die eigenen leiblichen Kinder. Eines SS-Hauptsturmführers, der 13 Jahre lang unter dem Namen seines Bruders das Leben eines angesehenen Lehrers in deiner Volksschule führte, der auch dich von der Einschulung an unterrichtet hat und der, so glaubst du dich zu erinnern, vor deinen noch kindlich-jungen Augen verhaftet wurde. Über ihn hat das ganze Dorf sechs Jahrzehnte lang geschwiegen, bis du Nestbeschmutzer anfingst, in diesem verdrängten Dreck zu stochern. Und jetzt steht plötzlich ein anderer deiner Lehrer vor dir und berichtet von seinem Bemühen, die verschwiegenen Verbrechen seines »Onkels« zu erforschen. Du wirst ihm nun beim Entwirren des Knäuels helfen – bis über seinen Tod hinaus.

Natürlich weiß Werner, dass Fritz nicht sein Onkel war, nicht einmal sein Großonkel. Großcousin wäre wohl die korrekte Bezeichnung, wenn man so ein Verwandtschaftsverhältnis wirklich definieren wollte. Werners Großmutter und Friedrichs Vater waren Geschwister. Aber in der Familie galt der Verwandte immer als der erfolgreiche und hoch angesehene »Onkel Fritz« – zumindest solange Deutschland noch nicht besiegt war und über den bei der SS so weit gekommenen Angehörigen noch gesprochen werden durfte. Nach Kriegsende war »Onkel Fritz« dann wie aus dem Wortschatz getilgt. So, als gäbe es ihn nicht mehr, als hätte es ihn nie gegeben, als hätte die ganze Familie niemals irgendetwas zu tun gehabt mit den Nazis, die da, ohne dass man es hätte wissen oder vermuten können, irgendwelche Verbrechen begangen und Deutschland in den Untergang getrieben hatten.

Werner hat studiert, war Diplom-Handelslehrer, zuletzt Studiendirektor. Als du die Volksschule hinter dir gelassen hattest und dann die Handelsschule besuchtest, wurde er dein Lehrer in Deutsch und Geschichte. Er blieb es, als du die Ausbildung zum Industriekaufmann begannst und vorzeitig nach zwei Jahren den Kaufmannsgehilfenbrief bekamst. Werner war dein erster Lehrer, der gewohnte Sichtachsen verschob. Zu dem du aufschauen konntest, weil er dir auf Augenhöhe begegnete und nicht von oben herab. Weil er dir das Gefühl gab, Mensch unter Menschen, nicht Schüler unter einem Lehrer zu sein. Vielleicht ja auch nur, weil ihr hier langsam den Eindruck bekamt, erwachsen zu werden. Bei ihm habt ihr das erste Mal gespürt, fürs Leben zu lernen. Nicht, dass andere Lehrer euch nichts beigebracht hätten. Das Rüstzeug für eine Aufgabe, die vielleicht einmal kommen sollte im späteren beruflichen Leben, haben sie euch schon vermittelt. Auch zu den Sportlehrern und Trainern des Vereins hattest du stets ein enges, teils bis heute freundschaftliches Verhältnis. Aber das Gefühl, dass man außerhalb des Sports, also im echten Leben, unmittelbar von Wissen, Haltung und Vorbild des Lehrers profitieren kann, das kam bei dir erstmals bei Werner auf.

Du willst ihn nicht verlegen machen, denn du hoffst ja, dass er dies hier irgendwann auch lesen wird, aber du musst bei der Wahrheit bleiben: Er war der Einzige, den du als Lehrer geliebt hast. Er hat dich an Literatur herangeführt – auch an solche, die das Schweigen über die Zeit des Faschismus brach. Du, der du das Schweigen über diese Zeit gelernt hattest, so wie deine ganze Generation, bekamst bei ihm das Gefühl, dass nun doch mal jemand offen spricht. Dass er selbst, ohne es zu wissen, unter dem Schweigen der eigenen Familie litt, merkst du erst jetzt. Damals hat er es wohl selbst noch nicht geahnt – damals, als er noch nicht wusste, was jener Mann getan hatte, der da 1954 im Zinksarg aus Paris heimkam.

Wenn du zu jener Handelsschulzeit als Teenager in deinem Partykeller auf der Matratzenlandschaft lagst – chillen würde man heute dazu sagen –, auf den Ohren die Kopfhörer, darin Soul mit King Curtis oder hypnotische Klänge von Klaus Schulze, hast du oft geträumt, eines Tages auch einmal so schreiben zu können wie jene Autoren, die du im Unterricht bei Werner gelesen hast. Und dann hast du dir vage vorgestellt, etwas über einen Lehrer wie Werner zu schreiben. Jetzt ist es so weit. Aber er ist es nicht, der im Mittelpunkt steht. Werner ist dein Mitautor. Er hat Teile des Materials gesammelt, das es nun zu entwirren und mit Dokumenten aus Archiven zu belegen gilt, um diesen »Onkel Fritz« so spät im Leben auch für ihn noch begreifbar zu machen – und für seine Kinder und Enkel.

Denn was in Fritz Hartjensteins Todesanzeige steht, das lässt nicht an einen dreifach todgeweihten KZ-Kommandanten denken: »Nach jahrelangem Leiden in der Gefangenschaft entschlief einen Tag nach seiner Entlassung, in einer Privatklinik in Paris, mein lieber Mann, unser lieber Vater, Bruder, Schwiegersohn, Schwager und Onkel Fritz Hartjenstein im Alter von 49 Jahren. Sein Wunsch, in der Heimat seine letzte Ruhestätte zu finden, wird ihm erfüllt.«

Er »entschlief«! In Paris, in einer Privatklinik! Werner weiß, dass damals schon in der Familie verbreitet wurde, was noch ein halbes Jahrhundert später in Büchern und im Internet teilweise falsch berichtet wird: Hartjensteins Gefangenschaft war beendet, er war freigelassen worden, als ihn plötzlich und tragisch – »vielleicht aus Freude?«, mag sich mancher gefragt haben – der Herztod ereilte. Eine Tragödie: Da wird er so spät, als einer der letzten deutschen Kriegsgefangenen in Frankreich, nach fast zehn Jahren Leiden endlich entlassen und stirbt am Herzinfarkt, noch ehe er die Heimat wiedersieht. Welch ein Unglück für den armen Mann, der so lange in Gefangenschaft hatte darben müssen – so sollte man in der Heimat denken. Welch ein Glück für die deutsch-französischen Beziehungen – so dachte man in Bonn und Paris. Konrad Adenauer und René Coty, der deutsche Bundeskanzler und Frankreichs Staatspräsident, werden aufgeatmet haben, als sie hörten, wo und wann genau Friedrich Hartjenstein gestorben ist

Wewelsburg. – Fast wärt ihr beide darauf reingefallen. Es gibt ja schon ein Buch über Werners Großcousin! Es trägt sogar den Titel »Fritz Hartjenstein«. Erschienen als Paperback am 19. Mai 2012, ein »Print on Demand« in englischer Sprache bei Fer Publishing. Editor ist Waylon Christian Terryn. Amazon stellt es vor, kann es aktuell aber nicht liefern. Bei »More Books« ist es im Internet für 49 Euro unter der Rubrik »World War II, Sachsenhausen concentration camp, War crime« zu finden. 49 Euro für einen vier Millimeter starken Selbstdruck? Werner wollte es trotzdem sofort bestellen.

Das Wort »Editor« hat dich misstrauisch gemacht. Tatsächlich – da hat einer Wikipedia abgeschrieben. Das Buch basiere vorwiegend auf Wikipedia-Artikeln und anderen frei zugänglichen Online-Quellen, heißt es in der Beschreibung. Dass jedermann mit wenigen Klicks diese Informationen im Netz finden kann und diese Quellen zudem Fehler enthalten, teils falsche Schlüsse gezogen werden und selbst renommierte Historiker im Falle Hartjenstein irrten, weißt du längst. Bemerkenswert ist allenfalls, dass hier ein US-Amerikaner mit der

Biografie eines deutschen SS-Mannes Geschäfte zu machen versucht, während dessen Name in Deutschland selbst in seiner Heimatstadt beinahe unbekannt ist.

Und doch bist du glücklich, auf dieses Buch gestoßen zu sein. Denn es erweckt den Eindruck, Hartjenstein sei auch Kommandeur der Wachmannschaften in Sachsenhausen gewesen. Das, so lässt sich in einem schnellen Vergleich feststellen, stammt aus den englischsprachigen Wikipedia-Einträgen. Und nun keimt ein Verdacht auf: Wenn jemand Hartjensteins Totenkopf-Einheit, die ja bei Oranienburg stationiert war, in einen Topf geworfen hat mit dem Konzentrationslager Niederhagen/Wewelsburg bei Paderborn? Es liegen 450 Kilometer dazwischen, aber für US-Amerikaner ist das keine Entfernung. Für die SS damals auch nicht. Das würde erklären, warum auch in anderen Quellen zu Fritz Hartjenstein Sachsenhausen und Wewelsburg im engen zeitlichen Zusammenhang genannt werden. Organisatorisch waren die Wachmannschaften beider Konzentrationslager dem einstigen Chef des Konzentrationslagers Dachau, Theodor Eicke, unterstellt, nach November 1939 dann dessen Nachfolger Richard Glücks. Eicke

Abb. 1 KZ-Häftling im Schlossgraben: Dieser einzige bekannte fotografische Beweis für Zwangsarbeit an der Wewelsburg stammt vermutlich aus dem Jahr 1939, als Hartjenstein Kompaniechef der Wachmannschaften war (Quelle: Kreismuseum Wewelsburg, Fotoarchiv).

war bei Hartjensteins Eintritt in die SS Inspekteur der Wachverbände und zugleich Führer der SS-Totenkopfverbände. Und Wewelsburg – das Lager, nicht die Kaderschmiede in der Burg – war ein Außenlager von Sachsenhausen. Wenn also Hartjenstein organisatorisch Eicke unterstellt war und formal der Sachsenhausen-Mannschaft angehörte, so konnte es sein, dass sein Dienstort zeitweise bei Paderborn lag. Du musst auf der Wewelsburg nachfragen, ob der Name Hartjenstein dort zu finden ist. Später wird sich herausstellen: Nein, außer den Hinweisen in den Aufzeichnungen des Kommandanten von Auschwitz Rudolf Höß und bei einigen Biografen, die dazu aber keine Quelle angeben, findet sich auch im Archiv des Kreismuseums Wewelsburg nichts zu Hartjensteins Zeit im KZ Niederhagen.

Sachsenhausen. – Das Konzentrationslager bei Oranienburg war das erste, in dem der Peiner zum Aufseher über internierte Gegner des Naziregimes wurde. Als Hartjenstein Anfang 1939 von der Wehrmacht zur SS wechselte, war er zunächst in der Nähe des drei Jahre vorher eröffneten Lagers stationiert. Hier muss er seine Ausbildung zum Wachsoldaten erfahren haben. Hier soll der gelernte Soldat aber auch als militärischer Ausbilder für seine SS-Kameraden gearbeitet haben. Viel ist nicht bekannt über diese Zeit, als er noch nicht mit Führungsaufgaben betraut war. Weil aber zum KZ Sachsenhausen auch verschiedene Außenlager gehörten, gibt es Hinweise, dass er es in seiner Zeit dort immerhin zum Kompaniechef und Leiter eines der Außen-Arbeitslager brachte.

Nahe dem Stadtzentrum Oranienburg gab es bereits ab 1933 ein KZ, mit dem die Nazi-Propaganda durchaus offensiv umging. »Aus dem Konzentrationslager entlassen«, hieß es zum Beispiel am 9. April 1933 in der Heimatzeitung Fritz Hartjensteins. Dazu ein Foto entlassener »Schutzhäftlinge und politisch verdächtiger Personen«. Schon damals, also gleich nach der Machtergreifung Hitlers, habe man in der »Ersten Beilage zur Peiner Zeitung« also lesen können, dass die Presse »bereits voll von dem Gedankengut der Nationalsozialisten durchdrungen war«, schrieb die Peiner Allgemeine Zeitung in einem Beitrag über die Gedenkstätte Oranienburg im Jahr 1989. Die Schlagzeile lautete: »Konzentrationslager: Schon 1933 schrieb die Peiner Zeitung darüber«. Das Foto sei ein Beleg dafür, dass die Bevölkerung durchaus früh über die Existenz von Konzentrationslagern informiert gewesen sein müsse – anders als die Mehrzahl der Deutschen nach dem Krieg behauptete.

Drei Jahre nach Eröffnung des KL Oranienburg wurde im damals noch selbstständigen Ort Sachsenhausen ein neues, riesiges KZ errichtet. Angesichts der Nähe zu Berlin und zur Gestapo-Zentrale bot es sich an, hier den SS-Nachwuchs, die Wachmannschaften und auch die künftigen Lagerkommandanten auszubilden – neben dem KZ Dachau eine zweite Schulungsstätte für das Wachpersonal. Es wurde eigens ein Lager-Nachbau als Trainingsstätte errichtet, in dem die Mannschaften, teils auch Angehörige der Allgemeinen SS, ihre Ausbildung erhielten. Zudem befand sich ab 1938 die Inspektion für alle deutschen Konzentrationslager und die Führung der Totenkopfverbände der SS im KZ-Areal. Für die Berliner wurde Sachsenhausen schnell zum berüchtigten Schutzhaftlager, in dem die NS-Machthaber Oppositionelle verschwinden ließen. In den Jahren seines Bestehens sollen hier bis zu 200.000 Menschen eingesperrt gewesen sein. Die offiziellen Listen registrierter Häftlinge weisen zwar nur 140.000 aus, aber auch in Sachsenhausen war das namenlose Töten Gefangener spätestens in der Kriegszeit an der Tagesordnung. 1941 war dort eine Genickschussanlage eingerichtet worden, durch die Zigtausende sowjetischer Kriegsgefangener ermordet wurden. Die Schätzungen reichen von 13.000 bis 18.000 Opfern dieser Tötungsmaschine. Die noch viel höhere Gesamtzahl der in Sachsenhausen Ermordeten ist unbekannt.

Wikipedia. – Friedrich Hartjenstein, genannt Fritz – in der Familie »Onkel Fritz« –, wurde am 3. Juli 1905 in Peine geboren. Er war der älteste von drei Brüdern und laut Wikipedia »deutscher Lagerkommandant des KZ Auschwitz-Birkenau«. Tatsächlich leitete Hartjenstein das Todeslager, in dem mehr Menschen als irgendwo sonst ums Leben gebracht wurden, vom 22. November 1943 bis Mai 1944. Es war jene Zeit, in der die Todesmaschinerie der Nazis in Auschwitz auf Hochtouren lief. Dann wurde Hartjenstein nach nur sechs Monaten als Kommandant geschasst. Rudolf Höß, der frühere Auschwitz Kommandant und inzwischen einer der Amtsgruppenleiter im SS-Wirtschafts- und Verwaltungshauptamt (WVHA) in Berlin, damit zuständig für alle deutschen Vernichtungslager, hatte Hartjenstein Mitte 1944 für »unfähig« erklärt. Schon als er noch selbst Kommandant des Stammlagers Auschwitz war, hatte Höß sich mehrfach mit seinem damaligen Wachsturmführer Hartjenstein angelegt. Als Höß Auschwitz verließ und Arthur Liebehenschel sein Nachfolger als Kommandeur des Stammlagers wurde, berief dieser Hartjenstein gegen Höß' Rat zum Chef im nunmehr selbstständig geführten Außenlager Birkenau. Und obwohl Höß dem inzwischen zum SS-Obersturmbannführer aufgestiegenen Hartjenstein immer vorwarf, als Kommandant in Birkenau versagt zu haben, wurde dieser schließlich zu einer noch anspruchsvolleren, noch arbeitsintensiveren Aufgabe abkommandiert: Fritz Hartjenstein wurde Kommandant des Konzentrationslagers Natzweiler in den französischen Vogesen mit seinen zahlreichen Außenlagern im Elsass und in Südwestdeutschland. Der wohl schwierigste und undankbarste Posten, den man im deutschen Konzentrationslager-Geflecht und so nahe der anrückenden Westfront überhaupt haben konnte.

Was dort zwischen Mai und November 1944 im Stammlager Natzweiler-Struthof geschah, hat dem nach Ansicht britischer und französischer Militärgerichte dafür mitverantwortlichen Kommandeur drei Todesurteile und eine lebenslängliche Haftstrafe eingebracht. Wikipedia nennt noch 2021 nur zwei französische Todesstrafen. Das ist falsch. Vorher verurteilte bereits ein britisches Militärgericht Hartjenstein zum Tode sowie in einer weiteren Verhandlung wegen einer anderen Mordtat einmal zu lebenslanger Haft. Die Briten lieferten ihn aber vor der Vollstreckung des Todesurteils an die Franzosen aus, während seine Mitverurteilten alsbald hingerichtet wurden. Genauso falsch also wie dieser Satz bei Wikipedia: »In einem Pariser Gefängnis verstarb er noch vor der Urteilsvollstreckung an einem Herzschlag.« So falsch steht es bereits bei Ernst Klee im »Personenlexikon zum Dritten Reich« (Frankfurt/M. 2003, Seite 228) oder bei Robert Steegmann in dessen Buch »Das Konzentrationslager Natzweiler-Struthof und seine Außenkommandos an Rhein und Neckar 1941–1945« (Berlin 2010, Seite 210) beziehungsweise in den Veröffentlichungen des Museums Auschwitz-Birkenau, »Auschwitz in den Augen der SS« (Oswiecim 1998, Seite 228). Falsch daran ist der Tod in Haft, falsch der Herzinfarkt.

Die Wahrheit ist: Fritz Hartjenstein, der »unfähige« KZ-Kommandant, wurde einmal von den Briten, zweimal von den Franzosen zum Tode verurteilt, er sollte überdies lebenslang in britische Strafhaft und starb dann keineswegs vor seiner Hinrichtung in einem französischen

Militärgefängnis als Kriegsgefangener an einem Herzinfarkt, sondern im Oktober 1954 nach neuneinhalb Jahren hinter Gittern als frisch entlassener ehemaliger Strafgefangener in einer luxuriösen Privatklinik in Paris. Er war frei, als sein Leben endete – so frei, wie man es physisch eben sein kann, wenn man in seinem Krankenbett im Sterben liegt, wenn alle, die sich seit fast zehn Jahren geradezu aufopfernd darum bemüht haben, dass man entlassen wird, einen nunmehr abgeschrieben haben, wenn schließlich auch alle Ärzte einen aufgegeben haben. Und psychisch so frei, wie man es sein kann, wenn man in der Gewissheit stirbt, den Tod von Hunderttausenden unschuldiger Menschen auf sein Gewissen geladen zu haben.

Birkenau. – In diesem Konzentrationslager, dem Inbegriff des industriellen Menschentötens, war Fritz Hartjenstein erster Kommandant: Vernichtungslager Auschwitz-Birkenau. Es im Rahmen der Biografie eines seiner Kommandanten beschreiben zu wollen, grenzt an Größenwahn. Auschwitz-Birkenau ist unbeschreibbar. Ernst Klee, ein Pionier der Holocaust-Forschung, schrieb in seinem Buch über das Personal der Tötungsfabrik: »Wer Auschwitz zu beschreiben versucht, bewegt sich an der Grenze der Belastbarkeit.« Und weiter: »Was wir kaum ertragen, beschreiben zu müssen, mussten Menschen am eigenen Leib erfahren.« Selbst die meisten Häftlinge, die es überlebten, haben Jahrzehnte lang geschwiegen über das Erlittene. Heute leben nur noch wenige. 1,1 Millionen Menschen wurden in diesem größten KZ der Nazi-Herrschaft getötet – durch Gas, durch Erschießen, durch medizinische Versuche, durch Ausbeutung ihrer Arbeitskraft bis zum Tod. Wenn du es hier doch zu beschreiben versuchst, dann nur, um den denkbar krassesten Widerspruch darzustellen, den du bei dieser Recherche gefunden hast: Für Millionen Menschen war Auschwitz die Hölle auf Erden – für Fritz Hartjenstein war es »eine Garnisonsstadt wie jede andere«, so wie Celle, Braunschweig oder Iserlohn, in der er täglich seinen Dienst als Befehlshaber der Wachmannschaften und später als Kommandant versah. Und es war der Wohnort einer jungen Familie, die hier ein schmuckes Häuschen bewohnte, deren Kinder hier aufwuchsen, die häufig Familienbesuch aus Peine und Oldau bei Celle bekam. Einer Familie, in der die Hausfrau waltete, unterstützt vom polnischen Hausmädchen, in der die beiden Jungen unter den wachsamen Augen des ungarischen

»Burschen« des Vaters mit den beiden Schäferhunden spielten und die scheinbar unberührt blieb vom hunderttausendfachen Töten nebenan.

Das Stammlager Auschwitz, später auch Auschwitz I genannt, wurde nach der Besetzung Polens durch deutsche Truppen ab Mai 1940 in der polnischen Kleinstadt Oswiecim im neu so benannten Landkreis Bielitz errichtet. Ab 1941 wurden etwa drei Kilometer westlich mehrere kleine Dörfer und Höfe niedergerissen, um dort das größte Massenlager der NS-Zeit zu bauen: Auschwitz II oder Auschwitz-Birkenau. Heute stehen nur noch die gemauerten Schornsteine der unzähligen Holzbaracken sowie der flache Ziegelbau mit seinem Torturm in der Mitte, durch den die Güterzüge täglich Tausende Menschen ins Lager brachten, wo sie zumeist sofort ermordet wurden. In den Gaskammern von Birkenau starben etwa 900.000 Juden sowie weitere 160.000 Sinti, Roma, Homosexuelle und polnische Funktionäre oder Widerstandskämpfer. Seit 2007 gehören Birkenau und das Stammlager zum UNESCO-Welterbe. Die Gebäude sind Teil der Holocaust-Gedenkstätte und des Staatlichen polnischen Museums sowie einer internationalen Holocaust-Forschungs- und Begegnungsstätte.

Als Hartjenstein Chef der Wachmannschaften war, befehligte er sowohl die Kompanien der Wachen in Auschwitz I (Stammlager) und Auschwitz II (Birkenau) als auch die in Auschwitz III (Monowitz). Allein für die Lager I und II standen 2300 SS-Männer unter seinem Kommando. Weitere 650 Wachen waren für die Außenlager verantwortlich. Später wurde Hartjenstein Kommandant nur für Birkenau. Da dieses Lager den größten Komplex mit gefangenen Frauen beherbergte, wird Hartjenstein bei späteren Ermittlungen oft behaupten, er sei Kommandant eines Frauen-Konzentrationslagers gewesen, um so den Namen Auschwitz zu vermeiden. Auch von seinen Kameraden wird Birkenau später verharmlosend als »Frauenlager« bezeichnet. Tatsächlich war die Hauptaufgabe des von ihm befehligten KZ die Vernichtung von Menschenleben. Weniger als fünf Prozent der nach Auschwitz Deportierten kehrten jemals zurück.

Wenige Tage, bevor Hartjenstein Auschwitz wieder verließ und Kommandant in Natzweiler wurde, zog SS-Obergruppenführer Oswald Pohl am 5. April 1944 eine Bilanz des Konzentrationslagersystems. Demnach existierten zu dieser Zeit 20 deutsche Konzentrationslager. Von ihnen lagen 13 im Reichsgebiet, drei im Generalgouvernement (Polen, Baltikum, Teile Weißrusslands), drei in Weißrussland und der Ukraine sowie eines in den Niederlanden. Hinzu kamen im Reichsgebiet 130 Arbeitslager, 30 weitere in Ostland, drei im Generalgouvernement und zwei in den Niederlanden. Insgesamt waren es zu diesem Zeitpunkt 185 Lager. Auschwitz-Birkenau war das größte von allen. Das belegt eine Liste des SS-Obersturmführers Brand, die zufällig am selben Tag, am 5. April 1944, geschrieben wurde. Darin gibt er die Belegung des Stammlagers mit 16.000 Männern an, die von Auschwitz-Monowitz mit 15.000 Zwangsarbeitern, und im größten KZ, Birkenau, vegetieren zu diesem Zeitpunkt 15.000 Männer und 21.000 Frauen.

Zum Vergleich: Als Fritz Hartjenstein seine Heimatstadt Peine verließ, hatte diese etwa 18.000 Einwohner. In Auschwitz-Birkenau war er Herr über Leben und Tod von doppelt so vielen Menschen: 36.000. Und das waren nur die, die leben durften. Täglich kamen Tausende Menschen dazu, wurden an der Entladestelle, der Rampe, selektiert und mehrheitlich sofort ins Gas geschickt.

Das Ausmaß dieses Völkermordes und des Zwangsarbeitssystems wurde ebenfalls in diesen April-Tagen 1944 erstmals international bekannt: Am 14. April überflogen alliierte Luftaufklärer erstmals in einer Höhe von 15.000 bis 20.000 Fuß, also in 5000 bis 7000 Metern, das KZ Auschwitz und machten Luftaufnahmen des gigantischen Komplexes. Zur selben Zeit gelangten die slowakischen Juden Alfred Wetzler und Walter Rosenberg, die am 7. April in Birkenau den Wachtruppen des Kommandanten entkommen waren, in ihrer Heimat in Sillein an. Dort berichten die KZ-Flüchtlinge davon, was in Birkenau vor sich ging und was den ungarischen Juden, für die die Kapazität der Vernichtungsmaschinerie gerade erweitert wurde, alsbald bevorstehen sollte. Der Text ihres erschütternden Berichts konnte den neutralen Staaten und dem päpstlichen Legat übermittelt werden. Im November 1944 wurde dieser Bericht zweier Männer, die Hartjensteins Häschern glücklich entkommen waren, in den USA vom War Refugee Board in Washington veröffentlicht. Er trägt den Titel: »Auschwitz, das Grab von vier Millionen Menschen«. Der Wetzler-Bericht wird als »Missachtete Warnung« in die Geschichte des Holocaust eingehen, er wird aber nach dem Krieg, speziell in den Nürnberger Prozessen, eine der Grundlagen zur Beurteilung des Horrors werden.

Zum Sinnbild der Unmenschlichkeit inmitten des Hartjenstein'schen Herrschaftsbereiches in Birkenau ist die Rampe geworden, der Ort, an dem unter den Augen des Kommandanten die Lebenden und die gleich Toten geschieden wurden. In einem der letzten Auschwitz-Prozesse gegen ein Mitglied der Wachmannschaften, dem von 2016 im Landgericht Detmold, in dem ein damals 93-Jähriger wegen Beihilfe zum Mord in 170.000 Fällen angeklagt wurde, hat einer der ebenfalls hochbetagten Nebenkläger über die Rampe dieses gesagt: »Jeden Tag sehe ich dieses Stück gottverlassener Erde – diese Rampe – vor mir als das schlimmste Stück Boden auf Erden. Schlimmer als Dantes siebter Höllenkreis. So schlimm die Bombardements von Hiroshima, Dresden oder London auch waren: Diese Rampe, nicht größer als ein Fußballplatz, diese Hölle auf Erden, übertrifft alles.« Der Angeklagte war Unterscharführer im SS-Totenkopfsturmbann, also einer der Untergebenen Fritz Hartjensteins während seiner Zeit als Chef der Wachmannschaften und der Monate als Lagerkommandant. Er wurde trotz seines hohen Alters zu fünf Jahren Freiheitsstrafe verurteilt.

Abb. 2 Hölle auf Erden: Die Rampe in Auschwitz-Birkenau – hier ein Foto aus der einzigen existierenden Bild-Serie vom 26. Mai 1944 – diente der Selektion der Gefangenen. Hartjensteins Arbeitsplatz war bis Mai 1944 noch die alte sogenannte »Judenrampe« außerhalb des Lagers. Gleichzeitig befehligte er den Bau der neuen Rampe. Als dieses Foto entstand, war er schon in Natzweiler (Quelle: Yad Vashem).

Degradierung. – Aus dem Internet hat Werner eine Biografie seines Großonkels in englischer Sprache ausgedruckt, die man als die Krönung aller Ungereimtheiten rund um Fritz Hartjenstein ansehen muss. Auf einer Internetseite von redcap70.net stellt der Autor Ian Dixon den Peiner gar als den Hauptverantwortlichen dafür hin, dass die Welt von Auschwitz erfahren habe. Dixon behauptet, unter Hartjenstein als Kommandeur sei passiert, »was passieren musste« und weshalb Richard Glücks sich gewünscht habe, »den Namen Hartjenstein nie gehört zu haben«. Es seien am 7. April 1944 die Häftlinge Alfred Wetzler und Rudolf Vrba, also die beiden Slowaken, von denen einer hier namentlich falsch benannt wird, geflohen. Hartjenstein habe sie »trotz hektischer Suche« nicht wieder einfangen können, und es sei ihm nichts anderes übrig geblieben, als alle Dienststellen und auch den Leiter der KZ-Inspektion Glücks über die Flucht zu informieren. Dieses streng geheime Telegramm, so Dixon, sei von alliierten Geheimdiensten abgefangen worden und als erster Bericht über das Massenvernichtungslager Auschwitz um die Welt gegangen. Hartjenstein also sei schuld, so unterstellt der Text, am sogenannten Wetzler-Report. Und deshalb sei der Kommandant nach Natzweiler versetzt worden, was angeblich eine Degradierung gewesen sei.

Damit aber werden völlig falsche Zusammenhänge hergestellt: Nicht Hartjensteins routinemäßiges Telegramm über eine gelungene KZ-Flucht, sondern Wetzlers Bericht an die Schweizer Regierung und an den Vatikan erwähnten Auschwitz erstmals im westlichen Ausland. Wetzler und sein Mitflüchtling waren zudem nicht die ersten Gefangenen, die entkommen waren, aber keiner zuvor hatte neutrale Regierungen über das informiert, was in Birkenau geschah. Hartjensteins Versetzung hatte zudem ganz andere Gründe. Und eine Degradierung, also vom Birkenau-Kommandanten und Liebehenschel-Stellvertreter in Auschwitz zum alleinigen Chef und Standortältesten im riesigen Lagersystem Natzweiler zu werden, war diese Versetzung auch nicht gerade.

Und noch mehr Unsinn berichtet der redcap-Text. So soll Oswald Pohl Hartjenstein im Februar 1945 zur Strafe an die Front geschickt haben, weil er das Lager Natzweiler-Struthof in französische Hand habe fallen lassen. Was der Autor offenbar nicht weiß: Es waren deutschenfreundliche Vichy-Truppen, die noch zu Hartjensteins Zeit als Kommandeur zuletzt in Natzweiler kurz Unterschlupf fanden – und es keineswegs einnahmen. Dass der Dixon-Bericht dann noch darüber fabuliert, Hartjenstein habe 1954 in seiner Todeszelle einen Herzinfarkt erlitten, weil er sich vor einer Abschiebung nach Polen fürchtete, weil ihm dort der Prozess wegen seiner Rolle in Auschwitz gemacht werden sollte, krönt den Reigen der Fantastereien. Da ist nicht viel Wahres dran, schon gar nicht die Behauptung, Hartjenstein sei 1944 und 1945 auch noch Kommandant im KZ Flossenbürg gewesen. Werner und du, ihr haltet euch besser an die seriösen Quellen!

Natzweiler. – In diesem Konzentrationslager, dem größten Arbeitslager auf französischem Boden und dem KZ mit den meisten Außenstellen, war Fritz Hartjenstein letzter Kommandant: Natzweiler-Struthof. Entstanden war dieses einzige KZ auf französischem Boden im Jahr 1941. Der Struthof war ursprünglich ein gut gehendes Berghotel am Hang des Mont Louise unweit von Natzweiler im Elsass. Der Vogesen-Ort war beliebtes Ausflugsziel der Straßburger Bürgerschaft gewesen. Rund 60 Kilometer sind es von der Großstadt am Rhein bis zu den Wanderwegen und Skipisten am Struthof. Seit dem Versailler Vertrag im Jahr 1919 war das 1871 von Frankreich an Deutschland abgegebene Elsass wieder französisch. Nach dem Frankreich-Feldzug hatte die deutsche Wehrmacht auch das Elsass besetzt und es wieder dem Deutschen Reich einverleibt. Es entstand der Gau Baden-Elsass. Die französische Sprache wurde verboten; später wurden die Elsässer auch zur Wehrmacht eingezogen. Wer sich den Deutschen widersetzte, kam ins KZ. Schon früh hatte das Wirtschafts- und Verwaltungshauptamt (WVHA) der SS im Elsass nach einem Standort für ein Arbeitslager gesucht, in dem nach dem Vorbild der Konzentrationslager wie Flossenbürg oder Mauthausen politische Gegner eingesperrt und zur Arbeit gezwungen werden. Da bot es sich an, ein Lager am Mont Louise zu bauen, als der SS-Geologe Karl Blumberg 1940 eine Ader roten Granits im Fels des Berges entdeckte. Dieser Rosengranit sollte für die Baupläne Albert Speers, speziell für die gigantischen Bauten in Nürnberg, gefördert werden.

Am 21. und 23. Mai 1941 trafen die ersten beiden Konvois mit Zwangsarbeitern aus dem KZ Sachsenhausen ein, um am Struthof Baracken zu errichten. Im Oktober waren diese bezugsfertig, und oberhalb des Lagers begann der Abbau des Granits. Für die Bewachung sorgte eine erste SS-Garnison im ehemaligen Hotel. Bis Herbst 1943 sollte das Lager stetig wachsen. Es wurde zudem Ausweichquartier für Ärzte der Universität Straßburg, die am Struthof pseudowissenschaftliche Experimente am Menschen durchführten. Nach und nach entwickelte sich das KZ Natzweiler-Struthof zum Stammlager für zahlreiche Außenlager. Sowohl im besetzten Frankreich als auch im Rhein-, Mosel- und Neckargebiet entstanden diese Arbeitslager, in denen Zwangsarbeiter verschiedenster Industriebetriebe, für Straßen- und Tunnelbau-Projekte oder Bergwerke und Steinbrüche untergebracht wurden. Die Kommandantur am Struthof war für diese bis zu 70 Außenlager Befehlszentrale und zentrale Postanschrift. Allerdings bestanden nie mehr als gut 50 Lager gleichzeitig; die Zahl 70 ist die Summe aller Standorte. Während Ende 1944 im Westen die ersten Lager vor der anrückenden Front evakuiert wurden, entstanden im Osten über dem Rhein neue Standorte.

Natzweiler-Struthof war kein Vernichtungslager wie Auschwitz. Es war ein reines Arbeitslager, einzig für männliche Häftlinge. Gleich neben dem Stacheldrahtverhau steht die Kommandantur, eine von den Deutschen requirierte Villa eines früheren Straßburger Bankiers. Die noch etwas weiter außerhalb an einem talwärts gelegenen Bauernhof erbaute Gaskammer diente zunächst nur bei medizinischen Experimenten zur Tötung von nach rassischen Merkmalen ausgesuchten Juden sowie Sinti und Roma. Dennoch ist die Gesamtbilanz des kompletten Lager-Verbundes erschütternd: Von den bis zu 52.000 Deportierten aus 31 Nationen, die von 1941 bis zum Kriegsende 1945 hier untergebracht waren beziehungsweise von hier in die Außenlager geschafft wurden, starben nach offiziellen Angaben etwa 22.000 – die meisten noch nach Auflösung der jeweiligen Lager bei Todesmärschen und rücksichtslosen Evakuierungen in Güterwagen. Der größte Anteil der Deportierten waren politische Häftlinge. Aber auch für die sogenannten Nacht-und-Nebel-Häftlinge, die in den besetzten Ländern zur Verunsicherung und Abschreckung der Bevölkerung einfach verschleppt wurden, wurde Natzweiler zum zentralen Lager. Im September 1944 wurde das Stammlager vor der näher rückenden Front evakuiert. Auch die Kommandantur zog im November um. Am Ende führte der Kommandant einen Verbund von rund 50 Zwangsarbeiterlagern im ganzen südwestdeutschen Raum ohne eigenes Stammlager.

Heute ist das ehemalige KZ zum Centre Européen Résistant Déporté (CERD), einer Gedenkstätte mit Museum und Informationszentrum über den französischen Widerstand geworden. Wer einen Besuch im 2005 eröffneten Neubau beginnt, könnte – jedenfalls als Deutscher – den Eindruck gewinnen, hier werde in erster Linie die Resistance verklärt. Man muss sich zurücknehmen, sich in die Zeit zurückversetzen und besinnen, dass es Franzosen waren, die häufig aus den nichtigsten Gründen gefasst, verschleppt und am Struthof so wie kein anderer Zwangsarbeiter haben leiden müssen. Im Lager selbst wird dann der Alltag der Geknechteten aus ganz Europa überdeutlich: der Prügelbock, Knüppel der SS-Wachen, der Galgen, der Seziertisch der Pseudo-Mediziner. Dazu erinnern unzählige Zeitzeugenberichte und Zeichnungen der Häftlinge, aber auch Dokumente aus der Kommandantur an die Zeit des Grauens. Schließlich belegen Fotos die Schufterei im Steinbruch, die Existenz von Krematorium und Stacheldrahtverhauen sowie

Abb. 3 Kommandant im Schaukasten: Dem letzten Befehlshaber des Konzentrationslagers Natzweiler-Struthof ist in der Ausstellung der heutigen Gedenkstätte im Elsass eine eigene Vitrine mit Fotos und Dokumenten gewidmet (Quelle: CERD-Struthof).

die erschütternden Lebensumstände der Gefangenen. Und dann sind da noch die Fotos jener Männer, die den Befehl über all diese Stätten roher Gewalt hatten, Porträts der einstigen Kommandanten – darunter das Bild von Friedrich Hartjenstein.

Schusterjunge. – Wie wurde einer wie Hartjenstein, ein Junge aus dem Volk mit mäßiger Schulbildung, ein Kleinbürger aus der Kleinstadt Peine, ältester Sohn eines Schuhmachers und der Inhaberin eines kleinen Milchgeschäftes, zum Kommandanten der größten Massenvernichtungsfabrik der Menschheitsgeschichte? Der Schusterjunge, 1905 geboren, hatte in Peine zehn Jahre lang die Schule besucht, davon zwei Jahre das Realgymnasium. Die einstige Ackerbürgerstadt hatte sich mit dem Walzwerk der Ilseder Hütte längst zu einem Standort der Schwerindustrie verwandelt. Doch Hartjenstein reizte die Landwirtschaft mehr als die Stahlbranche. Er wollte Gutsverwalter werden. Für einen jungen Mann mit Realschulabschluss ein hochtrabender Plan – ohne höhere Schulbildung war ihm ein Landwirtschaftsstudium verwehrt. Mit 16 wurde er Knecht auf einem Hof bei Sehnde. Gut vier Jahre lang lernte er den Bauernberuf von der Pieke auf, ließ sich als billige und willige Arbeitskraft in mehreren Gutshöfen ausbeuten, ehe er einsehen musste, dass ihm ein Diplom und damit ein Auskommen als Gutsverwalter auf Dauer verwehrt bleiben würde. Es gibt biografische Arbeiten über ihn, in denen ihm ein Studium der Landwirtschaft zugeschrieben wird: vier Semester, kein Abschluss. Aber Quellenangaben dazu oder Belege für das vermeintlich nebenberufliche Studium gibt es nicht. Er selbst hat es auch nie in einem seiner Lebensläufe erwähnt. Ebenso hat er nie selbst das Wort »Gutsverwalter« benutzt. Zwar steht es in Akten der SS als Berufsbezeichnung, aber erst ab 1942, und nirgendwo findet sich ein Beleg über Studium oder Verwaltertätigkeit. Er war 21, als er sich im Dezember 1926 zum Militär meldete – oder besser »zu dem, was die Alliierten vom deutschen Heer übriggelassen hatten«, schreibt Tom Segev in seiner »Geschichte der KZ-Kommandanten« (Die Soldaten des Bösen) über Hartjenstein. Und Segev weiter: »Sein Entschluss, Soldat zu werden, markierte einen Wendepunkt in seinem Leben.«

Das mag sein, aber auch ein Soldat wird nicht automatisch Kommandant. Und Hartjensteins Soldatenkarriere war nicht gerade die eines Überfliegers. Nach zwölf Jahren brachte er es gerade einmal zum

Oberfeldwebel. Vom 15. Dezember 1926 bis 14. Dezember 1938 dauerte seine Dienstzeit in Celle (16. Kompanie des Infanterie-Regiments 17), Braunschweig (2. Kompanie des IR 17) und im Kavallerie-Schützenregiment 4 in Iserlohn. Dort hatte er immerhin einen Verwaltungslehrgang der Heeresfachschule besucht. Er stand Mitte Dezember 1938 vor der Entlassung, hatte allenfalls die Aussicht auf einen Posten als Offizier der Reserve. Aber der Krieg stand bevor; Hitler-Deutschland rüstete auf. Und wie sollte er als 34jähriger Zivilist und der Landwirtschaft längst entfremdeter ehemaliger Knecht seine inzwischen vierköpfige Familie ernähren? Da bot sich ihm die vermeintliche Chance seines Lebens: die SS. In den Kasernen wurden in jenen Tagen Ende 1938 Plakate aufgehängt: »Einstellung von Freiwilligen (dieses Wort extrem fett gedruckt) für die SS-Verfügungstruppen, SS-Totenkopfstandarten«. Der Hinweis auf die Annahmestellen praktischerweise gleich handschriftlich darunter notiert. Und auch die Berufsberatung, so gab er später vor Gericht an, habe ihm den Wechsel zur SS empfohlen.

Der zwölfjährige Zeitsoldat griff zu. Heinrich Himmlers Schutzstaffel sah sich als Elite des Reiches. Da konnten gelernte Soldaten wie Hartjenstein nicht schaden, auch wenn sie der SS-Ideologie denkbar fern standen. Denn Fritz war nie politisch in Erscheinung getreten, war weder in der Partei noch in einer anderen Organisation des NS-Staates aktiv gewesen. Während seine Schulkameraden und gleichaltrige Verwandte in Peine schon diverse Posten in der Partei bekleideten oder in den Stiefeln der SS fahnenschwingend über das Pflaster von Breiter Straße und Gröpern, vorbei an Mutters Milchladen, marschierten, war er in der Kaserne in Iserlohn bescheidener Feldwebel geblieben. Ein braver Familienvater, gläubiger Christ und völlig unpolitisch. Er gilt Historikern bis heute als Beispiel dafür, dass man in der SS auch ohne NSDAP-Mitgliedschaft Karriere machen konnte. Denn die kam nun – in den SS-Totenkopfverbänden.

Karriere? Die Frage, ob sein einzigartiger Weg, der ihn ohne Parteimitgliedschaft zum Kommandanten der größten und bedeutendsten deutschen Konzentrationslager werden ließ, eine Erfolgsgeschichte oder vielmehr eine Kette von Bestrafungen war, sollte später noch Militärrichter, Rechtsgelehrte und Historiker beschäftigen.

Versetzung. – Wann soll Hartjenstein eigentlich zwangsweise in den KZ-Wachdienst versetzt worden sein, wie es in einigen Quellen behauptet wird und wie er selbst später in den Prozessen in Wuppertal, Rastatt und Frankreich seine Verteidiger hat vortragen lassen? Belege zu einer Zwangsversetzung finden sich nirgends. Hobbybiografen sehen zwei Schreiben aus dem April 1940 aus dem SS-Personalhauptamt als Hinweise darauf an, dass SS-Gruppenführer Theodor Eicke »den berüchtigten Hartjenstein« habe loswerden wollen. Dagegen spricht, dass der zum 1. März 1940 zur Beförderung als Hauptsturmführer vorgesehene SS-Mann bis zu diesem Zeitpunkt überhaupt nicht aufgefallen war, also keineswegs »berüchtigt« gewesen sein kann, und dass es in den Schreiben lediglich um eine Planstelle für den frisch Beförderten ging. Und »losgeworden« war Eicke ihn auch nicht, als er von der 2. SS-Totenkopfstandarte »Brandenburg« in die 4. Totenkopfstandarte »Ostmark« wechselte: Eicke befehligte ja sowohl alle Totenkopfverbände als auch die SS-Wachverbände. Dennoch haben US-Historiker aus den ihnen rätselhaften Versetzungen Hartjensteins geschlossen, dieser sei »kein gutes Offiziers-Material und kein guter Anführer« gewesen. So findet es sich auf www.redcap70.net zum Lebenslauf des Peiners. Er sei »von Platz zu Platz gedriftet«, bis Glücks für ihn einen Platz als Lagerführer gefunden habe. Man kann das auch anders lesen: Schritt für Schritt arbeitete Hartjenstein an einer Karriere im KZ-System.

Die Fakten sind: Am 9. April 1940 bezeichnet das Personalhauptamt »umstehenden Antrag des SS-Gruppenführers Eicke betreffend des SS-Ostuf. Hartjenstein« als »friedensmäßige Versetzung« und bittet die Generalinspektion der T-Standarten um Klärung, »ob bei der 4. SS-T.-St. noch eine Planstelle vorhanden ist«. Die Antwort folgt am 23. April: »Der SS-Hauptsturmführer (er ist also inzwischen befördert worden) (…) wird auf Antrag der SS-T-Division vom 3.4.40 mit Wirkung zum 1. März 1940 in eine Friedensplanstelle der 4. SS-T.St. ›Ostmark‹ versetzt.« Damit hatte Hartjenstein erstmals Verantwortung in einem Konzentrationslager – als Führer der Wachkompanie im Nebenlager Wewelsburg im Sauerland, dort also, wo er ohnehin schon als militärischer Ausbilder im Einsatz war. Das provisorische Arbeitslager ohne eigene Unterkünfte wird in der Zeit, als Hartjenstein dort die Wachen befehligte, zum neuen Konzentrationslager Niederhagen/Wewelsburg.

Das verwundert! Denn die vierte Standarte »Ostmark«, zu der man ihn gerade versetzt hatte, war eigentlich für die Bewachung des Konzentrationslagers Mauthausen zuständig. Das Nebenlager Wewelsburg gehörte hingegen zum KL Sachsenhausen und damit zu den Brandenburgern. Eine Erklärung könnte der Tagesbefehl Nr. 1481 des SS-Führungshauptamtes vom 22. April 1940 liefern: »Auf Befehl des Reichsführers-SS sind alle unter den Waffen stehenden Einheiten der SS in der Waffen-SS zusammengeschlossen. Die Bezeichnungen SS-Verfügungstruppe und SS-Totenkopfverbände sind nicht mehr anzuwenden.« Die Standarten gingen also einen Tag vor seiner Versetzung zur »Ostmark« in der Waffen-SS auf, während der frisch gebackene Hauptsturmführer noch auf seinen neuen Posten wartete. Deshalb blieb er also, wo er gerade war, im Sauerland.

Abb. 4 Familientreffen zum Geburtstag: Im Juli 1939 feierte Fritz Hartjenstein im Kurpark in Bad Nenndorf, wo gerade sein Vater zur Kur war. Er kam mit Frau und Kindern von der Wewelsburg bei Paderborn, die Eltern aus Peine (Quelle: Privat/National Archives and Records Administration, College Park, Maryland).

Spätberufener. – Unter den Kommandanten deutscher Konzentrationslager, die sich als Elite der SS verstanden und großteils durch die »Buchenwalder Schule« gegangen waren, galt Hartjenstein immer als Außenseiter und Spätberufener. Tatsächlich startet seine Nazi-Karriere erst am 5. Januar 1939. Mit diesem Datum beginnt das Stammblatt des SS-Mannes Nummer 327350, Friedrich Hartjenstein, Größe 1,85, Geburtsort Peine, erlernter Beruf: Landwirtschaftlicher Verwalter, jetzt SS-Führer. Die vorgedruckte Rubrik »Eintritt in die Partei« wird für immer frei bleiben.

Zum Dienstantritt in Oranienburg, also nahe des Konzentrationslagers Sachsenhausen, hatte der Berufssoldat und neue SS-Führer einen Personalbogen auszufüllen und einen handschriftlichen Lebenslauf anzufertigen: »Ich wurde als ältester Sohn des Schuhmachermeisters Friedrich Hartjenstein und seiner Ehefrau Elsa (sie hieß Elsbeth), geb. Rehbock, am 3.7.1905 zu Peine geboren und im evangelischen Glauben getauft und erzogen.« So beginnt er. Mutig in einer Zeit, in der die meisten Kameraden der SS längst ihre Religionszugehörigkeit verleugneten und lieber die Rubrik »gottgläubig« ankreuzten. Er habe das Realgymnasium Peine besucht, habe es mit der Prüfung der Reife für die Obersekunda verlassen und »die Landwirtschaft als meinen zukünftigen Beruf« angesehen. Von 1922 bis 1926 sei er auf verschiedenen Gütern tätig gewesen, habe dann zunächst zehn Monate dem 16. Infanterie-Regiment in Celle angehört, sei dann zum 2. Infanterie-Regiment nach Braunschweig gewechselt und habe schließlich wiederum in Celle die Unteroffiziersausbildung erfolgreich abgeschlossen. Es folgen in regelmäßigen Abständen weitere Karriereschritte bis zum Oberfeldwebel im Schützenregiment 4 in Iserlohn sowie nach zwölf Jahren Dienst und nach dem Ausscheiden aus der Reichswehr die Ernennung zum Reserveoffizier.

Am 30. Januar 1939 beginnt Hartjensteins Dienst im SS-Totenkopfsturmbann »Brandenburg«. Sein Dienstrang: Untersturmführer. Noch war dieser Sturmbann unweit des Konzentrationslagers stationiert, doch »innerhalb von zwei Monaten fand er sich an die Front versetzt«. So jedenfalls behauptet Tom Segev, ohne eine Quelle dafür zu nennen. Segev irrt, wie schnell klar wird – kein Wunder bei der verwirrenden Quellenlage. Aber zum einen hatte der Krieg im März 1939 noch nicht begonnen, zum anderen war er ja Mitglied der SS-Totenkopfstandarte »Brandenburg«. Und die wurde erst ab dem 12. September 1939 unter Führung des SS-Gruppenführers Theodor Eicke zusammen mit der Einsatzgruppe III nach Polen geschickt. Sie kehrte nach dem vermeintlichen Blitzsieg jedoch schnell heim: Schon am 26. September war die Standarte zurück in Oranienburg.

Ob Hartjenstein auch am Frankreich-Feldzug im Mai 1940 teilnahm, ist eher zweifelhaft. Er selbst hat lange nach dem Krieg einmal behauptet, in »Frankreich an der Front gewesen« zu sein. Sein Verteidiger schrieb in einen Lebenslauf: »Als Kompanieführer nahm er am Frankreichfeldzug teil«. Gut möglich, dass der Anwalt mit dieser Behauptung vor einem französischen Militärgericht seinen Mandanten lediglich als ehrenwerten Gegner und Soldaten charakterisieren wollte, um damit von seinem frühen KZ-Dienst abzulenken. Der Historiker Arno Huth gibt seinen Einsatz in Frankreich (Ziel La Rochelle) für die Zeit vom 13. Mai bis 10. April 1940 an. Robert Steegmann wiederum nennt Dünkirchen und Lyon als Einsatzorte an der Westfront – ebenso ohne Verweis auf eine offizielle Quelle. Beide Historiker gehen offenbar von Hartjensteins Selbstdarstellung aus. Belege für einen tatsächlichen Fronteinsatz in Frankreich finden sich aber weder in der SS-Akte noch im Freiburger Militärarchiv. Und außerdem war er ja gerade erst zum Chef der Wachmannschaften im KZ Wewelsburg befördert worden, als am 10. Mai 1940 der Westfeldzug begann.

Sicher ist hingegen, dass Hartjenstein schon bald nach Kriegsbeginn im September 1939 in Polen an der Ostfront war. Wo genau der Peiner eingesetzt war, welche Funktionen er hatte, ob er an Erschießungsaktionen der Einsatzgruppen gegen Juden in Osteuropa beteiligt war – darüber fehlen Erkenntnisse. Auf der Internetseite »weltkrieg2.de« findet sich immerhin ein Hinweis darauf, was die »Brandenburg«-Truppe in den wenigen Tagen ihres Polen-Feldzuges so gemacht hat: »Bei Beginn des Zweiten Weltkrieges wurden die Standarten ›Oberbayern‹, ›Thüringen‹ und ›Brandenburg‹ nach Polen geschickt, um jeglichen Widerstand in den eroberten Gebieten niederzuschlagen. Dies führte im Allgemeinen dazu, dass die Totenkopf-Leute den brutalen SD-Einsatzgruppen bei dem Zusammentreiben der Juden und anderen unerwünschten Personen hinter der Front halfen. Allein in der Gegend Bydgoszec (Bromberg) exekutierten Teile der ›Brandenburg‹-Standarte 800 verdächtige Polen innerhalb von nur zwei Tagen. Das entsetzliche Verhalten der Totenkopf-Einheiten in Polen führte zu heftigen Beschwerden durch die Wehrmacht, welche aber alle von den vorgesetzten Verantwortlichen zur Seite geschoben wurden. Im November 1939 entschied Hitler letztlich sogar, dass die verschiedenen Totenkopf-Regimenter zu einer dritten SS-Division zusammengelegt werden sollten.«

Heldenmythos. – Dokumente zu seinem Fronteinsatz in den ersten Kriegsjahren finden sich weder im Bundesarchiv in Berlin, wo die SS-Akten lagern, noch im Militärarchiv in Freiburg. Sehr wahrscheinlich ist aber, dass er beim Kurzeinsatz der Brandenburger in Polen dabei war. Und später? Zunächst blieb er in dieser Totenkopf-Einheit. Sein künftiger Vorgesetzter, der Auschwitz-Kommandant Rudolf Höß, wird später einmal schreiben, Hartjenstein sei Führer einer Kompanie im Wachsturm des Konzentrationslagers Sachsenhausen gewesen. Und zeitweise habe er Verantwortung für die Bewachung des Arbeitslagers Wewelsburg bei Paderborn getragen. Einzig die Eintragung im Formblatt zu seiner Dienstlaufbahn lässt für den 1. Januar 1941 auf eine Veränderung schließen: Hartjenstein ist inzwischen Hauptsturmführer (1. März 1940), und er muss tatsächlich vorübergehend in der Wewelsburg, der Kaderschmiede der SS, eingesetzt gewesen sein. Ein Foto im Familienalbum zeugt davon: der SS-Mann im langen Wintermantel in verschneiter Mittelgebirgslandschaft, Fernglas vor den Augen, Dienstpistole am Koppel, Panzerfaust vor ihm liegend im Schnee. Auf der Rückseite des Fotos in schwungvoller Handschrift: »Der Vater im Sauerland bei einer Übung«.

Oder war es gar keine Übung? Vielleicht war er überhaupt nicht an der Westfront? Womöglich gehörte er zu dieser Zeit weiterhin zu den Wachmannschaften? Das KZ Niederhagen war ein Außenlager des Konzentrationslagers Sachsenhausen. Wenn er also abgesehen von dem Ostfront-Kurzeinsatz der Totenkopfstaffeln im Herbst 1939 in der Heimat geblieben war und Leitungsaufgaben bei den KL-Wachmannschaften übernommen hatte, würde das seine spätere Karriere in Auschwitz erklären.

Andererseits: Einen Hinweis auf einen – allerdings späteren – Einsatzort in Russland bietet die Spalte »Orden und Ehrenzeichen« in der SS-Akte dann doch. Neben den Eisernen Kreuzen 1. und 2. Klasse ist hier das Demjanskschild notiert. Das ist ihm am 31. Dezember 1943 vom SS-Personalhauptamt zuerkannt worden, so eine Meldung vom 19. Juni 1944. Hitler hatte das gut fünf Zentimeter hohe metallene Ärmelschild auf Drängen von Joseph Goebbels ein Jahr nach der Schlacht von Demjansk in Russland gestiftet. Es sollte an ein »mythisches Heldenepos« erinnern, während die andere, die Schicksalsschlacht um Stalingrad, längst verloren und die Deutschen auf dem Rückzug waren. Hartjenstein war also dabei beim ersten großen Drama des Russlandfeldzuges – einer von 100.000 überlebenden Soldaten und Fliegern, die in der Umzingelung aushielten und sich wieder befreiten.

Abb. 5 Hartjenstein mit Weitblick: »Der Vater im Sauerland bei einer Übung«, steht auf der Rückseite des Fotos. Es muss im Winter 1939 oder 1940 entstanden sein, als der Peiner Kompanierführer an der Wewelsburg war (Quelle: privat).

Demjansk – der Kessel, in dem sechs deutsche Divisionen von der Roten Armee eingekreist worden waren, schloss sich am 8. Februar 1942. Bis zum 21. April konnten die Deutschen einzig aus der Luft versorgt werden. Als schwächste Stelle, wo die Russen im Rücken der Deutschen weit in den Kessel vordringen konnten und wo es die größten Verluste gab, gilt der Abschnitt, den die SS-Totenkopfverbände hielten.

Zwölfender. – Und was war Hartjensteins Rolle im Kessel von Demjansk? Die kann aus Sicht der SS-Leitung nicht allzu rühmlich gewesen sein, wird aber Jahre später in den Prozessen vor britischen und französischen Militärgerichten an Gewicht gewinnen. Eine Andeutung macht ein Jahr nach der Schlacht und nur vage eine Beurteilungsnotiz des SS-Gruppenführers Maximilian von Herff aus dem Mai 1943. Der Hannoveraner, General der Waffen-SS, schreibt anlässlich einer Dienstreise durch das Generalgouvernement über den Führer des Wachsturmbannes im Konzentrationslager Auschwitz: Hartjenstein sei »Erscheinungsbildlich und auch geistig (…) der gute Durchschnittstyp des 12-jährigen gedienten Feldwebels. Nach dem missglückten Versuch, ein Front-Batl. zu führen, bekam er den Lagersturmbann im KL Auschwitz, wo er seinen Kräften und seinen Fähigkeiten gemäß am richtigen Platz steht.«

War es also eine Zwangsversetzung des biederen Zwölfenders? Hatte er in Demjansk versagt und wurde nach Auschwitz verbannt? Der Kommandanten-Biograf Tom Segev vermutet dies und sieht es »offensichtlich als Strafe für sein Versagen als Offizier«, wie er in »Die Soldaten des Bösen« schreibt. Offensichtlich? Was ist da aus welcher Quelle so offen ersichtlich? Kann es wirklich sein, dass selbst die SS-Oberen die Bewachung des größten und wichtigsten Massenvernichtungslagers als Strafaufgabe für einen Versager ansahen? Möglich wäre das. Jahre später versuchte Hartjenstein selbst genau dieses Bild zu malen: er als das Opfer negativer Beurteilungen über seinen Fronteinsatz, die ihm ein Strafkommando zur Drecksarbeit im KZ einbrachten. Dazu passt von Herffs Beurteilung: »Selbstständige Aufgaben innerhalb des KL-Betriebes (einschl. Führung und Wirtschaft) sind für ihn nicht angebracht. Seine Stärke liegt einzig und allein in der Führung des Wach-Wesens.« Da sollte sich der SS-Gruppenführer aber getäuscht haben. Noch zweimal erhielt Hartjenstein höhere Weihen. Nur mit diesem Abschlusssatz seines Berichts sollte von Herff recht behalten: »H. dürfte mit dem Obersturmbannführer seinen höchsten Dienstgrad erreicht haben.« So war es. Die Beförderung erfolgte am 9. November 1944. Da war Hartjenstein längst nicht mehr in Auschwitz, sondern Kommandant in Natzweiler.

Demjansk. – Darüber, was mit der Totenkopf-Division im Kessel von Demjansk geschah, hat Karin Orth in ihrem Buch »Die Konzentrationslager-SS« geschrieben. Eine Antwort auf die Frage, was genau dort Hartjenstein leistete – oder sich leistete –, findet sich aber auch bei Orth nicht. Nicht einmal, in welcher Funktion er im Kessel war, ist zu erfahren. Ob er dort als Kommandant einer Einheit versagte, ob er wirklich ein Front-Bataillon leitete, ob er sich gar einer Befehlsverweigerung schuldig machte und deshalb mit Versetzung bestraft wurde, wie Hartjenstein später vor Gericht behauptete, all das lässt sich nirgendwo belegen. Einzig, dass er verwundet wurde und deshalb in die Heimat ausgeflogen wurde, ist bekannt. Ob das wohl stimmt? Er konnte froh sein, lebend davongekommen zu sein. Ab dem 1. September 1942 war er dann zurück im KZ-System, in Auschwitz als Führer des Wachsturmbanns. Nach Strafversetzung klingt das nicht.

Über den Fronteinsatz aber, so wird Hartjenstein später aus der Todeszelle in Briefen an seine Anwälte schreiben, sei er damals glücklich gewesen. Er sei schließlich Soldat gewesen. Das könnte aber auch mit dem Befehl zur »Sonderbehandlung 14 f 13« zusammenhängen. 1941 begannen auf Weisung Himmlers und des Inspekteurs der Konzentrationslager die Ärzte in den verschiedenen Konzentrationslagern, die nicht mehr arbeitsfähigen Häftlinge sowie »politische Kommissare« unter ihnen herauszusuchen. Die Ausgesonderten wurden in die NS-Tötungsanstalten Bernburg, Hartheim oder Pirna-Sonnenstein gebracht, wo sie durch Gas ermordet und ihre Leichen in Krematorien verbrannt wurden. Die drei Anstalten hatten bis zu diesem Zeitpunkt das Euthanasieprogramm, die sogenannte »Aktion T4«, also das organisierte Ermorden all jener psychisch Kranken oder Beeinträchtigten, deren Leben als minderwertig galt, weitgehend beendet. Jetzt also mussten die Konzentrationslager ihre Häftlinge, die nicht mehr als produktiv galten, auswählen und zur Ermordung beordern. Gut möglich, dass dem gelernten Soldaten der lebensgefährliche Kampf an der Front lieber war als die Beteiligung an diesem Mordprogramm.

Die Totenkopf-Division gehörte ab Juni 1941 zu den ersten deutschen Einheiten, die in die Sowjetunion einfielen. Es werde, beschwor der Gruppenführer Eicke seine SS-Führer, »ein Kampf zweier Weltanschauungen, der keine Kompromisse zulässt«. Ein Kampf, »der das Schicksal des Volkes auf Jahrhunderte bestimmen wird«. Auf alle Fälle wurde es ein verlustreicher Kampf. Der hatte am 22. Juni begonnen, und der Vormarsch auf Leningrad wurde von der Roten Armee bei Demjansk südlich des Ilmensees gestoppt. 15 Monate lang blieben die Totenkopf-Verbände im steten Fronteinsatz. »Binnen eines Jahres wurde die Einheit nahezu gänzlich aufgerieben. Nur wenige SS-Männer überlebten die im Winter 1941/42 beginnende Einschließung im sogenannten Kessel von Demjansk«, schreibt Orth. Es sei nicht überliefert, wie viele sowjetische Soldaten im Gebiet Demjansk gefallen sind, bekannt sei aber, »dass die SS bei ihren seltenen Erfolgen alle Gefangenen tötete«.

Auch Eicke selbst war verwundet worden. Am 6. Juli schon war sein Wagen auf eine Mine gefahren. Er war verletzt nach Berlin geflogen worden und kehrte erst am 21. September in den Kessel zurück. Dort hatte sich »die Lage während seiner Abwesenheit katastrophal verschlechtert«. Der Nachschub war unterbrochen, 9000 Totenkopf-Leute waren getötet, verletzt worden oder galten als vermisst. Das war mehr als die Hälfte der ursprünglichen Stärke, und diese Zahl sollte sich bis März 1942 noch auf 12.600 erhöhen. »Ende März 1942«, so Orth, »war die SS-Totenkopf-Division faktisch aufgerieben; der Rest der Truppe wurde in einer Spirale von Fronteinsatz und immensen Verlusten immer weiter dezimiert. Das war die Situation, als Fritz Hartjenstein in der zweiten Märzhälfte 1942 auf Befehl Theodor Eickes aus dem Kessel ausgeflogen wurde. Mitte Oktober 1942 evakuierte man die letzten 6400 SS-Männer aus Demjansk. Unter ihnen befanden sich lediglich ein Drittel aktive Soldaten, die meisten krank oder verwundet. Gemessen an der anfänglichen Divisionsstärke von 18 754 Mann überlebte nur jeder 10. aktive Soldat den Einsatz im Ostfeldzug.« Und es wären noch mehr SS-Leute getötet worden, wenn er damals einen unsinnigen Befehl seiner Vorgesetzten nicht verweigert hätte, behauptete Hartjenstein Jahre später vor Gericht. Konnte das stimmen? Befehlsverweigerung eines Offiziers, eines Bataillonskommandanten gar? Das hätte mit einer Erschießung enden können, oder hinter einem Stacheldraht. Dem eines Konzentrationslagers vielleicht? Hartjenstein wurde ins KZ kommandiert – aber vor, nicht hinter den Stacheldraht, gar als Chef der Wachtruppe.

Großmutter. – Werner war nicht dabei, als Onkel Fritz 1954 unter großer Anteilnahme der Peiner Bevölkerung begraben wurde. Er musste zurück nach Göttingen, studieren. Es war ja nur eine Wochenendheimfahrt. Seine Eltern trauerten mit um Fritz, auch seine Großmutter Ida, die 1954 noch lebte. Fritz war ja ihr Neffe. Werner wird jetzt einsilbig, nachdenklich, erinnert sich nun auch an die Trauer in der Familie 17 Jahre vorher – dann spricht er doch noch über seine Großmutter, die ihm jetzt wieder eingefallen ist. Du erfährst zum ersten Mal sein Kindheitstrauma, das ihn bis heute, mehr als 80 Jahre später, nicht loslässt. Zeitlebens hat er die vermeintliche Schuld mit sich herumgetragen – die Schuld, die ihm die stets harte, herrische Großmutter zugewiesen hat: Er sei schuld am Tod seiner Schwester, hat sie ihm vorgeworfen, hat ihn, den kleinen Jungen, im Vorbeigehen an die Wand geschubst, wie man einen lästigen Lappen beiseitewischt, wenn man unter der Wäscheleine hindurchläuft. Wenn er daran denkt, fühlt sich Werner noch heute an die Wand geklatscht.

Der Junge war krank gewesen – Scharlach. Acht Jahre alt war er damals. Der Verlauf muss kritisch gewesen sein. Werner musste für einige Tage ins Krankenhaus an der Sundernstraße, dort auch auf die Isolierstation. Nachdem er wieder genesen und entlassen war, erkrankte zu Hause seine kleine Schwester, Großmutters Liebling. Diphterie – die Sechsjährige starb. Und dem kleinen Werner wurde vorgeworfen: »Der hat das aus dem Krankenhaus mitgebracht!« Der inzwischen 89Jährige hat das 80 Jahre alte Bild noch heute vor Augen: Eltern und Oma Ida nach dem Kaffeetrinken am Wohnzimmertisch. Sie spielen Menschärgere-dich-nicht, und Oma gibt Werner die Schuld an Christas Tod. Danach habe die Oma »nie wieder ein freundliches Wort« für ihn gehabt. »Ich hatte immer Angst vor ihr.« Ein solches Urteil zu einer Zeit, wenn man schon versteht, aber noch nicht begreift – »das hat mich nie wieder losgelassen«, sagt Werner. Und auch das Verhältnis zu den Eltern haben der frühe Tod der Schwester und die Schuldzuweisung, vor der sie ihn nicht in Schutz nahmen, ein Leben lang getrübt.

Familie. – »Durchschnittstyp des 12jährigen gedienten Feldwebels« – auch im Privatleben verkörperte Hartjenstein ganz den durchschnittlichen deutschen Familienvater. Er war schon 30, als er am 5. Januar 1935 standesamtlich heiratete. Tags darauf der Gottesdienst in der Jakobikirche, gelesen vom Superintendenten Friedrich Schultzen. Der Eintrag der Ehe ist die Nummer eins im Heiratsregister des Standesbeamten der Stadt Peine für 1935. Seine Braut, Auguste Wilhelmine Eckhardt, geboren in Berghausen bei Essen, hatte er in seiner Militärzeit kennengelernt; sie war nur knapp vier Monate jünger als er. Natürlich wurde in Weiß geheiratet, und gefeiert wurde in der elterlichen Wohnung, Gröpern 19. Auf dem Foto des Hochzeitspaares hat Auguste den langen Tüllschleier ihrem Fritz über die Schulter seiner schicken Paradeuniform gelegt. Sie mit einem Blumenkranz im Haar und geflochtener Blumenkette, er mit Reichsadler auf der Brust, goldenem Stehkragen und glänzenden Uniformknöpfen. Das Haar trägt Fritz militärisch kurz.

Ein »Deutsches Einheits-Familienstammbuch« aus dem Verlag für Standesamtswesen, Berlin, das den frisch vermählten Hartjensteins an diesem Sonnabend ausgehändigt wurde, atmet schon ganz den Geist der NS-Zeit. Neben dem »Heiratsschein« und den »Geburtsscheinen« sowie einem kirchlichen »Trauschein« sind auch die »Ahnentafel« und die »Sippentafel« artig und in Schönschrift ausgefüllt. Zum Geleit gibt es ein Wort zur Sippenforschung durch Dr. Achim Gercke vom Reichsministerium des Innern. Der erklärt seine Sippen- zur Rassenforschung, die »den Stempel der hohen Verpflichtung tragen« müsse, »die aus der Kenntnis unserer rassischen Vergangenheit für die Zukunft, für das kommende Geschlecht erwächst«. Es sei also »die klare Forderung für jeden gegeben, die Art zu erhalten, sich mit gleichwertigem deutschen Blut zu verbinden und ein an Gesundheit, aber auch an Zahl starkes Geschlecht heraufzuführen. Dieses Geschlecht wird ein in der Sauberkeit seines Blutes und der Kraft seiner Rasse unüberwindbares Deutschland zur Erfüllung seiner großen Aufgaben in der Welt darstellen.« In einem zweiten Beitrag über »Die Familie im Dienst der Rassenhygiene« schwadroniert »Univ.-Prof. Dr. F. Lenz« über die »Pflege des Ahnenerbes«, über »hochgeartetete Erbstämme«, die »entarten«, wenn sie sich »schwächer fortpflanzen«, und von der Gefahr, dass »Sippen, aus denen die schwachsinnigen Hilfsschüler stammen«, sich wesentlich stärker fortpflanzen würden. Dann macht Lenz Rechnungen auf, wonach nur ein einziger »Stammhalter« nicht reiche, eine Familie nicht aussterben zu lassen. Deshalb sollten »gesunde und begabte Ehepaare mehr als drei Kinder aufziehen«. Lenz schließt: »Wenn unser Volk einsieht, daß eine gute Erbmasse, eine tüchtige Rasse, die Grundlage aller anderen nationalen Güter ist, und wenn diese Einsicht wirklich zur inneren Überzeugung der Volksgenossen wird, dann – aber auch nur dann – wird die Gefahr des Untergangs unseres Volkes überwunden werden.«

Keine zehn Jahre, dann würde der Untergang Deutschlands aus anderen Gründen kommen. Die Hartjensteins aber hatten bereits die von Lenz beschriebene innere Überzeugung. Gut neun Monate später wurde in Iserlohn der Stammhalter geboren, am 24. Oktober. Es folgten zwei weitere Hartjenstein-Jungen, geboren im März 1937 in Hemer im Sauerland und im Juni 1943 in Auschwitz. Der jüngste Stammhalter, Gert, wurde nicht alt.

»Und da gibt es noch ein Mädchen, Ellen – glaube ich«, hat Werner gesagt, als ihr über die Kinder spracht. Aber ein Mädchen steht gar nicht auf dem Stammbaum, den Werner so gründlich studiert hat. Wann soll sie denn geboren sein? Schulterzucken. Auch das Stammblatt der SS weist etwas anderes aus: »Kinder: 3, 1 verstorben«. Daneben die Geburtsdaten der beiden lebenden Jungen. Kein Mädchen. Und das Blatt ist sorgfältig geführt. Der letzte Eintrag stammt vom 23. April 1945, also kurz vor Kriegsende.

»Doch, ich habe mit ihr gesprochen. Ich habe sie vor ein paar Jahren besucht, in Stederdorf.« Werner nennt sogar die Straße. Aber er muss auf dein Fragen schließlich zugeben: »Über ihren Vater wusste sie nicht viel.«

Gebührnisse. – Was hat man denn so verdient als SS-Mann seinerzeit? Auskunft gibt die Gebührnis-Karte mit der Besoldungs-Nummer 16.943. Darauf ist bis einschließlich Monat März 1945 – also bis fünf Wochen vor Kriegsende – pfenniggenau abgerechnet, was Fritz Hartjenstein ausgezahlt wurde und was er gespart hat. Und darauf stehen ebenfalls nur zwei Jungen, geboren 1935 und 1937. Ein dritter Sohn, Gert, wurde nicht alt genug, um sich als Kinderzuschlag bemerkbar zu machen. Eine Tochter ist da nicht verzeichnet.

Überwiesen wurde jeweils auf ein Konto der Sparkasse. Erst Kreissparkasse Bielitz, Hauptzweigstelle Auschwitz, dann Kreissparkasse Schirmeck, den letzten Sold an die Bezirkssparkasse Karlsruhe. Fürs »Pflichtsparen« – offenbar wurde den SS-Leuten ein Spargroschen für die Vermögensbildung abgezogen – werden ihm bis März 1944 monatlich 126 Mark, danach nur noch 105 Mark gutgeschrieben. Die letztlich ausgezahlten Summen sind für die damalige Zeit – das durchschnittliche Monatseinkommen lag 1944 unter 200 Reichsmark – exorbitant: 1943 sind es monatlich zwischen 1165 und 1260 Reichsmark, die letzte Überweisung im März 1944 beläuft sich auf 1238 Mark. Sein höchster Monatssold wird mit 1605 Mark für Dezember 1944 notiert. Steuerpflichtig sind davon nur 555 Mark. Der Rest ist »Diensteinkommen (Krieg)«.

Suche. – Du hast so lange nach Ellen gesucht und nichts gefunden. Nichts in Adressbüchern, nichts in Telefonbüchern, nichts im Internet. In der Straße, die dir Werner genannt hat, hast du an jedem Haus nachgesehen, an vielen Türen geklingelt, viele Nachbarn, selbst Bürgermeister und Vereinsvorsitzende vergeblich gefragt. Niemand kennt eine Ellen des Nachnamens, den dir Werner gesagt hat. Sie soll mehr als einmal verheiratet gewesen sein. Welchen Namen trägt sie heute? Dann fällt Werner ein, dass sie früher am alten Krankenhaus gewohnt haben muss. Sein ehemaliger Kollege, der Wirtschaftsmathelehrer, soll ihr Nachbar gewesen sein. Niemand erinnert sich, niemand kennt eine Verbindung zu Fritz Hartjenstein. Gibt es Ellen überhaupt?

Aber ihr Name steht doch auf dem Zettel, den dir Werner zusammen mit dem riesigen Stammbaum schließlich mitgegeben hat. »Weiterführung des Stammbaumes der Hartjenstein-Linie« steht obenan, und in Klammern: »(Daten z. T. unvollständig)«. Tatsächlich hat da jemand die Linien von Friedrich und seinen beiden Brüdern nachgezeichnet und in der Ebene über ihm vier Kinder, darunter das Mädchen Ellen, eingezeichnet. Ihr werden auch gleich zwei Ehen, drei Jungen und ein Mädchen zugeordnet. Aber für Ellen ist weder ein Nachname noch ein Wohnort oder das Geburtsdatum bekannt.

Noch verwirrender: Verwandte kennen keine Ellen oder tun so, als gäbe es sie nicht. Du hast die Telefonnummer einer Enkeltochter herausgefunden und rufst an. Die Frau will mit dem »Nazi-Kram«

nichts zu tun haben. Ihre einzige Sorge ist die Frage, woher du ihre Telefonnummer hast. Eine Ellen, immerhin müsste es ihre Tante sein, kenne sie nicht. Sie habe mit all dem nichts zu tun, ihre Schwester auch nicht, wehrt sie sehr energisch ab. Man solle sie in Ruhe lassen. Eine Cousine, Tochter des anderen Bruders, reagiert genauso, fast wütend, dass da jemand nach dem Großvater fragt. Ihre Mutter, immerhin Schwiegertochter des KZ-Kommandanten, lässt offen, ob Ellen eine Schwägerin ist. Sie wisse jedenfalls nicht, wo diese Ellen wohne oder wo man sie erreichen könne. Mit dem Thema KZ wolle sie nichts zu tun haben. Schon schlimm genug, was da im Internet stehe. Sie – ihr Mann lebt nicht mehr – habe mit all dem nichts zu tun.

Freundlicher reagieren die Nachkommen von Fritz Hartjensteins Bruder. Aber auch sie wissen nichts über eine Großtante Ellen und wie sie zur Familie stehe. Einzig eine Verwandte aus Island bestätigt, dass es da noch ein Mädchen namens Ellen gegeben haben muss. Aber wo die nun lebe …?

Werner ist beim nächsten Besuch zerknirscht. Sollte er sich so geirrt haben? Oder muss er jetzt sauer sein auf dich, der du seine Erinnerung an sein Gespräch mit Ellen in Zweifel ziehst? Du weißt jetzt schon, dass er in den nächsten Wochen bis zum Wiedersehen mit nichts anderem als mit der Erinnerung an die Begegnung mit der ominösen Ellen beschäftigt sein wird.

Familiengrab. – In dem Stapel Zettel, die dir Werner vorgelegt hat, findet sich einer mit wenigen Zeilen, geschrieben in grüner Tinte. Werner hat ihn gelocht, abgeheftet und übergibt ihn nun feierlich wie einen Schatz. Wochenlange Mühe habe es ihn gekostet, berichtet er, zu erfahren, wo Onkel Fritz begraben wurde. In der Friedhofsverwaltung habe man Sorge gehabt, dass das Grab eines Auschwitz-Kommandanten auf dem Peiner Stadtfriedhof zu einer Pilgerstätte für Rechtsradikale und Holocaust-Leugner werden könnte, wenn es bekannt würde. Dabei, so Werner, sei er es doch gewesen, der überhaupt erst von den Verbrechen Hartjensteins gesprochen habe. Es kenne doch sonst kaum jemand in dessen Heimatstadt den KZ-Kommandanten. Die Geheimniskrämer- und Bedenkenträgerei aber, mit der man ihm bei dieser Recherche begegnet sei, habe ihn regelrecht angespornt. Jetzt wolle er es genau wissen.

Die Angaben der Friedhofsverwaltung sind simpel: »Fritz Hartjenstein, verstorben in Paris in Gefangenschaft, † 20.10.1954, Feld 1, Grab Nr. 231, Beerdigung 25.10.1954, 15 Uhr«. Noch heute findet sich an dieser Stelle unweit der Friedhofskapelle im Schatten einer hohen Eibe, wo einst der Leichnam aus dem Zinksarg seine letzte Ruhe fand, ein Grabstein mit dem Namen Hartjenstein. Gemeint ist aber nicht Fritz, der SS-Mann. Dessen Grab ist längst eingeebnet. Es ist das noch jüngere Familiengrab eines anderen Familienzweiges. An den dreifach todgeweihten Kriegsverbrecher erinnert nichts mehr.

Über Leben und Tod

Höß. – Ob nun zwangsversetzt oder bewusster Schritt in der eigenen Karriere, das Verhältnis Hartjensteins zu seinem neuen Vorgesetzten in Auschwitz, dem Kommandanten des gesamten Lagerkomplexes (Stammlager und das damals noch im Aufbau befindliche Birkenau), Rudolf Höß, war vom Start weg nicht gut. »Höß beschrieb Hartjenstein in bezeichnender Weise«, schreibt Karin Orth in ihrem Buch über die Konzentrationslager-SS. »Dieser hätte seinen Dienst in Auschwitz von Beginn an vernachlässigt und niemals Verständnis für den Lagerdienst aufgebracht.« Das könne daran gelegen haben, dass Höß den Neuen nicht als gelernten KZ-Mann wahrnahm, der durch die Dachauer Schule gegangen war, sondern als eine Art Quereinsteiger.

Vielleicht steckt aber auch etwas anderes dahinter und die Beurteilung ist Ausdruck eines Minderwertigkeitskomplexes des KZ-Kommandanten Höß gegenüber einem überlebenden Frontkämpfer. Hartjenstein habe »versucht, einen Abstand zwischen ihm und den SS-Wachverbänden zu schaffen«, klagte Höß; den SS-Männern habe er eingeredet, der »Lagerkommandant hätte kein Herz für Soldaten«. Karin Orth zieht daraus folgenden Schluss zur Persönlichkeit des Vorgesetzten: »Höß fühlte sich dadurch besonders getroffen, weil er sich selbst zeit seines Lebens als ›Soldat‹ empfand. Zudem hatte Hartjenstein, bewusst oder unbewusst, an etwas gerührt, das Höß schwer belastete: sein Unvermögen, ein kameradschaftliches Verhältnis zu den SS-Männern herzustellen (Robert Mulka, Höß aus der Sicht seiner Untergebenen).« Und Orth weiter: »Hartjenstein symbolisierte für Höß diejenigen, die – phasenweise an der äußeren Front eingesetzt – aus ihrer Herablassung gegenüber den Zurückgebliebenen keinen Hehl machten. Höß warf Hartjenstein im Gegenzug vor, er habe niemals die Anforderungen der ›inneren Front‹ verstanden und daher als Kommandant versagt« – ein Urteil, das nicht nur Hartjenstein traf. Auch Arthur Liebehenschel, den langjährigen engen Mitarbeiter von Eicke und

Glücks, beurteilte Höß in seinen Erinnerungen nicht besser. Liebehenschel und Hartjenstein waren nach Höß' Wechsel Ende 1943 nach Berlin ins SS-Wirtschafts- und Verwaltungshauptamt dessen Nachfolger in den nunmehr getrennten Lagern Auschwitz I und II (Stammlager und Birkenau) geworden. Und tatsächlich hatte sich unter den beiden neuen Kommandanten viel verändert, was Höß, als er ab Mai 1944 wieder in Auschwitz war, kaum gefallen konnte.

Massenmorde. – Über den Alltag in Auschwitz ist so viel veröffentlicht worden, dass es ganze Bibliotheken füllt. Als Beschreibung des Lageralltags mag eine Notiz ausreichen, die drei Tage vor Fritz Hartjensteins Dienstantritt als neuer Kommandant von Auschwitz-Birkenau im »Material der Widerstandsbewegung« festgehalten wurde und im Archiv des staatlichen Museums in Auschwitz (Archiwum Panstwowego Muzeum w Oswiecimiu) zu finden ist: »Im Frauenlager in Birkenau findet eine Selektion statt, wobei 394 jüdische Häftlinge ausgesucht werden. Während sie mit Fahrzeugen zu den Gaskammern transportiert werden, werden die weiblichen Häftlinge Bina Braun (Nr. 62390) und Rosa Thieberger (Nr. 66462), die versucht hatten, zu fliehen und sich im Lager zu verstecken, erschossen. Die übrigen werden in den Gaskammern getötet. Auf der Namensliste der selektierten Jüdinnen stehen auch Häftlinge, die erst wenige Tage vor der Selektion ins Lager eingeliefert worden sind: Mina Kraft (Nr. 67111), geboren am 11. April 1878 in Neuenhain, die am 5. November mit dem Sammeltransport eingeliefert worden ist.« Es folgen weitere Namen von in Tübingen und Amsterdam geborenen Jüdinnen, die über die Lager Herzogenbusch und Westerbork eingeliefert wurden.

Warum diese und ähnliche Notizen über Selektionen und Massentötungen in Birkenau überhaupt erhalten sind, lässt sich in dem Dokument ebenfalls nachlesen: »Einen Durchschlag der maschinenschriftlichen Liste, die im Frauenlager entwendet und an eine Zelle der Widerstandsorganisation der Häftlinge im Stammlager weitergegeben wird, schickt Stanislaw Klodzinski am 21. November 1943 nach Krakau, zur Auswertung und Weiterleitung des Originals nach London.« Ebenfalls für den 21. November wird in der monatlichen Arbeitseinsatzliste notiert: »In den Lagern in Birkenau breitet sich erneut eine Flecktyphusepidemie aus.« Die Anzahl der kranken und arbeitsunfähigen Häftlinge wird für diesen Tag mit 9063 männlichen und 7656 weiblichen Gefangenen angegeben. Diese »Zahl nimmt ständig zu«. Am nächsten Tag trat Hartjenstein als neuer Kommandant seinen Dienst an.

Ernennung. – Auch der Standortbefehl Nr. 53/43 befindet sich im Museumsarchiv: »Der Kommandant SS-Obersturmbannführer Liebehenschel lässt das KL Auschwitz in drei selbständige Konzentrationslager unterteilen und der folgenden Leitung unterstellen: 1) Konzentrationslager Auschwitz I – Stammlager; Lagerkommandant ist SS-Obersturmbannführer Liebehenschel mit dem Adjutanten SS-Hauptsturmführer Zoller und dem Ersten Schutzhaftführer SS-Obersturmführer Hofmann. 2) Konzentrationslager Auschwitz II – Birkenau; Lagerkommandant ist SS-Sturmbannführer Hartjenstein mit dem Adjutanten SS-Untersturmführer Schindler und dem Ersten Schutzhaftlagerführer für das Männerlager SS-Untersturmführer Schwarzhuber sowie dem Ersten Schutzhaftlagerführer für das Frauenlager SS-Untersturmführer Hössler. 3) Konzentrationslager Auschwitz III – Nebenlager; Lagerkommandant ist SS-Hauptsturmführer Schwarz mit seinen noch ungenannen Adjutanten. Zugleich belässt Liebehenschel die Führung des SS-Totenkopf-Sturmbanns des KL Auschwitz in den Händen des bisherigen Kommandeurs, SS-Sturmbannführer Hartjenstein, den er auch zu seinem Stellvertreter macht.« Und auch die einzelnen Wachkompanien werden in diesem Standortbefehl gleich mit aufgeteilt, wobei Hartjenstein die 6., die 7. und die 8. Kompanie sowie die Stabseinheit und auch die Hundestaffel unterstellt wird. Liebehenschel selbst erklärt sich zudem zum Standortältesten. Er ist damit Vorgesetzter der beiden anderen Kommandanten, Hartjenstein wird auch in dieser Funktion sein Vertreter.

Dass sich in den folgenden Monaten einiges ändern würde, machte Liebehenschel gleich am nächsten Tag deutlich. Er inspizierte laut »Bunkerbuch« den Bunker von Block 11, wo zu diesem Zeitpunkt 86 Häftlinge dahinvegetierten. Auf der Stelle lässt er 56 von ihnen aus dem höllischen Strafgefängnis ins Lager zurückbringen, darunter mehrere deutsche Kommunisten wie Paul Wienhold und Ludwig Wörl sowie Polen, Tschechen und Russen, die auf Anweisung der Politischen Abteilung in den Bunker gesperrt worden waren. Die Entlassenen allerdings werden zur Abschreckung mit einem roten Farbpunkt auf Brust und Rücken der Häftlingsbekleidung als Bunkersträflinge markiert.

Nur 30 Mann bleiben im Bunker, 26 von ihnen, weil sie im Lager Neu-Dachs (Außenlager Jaworzno, ein Arbeitslager zum Bau des Kraftwerkes Wilhelm) einen Fluchttunnel gegraben haben. Über das Schicksal dieser 26 hatte Vorgänger Höß offenbar nicht selbst entscheiden wollen, sondern bei Himmler die Todesstrafe beantragt, die man als Mahnung für die anderen Häftlinge öffentlich vollstrecken wollte. Und so kam es dann auch: Für den Nikolaustag, 6. Dezember, ist im Bunkerbuch der Transport der 26 gescheiterten Tunnelgräber ins Nebenlager Neu-Dachs notiert, wo sie anlässlich des Abendappells öffentlich hingerichtet wurden. Die 26 Polen müssen auf Tische klettern, werden an einen eigens aufgerichteten Massengalgen geknüpft und die Tische werden nach Verlesen des Urteils aus Berlin unter ihnen weggetreten. »Jungs, haltet durch!« und »Es lebe Polen!« sollen einige gerufen haben. Danach mussten alle Häftlinge des Nebenlagers an den Gehängten vorbeigehen. Ihre Leichen wurden erst 24 Stunden später abgenommen.

Während der neue Standortälteste im Bunker zumindest für 56 Eingekerkerte unerwartete Milde walten ließ, ging bei Hartjenstein in Birkenau alles weiter seinen gewohnten Gang. In der Lagerchronik heißt es für diesen Tag: »Mit dem 62. Transport des RSHA (Reichssicherheitshauptamt) aus Frankreich sind 1200 jüdische Männer, Frauen und Kinder aus dem Lager Drancy eingetroffen. Nach der Selektion werden 241 Männer, die die Nummern 164427 bis 164667 erhalten, und 45 Frauen, die die Nummern 69036 bis 69080 erhalten, als Häftlinge ins Lager eingewiesen. Die übrigen 914 Menschen werden in den Gaskammern getötet.«

So also sah er aus, der Dienstalltag für den neuen Kommandanten – Tag für Tag neue Züge mit 1000 bis 1500 Juden, Tag für Tag neue Selektionen an der Rampe, neue Arbeitskräfte für das Stammlager oder die Arbeitslager in Monowitz oder Jaworzno, während die Alten, Schwachen, Frauen und Kinder sofort ins Gas geschickt wurden. Der Höhepunkt dieses industrialisierten Massenmordens sollte allerdings erst noch bevorstehen: Ein halbes Jahr später kehrte Höß nach Auschwitz zurück mit dem Auftrag, nunmehr noch effektiver, noch ausnahmsloser die in immer höherer Schlagzahl herangekarrten ungarischen Juden zu vernichten. Bis dahin sollte Hartjenstein, so war es seine Aufgabe, eigentlich den Vernichtungsbetrieb in Birkenau noch effizienter durchrationalisiert und die Kapazitäten zum Töten entscheidend erweitert haben.

Stammbuch. – Auch Gert starb in Auschwitz. Einer von 1,1 Millionen Menschen. Sein Tod wird am 22. Juli 1943 für den 15. des Vormonats beurkundet. Im Totenschein die Sterberegister-Nummer 1083 des Jahres 1943, abgestempelt vom Standesbeamten von Auschwitz, Kreis Bielitz, Standesamt Gleiwitz. So steht es im Stammbuch der Familie. Ob sein Leichnam verbrannt wurde, so wie der von einer Million anderer Auschwitz-Toten auch? Die Asche gesiebt, die unverbrannten Knochen zermahlen und verstreut als Dünger auf den Feldern oder einfach in die Weichsel gekippt und durch ganz Polen bis in die Ostsee geschwemmt? Ob sich sein kurzes Leben in Rauch auflöste, der wie eine dauerhafte Glocke über dem riesigen Baracken-Komplex hing, dessen Umwandlung vom industriellen Massenvernichtungslager zur »Deutschen Stadt der Zukunft« ein entfernter Verwandter, der Großcousin seines Vaters, gerade in Berlin plante? Oder ob er feierlich bestattet wurde, vielleicht sogar in einem zierlichen Sarg, mit einer Traueransprache, mit einer betrübten Mutter im schwarzen Kleid und mit Tränen im Gesicht, die großen Brüder betreten am offenen Grab in der Erde von Auschwitz-Birkenau stehend? Wahrscheinlich standen sie dort in den neuen Lederhosen mit den geschnitzten Motiven aus echtem Hirschhorn auf dem Querriegel der Hosenträger, auf die der Vater so stolz war, weil er sie trotz der Wirren des Krieges hatte beschaffen können für seine Jungs. An den Füßen die neuen ledernen Stiefel, mit denen sie in der Hitlerjugend das Marschieren lernen sollten. Das steht da alles nicht im Stammbuch der Familie. Wohl aber, dass der Verstorbene »gottgläubig« war.

»Gottgläubig«, das war das Synonym für jeden guten Christen der NS-Zeit, der sich einzig dem Führer verschrieben hatte, der an gottgegebene Führerschaft glauben, aber mit Kirche nichts zu tun haben wollte. Nicht mit evangelischer, nicht mit katholischer Kirche, schon gar nicht mit dem jüdischen Glauben, der dort hinter den Stacheldrahtverschlägen und Todesstreifen unter Aufsicht des Vaters industriell und endgültig ausgelöscht werden sollte. Einzig verschrieben dem Führer, Adolf Hitler.

So »gottgläubig«, wie man als Säugling eben sein kann. Gert Friedrich Hartjenstein, der am 11. Juni 1943 drittgeborene Sohn des künftigen Lagerkommandanten Fritz Hartjenstein, ist in Auschwitz geboren und gestorben. Er hatte einen Herzfehler – so heißt es offiziell. Das kann man, muss man aber nicht glauben. Ein Gen-Defekt, eine Missbildung, ein fehlendes oder verkrüppeltes Körperteil – vieles ist denkbar, was in diesen Zeiten des Euthanasie-Wahnsinns den raschen Tod eines Neugeborenen gerechtfertigt hätte. In der Familie wird sich die Behauptung »Herzfehler« halten. Gert wurde nur fünf Tage alt.

Die Frau des Kommandanten musste mit ihrem Kummer nicht allein bleiben. Bis zur Geburt Gerts war ihre Schwester zu Besuch in Auschwitz. Danach kam die Mutter aus Peine zur Hilfe und als Trauerbeistand. Sie habe damals nach dem Tod Gerts viel Milch gehabt. Sie habe abgepumpt und dem Vater die Muttermilch mit ins Lager gegeben, um den dort frisch geborenen Säuglingen zu helfen. Das hat sie später ihren eigenen Kindern erzählt. Wie glaubhaft ist das? Nur wenige Neugeborene jenseits des Stacheldrahtes überlebten Auschwitz. In der SS-Siedlung hingegen wurde geboren wie in jeder deutschen Stadt.

Im Nachkriegsdeutschland erklären zu müssen, wo genau er geboren ist, blieb Gert erspart. Eine Schulfreundin, so berichtete dir bei einer Lesung eine ebenfalls 1943 geborene Zuhörerin, habe auch in Auschwitz das Licht der Welt erblickt. Ihr Vater sei Offizier bei den

Abb. 6 Familienidylle im Schatten der Krematoriums-Schlote: Fritz und Gustel Hartjenstein mit Söhnen im Mai 1944 im Garten ihres Hauses Nummer 177 in der SS-Siedlung Auschwitz. Wenig später wurde der Kommandant nach Natzweiler versetzt (Quelle: privat).

Wachmannschaften gewesen. Einer von Fritz Hartjensteins Leuten also. Der Freundin sei es gelungen, ihren offiziellen Geburtsort »Auschwitz« von mitfühlenden Beamten in bundesdeutschen Behörden in »Kreis Bielitz« umschreiben zu lassen.

Geburten. – Man darf getrost annehmen, dass der kleine Gert Hartjenstein, Sohn des Chefs des Wachsturmbanns und des künftigen Kommandanten, ordentlich begraben wurde und ein Pfarrer eine würdige Ansprache hielt. Den Kindern, die auf der anderen Seite des Lagerzaunes zur Welt kamen, wurde diese Gnade nicht zuteil. Der Geburtstag Gerts, der 11. Juni, ist auch der von Maria Wuchinger. Man tätowierte dem kleinen Mädchen sofort die Nummer Z-8895 auf den mageren Leib – auf den Oberschenkel, denn die Ärmchen, auf die die Nummern normalerweise gestochen wurden, waren bei Babys viel zu dünn. Maria hatte keinen Herzfehler wie der Sohn des Kommandanten, wurde aber trotzdem nicht viel älter als Gert. Denn ihre Mutter war keine SS-Führer-Gattin, sondern eine ausgemergelte Frau hinter den Gittern des Zigeunerlagers, viel zu hungrig, um ihr Baby stillen zu können. Maria Wuchinger wurde keinen Monat alt, sie starb am 3. Juli.

Laut Lagerchronik, soweit man das »Kalendarium der Ereignisse im Konzentrationslager Auschwitz-Birkenau 1939–1945« von Danuta Czech so nennen darf, sind in diesen sommerlichen Junitagen des Jahres 1943 in der kurzen Lebensspanne des kleinen Gert neun weitere Babys allein im sogenannten »Zigeunerlager« geboren worden. Stellvertretend für all diese Kinder, die, gerade zur Welt gekommen, sogleich dem Tode geweiht waren, hier die Auszüge aus den Hauptbüchern der Zigeuner und Zigeunerinnen (es wurden zwei verschiedene Bücher geführt) vom 14. Juni 1943: »Die beiden im Zigeunerlager Birkenau geborenen Jungen Josef Delis und Andreas Horwarth erhalten die Nummern Z-8245 und Z-8246.« »Die im Zigeunerlager Birkenau geborene Franciszka Ruzycka erhält die Nummer Z-8893; sie stirbt am 25. Juni 1943.« »Die am 12. Juni im Zigeunerlager Birkenau geborene Hilde Luza erhält die Nummer Z-8896; sie stirbt am 17. Juli.« »Die Nummer Z-8897 erhält die im Zigeunerlager Birkenau geborene Maria Blum-Winterstein; sie stirbt am 17. Juni 1943.«

Für den in diesen Tagen um das Leben seines Drittgeborenen bangenden Wachsturmführer ging der Arbeitsalltag derweil weiter. Er wird nicht erfahren haben, wer im Lager der Sinti und Roma gerade geboren wird oder stirbt. Der Tod war in diesen Tagen allgegenwärtig, zwar einer Notiz in den Hauptbüchern oder der peniblen Statistik der Lagerverwaltung wert, nicht aber wichtig genug, dem Chef gemeldet zu werden. Ärger machten hingegen die ständigen Fluchtversuche. Die waren natürlich nach oben zu melden. Ausgerechnet am Tag der Niederkunft seiner Frau dieser Eintrag im Bunkerbuch: »Während eines Fluchtversuchs werden die beiden jüdischen Häftlinge Wilhelm Bielschowski (Nr. 122481) und Rudolf Juliusberger (Nr. 122508) ergriffen und in den Bunker von Block 11 eingesperrt. Wilhelm Bielschowski wird nach einer in dem Bunker durchgeführten Selektion am 25. Juni 1943 erschossen; Rudolf Juliusberger wird dagegen am 23. Juni 1943 aus dem Bunker ins Lager entlassen.«

Mehr noch wird ihn an diesem Tag beschäftigt haben, dass unter den inhaftierten Kriminellen erneut ein Trupp Freiwilliger zusammengestellt werden musste. Siebzehn der aus deutschen Gefängnissen nach Auschwitz überstellten Kriminellen, sogenannte Grünwinkel, sollten von der Wehrmacht rekrutiert und als Kanonenfutter ins Feld geschickt werden. Ein vierwöchiger militärischer Schulungskurs im Konzentrationslager Sachsenhausen – immerhin noch hinter Gittern – musste reichen, dann wurden die Männer an die Front geschickt.

Aber nur die Fittesten. Andere Kriminelle im Lager blieben, was sie waren: brutale, durchtriebene, stets auf eigenen Vorteil bedachte Funktionshäftlinge, die der Wachschutz gern als Spitzel oder Kapos einsetzte und durch Vergünstigungen willig hielt. So wie der Deutsche Bruno Brodniewicz. Der Mann mit der Häftlingsnummer 1 unter den Grünwinkeln war bereits als Lagerältester im Männerlager und vom 23. Mai bis 7. Juni Ältester im Zigeunerlager gewesen. Am 15. Juni begann in Jaworzno nordöstlich von Auschwitz der Bau eines neuen Nebenlagers, und Hartjenstein musste mit seinen Leuten 100 Häftlinge dorthin überstellen, die ein Lager für die Unterbringung von 5000 Arbeitern zu errichten hatten. Brodniewicz wurde nun dort Funktionshäftling Nummer eins, der Mächtigste unter den Entrechteten. Der Befehl zum Bau des Lagers, das künftig den Namen »Neu-Dachs« tragen sollte, war erst einen Tag zuvor vom Wirtschafts- und Verwaltungshauptamt (WVHA) aus Berlin eingetroffen. Die Häftlinge sollten in der EVO, der Energieversorgung Oberschlesien AG, einem von Albert

Speer geführten Staatskonzern, arbeiten. Reichsminister Speer hatte dem KZ Auschwitz dafür sogar eine Sonderration des Eisenkontingents zugeteilt – deshalb die Dringlichkeit. Für die Sonderzuteilung des knappen Kriegsgutes bedankte sich schon am selben Tag in einem Schreiben an Speer der Reichsführer SS, Heinrich Himmler, persönlich: Speers Botschaft habe ihn »in der Überzeugung bestärkt, daß es doch noch Gerechtigkeit gibt.«

Eine andere Gruppe Häftlinge, die in diesen Junitagen des kurzen Lebens von Gert Hartjenstein eine Schicksalswende erlitten, konnte von Gerechtigkeit nur träumen. Hartjenstein und seine Männer vom Wachschutz mussten eine Gruppe von 115 Häftlingen aussondern, die der SS-Hauptsturmführer Dr. Bruno Beger zuvor benannt hatte. Beger war Arzt und Mitarbeiter der Lehr- und Forschungsgesellschaft Ahnenerbe der SS. Der Mediziner, der offenbar erste Anzeichen einer bevorstehenden Flecktyphus-Epidemie im Lager bemerkt hatte und Auschwitz nun überstürzt verließ, hatte zuvor eine Liste mit 79 Juden, 30 Jüdinnen, zwei Polen und vier Asiaten zusammengestellt, die einmal quer durch das Reich von Polen nach Frankreich überstellt werden sollten. In den Augen der SS »ausgesuchte Exemplare«, die Hartjenstein später, nach seiner gescheiterten Kommandantur in Birkenau, als neuer Kommandant in Natzweiler-Struthof wiedersehen sollte. Dort bekam er die von Beger in Auschwitz als »rassetypisch« bezeichneten und aussortierten Menschen freilich nur noch als Anatomie-Präparate in den Laboren des Straßburger Anatomie-Professors Dr. August Hirt zu Gesicht. Was Hartjensteins Wachmannschaft am 15. Juni 1943 in Birkenau zusammentrieb, kam Anfang August in Natzweiler an. Dort war bereits eigens für diese Opfer aus Hirts Forschungsetat eine Gaskammer gebaut worden. Der Natzweiler-Kommandant Josef Kramer, Vorgänger des ein Jahr später ins Elsass abkommandierten Hartjenstein und im Wechsel dessen Nachfolger in Auschwitz-Birkenau, ließ es sich nicht nehmen, persönlich und nach den Anweisungen des Anatomie-Professors die künftigen Ausstellungsobjekte mit einer Cyanwasserstoffverbindung (Blausäure) zu vergasen. Die Leichen der in Auschwitz rekrutierten Menschen wurden danach ins Anatomische Institut nach Straßburg überführt, wo sie in Behältern mit 55prozentigem synthetischen Alkohol konserviert und für eine von Hirt geplante Sammlung rassetypischer Skelette und anatomischer Raritäten präpariert wurden.

Am 17. Juni 1943, einen Tag nach Gert Hartjensteins Beerdigung, wird in Birkenau die Geburt von drei weiteren Kindern registriert, darunter mit der Nummer Z-8899 im Zigeunerlager Theresia Schubert. Sie stirbt bereits am nächsten Tag. Das Leichenhallenbuch notiert für den 17. Juni die Einlieferung von 13 Leichen von Häftlingen allein aus dem Stammlager. Die Anzahl der an diesem Tag in Birkenau Vergasten wurde nicht notiert.

Kindsmörderinnen. – Die Babys der Sinti und Roma im Zigeunerlager hatten zumindest die Chance, auf die Welt zu kommen. Jüdische Frauen hingegen, die ihre Schwangerschaft nicht verbergen konnten, wurden sofort vergast. Wer es als Jüdin im Lager dennoch schaffte, sein Kind zu entbinden, nahm damit den eigenen Tod samt Säugling in Kauf. Vielfach, so schreibt Alwin Meyer, seien Frauen, die sich schwanger im Krankenbereich verstecken konnten, sofort nach der Entbindung mitsamt den Neugeborenen getötet worden. Meyer weiter: »Bis Ende Oktober 1944 wurden alle im Birkenauer Frauenlager geborenen jüdischen Kinder sofort nach der Geburt getötet. In keinem Dokument sind sie verzeichnet worden.« Aber die polnische Historikerin Helena Kubica, die vier Jahrzehnte Mitarbeiterin der Gedenkstätte Auschwitz war, fand Zeugenaussagen, dass wohl doch einige Babys überlebt hatten: »Auch kam es vor, dass nichtjüdische Frauen, die ihr gerade geborenes Kind verloren hatten, die Babys von jüdischen Frauen stattdessen zu sich nahmen. So konnten einige gerettet werden.« Krystyna Zywulska erinnerte 1946 in ihrem »Überlebensbericht« an eine Jüdin, die eines Tages im Häftlingskrankenhaus »auf dem Ofen vor den Augen Hunderter ein Kind gebar«. Die Frau habe entschieden: »Ich lasse es nicht sterben, ich werde es nicht erwürgen. Das ist mein erstes Kind, es muss mir Glück bringen. Helft mir. Bestimmt wird ein Wunder geschehen, und es wird überleben.« Die Mitgefangenen hätten ihr tatsächlich geholfen, und da sie trotz hohen Fiebers in der Lage war, ihr Kind zu säugen, überlebte das Baby ungefähr einen Monat. Wenn SS-Männer überraschend kamen, wurde es unter Strohsäcken versteckt. Dann aber sei der Befehl gekommen, jüdische Frauen seien »ohne Rücksicht auf ihren Gesundheitszustand gesundzuschreiben«. Das hätte den sicheren Tod von Mutter und Kind bedeutet. Die Lagerärztin habe dem Kind daher ein Schlafmittel injiziert und es so getötet, um wenigstens die Mutter zu retten.

Auch die Häftlingsärztin Olga Lengyel, die als Einzige ihrer sechsköpfigen Familie Auschwitz überlebte, bestätigte das in ihrem 1946 in französischer Sprache verfassten Bericht »Erinnerungen aus dem Jenseits« (»Souvenirs de l'au-delá«). Als Häftlingsärztin habe sie sich nicht damit abfinden wollen, dass Mütter und ihre Neugeborenen »automatisch in die Gaskammern kamen.« Man habe ihr gesagt: »Wir müssen wenigstens das Leben der Mütter retten.« Dann beschreibt sie, wie sie zur Kindsmörderin wurde: »Wir haben dem Baby die Nase zugeklemmt, und wenn es den Mund öffnete, um zu atmen, gaben wir ihm eine Dosis eines tödlichen Produktes.« So konnte das Kind als Totgeburt deklariert werden, und die Mutter blieb am Leben. »Ohne unser Eingreifen hätten (die Babys) noch schlimmere Leiden erdulden müssen. Sie wären lebend ins Krematorium geworfen worden.« Lengyel schreibt: »Und so gelang es den Deutschen, sogar aus uns Mörder zu machen.«

Zeitenwende. – Mitte November 1943 wurde Fritz Hartjenstein, bisher Chef der Wachtruppen, einer der nunmehr drei neuen Kommandanten. Seit über einem Jahr stand er den Wachmannschaften vor. Er musste also wissen, für welch ein System aus Mord, Unterdrückung und Ausbeutung er nun die Hauptverantwortung tragen sollte. Doch offenbar war man auch in Berlin inzwischen zu der Überzeugung gelangt, dass sich etwas ändern musste in Auschwitz. Dass sich insbesondere in der Gestapo Machtzirkel gebildet hatten, die mit mörderischer Gewalt in die eigenen Taschen wirtschafteten, war nicht mehr zu übersehen. Berlin schickte gar eine Untersuchungskommission, um zu ermitteln, was die Gestapo da trieb. Denn dass gezielt jene jüdischen Zwangsarbeiter ausgesondert und heimlich exekutiert wurden, bei denen noch Wertgegenstände vermutet wurden, war ein offenes Geheimnis. Nur, wo diese Wertsachen verblieben, das blieb im Verborgenen.

Es schien – zumindest im Stammlager und in Birkenau – mit den neuen Kommandanten Liebehenschel und Hartjenstein eine Zeitenwende bevorzustehen. So hofften die Gefangenen zumindest. »Das ist eine völlig neue Ära im Lager, die deutlich zu spüren ist …«, schrieb am 24. November 1943 Stanislaw Klodzinski in einem geheimen Kassiber an Teresa Lasocka. »Jozek kam wie durch ein Wunder heraus. Sie ließen den ganzen Bunker frei, über 100 Personen. Das sind Anordnungen aus Berlin, die von der Politischen Abteilung und dem neuen Lagerkommandanten sehr genau ausgeführt werden. Alle SS-Männer mussten persönlich ein Formular ausfüllen, wonach das Töten von Häftlingen untersagt ist. Die Todesstrafe bei Flucht und Fluchtverdacht wird abgeschafft. Der Bunker von Block 11 wird nur zum Absitzen verhängter Strafen da sein und nicht als Untersuchungsgefängnis.«

Was der Schreiber noch nicht wusste: Diese Freilassung aus dem Bunker, eine der ersten Amtshandlungen der neuen Kommandanten, hatte massiven Zwist zwischen der Politischen Abteilung und den Neuen ausgelöst. Der Bunker war für die Lager-Gestapo zum bequemen Repressionsmittel geworden, um alle, die von den zahlreichen Spitzeln unter den Häftlingen – zu Recht oder zu Unrecht – denunziert wurden, zeitweise oder für immer verschwinden zu lassen. Weil die geheime Widerstandsbewegung viele der Namen dieser V-Männer kannte, setzte sie gelegentlich die Spitzel auch für ihre eigenen Zwecke ein. Man ließ sie jene denunzieren, die der Widerstandsgruppe gefährlich werden konnten, oder man spielte ihnen Desinformationen zu, um von den wirklichen Verbindungen im Untergrund abzulenken. Das empfindliche System von Gestapospitzeln und Doppelagenten drohte nun zu zerbrechen. Die Widerständler sahen sich jetzt gezwungen, ihrerseits zu brutalen Mitteln zu greifen, ehe Doppelagenten Schaden anrichten konnten: »Außerdem muss unbedingt entweder bei Marysia in Zator oder irgendwo auf dem Weg eine Falle für Dorosiewcz, den Lagerspitzel, einen großen Dunkelhaarigen, gelegt werden. Er trägt eine schwarze Jacke und die gelbe Kapo-Binde und hat lange Haare. (…) Er beabsichtigt die Kontakte des Lagers mit der Außenwelt aufzudecken. Man muß ihn entweder vergiften (er trinkt Wodka) oder erschießen. Ohne zu zögern – auf der Stelle und so schnell wie möglich.« So lautete ein Kassiber an eine konspirative Gruppe des Krakauer Hilfskomitees. Der Schreiber sorgte sich zudem um die Wege, die die regelmäßigen Botschaften nach draußen nahmen. Lili (die Geschäftsführerin der Sektion zur Betreuung von Häftlingen und ihren Familien in Krakau) »soll sie unkenntlich machen, und bei der Gelegenheit ist der Spitzel Wierusz-Kowalski zu beseitigen, zu vergiften oder zu erschießen.«

Doch neue Besen kehren gut. Die drei Höß-Nachfolger wollten aufräumen, also auch das Spitzelwesen beenden. Schließlich griff Liebehenschel bei den korrupten Politischen sogar noch an der Spitze durch: Er ließ den Leiter der Politischen Abteilung, SS-Untersturmführer Grabner, verhaften und durch Untersturmführer Schurz ersetzen. Offiziell wurde das als Abberufung Grabners an die Gestapo-Dienststelle Kattowitz verkauft. In Wahrheit aber ging der neue Chef dem Verdacht des vielfachen Amtsmissbrauchs bei willkürlichen Erschießungen und der Korruption nach. Da half es Grabner nicht, dass er behauptete, Höß und auch der Kattowitzer Gestapo-Chef Mildner hätten von den Erschießungen gewusst und sie gutgeheißen. Mildner war inzwischen weit weg, in Dänemark, und »Höß zog sich durch Meineid aus der Affäre«, schrieb dazu Pery Broad, ein Unterscharführer und Mitglied der Wachmannschaften, dessen Tagebuchaufzeichnungen im Auschwitzprozess ab 1963 eine bedeutende Rolle spielen sollten.

Und wie zum Beweis, dass die Gestapo ein eigenes Bereicherungssystem aufgebaut hatte, brannte in der Nacht zum 7. Dezember genau jene Baracke ab, in der eine von Korruptionsermittler Dr. Konrad Morgen geleitete Sonderkommission aus Berlin die Beweise für die Diebstähle durch die SS-Leute deponiert hatte. Darunter Schmuck und Wertgegenstände sowie Aufzeichnungen, die der Kommission als Schuldbeweise hätten dienen können. Und jetzt war es ausgerechnet die geheime Widerstandsbewegung der Häftlinge, die dafür sorgte, dass die Ermittlungen trotz der verkohlten Beweise nicht eingestellt wurden. Sie dokumentierte ihrerseits durch Aussagen von Mithäftlingen die Schuld der einzelnen SS-Männer, verfasste daraus gar eine Anklageschrift und ließ sie in dreifacher Ausfertigung an den Leiter der Sonderkommission, an den Kommandanten und den Lagerführer von Auschwitz I schicken.

Erklärungen dazu liefert ein nur unvollständig aufgefundener Kassiber, der ebenfalls an Teresa Lasocka gehen sollte: »Der veränderte Kurs, das Verbot von Erschießungen usw., ist durch Druck aus dem Ausland zustande gekommen. Unsere größten Mörder: Grabner, Boger, Woznica, Palitzsch sind ihrer Posten enthoben – abgesetzt und versetzt. Gegen sie wird wegen Lagerdiebstählen (…) ermittelt.« Zum vorangegangenen Brand und zur Vernichtung der Beweismittel heißt es dann: »Lachmann war der Täter. Auf diese Weise wollten sie verhindern, dass Berlin von ihren Schuldbeweisen erfährt. Veröffentlichen! Der neue Lagerkommandant hat eine Entspannung eingeleitet. Die Politische Abteilung ist von ihrer Führungsposition im Lager abgerutscht und spielt nur noch eine untergeordnete Rolle.«

Doch wer gehofft hatte, die Zeiten von Mord und Willkür in Auschwitz seien nun vorbei, der sah sich getäuscht. »Der gegenwärtige sog. Kurswechsel betrifft nicht alle Lager. Er betrifft Auschwitz, wo die Missstände zweifellos am krassesten und zahlenmäßig bedeutendsten waren«, heißt es in einem Brief der Widerstandsgruppe an das Hilfskomitee für Häftlinge in Krakau. »Der Kommandant führt in der Politischen Abteilung eine Untersuchung bezüglich der ständigen illegalen Erschießungen durch. In den Dokumenten wird der Tod als Krankheit eingetragen und der Häftlingskrankenbau als Sterbeort angegeben – vom Lagerarzt unterschrieben. (...) Zur Zeit ist ein stiller aber erbitterter Kampf der Politischen Abteilung mit dem Kommandanten im Gange. Die Politische Abteilung bemüht sich nachzuweisen, daß der frühere blutige Terror notwendig war, und daß in diesem von einer feindlichen und organisierten Bevölkerung umgebenen Terrain, dem Lager Auschwitz, dies die einzige Methode war«, heißt es in dem Kassiber.

Und der Terror ging weiter. Wieder war es Birkenau, wo Hartjenstein herrschte, als in diesen Adventstagen 1943 mörderische Zugfahrten ein noch viel mörderisches Ende fanden. Am 5. Dezember etwa sind 1200 Häftlinge und russische Kriegsgefangene aus dem KZ Flossenbürg überstellt worden. 258 der Menschen sind schon tot, als der Zug entladen wird. Alle anderen sollen sofort ins Gas geschickt werden, doch aus unbekannten Gründen geht es zur Quarantäne ins Lager. Etwa 80 Mann sind durch die lange Zugfahrt so geschwächt, dass sie sich allein nicht aufrappeln können. Auf Befehl des Lagerleiters lässt man sie bei Eis und Schnee auf dem Holzhof einfach liegen, übergießt sie noch mit kaltem Wasser und überlässt sie ihrem Schicksal. Erst in der Nacht gelingt es Häftlingspflegern, wenigstens 47 dieser Männer zu retten und in ihre Baracken zu bringen. 33 von ihnen sind da bereits erfroren.

Heimkehr. – Wie Fritz Hartjenstein, der neue Kommandant, zu solchen Willkürakten seiner Mannschaften stand, was er fühlte, wenn er abends vom Dienst in den Schoß der Familie heimkehrte, weiß man nicht. Geäußert hat er sich dazu nie. So wie er auch in den folgenden zehn Jahren niemals auch nur einen Satz über die Vorkommnisse in Auschwitz zu Protokoll gab oder in einem Brief darüber berichtete. In den späteren Prozessen, die ihm unter anderem dreimal die Todesstrafe einbrachten, standen Vorkommnisse in Auschwitz nie zur Debatte. Ein-

Abb. 7 Sonntagsspaziergang in der SS-Siedlung Auschwitz: Vater Hartjenstein mit den Söhnen, aufgenommen vermutlich im Frühjahr 1944. Auf der Rückseite hat die Familie »Oberschlesien« als Entstehungsort des Fotos notiert (Quelle: privat).

zig eine Äußerung seiner Ehefrau, viele Jahre später gegenüber ihren dann schon erwachsenen Kindern ausgesprochen und sicher nicht frei von der Versuchung, die Taten des Vaters in ein besseres Licht zu setzen, ist überliefert: Der Vater habe an manchem Abend, wenn er vom Dienst zurück ins behagliche Haus in der SS-Siedlung kam und zuvor die Baracken inspiziert hatte, »am Küchentisch gesessen und geweint«, sagte Ehefrau Guste ihren Kindern. »Ein so großer, starker Mann – und sitzt mir in der Küche und weint bitterlich!?«

Sterilisation. – Ob ihn auch das zum Weinen brachte, was im Frauenlager Birkenau geschah, als er Kommandant war, und von dem er als Chef mit Sicherheit wusste? Dort betrieb in der chirurgischen Abteilung des Häftlings-Krankenhauses dessen Leiter Dr. Schumann Experimente mit Röntgenstrahlen, um Gefangene – Männer wie Frauen – unfruchtbar zu machen. Im »Kalendarium« von Danuta Czech heißt es unter dem 16. Dezember 1943: »Der Leiter (…) erstellt einen Bericht für den Zeitraum vom 15. September bis zum 15. Dezember, in dem er angibt, daß im Krankenbau 106 Kastrationen und Sterilisationen durch Hodenamputationen, Genitaloperationen, Eierstockentfernungen, Entfernung des Eileiters usw. vorgenommen worden sind.«

Während Dr. Schumann die chirurgischen Eingriffe im Block 21 des Stammlagers vornahm, war Block 30 in Birkenau für die Röntgen-Versuche ausgestattet. Dort waren die ausgesuchten gesunden jungen Männer und Frauen zunächst untergebracht, wurden mit unterschiedlich hohen Dosen bestrahlt und das Ergebnis später – nach zwei bis elf Monaten – im Stammlager chirurgisch untersucht. Je nach Versuchsaufbau wurden den Männern ein oder zwei Hoden entfernt, die teils histologisch präpariert und ans Institut für pathologische Anatomie nach Breslau geschickt wurden. Abhängig von den vorausgegangenen Bestrahlungsdosen konnten einige Opfer wieder zurück ins Zwangsarbeitersystem, die meisten wurden aber selektiert und vergast. Nur wenige der insgesamt rund 1000 Opfer dieser brutalen und medizinisch sinnlosen Experimente in Hartjensteins Lager überlebten. Einige konnten bei den Nürnberger Prozessen von ihrem Leid als Zeugen berichten.

Verwandtschaft. – Die hellbraune Pappe bedeckt wieder den ganzen Couchtisch. Werner arbeitet an den Verwandtschaftsverhältnissen.

»Stammbaum der Familie Hartjenstein, Peine, und Hertenstein, Pforzheim, vom Jahre 1580 ab« steht darauf. Dazu gibt es Vermerke zu den Taufbüchern, aus denen die Daten stammen, sowie hochkant angebrachte Randnotizen zum »dreißigjährigen Krieg«, zu den »französischen Raubkriegen«, zu den »Kriegen Friedrichs des Grossen«, zur »Französischen Revolution« und den »Februar- und März-Revolutionen«, dem »Krieg gegen Frankreich« und dem »Weltkrieg 1914–18«. Eine saubere zeitliche Einordnung von neun Generationen des Geschlechts. Der älteste Eintrag eines Veit Hartjenstein, Hausbesitzer in Pforzheim, stammt von 1580. Nicht immer hat der Verfasser die roten Linien, die die Verbindungen anzeigen, durchgezogen. Erst ab 1663, mit Christoph und Maria, beginnt der eigentliche, der sicher belegte Stammbaum.

Werner hat etwas Interessantes darin entdeckt: Zur Preußenzeit beginnt die Ära des Schuhmacher-Handwerks in der Familie. Drei der fünf Kinder des Hans Hartjenstein (laut Kirchenregister von St. Jakobi lautete der eingetragene Vorname Johann Autor), ein »stdt. Flachshändler« aus der Stederdorfer Straße in Peine, werden zu Schuhmachermeistern. Sie lassen sich in Röttgesbüttel, in Reinheim und in Klein Ilsede nieder. Der Beruf zieht sich durch vier Generationen. Auch Fritz Hartjensteins Vater war ja eineinhalb Jahrhunderte später noch Schuhmacher. Vor allem aber trennen sich in den Jahren 1780 und 1781 die Familienlinien der beiden Hans-Söhne Johann Christian Hartjenstein und seines Bruders Caspar Heinz Gottfried. Der erste ist Werners und damit auch KZ-Kommandant Friedrichs Vorfahre, der andere ist der Urugroßvater eines später bekannten hannoverschen Architekten gleichen Namens: Friedrich Hartjenstein.

»Und nun wird's interessant«, lockt Werner dich über den Stammbaum. »Da, der Lothar, das war auch ein Nazi!« Lothar Hartjenstein, Sohn des Architekten Friedrich, der in Hannover etliche bekannte Bauwerke hinterlassen hat, über fünf Generationen verwandt mit dem Auschwitz-Befehlshaber aus Peine, war wie sein Vater ebenfalls Architekt. Er wurde einer der wichtigsten Planer beim »Aufbau einer neuen deutschen Stadt«, einer Stadt mit angeschlossenem riesigen Gefängnis zur Haltung Zehntausender Arbeitssklaven und mit industriellem Massenvernichtungslager für die den Nazis unliebsamen Menschen – so also stellten sich die selbsternannten »Herrenmenschen« die Zukunft von Auschwitz vor, und Vertreter der Familie Hartjenstein arbeiteten kräftig daran mit.

Heimatanschrift. – Auschwitz war der Familie Hartjenstein längst zur neuen Heimat geworden. Hier arbeitete der Vater, hier wuchsen die beiden Söhne auf und gingen inzwischen zur Schule. Ein Foto von 1944 – es muss kurz vor dem Wechsel nach Natzweiler gewesen sein – zeigt das Familienidyll vor einem frisch belaubten Obstbaum. »Mai 1944 Oberschlesien« steht auf der Rückseite. Hartjenstein in Uniform, die Haare kurz und mittig gescheitelt, strahlt neben seinen beiden Söhnen im Sonntagsstaat – die Träger der Lederhosen sind zu sehen, darunter ein Karohemd. Ehefrau Auguste im geblümten kurzärmligen Kleid. Ein zweites Foto aus dem Familienalbum zeigt einen »Sonntagmorgen 1943« in »Oberschlesien« – der Name Auschwitz steht nirgendwo, offenbar sind die Bilder erst nach dem Krieg beschriftet worden. Auf diesem Foto steht der Kommandant mit Mütze und langem Uniformmantel, eine Zigarette in der Hand, neben seinen Jungen, die die Uniform der Hitlerjugend-Pimpfe mit kurzen Hosen, Kniestrümpfen und Käppi tragen. Hinter ihnen eine weiße Hauswand, zu ihren Füßen frisch verlegtes Pflaster. »Spaziergang von Haus 175« heißt es auf der Rückseite.

War Haus 175 oder eines der Nachbarhäuser ihr neues Heim? Antwort gibt die Reaktion auf ein Schreiben des SS-Personalhauptamtes aus dem Januar 1944. Hartjenstein beantwortet am 1. Februar die Bitte, seine ständige Heimatanschrift sowie die seiner nächsten Angehörigen anzugeben: »Meine Heimatanschrift: SS-Sturmbannführer Fr. Hartjenstein, Auschwitz bei Kattowitz O/S. Kommandantur II«. Die Anschrift seiner nächsten Angehörigen gibt er mit »Ehefrau: Gustel Hartjenstein, Auschwitz, SS-Siedlung, Haus 177, über Kommandantur II« an. Und die Anschrift seiner Mutter: »Frau Else Hartjenstein, Peine, Größern 19«.

Ein ganz normales Zuhause also, nichts, was man hätte verheimlichen müssen. Für die Familie in Peine war die Kleinstadt in Schlesien eben die neue Heimat des Sohnes Fritz und seiner Familie. Als Ehefrau Gustel schwanger war mit Gert, da war Gustels Schwester sogar ein paar Tage zu Besuch gekommen. Nach dem Tod des Jungen war auch die Mutter aus Peine als Trösterin zur Stelle. Dass nebenan Hunderttausende Menschen starben, war kein Hindernis für einen

Familienbesuch. Und wie eine Liste mit der Zuteilung von KZ-Häftlingen als Hauspersonal für die Führungsriege in den oberschlesischen Konzentrationslagern zeigt, durfte Ehefrau Gustel im Haus 177 auch über gleich zwei Haushaltshilfen herrschen. Dank Dienstrang des Gatten und zwei Kindern – den meisten SS-Führern der Siedlung stand nur ein Haushaltssklave aus dem Lager zu. Eine der Hilfen, ein polnisches Haus- und Kindermädchen, sollte die Kommandantenfamilie sogar bis über das Kriegsende hinaus begleiten. Er habe sie »in unserer Familie wie eine Tochter« behandelt, würde Hartjenstein später in einem der Prozesse über die 17-Jährige sagen. Und dann gehörten auch noch die beiden Schäferhunde Adda und Axi zum Haushalt, mit denen die beiden Jungs so gern spielten und die später sogar mit ins Elsass genommen wurden.

Abb. 8 Unbeschwerte Kindheit am Rande des Vernichtungslagers: Die Söhne der Kommandantenfamilie Hartjenstein mit den Familienhunden »Adda« und »Axi«. Beide Schäferhunde wurden beim Umzug mitgenommen ins Elsass (Quelle: privat).

Lebensborn. – Ihr seid auch Monate später mit der Suche nach Ellen nicht weitergekommen. Werner hat so lange gegrübelt, bis er auf eine abenteuerliche Idee gekommen ist. Du musst dich jetzt auf der Stelle bei ihr entschuldigen, wenn es diese Ellen überhaupt gibt. Aber ihr habt inzwischen so viel über das gelesen, was in den Konzentrationslagern getrieben wurde, dass selbst das nicht ausgeschlossen ist, was ihr nun an Vermutungen anstellt. Werners Idee: Ellen ist ein geraubtes Kind, ein Mädchen aus dem Lebensborn-Programm der Nazis. Oder vielleicht die Tochter einer Frau, die in den SS-Bordellen zur Prostitution gezwungen wurde und von einem SS-Mann – womöglich von Hartjenstein selbst? – schwanger wurde. Es könnte doch sein, dass man die Frau des Kommandanten mit einem weiblichen Baby trösten wollte, nachdem der kleine Gert so früh gestorben war. Das hat es durchaus gegeben. Es würde zwar nichts beweisen, aber zumindest erklärbarer machen, warum Ellens Existenz in keinem Dokument belegt, ihr Name nirgendwo erwähnt, ja nicht einmal ihr Geburtsdatum bekannt ist. Das Stammbuch der Familie kanntet ihr zu diesem Zetpunkt ja noch nicht. Und auch, warum die Nachkommen der Brüder so tun, als gehöre Ellen nicht zur Familie, als kennten sie sie gar nicht, hat euch verwirrt. Vielleicht war die Lebensborn-Adoption noch nicht abgeschlossen oder ist in den Wirren des Kriegsendes untergegangen?

Lebensborn – denkbar wäre das allemal. Die Idee, die der oberste SS-Mann des Reiches, Heinrich Himmler, damit verfolgte, stand ganz im Zeichen der Rassenhygiene-Ideologie der Nationalsozialisten: Die Nation brauche gesunden und zahlreichen Nachwuchs, eine höhere Geburtenrate und »frisches arisches Blut«. Schwangerschaftsabbruch galt den Ideologen damit als Verschwendung von Volksproduktivität. Unverheiratete Frauen und junge Mädchen, die ungewollt schwanger geworden waren, sollten deshalb anonym entbinden und ihre Babys zur Adoption freigeben können. Die Familien von SS-Angehörigen wurden bei der Adoptionsvermittlung bevorzugt. Doch nicht nur die Früchte ungewollter Schwangerschaften vermittelte der Lebensborn e. V. Bei Überfällen in den besetzten Gebieten wurden auch Babys verschleppt, in Lebensborn-Heimen aufgezogen und schließlich, wenn sie nach strenger Prüfung den rassenideologischen Maßstäben der Nazis entsprachen, vermittelt. Bekannt ist der Fall des Massakers in der tschechischen Gemeinde Lidice, wo unter den 98 festgenommenen Kindern

13 herausgesucht und in ein Lebensborn-Heim gebracht wurden, während alle anderen im Vernichtungslager Kulmhof in der Gaskammer ermordet wurden.

SS-Bordelle. – Oder hat er womöglich in Natzweiler, dort also, wo er ab Mitte 1944 als alleiniger Kommandant umfassende Gewalt hatte, einer Gefangenen das neu geborene Kind geraubt? Oder vielleicht das Baby einer Zwangsprostituierten? In Auschwitz waren es ja überwiegend jüdische Frauen, Sinti und Roma sowie polnische Häftlinge, die im Lager entbanden. Kaum anzunehmen, dass ein rassenideologisch verblendeter SS-Mann ein solches Kind aufnehmen, es als ehelich ausgeben oder gar adoptieren würde. So wart ihr, Werner und du, euch einig. In Natzweiler aber gab es eine Vielzahl sogenannter Nacht-und-Nebel-Häftlinge aus den besetzten Ländern. Darunter vielleicht auch einige Frauen, die zur Abschreckung der Bevölkerung in Frankreich, Belgien oder den Niederlanden über Nacht spurlos verschleppt worden waren. Es mag manche schwangere Frau darunter gewesen sein. Waren nicht auch Norweger im Elsass inhaftiert, einige Frauen auch ins Bordell gezwungen? Große, blonde Frauen, nordische Rasse – die ideale Blutsauffrischung in den Augen der Rassenideologen. Als ihr euch das so ausmaltet, war euch noch nicht klar, dass Natzweiler ein reines Männerlager war.

Erst Monate nach diesem Gespräch mit Werner solltest du über das Thema Kindesraub auch zu Auschwitz noch etwas finden. Alwin Meyer hat in seinem umfassenden Werk zu den Kindern von Auschwitz (»Vergiss deinen Namen nicht«) das Schicksal der Katja Kulik geschildert. »Meine Mutter war schwanger, ich wurde in Auschwitz geboren«, zitiert Meyer die Frau. Ihre Mutter und ihr Zwillingsbruder seien bei der Geburt gestorben. Sie selbst wurde im Herbst 1944 ins Lager Lebrechtdorf in der Nähe von Bydgoszcz (Bromberg) gebracht, wo es neben einem Zwangsarbeiterlager seit 1943 auch eine »Umwandererzentralstelle« für Kinder gegeben habe, die auf ihre »Germanisierungsfähigkeit« überprüft werden sollten. Meyer schreibt dazu: »Die Eindeutschungsverfahren, das heißt die Einverleibung guten Blutes, der Kindesraub, machte somit auch vor dem Vernichtungslager Auschwitz nicht Halt. So wurden allein im November 1943 mit einem einzigen Transport 542 Kinder in das Lager Lebrechtsdorf gebracht. Vor allem

Kinder, die blond und blauäugig waren, wurden den Müttern von der SS weggenommen, wie die Geburtshelferin Stanislawa Leszczynska berichtete: ›Das herzzerreißende Schluchzen der Mütter begleitete die abgehenden Säuglingstransporte.‹«

November 1943? Seit dem 22. November war Hartjenstein neuer Kommandant in Auschwitz-Birkenau. »Wie sieht Ellen denn eigentlich aus? Du warst doch bei ihr …«

Verdammt! Ihr schiebt diesen Gedanken beiseite. Die Fantasie ist mit euch durchgegangen. Es gibt nicht den geringsten Hinweis darauf, dass die Hartjenstein-Tochter, so es sie überhaupt gibt, kein eheliches Kind ist. Eigentlich habt ihr überhaupt keinen Beleg für ihre Existenz. Werner mag das nicht hören. Er schaut dich an, als hättest du gerade Zweifel an seinem Verstand geäußert. »Ich war bei ihr! Irgendwo habe ich auch noch den Zettel.«

Aber dass es Bordelle gab – in Auschwitz wie in Natzweiler –, so viel ist sicher. Für die Zeit, in der Hartjenstein bereits Kommandant in Natzweiler war, ist ein Befehl des SS-Gruppenführers an ihn und 17 weitere Lagerkommandanten mit dem Vermerk »Persönlich« belegt, in dem das SS-Wirtschafts- und Verwaltungshauptamt das heikle Thema anspricht. In dem geheimen Schreiben vom 10. November 1944 werden die Kommandanten dazu aufgefordert, bei »Besichtigung von Konzentrationslagern« sich an Folgendes zu halten: »Bei Lagerbesichtigungen sind die Bordelle und Verbrennungsanlagen **nicht** zu zeigen. Zu den Besichtigungsteilnehmern darf über diese Einrichtungen auch nicht gesprochen werden. Hierfür ist die ausdrückliche Genehmigung des Reichsführers-SS erforderlich, die gegebenenfalls von hier aus eingeholt wird.«

Und zum Thema Bordelle gibt es auch noch das Zeugnis des Auschwitz-Häftlings Joseph Schupack, der in Monowitz eingesperrt war, als Hartjenstein im benachbarten Birkenau das Kommando führte: »Eines Tages wurde in der Mitte des Lagers, nahe dem Appellplatz, ein Bordell errichtet. Man baute eine Baracke auf, umzäunte sie mit Stacheldraht und schaffte ungefähr 20 weibliche Häftlinge dort hin. Angeblich waren es Mädchen aus allen Nationen. Prominente Häftlinge, Blockälteste, Kapos aus verschiedenen Nationen konnten gegen Coupons der Lagerleitung zu ihnen. Eine Rassenvermischung durfte jedoch nicht erfolgen. Unter den Mädchen befanden sich deshalb keine Jüdinnen. Juden durften sich sexuell nicht befriedigen. Ihre Gefühle sollten mit Hilfe des Broms, das in die Lagersuppe gemischt war, erstickt werden.«

Und auch die SS-Männer durften sich eigentlich nicht in den Häftlingsbordellen vergnügen. Kurz vor Weihnachten 1943 gibt der Kommandant seinen Männern diesen Standortbefehl: »Der SS-Standortälteste Liebehenschel erinnert die SS-Angehörigen des Standortes an das Verbot, das Bordell im KL Auschwitz I zu betreten.« Offenbar musste er mehrfach daran erinnern.

Generalentwicklungsplan. – Lothar war drei Jahre jünger und stand in der SS fünf Dienstgrade unter Fritz. Ob sie sich je kennenlernten, ob der eine den anderen durchs Lager führte, der andere dem einen seine Baupläne erklärte – man weiß es nicht. Heute gibt es nicht einmal Hinweise darauf, ob den beiden SS-Männern gleichen Namens ihre Verwandtschaft je bewusst war. Aber einem Kommandanten von Auschwitz-Birkenau kann nicht entgangen sein, was der Architekt Hartjenstein für die Zukunft des Kommandanten Hartjenstein entworfen hatte: einen Generalentwicklungsplan für die ganze »deutsche Stadt« Auschwitz. Ein für die Fantasie des Architekten harmonisches Miteinander von Altstadt und Massenvernichtungslager, von Schulen, Werkstätten, Krankenhaus, Sportstätten, Einkaufszentrum und schmucken SS-Siedlungen einerseits und einem gigantischen Komplex aus Elendsbehausungen der Arbeitssklaven für das ebenfalls geplante Chemiewerk andererseits.

Lothar war der Sohn des Architekten Friedrich Hartjenstein, der in seiner Heimatstadt Hannover zum Beispiel das markante Hochhaus Schwarzer Bär in Linden-Mitte und das Kaufhaus am Küchengarten mit seinen Wohnungen an Limmer- und Fössestraße entworfen hat. In Bad Oeynhausen plante er die Gartenstadt, in Uelzen das Gefallenendenkmal. Einige seiner Gebäude stehen unter Denkmalschutz. Die wichtigsten Planungen seines Sohnes hingegen wurden nie errichtet. Lothar hatte sein Abitur in der Hindenburgschule in Hannover gemacht und bis 1933 fünf Jahre lang die Staatliche Akademie für Technik in Chemnitz besucht. In den Semesterferien lernte er Maurer in Hannover. In Karlsruhe und Stuttgart studierte er schließlich bis Oktober 1937 Architektur. Der Mitarbeit im Architekturbüro des Vaters folgten praktische Erfahrungen am Lehrstuhl für Baukonstruktion bei Paul Schmitthenner und in den Büros von Gerhard Graubner, Ernst Fiechter und Paul Bonatz. Mit Wettbewerbsentwürfen für die deutsche Botschaft in Ankara sowie für das Verwaltungsforum Frankfurt/Oder und die Hochschulstadt Berlin beschäftigte er sich im Graubner-Büro. Und auch bei der SS blieb später alles nur Planung, was Lothar zu Papier brachte.

Schon 1933 war er in die SS gegangen, Mitgliedsnummer 263906. Er meldete sich im November 1939 zur Waffen-SS, musste aber wegen einer chronischen Angina während des Polen-Feldzuges ins Lazarett in Bromberg. Zurückverlegt nach Dachau, besserte sich sein Gesundheitszustand kaum. Er wurde deshalb nicht als Frontsoldat, sondern in seinem erlernten Beruf als Architekt im Hauptamt Planung und Bauten eingesetzt. Als das Hauptamt in Lichterfelde schließlich zum Wirtschafts- und Verwaltungshauptamt der SS umgewandelt wurde, wurde er mit Planungen für die Erweiterung der Konzentrationslager in Auschwitz betraut.

Himmlerstadt. – Vier solche Entwürfe aus dem Jahr 1942 existieren und sind im Archiv des Museums des KZ Auschwitz in Polen zu finden. Zwei davon, unterzeichnet von Oswald Pohl und Hans Kammler, stammen aus der Feder Hartjensteins. Der letzte bekannte Plan datiert vom November 1942 – ein Entwurf Hartjensteins. Mindestens zweimal muss der auch vor Ort gewesen sein, zuletzt im Mai 1943 mit seinem Vorgesetzten Hans Stosberg. Der war »Sonderbeauftragter für den Generalbebauungsplan der Stadt Auschwitz« und wähnte sich einer historischen Aufgabe gegenüber: mit Auschwitz ein Bollwerk gegen den Bolschewismus zu bauen. Zum Jahreswechsel 1941/42 hat Stosberg Freunden und Gönnern seinen historischen Auftrag so beschrieben: »Im Jahr 1241 bannten schlesische Streiter als Retter des Reiches den Mongolensturm bei Wahlstatt. Im gleichen Jahrhundert erstand Auschwitz als deutsche Stadt. Nach 600 Jahren wendet der Führer Adolf Hitler die Bolschewistengefahr von Europa. In diesem Jahr wurde der Aufbau einer neuen Deutschen Stadt und die Wiederherstellung des alten schlesischen Ringplatzes geplant und begonnen.«

Die planerische Grundlage für die »Himmlerstadt« zeichnete Lothar Hartjenstein: Einzig die Altstadt ließ dieser Plan stehen. Alles andere im Dreieck zwischen den Flüssen Weichsel und Sola teilt sich auf in Industrie, Raum für Herrscher und solchen für Beherrschte. Im Osten das Areal für die künftigen Buna-Werke der IG-Farben. Hier sollten schon bald stündlich eine Million Tonnen Kohle zu Kunstkautschuk, also Kunststoff, verarbeitet werden. Riesige Barackenkomplexe sollten die Zwangsarbeiter für dieses Werk beherbergen. Der Appellplatz zum Antreten von 30.000 Häftlingen lässt erahnen, welche Dimensionen der Zwangsarbeit den Planern vorschwebte. Zugleich wollte der Plan Raum für bis zu 80.000 reguläre Einwohner schaffen. Am Fluss war ein riesiger Sportkomplex vorgesehen, und in einem Schulzentrum, unweit des Stacheldrahtes des KZ, sollten einmal die Hartjenstein-Söhne zur Schule gehen. Gedacht war auch an einen rechteckigen Gebäudekomplex im Zentrum und einen neuen Stadtplatz für die Bürger.

Das einige Kilometer weiter westlich bestehende Vernichtungslager in Birkenau allerdings, das der entfernte Verwandte leitete, galt den Stadtplanern zunächst als Ärgernis. Nicht wegen des grauenhaften Tötens, das dort stattfand, sondern weil es städtebaulich »unorganisiert« sei, befand Stosberg. Niels Gutschow und Werner Durth beschreiben in ihrer Arbeit »Träume in Trümmern«, dass die Architekten Birkenau zunächst lediglich als temporäres Kriegsgefangenenlager wahrnahmen, das den Aufbau der Musterstadt störte. Erst im April 1943 bei einem Besuch des Ministerialdirigenten Werner Teubert und des Baudirektors Helmut Döscher in Auschwitz habe man das zu dieser Zeit mit 140.000 Häftlingen belegte Vernichtungslager als »jetzt tragbar gegen die Stadt abgegrenzt« angesehen. Damals sei man von einem noch zehn bis zwanzig Jahre währenden Provisorium ausgegangen. So lange sollten in Birkenau die Krematorien also noch glühen.

Die Pläne überlebten nicht einmal das Jahr 1943. Hans Stosberg, der nach dem Krieg von 1948 bis 1968 den Wiederaufbau seiner zerstörten Heimatstadt Hannover als Leiter des Stadtplanungsamtes begleitete, wurde zur Wehrmacht eingezogen; wo Lothar Hartjenstein blieb, ist unbekannt. Die Planungsakte Auschwitz wird geschlossen. Nur die schon 1942 begonnenen SS-Siedlungen werden weiter gebaut. In einem der neuen Häuser, dem mit der Nummer 177, lebte bis 1944 die Familie des Obersturmbannführers Hartjenstein samt Polenmädchen.

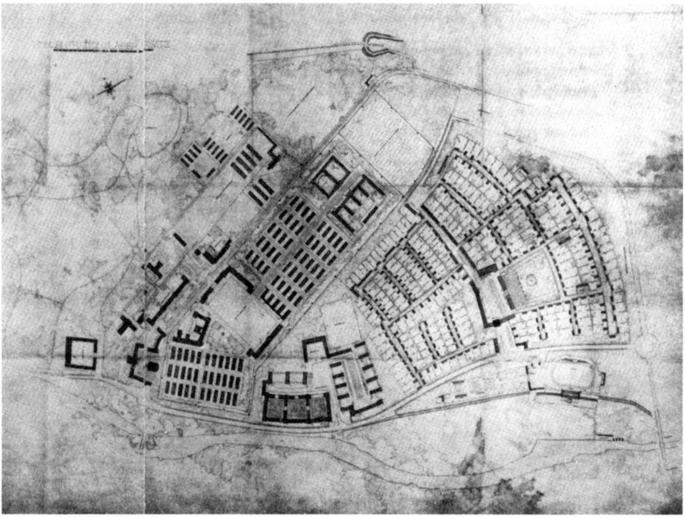

Abb. 9 Plan für eine perfekte deutsche Stadt: Ein Verwandter des Auschwitz-Kommandanten, Lothar Hartjenstein, Architekt aus Hannover, entwarf den Generalentwicklungsplan für das künftige Stadtbild von KZ Auschwitz 1 mit integrierter SS-Siedlung im Ortsteil Zasole (Quelle: Archiv Museum KZ Auschwitz).

Broad-Bericht. – Einer, der es hautnah mitbekam, welch ein Machtkampf sich zwischen den Kommandanten und der Lager-Gestapo in Auschwitz abspielte, war der in Brasilien geborene deutsche SS-Mann Pery Broad. Als Wachmann und später als Mitglied der Politischen Abteilung war er zwar dabei, wenn im Bunker des Lagers Gefangene erschossen oder an der Rampe in Birkenau Menschen für die Gaskammer aussortiert wurden. Nach dem Krieg aber wurde er schnell und aus eigenem Antrieb ein Zeuge der Anklage. Dabei konnte sich der als intelligent, aber undurchschaubar geltende SS-Unterscharführer auf seine Notizen berufen, die er sich während seiner Zeit bei den Wachmannschaften Hartjensteins und danach bei der Gestapo gemacht hatte. Broad hatte vom Durchgreifen Liebehenschels und Hartjensteins gegen die korrupte Politische Abteilung profitiert. Er hatte sich freiwillig gemeldet und war von der Wachtruppe zur neu aufgestellten Lager-Gestapo gewechselt, Referat Ermittlungen und Vernehmungen. Er hatte die Auflösung des KZ Auschwitz miterlebt, die Todesmärsche, das Leiden im KZ Mittelbau-Dora und war schließlich zwei Tage vor Kriegsende in britische Gefangenschaft geraten. Dort schrieb er noch 1945 den sogenannten Broad-Bericht zur Geschichte des KZ Auschwitz, der unter anderem im Lüneburger Bergen-Belsen-Prozess verlesen wurde, in dem es auch um Verbrechen in Auschwitz ging.

In diesem Bericht findet sich eine bemerkenswerte Passage, die den Kampf der neuen Kommandanten gegen das Eigenleben der Gestapo verständlicher macht: »Hitlers Wille, die Juden auszurotten, erstrebte nicht nur das ideelle weltanschauliche Ziel der Reinigung Europas, sondern diente auch im gewaltigen Maße der Finanzierung und Unterstützung der deutschen Kriegswirtschaft. Millionen und Abermillionen in- und ausländische Zahlungsmittel wurden allein in Auschwitz im Laufe der Zeit den Zugängen abgenommen. (…) So mancher wird sich darüber gewundert haben, dass die SS, die doch zu Beginn des Krieges kaum die notwendigen Ausrüstungsgegenstände zu kaufen vermochte, wenige Jahre später ganze Straßenzüge mit Repräsentations- und Verwaltungsgebäuden zu kaufen in der Lage war.«

Es war also auch ein Verteilungskampf um die den verschleppten Juden abgenommene Beute, die Himmlers SS-Organisation einerseits und die Ausführenden des Terrors wie Wachmannschaften und Gestapo andererseits sich lieferten. Deshalb also war eine Untersuchungskommission unter Leitung des Sturmbannführers Dr. Konrad Morgen nach Auschwitz und in andere Lager geschickt worden. Schon die Aufteilung des KZ in drei eigenständige Lager hatte dem Ziel gedient, Raub, Diebstählen und Unterschlagungen Einhalt zu gebieten, schließlich sah der Reichsführer die Beute der Mörder als Staatseigentum seiner SS an. Viel bedeutender aber war, dass die Willkürakte inzwischen durch die nach London gesandten Geheimberichte der polnischen Widerstandsbewegung die Weltöffentlichkeit erreicht hatten. Danuta Czech schreibt es in der Zusammenfassung für die Zeit zwischen November 1943 und Mitte 1944 so: »Die Frage (Himmlers) lautete nicht: ›Warum habt ihr gemordet?‹, sondern: ›Warum habt ihr einige Zehntausend Häftlinge mehr ermordet, als euch aufgetragen war?‹, und ›Warum habt ihr dabei so viel Aufsehen erregt, so daß die Weltöffentlichkeit bis hin zu Einzelheiten über die verübten Verbrechen informiert ist?‹« Unter Höß habe die Vollzugsgewalt noch bei Lagerführern und Funktionären der Politischen Abteilung gelegen – mit den Folgen individueller Bereicherung der Täter. Sein Nachfolger Arthur Liebehenschel hingegen habe bei der Übernahme der Kommandantur den Häftlingen erklärt, »er werde diese Funktion in Übereinstimmung mit den geltenden Vorschriften für die Konzentrationslager ausüben, was den Häftlingen im Vergleich zu der Handhabung in den vergangenen Jahren wie eine Lockerung des Lagerregimes erscheinen muß.« Dass jetzt die um ihre Pfründe gebrachte Gestapo gegen die neue Lagerleitung intrigierte, wundert also nicht.

Noch eine zweite Entwicklung belastete die neuen Kommandanten. Während sich Liebehenschel und Hartjenstein auf den internen Machtkampf konzentrierten, kürzte das Wirtschafs- und Verwaltungshauptamt (WVHA) die Mittel für den weiteren Ausbau von Birkenau. Es sollte »nur noch das Allernotwendigste« investiert werden, worauf die Arbeiten am Bauabschnitt III im März 1944 eingestellt und die damit beschäftigten Häftlinge in die Nebenlager zur Arbeit in der Rüstungsindustrie verlegt wurden. Diese Entscheidung sollte den Kommandanten allerdings bereits in wenigen Wochen auf die Füße fallen. Schließlich standen neue Aufgaben bevor. Rudolf Höß kehrte nach Auschwitz zurück, Berlin hatte ihn mit einer ganz speziellen Aufgabe betraut: mit der Vernichtung der ungarischen Juden. Ab Mitte Mai sollten 437.000 Juden aus Ungarn in Hartjensteins Massenvernichtungslager generalstabsmäßig ermordet werden. Das ist etwa ein Drittel aller während der Existenz Birkenaus dort getöteten Menschen.

Eichmann. – Es war also der ungarische Mordauftrag, warum im Mai 1944 Rudolf Höß als Standortältester von Auschwitz zurückkehrte. Höß freilich stellte die Sache später anders dar und bestätigt damit noch einmal den bis nach ganz oben gedrungenen Machtkampf zwischen Kommandanten und Gestapo. In dem 1947 in Warschau vor dem Obersten Volksgerichtshof Polens geführten Prozess sagte Höß aus, er habe wegen einer Beschwerde des Reichssicherheitshauptamtes (RSHA) beim Chef der Amtsgruppe D, Richard Glücks, in Auschwitz eingreifen müssen, und zwar »wegen des Kommandanten (…) Liebehenschel, weil dieser durch die Demontage des Spitzelsystems im KL Auschwitz die Widerstandsbewegung der Häftlinge begünstigt und ihr auf diese Weise die Möglichkeit zur weiteren Entfaltung gegeben habe. Desgleichen habe sich der Kommandant des KL Auschwitz II Hartjenstein als ungeeignet für seine Aufgabe erwiesen.«

Nicht nur Höß, auch SS-Sturmbannführer Adolf Eichmann, Leiter des Judenreferats im RSHA, der mit der praktischen Verwirklichung des Programms zur Vernichtung der ungarischen Juden beauftragt war, griff speziell Hartjenstein an. Während eines Besuchs habe er »eine Reihe von Mängeln« festgestellt. Eichmann beklagte, dass die sogenannte »Einäscherungsanlage« zur offenen Verbrennung von Leichen im Freien stillgelegt worden sei. Gemeint sind entweder die Verbrennungsgruben am ehemaligen Bunker 2 oder das erst geplante, aber noch nicht einmal begonnene Krematorium unter freiem Himmel. Auch habe es der neue Kommandant nicht fertiggebracht, den Eisenbahnanschluss dreigleisig auszubauen und mit einer neuen Rampe zu versehen. Dieses zusätzliche Gleis aber sei für die neue Aufgabe zwingend erforderlich, um reibungslos mehr Menschen aus noch mehr Zügen in die Gaskammern schaffen zu können. Er plante immerhin, täglich vier Güterzüge mit Juden aus Ungarn nach Birkenau zu schicken. Unrealistisch, schon aus Gründen der Bahn-Logistik, wie sich später herausstellen sollte. Doch Eichmanns Bericht ans Reichssicherheitshauptamt führte dazu, dass Hartjenstein abgesetzt, Höß erneut für das ganze Lagersystem verantwortlich gemacht und zudem verpflichtet wurde, neue Kommandanten zu schulen. Diese wurden dann SS-Hauptsturmführer Josef Kramer für Birkenau sowie SS-Hauptscharführer Richard Baer als Nachfolger für den geschassten Liebehenschel im Stammlager.

Höß hackte später vor allem auf Hartjenstein herum und schrieb noch in seiner Todeszelle in seine autobiografischen Aufzeichnungen, dieser sei »unfähig« gewesen. Aber offenbar nicht so unfähig, dass man ihm nicht eine andere, mindestens ebenso komplizierte Aufgabe anvertraut hätte: Hartjenstein wechselte ins Elsass, übernahm dort in einer Art Rochade, was sein Birkenau-Nachfolger Josef Kramer bisher geleitet hatte: ein Arbeitslager mit bis dahin 39 Außenlagern, das KZ Natzweiler-Struthof – oder wie es ein Häftling später nannte: den »Berg des Grauens«.

Einäscherung. – Die Stilllegung der Einäscherungsanlagen, ohne Ersatz zu schaffen, war es also, was dem Kommandanten Hartjenstein unter anderem vorgeworfen wurde, ehe man ihn zwangsversetzte. Einen Bericht, wie diese Freiluft-Krematorien arbeiteten, haben wir dem von Alwin Meyer zitierten Häftling Nr. 119468, Jan Szpalerski, aus dem Kommando Zimmerei des Lagers Birkenau zu verdanken: Er habe bei Dachdeckerarbeiten beobachtet, wie Häftlinge des Sonderkommandos nackte tote Menschen mit Schmalspur-Loren aus der Gaskammer des Krematoriums zu den nahe gelegenen Verbrennungsgruben transportieren mussten. »Das geschah zu jener Zeit, als sich die Kapazität der Auschwitzer Krematorien wegen der höchsten Intensität der Judenausrottung (...) als zu gering erwies und es notwendig machte, Tausende von Leichen unter freiem Himmel in speziell zu diesem Zweck ausgehobenen Gruben zu verbrennen.« Dann seien drei Lastwagen gekommen: »Mit lebenden Kindern beladene Kipper, (die) in den Bereich der Gruben einbogen. Die Lastkraftwagen fuhren rückwärts an den Rand der Gruben, hoben die Ladekästen an und schütteten die herbeigeschafften Kinder direkt ins Feuer. (...) Einige größere Kinder sprangen von den Wagen und wandten sich, aufs äußerste entsetzt, blindlings zur Flucht. Die Unglücklichen wussten nicht, dass es keine Rettung für sie gab. Die SS-Leute fingen sie mühelos ein oder töteten sie mit Schüssen, um sie lebendig oder tot in die Gruben zu werfen. Damals überzeugte ich mich, dass es die Hölle auf Erden gibt.«

Außer Kontrolle

Umzug. – Auschwitz war gestern, heute nun also Natzweiler-Struthof in den Vogesen. Kein Vernichtungslager mehr, sondern ein Arbeitslager – genauer: viele Arbeitslager. Hoch in den Bergen über Natzweiler lag ja nur das Stammlager. Viele kleine Lager mit Tausenden von Arbeitssklaven gehörten zum System, aber auch das Hochsicherheitsgefängnis im nahen Schirmeck. Das Gebiet, in dem die von Hartjenstein befehligten Kommandos lagen, reichte von Frankfurt am Main bis weit östlich des Schwarzwaldes ins Neckartal und auf die Schwäbische Alb. Der neue Kommandant sollte sie alle beaufsichtigen, inspizieren, aber auch neue Arbeitslager für den Bedarf der Rüstungsindustrie schaffen, die in einem letzten Aufbäumen viele Produktionsstätten unter die Erde verlegte. Die Familie Hartjenstein wechselte umgehend ihren Wohnsitz. Während ihre private Postanschrift formal noch Auschwitz lautete, zogen sie sogleich mit Hausrat und Möbeln ins Elsass. Nach einigen Wochen des Provisoriums in der Kommandantenvilla war alsbald im nahe gelegenen Örtchen Wildersbach ein schickes Häuschen konfisziert, in das der neue Chef samt Familie und Polenmädchen ziehen konnte. Der sofortige Umzug mit Sack und Pack in die neue Familienidylle in der elsässischen Bergwelt sollte später noch im letzten großen Militärprozess eine wichtige Rolle spielen.

Anders als in Auschwitz, wo es in erster Linie ums massenhafte Töten der in immer neuen Güterzügen herbeigeschafften Menschen ging, war in Natzweiler und seinen Außenlagen der Tod nicht das Ziel, sondern nur die Folge. Vorrangig ging es um Ausbeutung von Arbeitskraft. Der Tod durch Erschöpfung, Auszehrung, Krankheit und Gewalt bei der Durchsetzung der Disziplin wurde in Kauf genommen. In Auschwitz waren an der berüchtigten Rampe die Arbeitsfähigen und damit die Ausbeutbaren unter den Todgeweihten ausgesondert worden. In Natzweiler war es anders herum: Unter denen, deren Arbeitskraft bis zu ihrem Tod durch Erschöpfung ausgenutzt werden sollte, wurden nur jene herausgegriffen und zum Sterben in ein Todeslager gebracht, die fürs Schuften in Steinbruch, Bergwerken und Stollen, in Montagehallen oder Bautrupps nicht mehr zu gebrauchen waren. Weil aber der Nachschub an Arbeitssklaven aus den Lagern im Westen, vor allem aus Dachau, Sachsenhausen und teils auch aus Auschwitz, schier unendlich schien und die Wachleute insbesondere an den sogenannten Nacht-und-Nebel-Gefangenen ihre Willkür austobten, gehörte das Sterben auch in diesem KZ zum Alltag.

Nur einige, verhältnismäßig wenige Häftlinge wurden einzig zu dem Zweck nach Natzweiler überstellt, sie dort umzubringen: die Opfer von Exekutionen. Denn das Reichssicherheitshauptamt hatte zusammen mit dem SS-Wirtschafts- und Verwaltungshauptamt Natzweiler dazu bestimmt, für Elsass-Lothringen, Württemberg und Baden die zentrale Stelle für Hinrichtungen zu sein. Die Idee dazu stammte von SS-Reichsführer Heinrich Himmler, der am 6. Januar 1943 festlegte, »die Hinrichtungen der deutschen Häftlinge nach den Regeln der KZ stattfinden« zu lassen. Damit hatte die Geheime Staatspolizei die Möglichkeit, jene politischen Gegner, die sie unter Vorspiegelung vermeintlicher Strafurteile zum Tode verdammte, an geheimem Ort töten zu lassen. Historiker sind sich heute darüber einig, dass die jeweiligen Kommandanten der Lager tatsächlich keine Chance hatten, sich gegen die anbefohlenen Exekutionen zu wehren. Offenbar waren sie es aber, die entscheiden mussten, wann und wie die überstellten Todeskandidaten zu töten waren.

So sagte Fritz Hartjenstein später im April 1950 bei einem der gegen ihn geführten Ermittlungsverfahren: »Ich konnte mich der Tatsache nicht widersetzen, dass Gestapo-Mitglieder Opfer zur Hinrichtung ins Lager Natzweiler bringen. Diese Sache lag voll und ganz in der Hand der Gestapo, die auf diesem Gebiet die ausführende Vollmacht besaß.« Tatsächlich ausgeführt hat diese Exekutionen dann aber Hartjensteins Lagerpersonal. Und das sollte später den verantwortlichen Kommandanten vor Gericht bringen: Alle drei gegen ihn verhängten Todesurteile hatten im Kern solche Exekutionen ohne ausreichende Rechtsgrundlage zum Inhalt.

Wie viele Menschen insgesamt in Natzweiler exekutiert wurden, ist nicht sicher belegt. Die Todeskandidaten wurden vor ihrer Hinrichtung gar nicht erst im Lager registriert und sind folglich zumeist unbekannt.

Der Historiker Robert Steegmann, wichtigster Chronist des Natzweiler-Systems, schildert für das Jahr 1942 lediglich die Erschießung eines elsässischen Bäckers und seiner gesamten sechsköpfigen Familie – das jüngste Kind drei Jahre alt – in einer Sandgrube. Der Bäcker hatte sich wegen der ausstehenden Bezahlung seiner Lieferungen beschwert. Für das Jahr 1943 sei die Exekution von 22 Elsässern, darunter etliche Kriegsdienstverweigerer, und zwei Russen belegt. Und für 1944 sind einzig jene beiden Fälle bekannt, für die Fritz Hartjenstein später zum Tode verurteilt wurde: die Tötung von vier Spioninnen durch Giftspritzen sowie der Mord an einem abgestürzten britischen Flieger. Wenn auch dem letzten Natzweiler-Kommandanten vom Kollegen Höß im fernen Krakau vorgehalten wurde, er habe am Kriegsende das Lager samt aller Geheimnisse den Amerikanern überlassen, so hat dieser für eines doch gesorgt: Das von der Politischen Abteilung in Natzweiler geführte Buch über alle Todesfälle, zu denen auch die Hinrichtungen nicht registrierter Häftlinge gehörten, wurde vor der Räumung des KZ und dem Abtransport der letzten Häftlinge im Güterzug noch verbrannt. Dass sich die KZ-Kommandantur allerdings nicht für die Hinrichtungen verantwortlich sah, sondern lediglich als eine Art Dienstleister verstand, belegt ein erhalten gebliebenes Dokument: Am 23. März 1943 wurde der Sicherheitspolizei und dem Sicherheitsdienst Straßburg eine Rechnung über 127,05 Reichsmark geschickt: die Hinrichtungs- und Einäscherungskosten für 20 exekutierte Häftlinge.

Friseur. – Konnte es noch schlimmer kommen für den, der vor Ort die Verantwortung trägt, als in Auschwitz? Ja, das konnte es wohl. Ein nicht mehr überschaubares System von etlichen Dutzend Außenlagern, das es auch noch auszubauen galt. Eine verrohte, menschenverachtende Mannschaft. Mangel an Material und Verpflegung überall. Dazu die immer näher rückende Front im Westen und eine Bevölkerung ringsum, die sich angesichts der Erfolge der Amerikaner und Briten nach und nach von ihrer Einschüchterung freimachte und sich immer zahlreicher dem Widerstand gegen die deutschen Besatzer anschloss. Das Lagersystem, das Hartjenstein hier im Westen übernommen hatte, drohte im Chaos zu versinken; es geriet nach und nach außer Kontrolle.

Er hatte ja das Messer jetzt schon täglich am Hals – das seines Friseurs. Der hieß Francois Kozlik, war Tscheche und Funktionshäftling,

Dirigent des Lagerorchesters und persönlicher Friseur und Barbier schon bei Hartjensteins Vorgänger Kramer. Täglich, wenn der Kommandant im Stammlager war, hatte »Franz« zu erscheinen und den Chef zu rasieren. Diese relative Freiheit machte Kozlik zu einem Häftling mit außergewöhnlichem Überblick. Nach Kriegsende wurde er aus diesem Grund zu einem der wichtigsten Zeitzeugen. Allerdings war er nicht unumstritten. Seine Nähe schon zu Kramer, danach auch zu Hartjenstein brachte ihm nach 1945, als er über die Zustände im Lager berichtete, auch Kritik ein. Konnte einer, der so privilegiert war, dass er täglich Nähe und Gunst der Kommandanten genoss, ein Zeuge des Grauens sein? Für den Historiker Robert Steegmann war Kozlik einer derjenigen, die »die Ereignisse aus nächster Nähe beobachteten. Deshalb ist sein Bericht – obwohl kritisch zu bewerten – von insgesamt hoher Bedeutung.« Auch wenn Teile seines Buches seine Nähe zum Führungspersonal und die Parteilichkeit seiner Aussagen bestätigen, findet sich zur Person Hartjenstein in Kozliks Werk nur sehr wenig. Höchstens von »Kommandant« ist die Rede; den Namen nennt er nur einmal. Allein das ist erstaunlich: Zeugen haben Kozlik als »Kramer

Abb. 10 Arbeitsreicher Posten in den Vogesen: Kommandant Friedrich Hartjenstein (rechts) mit Adjutant in der Kommando-Baracke im Lager Natzweiler-Struthof. Das Foto wurde im Sommer 1944 aufgenommen (Quelle: privat/National Archives and Records Administration, College Park, Maryland).

und Hartjenstein, der ihm gewisse Freiräume lässt, sehr nahe stehend« beschrieben. Die eine namentliche Erwähnung Hartjensteins fällt dann auch positiv, fast bewundernd aus.

Grauen. – »Eine Flut von unerhörtem Leid ist über die Menschheit hingegangen. Eine Flut von Literatur wird davon Zeugnis ablegen«, prophezeite im Sommer 1945 Francois Kozlik. Der Tscheche war, wie er schreibt, »zweieinhalb Jahre Insasse des Mordlagers«. Endlich wieder in Freiheit, setzte er sich sofort nieder und schrieb »Streiflicher aus dem Lager Struthof«. Sein noch im selben Jahr in Straßburg erschienenes Buch nannte er »Der Berg des Grauens«. Es ist gedruckt auf schlechtem, heute schon beinahe verfallendem Papier. Nur noch zwei Universitätsbibliotheken in Deutschland verfügen über ein Exemplar. Aber die Bibliothekarin der KZ-Gedenkstätte Neuengamme bei Hamburg hat weitsichtig schon früh eine Fotokopie gemacht. Dorthin fährst du und vertiefst dich in die Erlebnisse eines Überlebenden.

Schon die Beschreibung seiner Ankunft im Elsass im Juli 1942 erschüttert. »Tausend Häftlinge aus dem Lager Dachau, unter denen auch ich mich befand, wurden zu je siebzig in einen Viehwaggon verladen, und bei geschlossenen Türen fuhr unser aus 20 Wagen bestehender Zug ab. (…) Sommerliche Hitze lastete auf den Dächern der Wagen, und während des ganzen Transportes, der drei Tage dauerte, wurden uns einmal die Türen geöffnet. Und dies für einen Moment, um uns die 350 g. Brot hineinzuwerfen. Ein einziger Kübel stand uns allen zur Benützung. Der Inhalt dieses ergoss sich nach einigen Stunden in den Wagen, und ein unbeschreiblicher Geruch verbreitete sich. Keiner hatte mehr die Möglichkeit, sich auf den Boden zu setzen. Doch nach zwei Tagen Hitze und Hunger waren alle so matt, dass keiner mehr stehen konnte, und alle lagen beschmutzt mit Menschenkot auf der Erde. Über und über mit Dreck bedeckt, wurden wir nach drei Tagen aus den Wagen getrieben. Wir waren im Bahnhof Rothau angelangt.« Rothau lag unweit des KZ Natzweiler-Struthof.

Kozlik beschreibt das Lager, die erschütternden Lebensumstände, die Willkür der SS-Männer und die Unmöglichkeit, dem Grauen zu entkommen. Gelang doch einem die Flucht, bekamen es alle Häftlinge durch verschärfte Schikane zu spüren. Und wenn, wie im Oktober 1942, ein Flüchtiger wieder gefasst wurde, sollte dessen öffentliche Marter vor aller Augen einen jeden, der mit dem Gedanken an Freiheit spielte, abschrecken: »Christmann (der gefasste Flüchtling) wurde an beiden Händen gefesselt ins Lager gebracht. Nach tagelangen furchtbaren Martern, denen wir alle beiwohnen mussten, trug Christmann selbst seinen Galgen auf den ersten Platz des Lagers. Zusammen mit einem anderen Häftling musste er auch seinen aus rohen Brettern gezimmerten Sarg dorthin tragen. Nachdem ihm die Hände aufs neue gefesselt wurden, bestieg er den Galgen. SS-Hauptscharführer Seuss legte die Schlinge um seinen Hals, und mit den Worten ›Lebt wohl!‹ fiel er in die bereitgestellte Kiste. Wir anderen Häftlinge mussten noch eine halbe Stunde stehen bleiben und uns den Ermordeten betrachten. Dies war die erste öffentliche Hinrichtung im Lager Struthof. Die Äußerung des damaligen ersten Kommandanten Kramer, täglich dreißig erhängen zu lassen, nahmen wir ernst.«

Noch viele Male, so der Autor, mussten die Häftlinge mit ansehen, wie wieder eingefangene Flüchtlinge vor aller Augen und zur Abschreckung zu Tode gequält wurden. So auch Georg. Der war als Kaminkehrer verkleidet entkommen, hatte sich auf der Flucht den linken Knöchel gebrochen und war von den Hunden wieder aufgespürt worden. Unter Schlägen wurde er mit gebrochenem Fuß ins Lager getrieben und auf den berüchtigten »Bock« geschnallt, einen eigens dafür angefertigten erhöhten Tisch, auf dem die gefesselten Opfer ihre Prügelstrafe empfingen. »Wir alle sahen sein dick angeschwollenes Bein und wie über dieser Geschwulst die Riemen der Fesseln angezogen wurden. Noch nie habe ich einen Menschen so schreien gehört, wie damals Georg. Es blieb aber dem Unglücklichen erspart, die Schmerzen des Schlagens zu spüren, denn sofort nach den ersten Hieben fiel er wieder in eine Ohnmacht (…). Nun rückten zwei SS-Männer mit einer Tragbahre an, auf die Georg gelegt wurde, und wir alle hofften, dass auch er ins Revier gebracht werden wird. Die SS hat wohl Georg ins Revier gebracht, aber damals befand sich innerhalb des Reviers die Leichenkammer, und in diese wurde Georg gebracht. (…) Unter lauten Schreien kippten die SS-Männer die Bahre um, so dass Georg direkt auf den mit Fliesen belegten Boden fiel. Innerhalb der Leichenkammer befanden sich damals gerade einige Tote, die bereits den ekeligen Geruch der Verwesung von sich gaben. (…) Nach einigen Minuten erschien der Kommandant im Krankenbau und besichtigte die traurige

Lage des Flüchtigen. Er gab mit zynischen Worten seiner Zufriedenheit Ausdruck und befahl, Georg so lange ohne Hilfe liegen zu lassen, bis er verreckt sei. Welch furchtbare Gefühle mussten das für den schon so schwer Gemarterten gewesen sein, (…) dass Menschen neben stinkenden Leichen ihren Tod erwarten müssen.« Georg habe diese Tortur tatsächlich nicht überlebt. »Die Liste der zahllosen Verbrechen, die die SS beging, konnte um einen Fall vergrößert werden«, schreibt Kozlik.

Von besonderer Grausamkeit war nach den Schilderungen Kozliks auch der Umgang mit den »N.N.-Franzosen«. Dabei handelte es sich um etwa 180 Männer, die bei Razzien in Marseille festgenommen und als »Gemeinverbrecher« dargestellt wurden. Diese Gruppe sei von Beginn an »unter wildem Geschrei und einem Hagel von Prügeln« ins Lager getrieben worden. Aus Gesprächen der SS-Leute habe man erfahren können, dass sie als »Liquidationstransport« bezeichnet wurden, sie also als »Freiwild, das zu Tode zu hetzen sei«, betrachtet wurden. Kozlik schreibt: »Was da mit Holzscheiten von 1,50 Meter Länge und doppelter Armdicke hereingetrieben wurde, hatte, das sah man sogar dem Knäuel blutender, schreiender, übereinander stolpernder und kriechender, aus tiefen Kopfwunden blutender Gestalten an, nichts von Verbrechern an sich. Das waren Priester in Soutanen, das waren höhere Offiziere, das waren, wie sich später herausstellte, Ärzte, Arbeiter, Bauern. Fast ausnahmslos Franzosen der Widerstandsbewegung.«

Gerade diese Männer wurden von den Deutschen mit besonderem Eifer geschlagen, gequält und verhöhnt. An einem Morgen habe man die NN-Franzosen zum Appell antreten lassen, nachdem sie die ganze Nacht nicht hatten schlafen können und seit zwei Tagen nichts zu essen bekommen hatten. »Die ganze Nacht seien die Anstreicher da gewesen, um ihre Kleider zu bemalen. Tatsächlich sahen sie aus wie wandelnde Käfige. Denn das alte, schlecht sitzende Zivilzeug, das sie trugen, war mit horizontalen und vertikalen breiten Farbstreifen durchsetzt. Scharführer liefen um sie herum und hetzten die Hunde auf sie. Was wir dann gegen zehn Uhr zu sehen bekamen, wollte uns das Herz stocken lassen. Das Lager lag (…) etwa 850 Meter hoch. Es war terrassenförmig angelegt. (…) In dieser etwas schon dünnen Luft schwere Steine im Laufschritt von unten nach oben tragen, nachdem man nach zwei Tagen keinen Bissen gegessen hat, von zahlreichen SS erbarmungslos geprügelt, von Polizeihunden gehetzt, das hält auf die Dauer keiner aus.

(…) Dutzende lagen bereits blutüberströmt und meist rettungslos am Wege. (…) Häftlinge waren dabei, sie auf dem Appellplatz in Reih und Glied zu legen, unbedingt ›Vordermann und Seitenrichtung‹. Denn die Häftlinge waren in Arbeit geschrieben, und der Appell musste stimmen. (…) Und so blieben etwa hundertfünfzig N.-N.-Franzosen in der prallen Sonne liegen, ohne Verpflegung, ohne Pflege.« Sie ärztlich zu behandeln, sei verboten gewesen. Man habe nur heimlich helfen können. »Und so bedeckten sich trotz der geheimen Behandlung die ausgemergelten Körper mit Geschwüren und Ödemen, die das Fleisch wegfraßen und einen furchtbaren Gestank verbreiteten. In der Gluthitze legten Mücken ihre Eier in das faule Fleisch, das von Maden wimmelte. Und immer wieder mussten die, die noch gehen konnten, ihre Kameraden vom Block zum Appellplatz, vom Platz zur Arbeitsstelle, von der Arbeit zum Appell, von dort in den Block schleppen. Und die Reihe derer, die in der Gluthitze der Hundstage, oder auch in den oft niedergehenden sintflutartigen Gewittern ausgerichtet am Boden lagen, wurde länger und länger.«

Willkür. – Der Erlass war tatsächlich geheim, und er blieb es bis nach dem Krieg. Erst bei den Nürnberger Prozessen im Jahr 1946 wurde offenbar, was sich in Wehrmachtsbefehlen aus Berlin unter Begriffen wie NN-Sache oder NN-Gefangener verbarg: »Nacht und Nebel« oder auch »nullum nomen«, also ohne Namen. Gemeint sind namenlose Gefangene, die in den besetzten Ländern, um die Bevölkerung unter Druck zu setzen, willkürlich von den Straßen gefangen wurden und spurlos verschwanden. Oft waren es Menschen, die zwar im Verdacht standen, dem Widerstand anzugehören, die aber selbst bei erwiesener Unschuld einfach verschleppt und in Gefangenschaft behalten wurden, ohne den Angehörigen darüber Auskunft zu geben. Die Ungewissheit, was mit den Angehörigen geschehen war, gehörte zum Plan der als Abschreckung gedachten Aktion. Adolf Hitler selbst soll den sogenannten Nacht-und-Nebel-Erlass am 7. Dezember 1941 als »geheime Richtlinie für die Verfolgung von Straftaten gegen das Reich oder die Besatzungsmacht in den besetzten Gebieten« unterzeichnet haben. Wohl 7000 bis 10.000 Menschen, vorwiegend aus Frankreich, Belgien, Luxemburg und den Niederlanden, wurden Opfer dieser Willkür. Aber auch in Norwegen und teils in Deutschland verschwanden Unliebsame bei Nacht und

Nebel von den Straßen und fanden sich in Konzentrationslagern wie Natzweiler-Struthof wieder. Wenn es für sie in Gerichtsverfahren nicht für ein Todesurteil reichte – es gab rund 700 Todesurteile gegen NN-Gefangene –, sollten sie »spurlos nach Deutschland gebracht« werden. Das Emslandlager Börgermoor und vor allem das Strafgefangenenlager Esterwegen waren die größten NN-Lager. Aber auch in Hinzert und Groß Rosen litten NN-Häftlinge. Natzweiler im Elsass war das einzige Lager außerhalb der alten Reichsgrenzen, in denen namenlose Häftlinge gequält wurden.

In seinem Buch über das KZ Natzweiler-Struthof schreibt Robert Steegmann auch etwas über die mutmaßliche Herkunft des Begriffs Nacht und Nebel: Wagner-Bewunderer Hitler habe diesen Ausdruck im Libretto der Wagner-Oper »Rheingold« gefunden. Offiziell seien der Begriff und das Kürzel NN aber erst nach April 1942 verwendet worden. Steegmann zitiert eine Dokumentation des ehemaligen NN-Häftlings Joseph de la Martinière über den Erlass, die besonders den Aspekt der Geheimhaltung betont: »Die nach Deutschland transportierten Schuldigen dürfen keinen Kontakt mit der Außenwelt unterhalten. Daher haben Sie weder das Recht zu schreiben noch Briefe, Päckchen oder Besuche zu erhalten. Postsendungen sollen mit dem Vermerk zurückgeschickt werden, dass dem Schuldigen jeglicher Kontakt mit der Außenwelt untersagt sei. (…) dieselbe Geheimhaltung gilt in Bezug auf hingerichtete oder verstorbene Personen.«

Die Zahl der 1943 in Natzweiler eingetroffenen NN-Häftlinge gibt Steegmann mit 369 Norwegern (direkt aus Norwegen und dem KZ Sachsenhausen), 239 Niederländern (aus Gefängnissen und dem KZ Dachau), 215 Belgiern (Dachau) und 353 Franzosen (Gefängnis und Romainville) an. Von ihnen waren bis Mitte 1944, als Hartjenstein eintraf, bereits 270 tot, das sind etwas mehr als 27 Prozent. 1944 habe die Zahl der NN-Gefangenen nochmals zugenommen. »Plausibel« ist laut Steegmann die Zahl von 2438 NN in Natzweiler, was daran liege, dass in einem geheimen Runderlass des WSHA vom 20. April 1944 bestimmt wurde, dass künftig alle NN-Verhafteten nach Natzweiler gebracht werden sollen. Damit war Hartjensteins neues Kommando, als er im Mai 1944 eintraf, also gerade erst zum zentralen NN-Lager gemacht worden. Bis er im September desselben Jahres das KZ räumen ließ, waren weitere 340 von ihnen bereits nicht mehr am Leben.

Sonderurlaub. – Das Sterben infolge der schweren Arbeit, der mangelhaften Ernährung, aber auch durch fortwährende Willkürakte der Wachen hielt gegenüber den NN-Franzosen dauerhaft an. Der Autor von »Berg des Grauens« beschreibt eine besonders perfide Methode, wie »die Liquidierung zu beschleunigen« war: den Abhang. Kozliks Schilderung deckt sich mit Beschreibungen und Zeugenaussagen anderer Häftlinge vor Gericht, die das Geschehen allerdings meist eher als »Belustigung für die Wachen« oder als Methode, sich Sonderurlaub zu erschwindeln, darstellen. Denn auch unter der Führung Fritz Hartjensteins erhielten Wachleute, die Flüchtlinge auf der Flucht erschossen, jeweils drei Tage Sonderurlaub. Sowohl für Auschwitz als auch für Natzweiler sind zahlreiche Kommandantur-Dokumente mit Hartjensteins Unterschrift erhalten, in denen er jeweils drei Tage Sonderurlaub für Wachleute gewährte, die angeblich oder tatsächlich eine Flucht vereitelt hatten. In Struthof wurde der Automatismus – ein erschossener Flüchtling gleich drei Tage Urlaub – zum perfiden System.

Wer also Urlaub benötigte oder Lust darauf hatte, dem wurde ein Flüchtiger zugetrieben, den er erschießen konnte. Am Abhang im Lager Struthof geschah das laut Kozlik so: »Eine kleine Postenkette von etwa zehn Mann wurde um eine Ausbuchtung von etwa hundert Meter im Geviert gezogen, am Fuße einer vorspringenden Höhe. Auf diese Höhe sollte mit Karren der Schutt gefahren und den Abhang hinunter gekippt werden. Wir wussten gleich, aus langer Erfahrung, dass es sich hier darum handelte, die Häftlinge den Abhang hinunterzustoßen, so dass sie in die Postenkette hineinfielen, um sie dann auf der Flucht zu erschießen. Der Erste, der an die Reihe kam, war ein Mann in den Fünfzigern, der bewußtlos am Rande des Arbeitsplatzes lag. Auf ihn schüttete der Verbrecher zwei Eimer Wasser, die ihn aus seiner Betäubung rissen. Mit Fußtritten gelang es dann, ihn hochzukriegen. Ewig wird das Bild des gepeinigt Sterbenden, und nicht sterben Wollenden, allen, die es sahen, vor Augen bleiben, wie er mit weit aufgerissenen und schon gebrochenen Augen, geöffnetem Mund, die eine Hand auf dem Herzen, die andere krampfhaft ausgestreckt, schrittweise vorwärts tastete. Wie er, man meinte es ist unmöglich, den ihm dargebotenen Karren erfasste, und ruckweise, durch ständige Schreie und Schläge angetrieben, bis an den Rand des Hügels kam. Und dann geschah, was geschehen musste, und wir sahen es und konnten gar, aber auch gar nichts tun. Der Verbrecher trat hinter ihn, gab ihm einen Fußtritt in den Rücken, der Unglückliche entschwand unseren Blicken, hinter dem Hügel einige schnelle Schüsse aus einer Maschinenpistole. Dann kam der Fuchs herbeigelaufen, brüllte, fuchtelte mit den Amen, lief herum und schrie: ›Wenn man für einen Moment den Rücken kehrt, schießen die Kerle. Was hat der Mensch aber auch wegzulaufen. So aussichtslos. Scheiße für mich, die ganze Sache.‹ Und lief gleich zum Kommandanten, Meldung erstatten. (…) Von da an kamen zwei bis drei Fluchtversuche pro Tag vor.«

Diese Willkür, vermeintliche Fluchtversuche zu provozieren, ja sogar selbst zu befehlen, schilderten in den späteren Gerichtsverfahren mehrere Zeugen. So habe einer der Angeklagten – gemeint war Wolfgang Seuss, ein SS-Mann, der schon seit 1933 ausschließlich in Konzentrationslagern eingesetzt war – ganz nach Lust und Laune willkürlich einem Häftling die Mütze vom Kopf gerissen und sie weit weggeworfen. Dann habe er ihm befohlen, die Mütze zurückzuholen. Weil das Verlassen von Reih und Glied als Fluchtversuch galt, erschoss Seuss den Häftling befehlsgemäß, wenn er der Aufforderung nachkam – oder er erschoss ihn, weil er den Befehl verweigerte.

Auch von den Exekutionen, die im Lager Struthof im Auftrag des Reichssicherheitshauptamtes durchgeführt wurden und die später Fritz Hartjenstein vor britische und französische Gerichte bringen sollten, berichtet Kozlik. Er schildert einen Fall, in dem der Berüchtigtste der SS-Männer, der eben erwähnte Schutzhaftlagerführer Seuss, allein die Befehle gab: »Diesen Abend kamen die beiden Oberhenker Seuss und Nitsch mit sechs polnischen Häftlingen, darunter zwei Kinder von etwa vierzehn Jahren, keiner jedoch älter als zwanzig. (…) Seuss und Nitsch waren total betrunken und waren kaum fähig zu gehen. (…) ›Komm, du wirst entlassen‹, so nahm er ihn in Empfang und führte ihn aus dem Tor, seinen Arm in den des Häftlings geschlungen. Kaum hatte er die Blockführerstube außerhalb des Lagers passiert, schoss er ihn mit der freien Hand nieder. Wir hörten den dumpfen Knall, und unsere Herzen setzten für eine Sekunde aus. So ging es der Reihe nach mit allen Sechsen, und der Mörder Fuchs besorgte das ganz allein unter der Aufsicht der Obermörder Seuss und Nitsch. Innerhalb einer Stunde waren die sechs Menschenleben ausgelöscht, einer Stunde, die uns als eine der entsetzlichsten stets in Erinnerung bleibt.«

Repressalien. – Dass es neben Erschießungen bei tatsächlichen oder konstruierten Fluchtversuchen sowie bei den von der Gestapo angeordneten Exekutionen noch weitere Tötungen als reine Repressalien gab, hat Friedrich Hartjenstein später bei seinen Vernehmungen selbst zugegeben. In einer Aussage vom 23. Januar 1950 räumt er ein, dass der Vermerk »Tod wegen Fluchtversuch« in einer Todesbescheinigung aus dem Außenlager Sainte-Marie-aux-Mines für das Zivilregister nicht der Wahrheit entsprach. Dort waren am 23. Juli 1944 drei und am 9. August zwei Russen erschossen worden, nachdem zuvor fünf andere Mithäftlinge aus dem Steinbruch geflohen waren und nicht wieder eingefangen werden konnten. Die wahrscheinlich öffentlichen Exekutionen sollen von der dortigen Lagerleitung »aus erzieherischen Gründen« vorgenommen worden sein. Reine Repressalien also. Aber weil man nicht einmal die Namen der Opfer kannte, sind diese fünf Morde niemals zur Anklage gekommen.

Tomaten. – Nur wenige Schilderungen in Kozliks Buch handeln nicht von Grausamkeiten. Eine der Szenen, die »trotz der Komik Zeugnis ablegen von dem teuflischen Sadismus, mit der die SS-Wächter ausgestattet waren«, handelt von Fritz Hartjenstein. Nicht, dass der Autor diesen Namen erwähnt – er mag den Vorfall nicht einmal selbst erlebt, sondern nur gehört haben. Er spielt aber, so wie er zeitlich eingeordnet ist, im Jahr 1944, im Sommer, als bereits Tomaten reiften. Zu dieser Zeit war Hartjenstein bereits Kommandant, und von einer Begegnung mit dem zu dieser Zeit im Amt befindlichen Chef handelt der berichtete Vorfall.

Mehrmals jährlich habe es damals Besuch durch Kommissionen gegeben, die die Lager inspizierten. Eine Kolonne Häftlinge, die einen Pferdewagen mit Brennholz ziehen musste, sei dabei auf eine solche Besichtigungskommission gestoßen. Angesichts des Wagens mit vorgespannten Menschen habe der Kommandant den Besuchern gegenüber geäußert: »Sie sehen, meine Herren, diese Kerle sind zu faul, die Pferde aus dem Stall zu holen. Sie ziehen den Wagen lieber selbst.« Und weiter: »Ein im Garten des Kommandanten arbeitender Häftling war zu Tode erschrocken, als er plötzlich die Stimme des Herrn über Leben und Tod neben sich vernahm. Aber wie klang die Stimme, die da neben ihm liebenswürdig sagte: ›Hast du die Tomaten schon versucht, mein Sohn?‹« Der Häftling habe verneint und erschrocken die zivilen Begleiter des Kommandanten gemustert. »Warum nimmst du dir denn keine? Die Tomaten sind doch für euch!« Den Begleitern habe der Kommandant erklärt, dass die Häftlinge aus seinem Garten hätten nehmen dürfen, wozu sie Lust hätten. »Nimm dir eine Tomate, mein Sohn!« Die Stimme habe schon nicht mehr so liebenswürdig geklungen. Und Kozlik weiter: »Der Häftling wusste genau, dass die Wegnahme irgendwelcher Frucht aus diesem ausschließlich für die SS bestimmten Garten mit hoher Strafe belegt wurde. Aber konnte er den Befehl des Kommandanten verweigern? Das wäre sein Tod gewesen; also lief er und pflückte eine Tomate, aß sie und ging wieder an die Arbeit. ›Sehen Sie, meine Herren, so behandeln wir Verbrecher. Sie werden von uns sehr anständig und zuvorkommend behandelt, denn wir wollen sie ja umschulen.‹« »Am nächsten Tag kam der im Garten der Kommandantur arbeitende Häftling zur Strafanzeige und wurde wegen Plünderung des SS-Gartens zu 25 Stockhieben verurteilt. ›Diese Hunde fressen uns auch noch unseren Garten leer‹, sagte der Herr Kommandant.«

Himmler. – Was mag das für ein Besuch gewesen sein, als es um die Tomaten ging? Womöglich die Inspektion durch den Reichsführer persönlich? Es gibt ein oft reproduziertes Foto einer Gruppe hochrangiger SS-Offiziere in ihren schmucken schwarzen Uniformen vor den Baracken von Natzweiler-Struthof. Es sei undatiert, schreibt Robert Steegmann, es zeige aber den Besuch Heinrich Himmlers am Struthof. Der habe möglicherweise 1942 stattgefunden, denn für dieses Jahr sei ein Besuch Himmlers dort belegt. In dem erst vor wenigen Jahren aufgetauchten Dienstkalender Himmlers findet sich kein späterer Besuch im Elsass-KZ. Einzig am 25. Dezember 1944 hielt Himmler eine Rede vor der Heeresgruppe Oberrhein in Gebweiler im Elsass, etwa 60 Kilometer vom KZ entfernt. Das Foto aber stammt nicht aus dem Winter. Gras, belaubte Bäume, Sonnenschein – das könnte eher in die Tomatenzeit passen.

Zu erkennen ist Himmler auf dem Foto nicht, wohl aber Fritz Hartjenstein. Seine Statur, seine Haltung, dazu die andersfarbige Uniform: Das ist der Lagerkommandant, der den SS-Leuten aus Berlin sein Reich zeigt. Vorgänger Josef Kramer ist nicht auf dem Bild – der war kleiner, gedrungener. Es muss Hartjenstein sein. Wer sonst als der

Kommandant sollte so hochrangigen Besuch führen? Dann aber kann das Foto nicht 1942 aufgenommen worden sein. Hartjenstein war erst ab Mai 1944 Kommandant. Oder war Himmler gar nicht dabei?

Abb. 11 Hoher Besuch im KZ Natzweiler-Struthof: Das Foto soll einen Besuch des Reichsführers SS Heinrich Himmler und einer Delegation aus Berlin im Lager zeigen. Kommandant Hartjenstein in etwas hellerer Uniform Mitte links (Quelle: Collection Jean Simon, Repro aus: Steegmann, S. 181).

Adressbuch. – Jetzt hat Werner in seinem Büro, in das er dich bisher noch nie hat blicken lassen, doch noch den gesuchten Zettel gefunden: darauf der vollständige Name von Ellen. »In den Tiefen der Sedimentschichten …?«, fragst du etwas spöttisch. Er geht darauf nicht ein; vielleicht ist ihm peinlich, was sich im Büro stapelt. Werner hat noch mehr zu bieten. Er hat irgendwo ein altes Adressbuch aufgetrieben, eines aus den 90er Jahren. Darin hat er Ellens Namen und den ihres Ehemannes gefunden. Die Adresse ist tatsächlich nahe dem alten Kreiskrankenhaus. Endlich hast du etwas in der Hand. Nun kannst du beim Einwohnermeldeamt eine offizielle Anfrage starten – kostenpflichtig, aber vielversprechend. Selbst wenn Ellen noch mehrfach umgezogen sein sollte, wird sich ihr Weg durch weitere formale Anfragen nachvollziehen lassen. Wenn sie noch lebt …

Es kommt wieder Hoffnung in die Recherche. Aber du spürst auch, wie Werner zunehmend der rote Faden verloren geht. Gerade hat er noch den Schlüssel gefunden, das Rätsel um die Hartjenstein-Tochter zu lösen, jetzt ist er schon bei der nächsten vermeintlichen Herausforderung. Wer war diese Frau Dix? »Bestimmt eine Verwandte des von den Nazis verfolgten Malers Otto Dix.« Er habe sich schon Bücher über den Maler besorgt und gegoogelt … »Moment!« Du musst Werner bremsen. »Was hat eine Frau Dix mit deiner Familiengeschichte zu tun?« »Ja hier!« Werner schlägt ein anderes, viel älteres Adressbuch auf. Eines von 1936. Er hat die Adressen aller Mietshäuser darin angezeichnet, die sein Großvater einst besaß. Bestimmt habe sein Großvater darin eine Verwandte des verfolgten Malers versteckt – oder Juden? Der Opa habe die Nazis nämlich gehasst.

Juden versteckt? Schon 1936? Würden die dann im Adressbuch stehen? Und wenn man genau hinsieht: Könnte das nicht »Dir.« heißen statt »Dix«? Der weibliche Vorname könnte genauso gut ein Nachname sein, dahinter das »Dir.«, ein Direktor also. Ihr holt die Lupe, studiert den Eintrag, prüft den qualitativ minderwertigen Druck, vergleicht die Typografie. Am Ende hat dich Werner überzeugt. Da steht wirklich »Dix«, beim »x« fehlt ein Teil des rechten unteren Schenkels. Es wirkt wie ein »r« mit Punkt. Aber was soll das alles mit der NS-Geschichte der Familie zu tun haben? Eine weitere Sackgasse eurer endlosen Nachforschungen?

Dann aber fällt dir was anderes auf: Werner hat noch viel mehr angestrichen. Etwa die Adressen seiner Familie, sein Geburtshaus mit der Seifenfabrik des Vaters in der Breiten Straße 55. Sie ist als eine der wenigen Adressen mit Telefonanschluss (Peine Nr. 387) ausgewiesen. Da ist auch eine Liste der Peiner Schuhmacher, 33 an der Zahl, darunter auch »Friedrich Hartjenstein, Gröpern 19«. Eine der besten Geschäftsadressen: Nachbar ist Klempnermeister Rudolf Petersen, zwei Häuser weiter das Betten- und Aussteuerhaus August Müller. Direkt gegenüber an der Einmündung zur Lindenstraße in der 18 steht das Hotel Peiner Hof. Du kennst Fotos, wie dort die Karossen hoher Nazis vorfahren. Im Hintergrund der Schriftzug »Fr. Hartjenstein« über dem Milchladen. Die Familie von »Hotelbesitzer Wilhelm Hetterich« beherbergte 1936 laut Adressbuch noch drei Kellner, einen Hoteldiener und den Oberkellner unter ihrem Dach. Außerdem ist in der 18 das Geschäft Paul Kloses, Herrenwäsche und Sportartikel. Und wieder ein Haus weiter das Geschäft von Witwe Luise Kühne, Kurz-, Weiß- und Wollwaren, später Peix. Erst Monate darauf wird dir ein anderes Foto, vermutlich aus dem Jahr 1924, in die Hände fallen, das diese Geschäftszeile zeigt. Es ist die Werbe-Postkarte des Hotels Peiner Hof. Ganz am rechten Rand ist zu erkennen: das Milchgeschäft Hartjenstein. Darüber schrieb 2009 in dem Internet-Projekt der Madsack-Zeitungen »Myheimat« der Peiner Adolf Stephan: »Vom Milchgeschäft Hartjenstein holte ich oft mit einer Kanne die Milch für Oma. Dafür hatte man im Geschäft eine kleine Handpumpe, mit der die jeweilige Menge Milch in das Gefäß gepumpt wurde. Wenn man in die Lindenstraße ging, kam man an den Kellerfenstern der Küche vom Peiner Hof vorbei. Und da duftete es oft so herrlich nach Fleischgerichten oder Suppen.« Über den Sohn der Inhaberin des Milchladens, so Stephan, als du ihn fragtest, habe er erst als Erwachsener vom Vater erfahren, dass der »irgendein hohes Tier bei den Nazis« gewesen sei – nichts genaues also.

Was dir noch auffällt: Einige Namen aus der Liste der Schumacher kennst du noch aus der Nachkriegszeit: Willi Lege zum Beispiel, dessen Name steht noch heute am Haus. Fritz Deister ist auch dabei. Deister hatte sein Geschäft am Damm 1. In dem Haus wohnten einst auch Isaak und Israel Perel, die Familie von Sally Perel, dem am 21. April 1925 in Peine geborenen Sohn der Perels, der als »Hitlerjunge Salomon« auf spektakuläre Weise durch die Nazizeit kam, weil er sich als

Abb. 12 Hier stiegen einst die Nazi-Größen in Peine ab: Die Straße Gröpern mit dem Hotel Peiner Hof (links) und dem Milchladen der Familie Hartjenstein (kleines Fachwerkhaus Mitte links). Das Foto entstand noch vor 1930 (Quelle: Friedrich Stephan).

Volksdeutscher ausgab, als Jude in der Hitlerjugend mitmachte und so den Mord an seinen Glaubensgenossen überlebte. War das nicht ursprünglich Perels Geschäft? Werner hat schon alles über Sally Perel zusammengetragen, auch die Telefonnummer seiner deutschen Agentur. Er will wissen, was Perel über Fritz Hartjenstein weiß, ob sie sich kannten. Beider Väter seien doch Schuhhändler gewesen. »Ja, aber Salomon ist 20 Jahre jünger als Fritz«, wendest du ein. Und dann ist Salomon ja schon 1936 nach Polen ausgesiedelt, weil die Peiner Nazis seinen Eltern das Schuhgeschäft verwüstet hatten. Terror gegen Juden also schon vor der Pogromnacht und den Plünderungen im November 1938? Ob da wohl einer seiner Onkel dabei war? Das würde Werner gern wissen. Und dann fällt ihm zur Pogromnacht etwas Wichtiges ein: Er geht in den Flur, kramt in der Kommode, kommt zurück mit einem Schuhlöffel: »Mein Anteil an der Beute. Ich habe ihn immer noch.«

Adlerwerke. – Zu Hartjensteins Aufgaben in Natzweiler gehörte auch das Kommando über die Außenlager. Das waren Arbeitslager mit Häftlingen, die in verschiedensten Fabriken, Bergwerken oder Steinbrüchen, meist aber in Werken der Rüstungsindustrie als Arbeitssklaven schuften mussten. Je nach Zählweise waren es bei Hartjensteins Ankunft etwa 30 bis 50 einzelne Lager, in denen entweder die von den Zwangsarbeitern profitierenden Unternehmen oder aber die eingesetzten Lagerleiter für Unterbringung, Verpflegung und Arbeitseinteilung zuständig waren. Hartjenstein richtete in seiner Zeit als Kommandant von Natzweiler weitere solche Lager ein. Am Ende waren es mehr als 50. Die Bewachung übernahm die vom KZ Natzweiler geführte SS-Mannschaft. Hartjenstein inspizierte die im Rhein-, Main- und Neckar-Raum gelegenen Außenlager, weshalb er häufig auf Reisen war. Ein Umstand, auf den er sich in den verschiedenen gegen ihn geführten Prozessen vor Briten und Franzosen immer wieder berief: Er sei auf Reisen gewesen, als die Taten geschahen, für die er mitverantwortlich gemacht werden sollte, behauptete er stets.

Ein Beispiel für ein Rüstungsunternehmen, das die Zwangsarbeiter zum Erreichen der Produktionsvorgaben geradezu aufs Auge gedrückt bekam, hat im Oktober 1946 vor der Polizei in Frankfurt der Oberingenieur der Adlerwerke, Viktor Heitlinger, geschildert. Heitlinger war zuletzt Reparaturleiter der Werke und für den Arbeitskräfteeinsatz zuständig gewesen. Die Fahrzeugbauer aus Frankfurt am Main produzierten Fahrgestelle und Motoren für Schützenpanzer und hatten im Sommer 1944 bereits einmal abgelehnt, die ihnen angebotenen 1000 Frauen aus Konzentrationslagern für die Unterstützung in der Produktion zugeteilt zu bekommen. Adler hatte zwar zuvor eine »Kräfteanforderung« über 854 Personen abgegeben, Frauen wollte man bei Adler aber nicht. Dann sei er zu einer Sitzung der Wirtschaftsgruppe Fahrzeugindustrie nach Berlin bestellt worden, sagte Heitlinger. Dort wurde den Teilnehmern verkündet, es werde nun zusätzlich zu den im besetzten Polen rekrutierten Ostarbeitern Hilfe aus den Konzentrationslagern geschickt. Tausend Mann sollten kommen. Wie die unterzubringen seien und behandelt werden sollten, das habe er bei einer Dienstreise ins Elsass vom dortigen Kommandanten Hartjenstein erfahren. Er habe das Lager Struthof vorgeführt bekommen und mit seinem Begleiter die Verwaltung, die Beschaffung von Lebensmitteln und die Küchenwirtschaft besprochen. Die Kosten dafür hatten die Adlerwerke selbst zu tragen. Zudem mussten sie für jeden gelernten Handwerker 6 Mark sowie für Ungelernte 4 Mark am Tag an das SS-Hauptamt überweisen.

So entstand das Lager Katzbach, wie der Deckname des neuen Natzweiler-Außenlagers in Frankfurt lautete. Ob Hartjenstein es je besuchte, ist nicht bekannt. Zur selben Zeit, als Katzbach aufgebaut wurde, hatte der Kommandant bereits die Evakuierung des Stammlagers im Elsass abzuwickeln. Im September 1944, vier Wochen vor Eintreffen der künftigen Häftlinge, wurden 200 Mann aus dem KZ Buchenwald nach Katzbach gebracht, die dem Baubüro unterstellt wurden und bis zur Auflösung des Lagers blieben. Sie hatten die künftigen Unterkünfte zu zimmern und zu unterhalten. Die Arbeiter selbst sollten aus Dachau kommen. Er sei beauftragt worden, dort die künftigen Adler-Arbeiter auszusuchen. Aus dem kleinen Eignungstest, den er sich ausgedacht hatte, wurde aber nichts. Lediglich die Berufe der Häftlinge durfte Heitlinger erfahren. Er wählte sorgfältig die gesündesten unter den Handwerkern aus – und erfuhr später von einem der neuen Arbeitskräfte, einem »sehr intelligenten Rechtsanwalt aus Polen«, dass ihn die Lager-SS hereingelegt hatte. Die habe später willkürlich zusammengewürfelte 1000 Mann geschickt, nicht die, die er sich gewünscht hatte.

Das führte später zu heftigen Beschwerden der Adler-Chefetage bei Hartjenstein in Natzweiler und auch im KZ Dachau. Die Ausfälle durch

Krankheit seien sehr hoch gewesen. Im Ergebnis habe man zwischen 170 und 200 neue Kräfte aus Buchenwald geschickt und gegen die Kranken ausgetauscht. Was mit Letzteren geschehen sei, wisse er nicht. Sie wurden in Buchenwald vergast, wird später in der Vernehmung durch Nachfragen klar. Noch einmal sei er zur Natzweiler-Kommandantur gefahren, sagt Heitlinger. Die befand sich inzwischen in Guttenbach (er schreibt »Gutenbach«) im Gasthaus Zum Karpfen, weil das Elsass bereits geräumt, die Front nahe gerückt war. Es sei um Winterbekleidung gegangen, denn die 1000 Katzbach-Sklaven froren. »Es wurde auch eine verhältnismäßig große Menge Winterbekleidung freigegeben und zur Abholung bereitgestellt«, wunderte sich Heitlinger noch 1947 über die rasche Hilfe von Hartjenstein.

Im März 1945 sollte der Reparaturleiter der Adlerwerke dann noch einmal nach Guttenberg fahren. Jetzt ging es ihm darum, dass die Adlerwerke die Häftlinge wieder los wurde. Inzwischen konnte der Panzerbauer kaum noch Material für seine Fertigung beschaffen, sodass es an Arbeit fehlte. Und er hatte Erfolg. Das Lager Katzbach wurde aufgelöst; ein Teil der Arbeiter wurde mit der Bahn weggefahren, die andere Hälfte wurde abgeführt und sollte zu Fuß nach Buchenwald. Ein 240 Kilometer langer, mehrtägiger Gewaltmarsch durch Rhön und Thüringer Wald. Wie viele ankamen, wie viele starben, ist unbekannt. Am Ziel soll einer der Kapos, ein deutscher Berufsverbrecher aus Hamburg, von seinen »Kameraden« erschlagen worden sein. Der polnische Rechtsanwalt, auch er ein »Kapo«, habe aber überlebt. Und auch andere der Zwangsarbeiter, berichtet der Zeuge Heitlinger stolz, hätten ihn nach dem Krieg noch besucht.

Fast zeitgleich wurden auch die Ostarbeiter, die in einem eigenen Lager untergebracht waren und mit den KZ-Häftlingen keinen Kontakt haben durften, weggebracht. Er sei damals kurz vor Kriegsende übers Wochenende bei seiner evakuierten Frau auf dem Land gewesen, sagte der Zeuge, und als er am Montag zurückgekommen sei, habe die Produktion bereits vollständig geruht. Erst später habe er erfahren, dass auf dem Abtransport »verschiedene KZler erschossen worden« seien. Und auch von einer Hinrichtung von zwei Arbeitern Anfang 1945 will der Zeuge nur gehört haben. Damals habe er sich mit der Lager-SS in Verbindung gesetzt, ob das Gerücht stimme, und zur Antwort bekommen, »das gehe das Werk nichts an und betreffe das Werk nicht, sondern es seien dies Anordnungen der vorgesetzten Dienststelle«. Die war damals der Kommandant in Natzweiler. Nach der heimlichen Hinrichtung durch die SS jedenfalls, so der Zeuge, sei man sich mit »den maßgeblichen Herren des Werkes« einig gewesen, dass »das Lager baldmöglichst zur Auflösung kommen mußte«.

Gefragt, warum denn so viele Häftlinge den Einsatz in den Adlerwerken nicht überlebten, meinte Heitlinger, das müsse daran gelegen haben, dass viele der Arbeiter Tuberkulose hatten. Der Lagerarzt habe ihm eine Zahl von 400 Tuberkulosekranken genannt. Man fragte ihn noch nach der Verpflegung der Häftlinge. Vier Essensqualitäten habe es gegeben: »1. für die Wachmannschaften, 2. für einen kleinen Kreis von Polen, die mit der Küche gut standen, 3. die Innendienstler und 4. das minderwertigste Essen für die eigentlichen Arbeiter im Werk.«

Ausrottungslager. – Eine andere Kategorie als die Arbeitslager für bestehende Industrieunternehmen waren die unter Hartjensteins Führung neu zu schaffenden Lager für das Projekt »Wüste«. In der Anklage, die später die französischen Militärstaatsanwälte gegen Hartjenstein und 50 seiner Untergebenen erhoben, werden diese neuen Barackenkomplexe »Ausrottungslager« genannt. Die etwas eigenwillig aus dem Französischen übersetzte Rastatter Anklageschrift beschreibt sehr plastisch, um was es sich beim Projekt Wüste handelte: »Ihre Errichtung entsprach einem doppelten Zweck. 1. Der Gewinnung von Schiefer(…) ölvorkommen, welche in diesen Gegenden häusig sind, und 2. der Errichtung in diesen abgelegenen und bergigen Gegenden von unterirdischen Fabriken, die hauptsächlich der Herstellung der V1 und V2, vor Bombenangriffen geschützt, dienen sollten.« Es seien deshalb 29 Lagerkommandos geschaffen worden, in denen jeweils einige Hundert bis mehrere Tausend Häftlinge »die vorgesehenen furchtbar ungesunden und mühseligen Arbeiten zu verrichten« hatten. Es habe sich um solche »billige Arbeitskräfte« gehandelt, die vor dem Rückzug der deutschen Armee im Osten in den besetzten Gebieten festgenommen wurden. Die Zwangsarbeit habe laut Anklage dem doppelten Zweck gedient: »Festigung der Kriegslage und Vernichtung der asozialen Elemente.«

Robert Steegmann beschreibt die Aufgabe der neuen Lager so: »Ölschiefer sollte der NS-Kriegsmaschine den dringend benötigten Treibstoff liefern. Die fünf Kommandos – Schörzingen, Frommern, Erzingen, Dautmergen und Bisingen – hatten die Funktion, verschiedene Produktionsmethoden zu testen. Ab Oktober 1944 wurde ihre Zahl auf sieben erhöht. Der riesige Produktionskomplex, an dem zahlreiche Firmen, Verwaltungen und Ministerien beteiligt waren, benötigte die Unterstützung der SS-Bürokratie, die bei der Beschaffung von Arbeitskräften die nötige Erfahrung besaß. So entstand ein Kompetenzgerangel zwischen verschiedenen Dienststellen und Personen und in der Eile wurden die abenteuerlichsten Pläne geschmiedet. Der eigentliche Abbau begann erst Ende Februar, also weniger als zwei Monate vor Evakuierung der Lager!«

Die Bilanz dieser als Gruppe Wüste bezeichneten Lager ist erschütternd: Insgesamt rund 4800 Arbeitssklaven wurden allein in den fünf ersten Wüstelagern eingesetzt, darunter mit 2777 die meisten in Dautmergen/Bisingen. Überlebt hat diese unmenschlichen Arbeitsbedingen und die Strapazen der Transporte wohl nur etwa die Hälfte der Menschen. Ob jemals Treibstoff aus Ölschiefer gewonnen wurde, ist höchst fraglich, aber wenn, dann können es nur kleine Mengen gewesen sein.

Wüstelager. – Hier ein Beispiel für eines der neuen Wüstelager: Zu denen, die in Hartjensteins Zeit ausgebaut wurden, gehört das Außenlager Bisingen. Es habe, so gab dieser später bei Vernehmungen an, bereits vorher als Unterkommando des Außenlagers Dautmergen existiert, sei aber von ihm so ausgebaut worden, dass ab 2. Oktober 1944 darin 1500 Häftlinge aus dem KZ Stutthof bei Danzig untergebracht werden konnten. Am Ausbau beteiligt waren mutmaßlich 1000 Polen, die bei der Niederschlagung des Warschauer Aufstandes gefangen genommen worden waren und nun zunächst Bisingen und danach das Lager Dautmergen erweitern mussten. Hartjenstein setzte Hans Pauli als Leiter in Bisingen ein. Ab Anfang Dezember folgten weitere Häftlingstransporte, vor allem jüdische Arbeiter. Innerhalb kürzester Zeit wuchs die Zahl der Zwangsarbeiter auf 3700; alle kamen über das Lager Stutthof und waren verschiedenster Nationalität – vor allem Balten, Russen und Polen, aber auch Finnen sowie ein Schwede. Die Männer sollen in einem erbärmlichen Zustand gewesen sein, als sie im Bahnhof Engstlatt ankamen. Von der ersten Gruppe waren laut Lagerstatistik bis Ende Oktober bereits 45 Mann gestorben. Viele hatten schon eine Odyssee durch mehrere Lager hinter sich. Sie waren aus den Gettos im litauischen Wilna oder Kaunas nach Estland verschleppt worden, wo sie bei Reval, dem heutigen Tallinn, im KZ Vaivara gefangen gehalten wurden. Als Ende 1944 die Rote Armee näher rückte, wurden sie ins KZ Stutthof gebracht. Von dort aus ging es dann weiter nach Südwestdeutschland. Die SS erhoffte sich für die neuen Wüstelager erfahrene Arbeiter. Denn schon in den Außenlagern des KZ Vaivara in Estland waren die Männer in Bergwerken der Firma Baltöl zum Abbau von Ölschiefer eingesetzt worden. Hinzu kamen in Bisingen wie auch in den anderen Lagern des Projektes Wüste rund 1000 Häftlinge aus Buchenwald sowie in Ungarn festgenommene »Zigeuner«.

Zwar wurden die neuen Häftlinge in den Wüstelagern noch immer registriert und mit Matrikelnummern versehen, doch häufig mit Verspätung und ungenau. Die Ordnung des Lagersystems war längst verloren gegangen, und spätestens mit der schon im Februar 1945 beginnenden Auflösung der Lager und der Überstellung der Arbeitskräfte in die weiter westlich gelegenen Lager Bergen-Belsen, Dachau, Spaichingen und Schörzigen brach Chaos aus. Mit Güterzügen, mit Lastwagen, aber auch in Todesmärschen wurden die Arbeitssklaven verlegt. Steegmann geht allein für Bisingen von rund 2000 Männern aus. Wie viele lebend in den anderen Lagern ankamen, lässt sich nicht mehr zweifelsfrei errechnen.

Die hohe Sterblichkeit lag sicher auch an der inzwischen chaotischen Versorgungs- und Ausrüstungslage. Fast den ganzen Winter über hatten die Häftlinge auf warme Kleidung warten müssen. Als Kommandant Hartjenstein am 22. Februar 1945 die Wüstelager inspizierte, schickte er aus dem zentralen Bekleidungslager Binau ein Telegramm nach Oranienburg. Dringlich forderte er Hemden, Unterhosen und Holzschuhe für die Häftlinge. Die Dokumente zeigten, so Steegmann, »dass man zumindest auf dem Papier bis zuletzt die Illusion einer Ordnung aufrechterhalten« wollte. Die Sterblichkeit sei aber inzwischen so hoch gewesen, dass die Kapazität der städtischen Krematorien nicht mehr reichte und Massengräber angelegt wurden. Nach der Befreiung haben die Besatzungstruppen Tausende Leichen exhumiert. Steegmann schätzt, anders als es in der Anklage steht (25.000), die Zahl der Todesfälle in den Wüstelagern auf etwa 14.000.

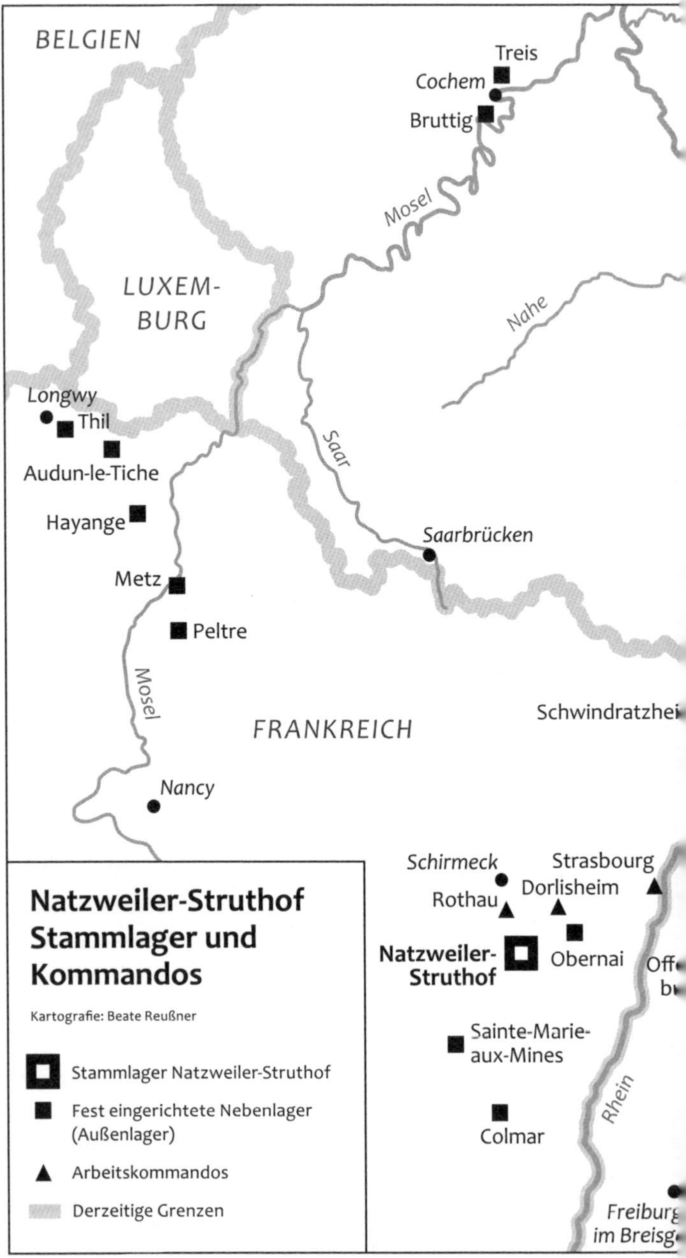

Abb. 13 Das Lagersystem Natzweiler: Ein riesiges Netz von Außenlagern u
Hartjenstein vom Stammlager Natzweiler-Struthof im Elsass aus zu verwalte

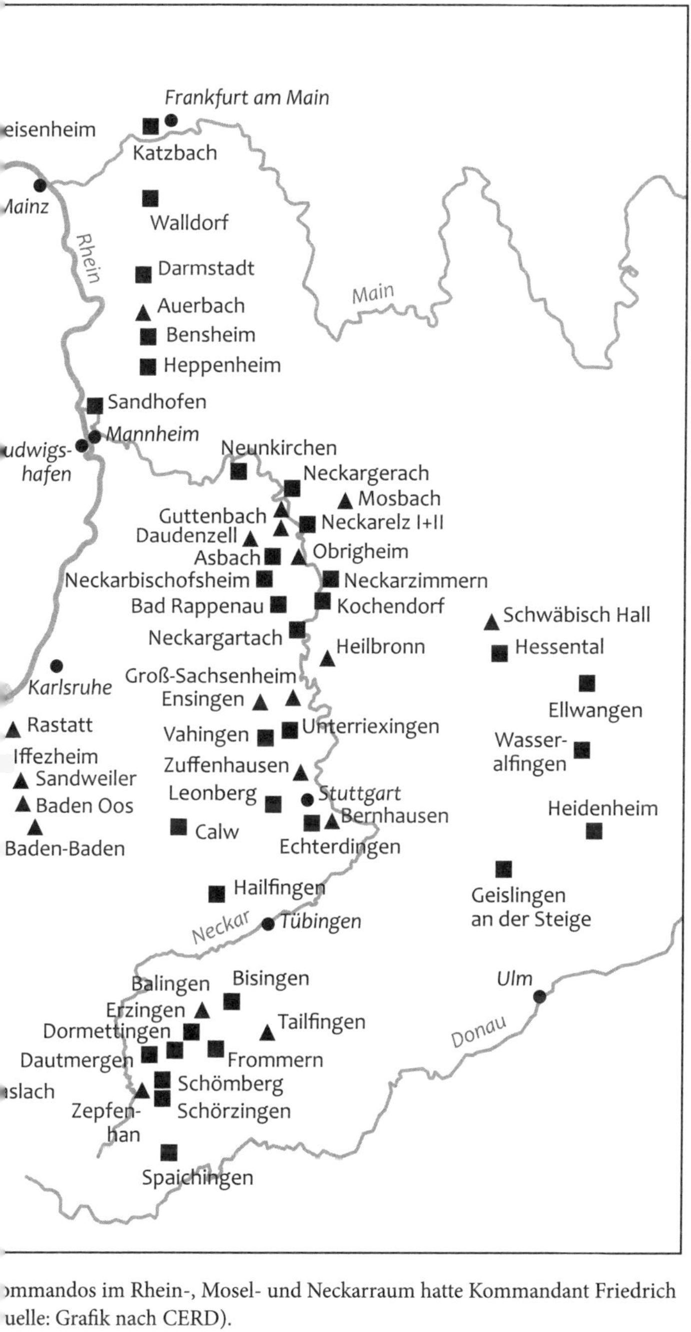

ommandos im Rhein-, Mosel- und Neckarraum hatte Kommandant Friedrich
uelle: Grafik nach CERD).

Großvater. – Es gab ja damals noch mehr SS-Leute in der Familie, nicht nur Großcousin Fritz, erinnert sich Werner: drei Onkel und der Mann seiner Tante. Außerdem einen ausgewiesenen Nazi-Gegner – seinen geliebten Großvater. Du sollst ihm unbedingt helfen, etwas über das Schicksal seines Opas Brennecke herauszubekommen. Er drückt dir dessen Familienstammbuch in die Hand, in dem ein Zettel klebt: »Heinrich Brennecke – fragwürdige Biographie«. Was damit gemeint ist, willst du wissen. Dort steht mit der Registernummer 172, eingetragen für den 7. Mai 1939, der Tod des »Rentners August Heinrich Ludwig Brennecke«, letzter Wohnsitz Peine. Die Eintragung wird besiegelt mit Reichsadler und Hakenkreuz sowie einer Gebührenmarke der Stadt Peine. Als amtlicher Sterbeort wird Peine angegeben. Er wisse aber genau, sagt Werner, dass der Großvater in Ilten ums Leben gekommen sei, in der Psychiatrie der Wahrendorffschen Anstalten, »also in der Irrenanstalt«. »Da haben ihn seine Söhne reingesteckt!«

Schuld sei die Autobahn. Es ist ja fast zu dumm und zu perfide, es hier hinzuschreiben, man hört es aber auch heute noch gelegentlich: Hitler habe ja auch etwas Gutes gebracht, die Autobahnen … Wenn es einen gab, der Hitlers Autobahn gehasst hat, dann Heinrich Brennecke. Der Bau der heutigen A 2 hat ihn um sein Lebenswerk gebracht. Auch um den Verstand, meinten damals seine Kinder. Auch ums Leben, glaubt sein Enkel Werner heute.

Die A 2, gebaut in der Zeit des Nationalsozialismus, war damals die erste Hauptstrecke im Reichsautobahnnetz. Sie führt von Oberhausen bis zum Berliner Ring und verband das damals bedeutendste Industriegebiet mit dem Machtzentrum des Reichs. Zwar gab es schon in den 20er Jahren erste Planungen, gebaut wurde aber erst ab dem 21. März 1934 (erster Spatenstich). Schon 1927 hatte der Verein HaFraBa (Verein zum Bau einer Straße für den Kraftwagen-Schnellverkehr von Hamburg über Frankfurt nach Basel) einen ersten Entwurf für ein »Nur-Autostraßen-Netz« vorgelegt, das die NSDAP damals noch als »Luxusstraße für die Reichen« verspottete. Nach der Machtergreifung änderte sich das. Und seit 1934 propagierten die Nazis gar, die Autobahnen seien Hitlers persönliche Idee gewesen. Was dann aber gebaut wurde, entsprach weitgehend den vorher verspotteten Vorschlägen des HaFraBa.

Für Heinrich Brennecke, damals einer der angesehensten und erfolgreichsten Unternehmer der Fuhsestadt, sollte die Fernstraße zum schmerzhaften Verlust werden. Wer einen Peiner Stadtplan aus den Anfängen des 20. Jahrhunderts zur Hand nimmt, dem fällt sofort das Fehlen jener beiden charakteristischen Linien auf, die heute die Lage der Kernstadt markieren und deren Ausdehnung im Norden und Süden klar begrenzen: die Autobahn und der Mittellandkanal. Im Norden sieht man auf dem 1896 gezeichneten und 1924 berichtigten Messtischblatt zur Stadt Peine rechts des Herzberges einen mit »Zgl.« gekennzeichneten Gebäudekomplex: die Ziegelei des Heinrich Brennecke. Das waren die letzten Häuser vor dem damals noch selbstständigen Stederdorf, geografisch sogar zu Stederdorf gehörend, denn die Gemarkung des Dorfes endete erst am Maschlandgraben südlich der heutigen Kastanienallee. Quer durch den Herzberg zog sich die Grenze zwischen Dorf und Stadt bis zum Sundern. Es war denn auch der Ortschronist Stederdorfs, der im März 1989 in der Zeitungsbeilage »Heimatspiegel« an den »großen Unternehmer Heinrich Brennecke« erinnerte. Und Theo Gensrich bringt es in der Überschrift auf den Punkt: »Das Hartziegelwerk wich der Autobahn«.

Werners Opa Heinrich Brennecke war am 10. Oktober 1866 in Rittmarshausen im Landkreis Göttingen geboren worden. Sein Vater war von Beruf Leineweber, sein Großvater Schäfer in Holzerode. Sechs Kinder hatten Heinrich Brennecke und seine Frau Elisabeth, eine geborene Breßler aus Peine, darunter Werners Mutter Luise. Heinrich war Kaufmann geworden, ausgebildet beim renommierten Unternehmer Heinrich Stegen. Am 29. Juni 1899 war er dabei, als beim königlich-preußischen Notar Eugen Dieckhoff ein Kapitel Peiner Wirtschaftsgeschichte begann: die Gründung der Peiner Hartziegelwerke mbH. Gesellschafter waren bekannte Kaufleute und Handwerker: Behrens, Vollheye, Hugo und August Müller, Wilke, Ullrich, Hahne, Papst, Schniete, Kuchenbuch und Brettschneider. Sie brachten 110.000 Mark Gründungskapital auf, stellten Theodor Behrens als Geschäftsführer ein und gaben Brennecke alsbald Prokura. Schon ein Jahr später war der Prokurist dann auch Gesellschafter. Er hatte einen Anteil und auch die Geschäftsführung von Theodor Behrens übernommen. Gensrich schreibt: »Brennecke darf als einer der profiliertesten und weitsichtigsten Männer der Peiner Wirtschaft bezeichnet werden.«

Das Geschäft mit den Ziegeln aus Kalksandstein gedieh. Der Sand stammte aus der Kiesgrube zwischen Pappelweg und der heutigen

Autobahnmeisterei. Das Loch ist noch heute zu erkennen. Der Standort der Kalksandsteinfabrik lag, so wie der Wasserturm im Herzberg auch, auf einem Sandhügel aus dem letzten Geschiebe der Eiszeit, ehe südlich der Stadt die Börde beginnt. Als nach der Jahrhundertwende ein Bauboom begann, war das Hartziegelwerk dabei. 1904 bilanzierte Brennecke laut Gensrichs Bericht die Produktion von 2,25 Millionen Ziegeln. Verkauft, teils aus Lagerbeständen, wurden sogar 2,32 Millionen. Der Bauboom ebbte zwar danach ab, doch die Produktion lief weiter gut. Peine baute mit weißen Hartziegeln. 1935 übernahm Brennecke die Firma dann ganz: »Peiner Handelsgesellschaft H. Brennecke mbH zu Peine« hieß die Ziegelei vom 29. Januar 1935 an. Doch inzwischen gab es Ärger mit der Autobahn. Mitten durch das Firmengelände sollte die Trasse führen. Es ging nicht anders. Die Schnellstraße musste Barumer Moor und Herzberg meiden, ebenso nördlich das Trentelmoor. Tatsächlich wurde der erste A2-Abschnitt, 32 Kilometer von Lehrte bis Braunschweig-Watenbüttel, bereits am 5. April 1936 dem Verkehr übergeben. Es war der dritte fertiggestellte Autobahnabschnitt in ganz Deutschland. Und schon im Januar 1937 konnte der Autofahrer von Hannover bis zur Berliner Avus kreuzungsfrei durchfahren. Der Straßenbau hatte für Brenneckes Wohn- und Fabrikgebäude allerdings ruinöse Folgen. Die Schäden an der Substanz waren so groß, dass das 1926 erbaute Wohnhaus 1936 wieder abgerissen werden musste. Brennecke drohte die Enteignung und die Schließung der Produktion; er musste Teile des Betriebsgeländes verkaufen. Auf der Fläche entstanden die Autobahnabfahrt und die Autobahnmeisterei. Sein Lebenswerk, das Ziegelwerk, war zerstört. Zum Schluss war er nur noch Bücherrevisor und Prüfer an der Kaufmännischen Schule.

Das war das geschäftliche Unglück, das private bedrückte ihn noch mehr, ist sich Werner sicher. Die neuen Machthaber hatten ihn um seine Fabrik gebracht, jetzt brachten die Nazis ihn auch um seine Söhne. Alle drei Jungen waren der NSDAP und auch der SS beigetreten. Ihr Vater war ein entschiedener Gegner. Nach der Pogromnacht 1938 habe Brennecke seine Kinder deshalb gar enterben wollen, wurde in der Familie erzählt, sollen doch die drei Söhne und auch einer der Schwiegersöhne mit dabei gewesen sein, als die SS am 10. November vor dem Brand der Peiner Synagoge marodierend durch die Stadt zog, um die Wohnungen jüdischer Kaufleute zu zerstören. In den späteren Gerichtsverfahren wurde einer der Brennecke-Söhne, damals Chef der Peiner SS, auch aktenkundig, der Schwiegersohn sogar verurteilt. »Der hatte sich hier bei uns in der Toilette versteckt, als sie ihn 1947 verhaften wollten«, erinnert sich Werner. Das war Paul Henze. Er hatte beim Synagogenbrand das Benzin beschafft. Bei Henzes Frau, seiner Tante Grete, hat Werner damals das Klavierspiel erlernt. Noch heute spielt er täglich.

Was Werner nun zu gern wissen würde: Warum hat man seinen Großvater alsbald nach den November-Ausschreitungen nach Woltorf ins Sanatorium gebracht? Warum wurde er wenig später nach Ilten verlegt, und warum ist er dort schon am 7. Mai 1939 unter ungeklärten Umständen so plötzlich gestorben? Haben die SS-Leute einen in der Stadt immer noch angesehenen, aber lautstarken Hitler-Kritiker aus dem Weg geschafft? Werner will, dass du all das recherchierst, was man über seinen geliebten Großvater noch erfahren kann. Ein wenig wunderlich, das muss er zugeben, mag Brennecke ja schon gewesen sein. Und aus dem Enterben wurde nichts. Am 16. Mai 1939 wurde sein letzter Wille

Abb. 14/15 Opa Brennecke und seine Ziegelfabrik: Heinrich Brennecke war mit seinem Hartziegelwerk in Peine-Stederdorf ein erfolgreicher Unternehmer. Beim Bau der Autobahn quer über sein Firmengelände wurde der ausgewiesene Nazi-Gegner 1935 enteignet (Quelle: privat).

beurkundet, den er am 10. Juni 1935 bereits aufgesetzt hatte. Danach erbten vier seiner noch lebenden fünf Kinder zu gleichen Teilen. Der Sohn Ernst und seine Ehefrau waren 1931 im Rahmen eines Altenteilervertrages bereits ausgezahlt worden. Die Nebenbestimmung seines Testaments aber zeigt, dass der einst so erfolgreiche Geschäftsmann inzwischen verhärmt war: »Ich bestimme, dass mein Leichnam eingeäschert, die Urne mit der Asche auf dem Grundstück der Peiner Handelsgesellschaft H. Brennecke (…) Stederdorf No. 246 vergraben und mit einem Findling bedeckt wird (…).« Und schließlich wird er rigoros: »Eine Veröffentlichung in der Zeitung, Anzeigen an Verwandte oder Bekannte sowie Beileidsbesuche und Kranzspenden, Ausnahme eines Tannenbruches, verbitte ich mir, ebenso das Hinzuziehen eines Geistlichen. Mit meinem Schöpfer setze ich mich bei Lebzeiten auseinander.«

Sterbelager. – »In der letzten Phase des Lagerkomplexes Natzweiler verbanden dessen Häftlinge den Tod mit einem Namen: Vaihingen.« So schreibt Steegmann über das Lager, das Hartjensteins Kommandantur als Sterbelager auserkoren hatte. Dorthin wurden die »Häftlinge im erbärmlichen Zustand« gebracht, die wenig Aussichten auf ein Überleben hatten. Auch Vaihingen war in Hartjensteins Zeit entstanden, binnen sechs Wochen im Frühsommer, allerdings zunächst mit einem anderen Ziel. Am 9. August 1944 wurde es eröffnet. 2189 Juden aus dem KZ Radom, die über Auschwitz geschickt und dort selektiert worden waren, wurden die ersten Bewohner. Sie sollten einen riesigen unterirdischen Fabrikkomplex für die Messerschmitt-Werke bauen, das »Projekt Stoffel«. Der Plan wurde bald aufgegeben, weil das Gelände mit Blick auf mögliche Luftangriffe zu exponiert erschien, und die Arbeiter verteilte man auf andere Lager.

Nach einigen Wochen Leerstand begann die SS im November, die kranken und schwachen Arbeiter anderer Kommandos nach Vaihingen zu bringen. Ihre Zahl wurde immer größer, seit Himmler im August 1944 in Berlin entschieden hatte, die arbeitsfähigen Juden nicht mehr in den Gaskammern, sondern durch Arbeit zu vernichten. In der Praxis waren die Arbeitskommandos angesichts der vielen kaum mehr lebensfähigen Arbeiter allerdings ineffektiv. So beschloss man vor Ort, die nicht mehr Arbeitsfähigen zu separieren und nicht mehr, wie bisher, in die Krankenstationen nach Dachau zu schicken. Lagerarzt Dr. Boogaerts belastete später in den Prozessen den Kommandanten Hartjenstein schwer und berichtete, ihm sei Vaihingen bei seinem Wechsel vom Stammlager Natzweiler als »Modellkrankenhaus« dargestellt worden, in dem überarbeitete Häftlinge geschont werden sollten. Die Wahrheit aber war: Wer Vaihingen überlebte, sollte wieder arbeiten. Die anderen starben eben, und zwar bewusst nicht unter den Augen der Arbeitsfähigen.

Anders als die meisten der hin und her geschobenen Arbeiterkolonnen sind die Zugänge nach Vaihingen gut dokumentiert, weil sie auf den überlieferten Zahlen der Krankenreviere basieren. Auch der Kommandant muss darüber laufend unterrichtet worden sein. Vom 9. November bis 11. März 1945 kamen in Vaihingen 25 Transporte mit mehr als 2500 Kranken an. Steegmann schreibt: »Auch wenn nicht alle Häftlinge gleich bei ihrer Ankunft ins Krankenrevier eingewiesen wurden, lässt sich die Ausweglosigkeit des Vaihinger Systems in mehrfacher Hinsicht zweifelsfrei verdeutlichen. So lag die Todesrate bei den eintreffenden Transporten im Durchschnitt bei 60,4 Prozent, in manchen Fällen sogar bei über 80 Prozent.« Die Gesamtzahl der erfassten Todesfälle beläuft sich auf 1181. Andere Quellen deuten sogar auf 1550 Tote hin. Die Sterblichkeit lag demnach bei mehr als 60 Prozent.

Ein Ort zum Gesunden war Vaihingen jedenfalls nicht. Der politische Gefangene Hanns Grosspeter, der schon mehr als fünf Jahre Lagerhaft hinter sich hatte, als er nach Vaihingen abgeschoben wurde, beschrieb es so: »Ich musste mich dazu zwingen, mir eine Krankenbaracke näher anzusehen und sie zu betreten. Ein Geruch von Leichen, Urin, Fäulnis und Fäkalien packt mich an der Gurgel und verschlägt mir den Atem. Skelettartige Wesen krochen auf dem Boden oder hingen von den Pritschen. Manche Kranke waren völlig erschöpft und wogen nicht mehr als 40 Kilo, waren bedeckt mit entzündlichem Zellgewebe und Geschwüren, mit schmutzigen Verbänden, litten an Ruhr und konnten sich nicht mehr allein fortbewegen. Ihr Darminhalt war ganz wässrig, sickerte durch die Strohmatratze und tropfte auf die Pritsche darunter. Ein Überleben erschien hier undenkbar. Trotz meiner Erfahrungen hatte ich so etwas noch nie gesehen.«

All das hatte System. Der »Block der Krepierenden« wurde sogar bei den anderen Kranken im Revier als Druckmittel für eine baldige

Genesung eingesetzt. SS-Arzt Dr. Dichmann ließ in allen Baracken des Lagers in französischer, russischer und polnischer Sprache diesen Text anschlagen: »Jeder Kranke, der nach zwei Wochen Krankheit nicht zugenommen hat und dessen Gesundheitszustand sich nicht verbessert hat, wird in die Baracke der Verreckenden geschickt. Die Ärzte müssen sich dazu verpflichten, nie in diese Baracke zu gehen. Es ist untersagt, diesen Kranken irgendwelche Medikamente zu verabreichen. Ihre Nahrung soll auf ein Minimum beschränkt werden.«

Evakuierung. – Vaihingen an der Enz – das ist noch weit weg von der Front. In den Bergen des Elsass hingegen konnte man sich zum Herbst 1944 hin nicht mehr so sicher sein. In Berlin war offenbar beschlossen worden, das Lager vorübergehend und nur vorsorglich zu schließen und die Häftlinge, die ja ohnehin nun in den neuen Ölschiefer-Bergwerken gebraucht wurden, entweder dorthin oder gleich nach Dachau zu bringen. Als Evakuierung wollte man den Rückzug aus dem Elsass sicher nicht verstanden wissen. Letztlich war es aber doch nichts anderes als ein Evakuierungsbefehl, was Fritz Hartjenstein am 1. September 1944 telefonisch von der Amtsgruppe D in Oranienburg mitgeteilt wurde. Weil die Wüstelager zu dieser Zeit schon gut gefüllt waren, organisierte der Kommandant einzig die Transportkapazitäten nach Dachau. Sechs Züge, so teilte er am 2. September mit, würden noch am selben Tag ab 18 Uhr zur Verfügung stehen. Es waren dann aber offenbar nur zwei Züge, die an diesem ersten Tag abgingen. Die Gesamtzahl der Anfang September Evakuierten schätzte der damalige Bahnhofsvorsteher von Rothau, Bernard Xavier, aus der Erinnerung auf etwa 6000 bis 7000 Häftlinge. Nach Steegmanns Berechnungen, der die Eingänge in Dachau mit den Häftlingszahlen in Natzweiler verglich, waren es mindestens 6034 Personen. Mehrere Dutzend überlebten die Reise nicht. Der letzte Zug Richtung Dachau soll am 19. oder 20. September abgegangen sein.

In seinem Buch »Mitten unter uns« über das KZ Natzweiler-Struthof beschreibt Jürgen Ziegler die Unsicherheit in der Endphase des Lagers: »Im August 1944 wurde die Gegend um das Konzentrationslager (…) zum Kriegsgebiet erklärt. (…) Unter den KZ-Häftlingen breitete sich Ungewissheit und Angst aus. Wie wird die SS auf die immer näher rückende Front reagieren? Immer mächtigere Bombengeschwader flogen über das Lager, um irgendwo in Deutschland ihre Bomben abzuwerfen. Die Wachposten konnten eine gewisse Nervosität nicht verbergen. Werden sie das Lager freiwillig übergeben? Werden sie es auf einen Kampf ankommen lassen? Werden vorher alle Häftlinge ermordet durch Maschinengewehrgarben von den Wachtürmen herab oder treiben sie uns alle in die Tunneleingänge beim Steinbruch und sprengen diese mit uns in die Luft?«

Der Häftling Muerzel Rausch, der 1970 in der Zeitschrift »Rappel« einen Aufsatz über »Die letzten Tage von Natzweiler« veröffentlichte, lässt dann den Lagerkommandanten Hartjenstein als humanen Mann erscheinen: »Diskussionen über die Zukunft des Lagers gab es auch zwischen der Lagerkommandantur und der politischen Abteilung. Letztere muß sich wohl für die Liquidierung aller Häftlinge ausgesprochen haben. Der Kommandant setzte sich aber durch und das Resultat war dann auch die rechtzeitige Auflösung des Lagers und die Überführung nach Dachau.« Die ging Rausch zufolge so vonstatten: »Zebra-Anzüge rollten in rauhen Mengen an, da alle in Zebra reisen mußten – dies zur Verminderung der Fluchtgefahr. Man sah den Unglücklichen an, wie sie unter der Erkenntnis litten, daß die Befreiung noch nicht zu erwarten war. Und doch standen die Befreier sozusagen in Tuchfühlung mit uns. Dreimal mußten die ersten 3000 Mann antreten auf der Lagerstraße und dreimal wurden sie in die Blöcke zurückgepfiffen – weil die Transportzüge Rothau nicht erreicht hatten infolge der Operationen der Partisanen und der Flieger. Beim vierten Anlauf erst gelang es, die Kolonnen in Marsch zu setzen. Verbittert und verzweifelt trabten sie nun zu Fuß den Weg ins Tal, auf der Straße der Verzweiflung, auf welcher sie Monate vorher, von Fußtritten, Kolbenschlägen, Hundebissen angetrieben, gepeinigt von Durst und Hunger ins Lager hineingestolpert waren. Die Reiserationen, die ausgegeben wurden, waren schon aufgezehrt und Ersatz wurde nur gegeben für die Wartetage: ein Stück Brot, eine Spur Margarine und ein Hauch von Käse.«

Was nach dem Einpferchen der Menschen in die Güterzüge geschah, hat ein namenloser holländischer Häftling in Zieglers Buch so beschrieben: »Dann kamen wir auf Transport. Auf einmal mitten in der Nacht. Das war abscheulich. Drei Tage im Zug. Das kann man nicht beschreiben und wenn man es kann, wird es doch niemand glauben. Drei Tage in einem Zug und man hat nichts. Man probiert das Regenwasser aufzulecken, mit der Zunge durch einen Schlitz unter der Holztür des Wagens. Solche Dinge läßt man nicht in einem Film sehen.«

Während sich vom Abend des 1. September an die Arbeitssklaven in unbeschreiblicher Not in Richtung Dachau bewegten, spielten sich im nunmehr schon deutlich leereren Lager noch viel grauenhaftere Szenen ab. Es sind die, die knapp zehn Jahre später zum dritten Todesurteil für den Kommandanten Fritz Hartjenstein führen sollten. Noch einmal die Schilderung des Zeugen Muerzel Rausch: »Sobald der Abend kam und das gesamte Lager sich zum Schlafen gelegt hatte, rührte sich Satan und die Hölle brach los.« Rausch, der als Mitarbeiter der Effektenkammer auch in diesen Räumen lebte, beschreibt, dass er von seinem Beobachtungsposten aus gut sehen konnte, was sich »zwischen Block und Bunker« abspielte: »An mehreren Abenden rollten die Lkw wieder schwer beladen mit Menschenware die Lagerstraße herunter. 190 Säcke mit den Leichen von französischen Männern beladen. Sie waren alle im Tal im Lager Schirmeck abgespritzt worden. Nun wurden sie verbrannt. Hoch auf stoben die Flammen aus dem Kamin, eine düstere Rauchwolke legte sich über das Land und wich nicht mehr. (…) Schlimmer war es mit dem zweiten Transport. Die Ware wurde lebend ins Lager gebracht: 90 Französinnen. Sie wurden erst im Bunker umgebracht. Was dort mit ihnen geschah, wissen wir nicht. Aber nach 10 Uhr abends feierte der Tod seine Orgie. In regelmäßigen Abständen verließen die Frauen in grünlichen Arbeitskleidern den Bunker, eine nach der anderen, begleitet von Bunker-SS und der Gestapo. Sie betraten ruhig und gefaßt, den Kopf hoch, in sehr stolzer Haltung, das Krematorium. Kaum drei Minuten nach ihrem Eintritt hörten wir einen Schuß. Im Angesicht des glühenden Ofens wurden die Frauen gnadenlos mit Genickschuß getötet. Dann kamen die Flammen, der Rauch, der Geruch – und die Mörder bekamen unten im Tal ihre übliche Belohnung, und vielleicht auch noch das Kriegsverdienstkreuz erster Klasse.«

Fluchtpunkt. – Kaum war das Lager geräumt, wurde es schon wieder belegt. Diesmal von Franzosen. Struthof wurde zum Fluchtpunkt für die Miliz des Joseph Darnand. Der französische Offizier war 1943 unter dem Vichy-Regime zum Staatssekretär und Chef der NS-freundlichen paramilitärischen Einheit Milice française geworden. Seine Leute, französische Nazi-Kollaborateure, hatten sich auf die Bekämpfung der Resistance-Einheiten spezialisiert. Entsprechend verhasst war Darnands Trupp im besetzten Frankreich. Die Miliz war zuvor bei Nancy stationiert und wich nun aus in die noch nicht von den Amerikanern erreichten Vogesen. Schon früh im September rückten die ersten der insgesamt rund 3000 Mann in Struthof ein. Zu dieser Zeit sollen nur noch etwa 500 Häftlinge im Lager gewesen sein, unter ihnen jener Franz Kozlik, der als einziger Zeitzeuge über die kurze Episode der Miliz im KZ berichtet hat.

Die verbliebenen Häftlinge, so Kozlik, seien schon Anfang September beauftragt worden, die nun leerstehenden Gebäude unter Aufsicht der SS-Wachen wieder herzurichten. Auch der Kommandant war in diesen Wochen noch im Lager. Schon bald rückten eine Vorhut an Miliz-Offizieren sowie einige Frauen ein. Die Leute des »Verräters«, so schrieb Kozlik, hätten sich sehr überheblich benommen, und vor allem mit den noch verbliebenen elf Franzosen unter den Lagerhäftlingen hätte es sofort Spannungen gegeben. Die letzten Häftlinge seien deshalb alsbald in die Baracken am Steinbruch gebracht worden. Von dort aus seien sie schließlich dem Gros der Häftlinge folgend nach Dachau gefahren worden. Kozlik selbst, Hartjensteins Friseur, muss als einer von ganz wenigen bis zum Schluss geblieben sein. Er berichtete später auch, wie er kurz vor der Befreiung des Lagers aus diesem hatte fliehen können. Das muss am 23. November 1944 gewesen sein; am 24. erreichten die ersten US-Soldaten das leere Lager.

Steegmann fasst Kozliks Miliz-Besetzung des Lagers so zusammen: »Die Ankunft der 3000 Milizsoldaten am Tag nach der Verlegung der Häftlinge in den Steinbruch erstreckte sich über mehrere Tage und Nächte. Laufend trafen Autos, Pariser Autobusse und Lkw mit Nahrungsmitteln und alkoholischen Getränken ein. Darnand und sein Generalstab richteten sich im Lager ein, noch während Hartjenstein und die meisten Lagerverwalter vor Ort waren. Kozlik, der auch Darnand rasieren musste, erzählt von Gesprächen, die er mit ihm geführt haben will, ebenso wie vom lärmenden und ausgelassenen Gebaren der Milizionäre, die sich gegenüber der Lagerverwaltung recht arrogant verhalten hätten. Vermutlich aufgrund von Hinweisen aus der örtlichen Bevölkerung bombardierten die westlichen Alliierten das Lager, wodurch sich die Miliz gezwungen sah, ihre Flucht Richtung Ulm fortzusetzen. Kozlik gibt dafür jedoch kein Datum an, vermutlich war es der 21. September.«

Es dauerte dann noch bis zum 22. November, ehe die Kommandantur im KZ Struthof ganz aufgegeben werden musste. Bis dahin war der Kommandant mit seinem Stab sowie einer Gruppe von nur noch 16 Häftlingen – je sieben Luxemburger und Deutsche und je ein Lothringer und ein Österreicher – im ehemaligen Hotel Struthof untergebracht. Dort, wo einst alles begann, endete auch die Geschichte des KZ-Standortes. Von hier aus führte Hartjenstein noch die Geschäfte des inzwischen unübersichtlich großen Außenlagernetzes. Es zählte zum Schluss bis zu 70 einzelne Kommandos. Das Lager in den elsässischen Bergen selbst, einst für maximal 3000 Menschen gebaut, war in den Monaten unter Hartjenstein mit durchschnittlich 6000 Inhaftierten, wie Robert Steegmann errechnet hat, überfüllt gewesen. Eine Zahl, die die SS-Verwaltung als normal bezeichnete, schreibt der Autor. Und doch beherbergte das Stammlager nur etwa ein Drittel der insgesamt rund 18.000 Internierten, die 1944 der Kommandantur Hartjensteins unterstanden.

Das Schicksal des Miliz-Chefs, den er in Struthof nur für wenige Tage und teils unter dem Bombenhagel der Amerikaner kennengelernt hatte, muss den Kommandanten später in seiner Todeszelle noch beschäftigt haben. Der arrogante Darnand – SS-Sturmbannführer, also noch einen Dienstgrad unter dem gerade beförderten Hartjenstein – war mit seinen Leuten weiter Richtung Westen geflohen. Selbst setzte er sich bei Kriegsende nach Italien ab. Dort nahmen ihn die Alliierten fest und lieferten ihn an Frankreich aus, wo er, wie später auch Hartjenstein, im Gefängnis Fresnes auf sein Urteil wartete. Noch 1945 wurde ihm der Prozess gemacht und das Todesurteil vom 3. Oktober bereits am 10. des Monats vollstreckt. Nur sieben Tage war Darnand also in der Todeszelle – bei Hartjenstein waren es neun Jahre.

Schweinebande. – Was sich in den letzten Tagen des KZ Natzweiler zwischen Kommandant und Miliz-Chef abspielte, hat Franz Kozlik süffisant beschrieben: »Dank der guten Nachrichtenübermittlung durch die elsässische Zivilbevölkerung war (…) die Tatsache, dass sich die Darnand-Miliz heldenhafterweise im Konzentrationslager Struthof versteckt hält, bis zu den alliierten Fliegerkommandos durchgedrungen. Also gleich befahl der große Feldherr Darnand, die gestohlenen Luxuslimousinen gut zu tarnen und gegen Fliegersicht zu schützen, und seine

Männer entwickelten große Eifrigkeit in der Durchführung seines Befehls. Aber die Folgen dieses Fliegerangriffs waren für die Milizionäre unerfreulich, insofern, als der Lagerkommandant SS-Sturmbannführer Hartjenstein sich unmittelbar nachher (...) beim Herrn ›Minister‹ zur Audienz anmelden ließ und ihm erklärte, dass er mit seiner ›Schweinebande‹ den bis dahin so ruhigen Struthof unsicher mache und er ihm deshalb verbiete, seine gestohlenen Fahrzeuge in Lagernähe zu parken. Viele meiner Leser werden über den Ausdruck ›Schweinebande‹ aus dem Munde des Lagerkommandanten gegenüber dem Herrn ›Sicherheitsminister‹ erstaunt sein, aber damit drückte sich nur die ganze Verachtung der an und für sich ebenfalls moralisch minderwertigen SS gegenüber den noch viel minderwertigeren Landesverrätern im Gefolge Darnands aus. Nun hatten die Marionettensoldaten tagelang Arbeit, um ihre Fahrzeuge aus der Lagernähe zu entfernen und in den umliegenden Wäldern zu verstecken. Um ihr Prestige einigermaßen wieder herzustellen, versuchten sie die Häftlinge, zu denen die Worte des Kommandanten ebenfalls gedrungen waren, zu schikanieren, wo es ging. (...) Aber auch von dieser Seite ernteten sie nur Verachtung.«

Karpfen. – War nach Auflösung des Konzentrationslagers das Elend nun beendet? »Im Gegenteil«, schreibt Steegmann: »Die letzten Monate seiner Existenz waren für die Insassen der verschiedenen Lager vielleicht sogar noch härter und unmenschlicher als die Jahre zuvor.« Denn jetzt ging es dem Gewaltsystem ums Überleben. Das Natzweiler-Netz hatte nur noch die Aufgabe, die Arbeitssklaven für das letzte Aufbäumen des Reiches zu verwalten. Die Kommandantur musste sich eine neue Bleibe suchen, von der aus sie die vielen Arbeitslager von Kochem-Treis an der Mosel im Norden bis ins elsässische Mülhausen im Süden, von Thil und Metz im Westen bis Ellwangen und Heidenheim im Osten noch verwalten konnte. Häftlinge und diverse Dienststellen, die Effektenkammer und die Politische Abteilung waren bereits nach Dachau verlegt worden. Am 11. November zog dann auch der Kommandant um. Mit einem kleinen Stab bezog Hartjenstein in Guttenbach am Neckar das dortige Wirtshaus Zum Karpfen sowie mehrere Baracken am Ortsrand. Später wurden auch Räume im benachbarten Schloss Binau requiriert, wo erneut eine Effektenkammer entstand und nach und nach auch wieder die nach Dachau ausgelagerte Politische Abteilung neu aufgebaut wurde. Telefonistinnen und Fernschreibkräfte, Schreibkräfte und ein Adjutant standen in Guttenbach zur Verfügung. Die Verwaltung wurde in der Kinderschule Binau aufgebaut. Ein Fahrdienst für die Kommandantur war im benachbarten Neckarkatzbach. Auch zur offiziellen Postadresse für alle Häftlinge, die Briefe erhalten oder verschicken durften, wurde das Gasthaus Zum Karpfen. Alle Briefe, auch die für die rund 50 noch existierenden Außenlager, liefen über Guttenbach – immer noch mit der alten Adresse »KL-Natzweiler-Post Rothau-Elsass«.

Das Wirtshaus sollte bis Februar 1945 das Zentrum eines Spinnennetzes sein, in dem Arbeitskräfte je nach Bedarf hin und her geschoben wurden. Und das machten sich sogar die örtlichen Landwirte zunutze. Kaum hatte sich der Kommandant im Hotel Zum Karpfen niedergelassen, wurden erste Anträge gestellt, ob er nicht auch vor Ort einige Arbeitskräfte zur Verfügung stellen könne. »Es war ein reines Entgegenkommen«, schreibt ein unbekannter Zeitzeuge in Zieglers Buch »Mitten unter uns«. Hartjenstein stellte tatsächlich aus dem nahen Arbeitslager Neckargerach kleine Kommandos von drei, vier Mann ab, um den Bauern beim Dreschen mit deren eigenen Maschinen oder bei anderen Arbeiten auf ihren Höfen zu helfen. Am Abend mussten die Häftlinge dann, gut verpflegt von den Bauern – jedenfalls besser als im KZ –, wieder im Lager sein.

Wo er im Kleinen großzügig war, nahm Hartjenstein es im Großen genau. Unter den neuen Bedingungen, einem KZ ohne Stammlager, aber mit bis zu 50 Außenlagern, organisierte er sofort seine Wachkompanien neu. Im Westen hatten ja etliche Lager wegen der näher rückenden Front aufgegeben werden müssen. Jetzt sollten weiter östlich neue entstehen. Schon am 1. Oktober trat die neue Organisation aus elf Kompanien, jeweils mit einem eigenen Kommandanten, in Kraft. Hartjenstein legte sein Organigramm sogar vorausschauend an: Mehrere Kommandos wurden bereits eingeteilt, obwohl die neuen Lager, die sie bewachen sollten, noch gar nicht existierten. So sollten im Raum Frankfurt noch Lager bei Telefon und Normalzeit und bei Dunlop Hanau entstehen, in Pforzheim neue Arbeitslager bei Schaub und im Uhrenwerk sowie solche beim Flugplatz Haifingen, in Echterdingen und am Presswerk Kirchheim in Schlattstall sowie im Mauserwerk Oberndorf. Am Ende hätten es wieder rund 50 Arbeitslager sein sollen.

Erst als die Front auch dem Neckar immer näher kam, wurde die Kommandantur im Wirtshaus des kleinen Dorfes aufgegeben. Stuttgart, Dürmettingen, Missen und Scheffau waren ihre letzten Stationen. Da war Hartjenstein aber nicht mehr dabei. Im Februar 1945 hatte man ihn abberufen; er sollte nun die Panzertruppenschule Putlos sowie danach die in Bergen kommandieren. Von nun an bildeten die kleinen KZ-Außenlager quasi eigenständige Einheiten. »Die Devise hieß, Flucht nach vorn. In einem vollkommen außer Kontrolle geratenen System verschanzten sich die Verantwortlichen fanatisch hinter Durchhalteparolen – auf Kosten der Häftlinge. Kolonnen verelendeter und erschöpfter Menschen wurden auf Todesmärsche geschickt, deren einziges Ziel es war, den Verwaltern eine letzte Existenzberechtigung zu geben. Auch nach ihrer Evakuierung in das KZ Dachau hielt der unerbittlich agierende Verwaltungsapparat die Häftlinge im Griff«, schreibt Steegmann.

Für Historiker ist die Geschichte des KZ Natzweiler in vielerlei Hinsicht etwas Besonderes. Es war das einzige KZ-Stammlager im westlichen besetzten Ausland. Zudem war Hartjenstein der einzige Kommandant, der zum Schluss ein KZ-System ohne eigenes Stammlager befehligte. Gerade darin erkennt Steegmann Züge, die über den einzelnen Fall hinaus aufschlussreich sind: »Bis zuletzt aber wurde mit Genauigkeit Buch geführt, um ein System aufrechtzuerhalten, das seine Daseinsberechtigung nur noch aus sich selbst bezog. In dieser Hinsicht ist das KZ Natzweiler ein Musterbeispiel für ein in sich geschlossenes System, das sich jeder rationalen Analyse entzieht.«

Hausgäste. – Und die Familie? Der Kommandant musste ja nicht nur mit seinem Stab von Natzweiler nach Guttenbach umziehen, sondern auch für seine schwangere Frau, die beiden Jungen und das polnische Hausmädchen Steffi, eine Zwangsarbeiterin, ein neues Zuhause finden. Wie genau und wann der Umzug erfolgte, kann nicht mehr festgestellt werden. Das Privatleben des Chefs entzieht sich der Lagerchronik. Die Söhne leben heute nicht mehr; die Hinterbliebenen wollen über Schwiegervater beziehungsweise Großvater nicht sprechen. Bekannt ist nur, dass die Familie alle Möbel und den Hausrat in Wildersbach ließ. Das könnte erklären, warum ein Hotel, jedenfalls ein Wirtshaus mit Gästezimmern, als neue Kommandozentrale gewählt wurde. Nun waren die Hartjensteins Hausgäste im Karpfen. Es lebte nämlich die ganze Familie des Kommandanten im Hotel. Das kann die inzwischen 92 Jahre alte Mutter des heutigen Eigentümers des einstigen Gasthauses bestätigen. Ihre Tante, so erinnert sich die alte Dame, hatte einst in der Wirtschaft mitgeholfen und sie 1959 dann übernommen. Sie habe viel über die Zeit als Kommandantur erzählt – auch über den Kommandanten Hartjenstein und dessen Familie. Ob Frau und Kinder aber dort zunächst noch geblieben sind, als Hartjenstein Mitte Februar abberufen wurde, das wisse sie nicht.

Aber das hast du an anderer Stelle erfahren. Das historische Archiv des Dorfes Guttenbach wird nämlich heute im Stadt- und Verbundarchiv Eberbach (Neckar) verwahrt. Dort findet sich zwar keine formale Anmeldung Hartjensteins und seiner Familie für den Umzug aus dem Elsass an den Neckar, wohl aber eine Abmeldung. Am 29. März 1945, also fünf Wochen nach dem Abrücken des Kommandanten nach Norddeutschland, meldet sich auch Gustel Hartjenstein mit den beiden Söhnen und dem Hausmädchen »Steffie Schriwicz« (oder »Schriedicz« – der Nachname sowie der Geburtsort sind handschriftlich vermerkt und nicht sicher zu entziffern) nach »Oldau bei Celle« ab. Die Geburtsdaten der als »ledig« angegebenen Haushaltshilfe werden mit 7. Dezember 1927, geboren in »Noweicko« in Polen, angegeben. Die gesuchte Ellen und die angeblich wie eine Tochter behandelte Steffi, so viel steht jetzt fest, sind also nicht identisch.

Und noch etwas findet sich im Guttenbach-Archiv: Streit um Geld. Wenn es nämlich ums Bezahlen geht, dann zählt die geschriebene Rechnung. Und die wird archiviert. So berechnet also das Bürgermeisteramt am 16. Januar 1945 der Verwaltung des K. L. Natzweiler die Mieten für die Schreibstuben im Dorf: 10 Mark für die im Rathaus, 20 Mark für die bei Familie Dollinger, darüber hinaus 20 Mark für Schreibstube sowie 25 Mark für Küche und Lagerraum, jeweils bei Emil Siegmund, dem damaligen Wirt des Karpfen. Ob darin auch die Wohnräume der Kommandantenfamilie enthalten sind, ist unklar. Die Mietrechnung löst weiteren Schriftverkehr aus und am 8. Februar schließlich die Rückforderung von 20 Mark durch die Verwaltung der Waffen-SS. Für Dienststellen der Wehrmacht nämlich, so die Argumentation, dürften keinerlei Mieten verlangt werden, wenn es sich um Räumlichkeiten der Gemeinderäte wie die im Rathaus handle. Die SS konnte sehr penibel sein.

Abb. 16 Ausweich-Kommandantur am Neckar: Das Wirtshaus Zum Karpfen in Guttenbach war nicht nur die Befehlszentrale nach der Evakuierung des KZ Natzweiler-Struthof, sondern auch die letzte gemeinsame Wohnung der Familie Hartjenstein (Quelle: privat).

Frontsoldat. – Am 27. Februar trat der Familienvater seinen Dienst als neuer Kommandeur eines Panzerausbildungs-Regiments in Putlos in Schleswig-Holstein an. Erstmals seit drei Jahren war er raus aus dem KZ-System und nun wieder Wehrmachtsoffizier. Sein neues Kommando währte gerade einmal sechs Tage. Dann musste er ausweichen nach Bergen in die Heide. Nun war er Chef der dortigen SS-Panzertruppenschule. Ganz in der Nähe war inzwischen auch sein einstiger Vorgänger in Natzweiler und Nachfolger in Auschwitz stationiert. Josef Kramer war seit dem 2. Dezember 1944 Lagerkommandant von Bergen-Belsen. Er befehligte ein hoffnungslos überbelegtes Lager, dem aus den evakuierten anderen Konzentrationslagern immer neue Häftlingsgruppen in Zügen und auf Todesmärschen zugeführt wurden. Unterernährung, Hunger und Typhus rafften die Häftlinge wie die Fliegen dahin. Es sollte bis zum 15. April dauern, ehe britische Truppen Belsen befreiten und am 17. den Kommandanten verhafteten. Ob Hartjenstein und Kramer sich in den knapp fünf Wochen, in denen sie in Wurfweite voneinander kommandierten, getroffen haben, ist nicht bekannt. Schließlich kam es erneut zum Fronteinsatz. Bergen war besetzt, Kollege Kramer verhaftet; ab 23. April kämpfte Hartjenstein nach eigenen Angaben in Tschechien gegen die Amerikaner. Er war in Pilsen, als der

Krieg endete und er sich noch am 8. Mai den US-Truppen stellte. Die brachten ihn in ein Gefangenenlager und schließlich nach Landsberg am Lech, als sie erkannten, welch hochrangigen SS-Mann sie vor sich hatten. Im War Criminals Prison No. 1, dem zentralen Gefängnis der Amerikaner für deutsche Kriegsverbrecher, muss Hartjenstein dann auch andere hochrangige SS-Offiziere getroffen haben, die ihm versprachen, für ihn auszusagen, falls er als KZ-Kommandant unter Anklage gestellt würde. Schon in dieser Zeit, ehe er für seinen ersten Prozess an die Briten überstellt wurde, muss der Plan entstanden sein, sich als Opfer einer Bestrafungsaktion auszugeben, die ihn ins verabscheute KZ-System gezwungen habe.

Bergidylle. – Vom 23. Februar 1945 an lebten also Ehefrau Auguste und ihre Söhne allein im Hotel Karpfen. Die junge Polin Steffi blieb bei ihnen. Nach Putlos und Bergen zogen sie nicht mit um. Der Vater, der wieder »von der inneren Front« in den Krieg ausrückte, habe ihnen empfohlen, zur Entbindung in die alte Heimat nach Peine zu fahren. Sie hatten sich aber offenbar für die Familie von Gustel entschieden, also Oldau an der Aller als neuen Wohnsitz angegeben. Warum sie dann aber die gegenteilige Richtung einschlugen, ist unbekannt. Vielleicht, um das bevorstehende Ende des Krieges und die Niederkunft in relativem Frieden zu erleben. Ziel war jedenfalls das kleine Dorf Grins in Tirol vor dem Arlberg, wo sie bei einer Bauernfamilie am Berghang eine Unterkunft fanden. Ob sie dort Bekannte hatten, ob die Hartjensteins dort zuvor einmal Urlaub gemacht hatten, was wahrscheinlicher ist – man weiß es nicht. Einzig bekannt ist, dass die Familie ihren letzten gemeinsamen Urlaub im Spätsommer 1944 in Wien verlebt hatte.

Nun also Rückzug ins Bergidyll. Hausmädchen Steffi muss dort erstmals seit Jahren ungewohnte Freiheiten genossen haben. Nach dem Kriegsende lernte sie junge Polen aus einem nahen österreichischen Arbeitslager kennen. Als die Hartjensteins schließlich im Juni 1945 die Heimreise nach Peine antraten, blieb Steffi dort im Lager, um schließlich gemeinsam mit den freigelassenen Zwangsarbeitern die Heimreise nach Polen anzutreten. Auch die Jungen müssen sich in dem Bergdorf wohlgefühlt haben. Sie halfen beim Bauern, liefen ins Dorf zum Milchholen, freundeten sich mit anderen Kindern an, darunter mit den sechs Jungen der örtlichen Hebamme. Noch Jahrzehnte später hat der Ältere die Freunde aus Grins besucht. Der Jüngere war es dann, der 20 Tage nach Kriegsende den Berg hinuntergeschickt wurde, um die Hebamme vom Feld zu holen. Die Niederkunft stand an: Am 28. Mai 1945 wurde eine Tochter geboren: Ellen!

Nachkriegskind. – Du hast Ellen gefunden. Am Ende war es ganz leicht. Dein Auskunftsersuchen im Einwohnermeldeamt förderte als letzte Umzugsadresse eine Anschrift im Landkreis zutage. Du fährst einfach hin, klingelst – und stehst vor der Tochter des KZ-Kommandanten. Ja, sagt sie, sie wolle dich unterstützen. Sie würde auch gern mehr über ihren Vater erfahren. Was man im Internet finde, sei schon schlimm. Aber das könne doch nicht alles gewesen sein. Schließlich sei ihr Vater doch mehrfach verurteilt worden.

»Ich bin ein Nachkriegskind«, sagt Ellen schmunzelnd. Das erklärt die mühsame Suche. In den Dokumenten der SS konnte sie gar nicht zu finden sein. Und dass sie von den Verwandten verleugnet wurde, wundert sie nicht. »Wir hatten nie richtig Kontakt. Nicht einmal von den Beerdigungen meiner Brüder habe ich erfahren.« Dass sie von den Verwandten auf Nachfrage gar gänzlich verleugnet wurde, erklärt sie sich so: »Sie sollten mich wohl nicht finden. Die wissen doch genau, dass ich über meinen Vater nicht schweigen würde.«

Als es mit der Naziherrschaft zu Ende ging und der KZ-Kommandant zurückkommandiert wurde, war die hochschwangere Mutter allein mit den Jungs nach Österreich geflüchtet. Dort, in Grins in Tirol, wurde sie geboren – 20 Tage nach Kriegsende und der Gefangennahme des Vaters. Im Stammbuch der Familie, das sie besitzt und in das du nun endlich einsehen kannst, steht sie als viertes Kind der Eheleute Hartjenstein. Der Eintrag stammt vom 20. Juni 1945 und wurde in Winsen/Aller, Kreis Celle abgestempelt. Drei Wochen nach ihrer Geburt war die kleine Ellen also angekommen, wo sie bis zum zwölften Lebensjahr aufwachsen sollte: auf dem Hof der Tante an der Aller. Mehr als eine Woche sei die Mutter nach der Geburt mit ihrem Baby auf dem Arm und den beiden Jungs an der Seite auf Irrwegen durch Deutschland gereist, ehe sie bei der Familie in Peine ankam. Immer wieder seien die Züge umgeleitet worden, habe die Mutter irgendwo im Bahnhof oder im Zug übernachten müssen. Das besetzte Deutschland war in Auflösung; jeder wollte zurück zu seiner Familie. Zu essen gab es unterwegs nichts. »Ich muss wohl ein Häufchen Elend gewesen sein«, sagt Ellen. Oma Hartjenstein habe sie in ihrem Milchladen Löffelchen für Löffelchen erst wieder aufgepäppelt, ehe es weiter zur Schwester der Mutter nach Oldau ging. »Omas Milchladen habe ich wohl mein Leben zu verdanken.« Und der Großvater mütterlicherseits hielt mit Aushilfsarbeit beim Bäcker und beim Bauern Tochter und Enkelkinder in Oldau über Wasser. »Es war trotzdem eine wunderbare Kindheit«, sagt Ellen.

Ob sie ihren Vater je kennengelernt hat, willst du wissen. »Ja, in seiner Zelle in Frankreich. Da habe ich auf seinem Schoß gesessen und wollte nicht mehr runter. Ich habe ihm immer wieder seine paar Haare gekämmt.« Sieben Stunden lang durfte die Ehefrau mit dem Kind in Anwesenheit eines Gendarmen den bereits zum Tode verurteilten Fritz Hartjenstein besuchen. Da war das kleine Mädchen fünf, eher sechs Jahre alt. Der Kriegsgefangene sah seine Tochter in der Todeszelle zum ersten Mal und danach nie wieder. Ein goldener Siegelring mit den Buchstaben »FH« ist alles, was an ihn erinnerte – gäbe es diese Berichte in Büchern und im Internet über ihn nicht. Sieben Stunden Familienglück hinter Gittern. Dazu viele Briefe von Kind zu Vater, von Häftling zu Tochter. »Ich habe meinen Vater geliebt«, sagt Ellen noch heute. Für sie gab es nur dieses Bild, das sie sich vom abwesenden Vater in ihrer Kindheit machte. Nichts, keine reale Erfahrung mit ihm konnte es überschatten. Sieben Stunden auf seinem Schoß sind das Einzige, was sie von ihm hat.

Schuhlöffel. – Der kleine, metallisch glänzende Schuhanzieher, den dir Werner in die Hand drückt, ist alt und offensichtlich viel benutzt worden. Ein edler Damenschuh ist darauf eingraviert. Dazu der Namenszug »Louis Fels & Co., Peine, Confection & Schuhwaren«. Werner erinnert sich genau, wo er ihn mitgenommen hat. Das ist 82 Jahre her.

Er war an diesem Donnerstagnachmittag bereits aus der Schule gekommen. Vor seinem Elternhaus in der Breiten Straße herrschte Aufregung. Für einen Siebenjährigen kein Grund, sich Gedanken zu machen. Dann schnappte sich seine Mutter das Fahrrad, um in die Bodenstedtstraße zu fahren. »Vielleicht wollte sie bei unserem Arzt ein Rezept abholen?« Ob er mitkommen wolle, fragte Mutter. So radelten sie – er vor ihr auf dem Rahmen des Damenrades stehend und über den Lenker gebeugt – dorthin, wo an diesem 10. November 1938 die Synagoge brannte, wo zuvor SS-Leute gewütet und wo die Feuerwehr viel zu spät mit dem Löschen begonnen hatte. Vorbei an dem jüdischen Bethaus, wo es noch aus den Fenstern qualmte und im Innern noch die verkohlte Leiche des 17jährigen Hans Marburger lag. Werner sah den Rauch aus der Kuppel dringen, sah die zerschlagenen Fenster, die aufgeregt diskutierenden Schaulustigen am Straßenrand. Ob Mutter nur nachsehen wollte, ob auch ihre Brüder dabei waren? Die drei SS-Männer und der Schwager, ebenfalls bei der SS. Sie haben nicht angehalten, sind nur vorbeigeradelt, erinnert sich Werner. Zum Arzt und dann quer über den Hagenmarkt und durch die Hagenstraße zurück.

Neben der Jakobikirche, unweit des Elternhauses, steht seit 1913 ein imposantes Gebäude. Das Geschäftshaus des jüdischen Kaufmanns Louis Fels. Dort hielt Mutter, ließ den Jungen vom Rad, und beide mischten sich in die Menge Menschen, die sich dort in und vor dem großen Schuhgeschäft tummelte. »Viele Kinder liefen da mit rum.« Werner hat noch heute vor Augen, wie sich der Siebenjährige aufgeregt, aber arglos zwischen die Leute schiebt, wie er durch zersplittertes Glas,

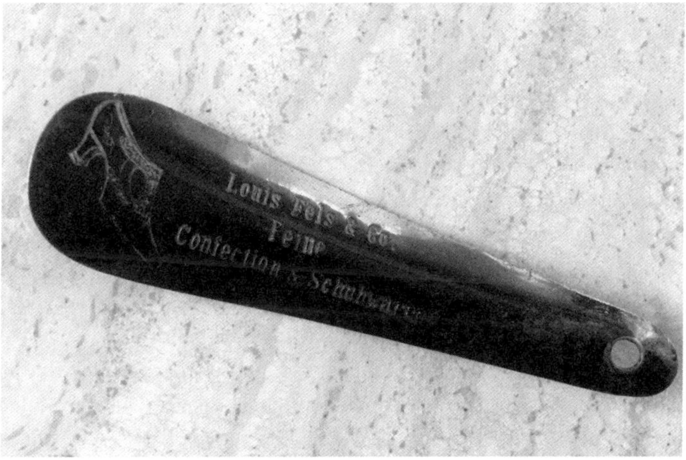

Abb. 17 Beutegut aus der »Reichskristallnacht«: Bis zu seinem Tod wurde im Haushalt Werners der Schuhlöffel der geplünderten Firma Louis Fels benutzt. Werner war sieben, als auch in Peine nach dem Brand der Synagoge jüdische Geschäfte gestürmt wurden (Quelle: Jürgen Gückel).

zertretene Pappkartons und einzelne herumliegende Schuhe über das Pflaster springt, wie er im Eingang unter all den Scherben und dem Müll den Schuhlöffel findet und glücklich den wertvollen Schatz an sich nimmt. »Ich habe mich damals innerlich sehr gefreut.« Erwachsene haben ihm vorgemacht, wie man in diesen Tagen mit dem Eigentum jüdischer Kaufleute umging. Er hat von ihnen gelernt, er durfte mitmachen.

Schäferhunde. – »Es muss noch ein Foto von Vater mit den Schäferhunden geben. Ich werde es suchen.« Ellen erinnert sich des Bildes und auch der Namen der Hunde: Adda und Axi. Vater sei stehend im Uniformmantel zu sehen, die Vierbeiner ihm zur Seite. Er habe die Schäferhunde geliebt. Schon in Auschwitz. Dort habe ihm die Hundestaffel besonders am Herzen gelegen. Nach Natzweiler habe er dann die beiden eigenen Hunde aus Auschwitz mitgebracht. Das habe Mutter immer erzählt. Wissen kann Ellen all das nicht. Sie hat ja nur den Häftling Hartjenstein erlebt – in der Todeszelle.

Zu stimmen scheint das mit Hartjensteins Hundeliebe aber schon. In der Gedenkstätte Natzweiler ist heute noch dokumentiert, dass sich der Kommandant um die Hunde kümmerte. In einem in Vitrine 6.2 des Besucherzentrums ausgestellten Schreiben vom 26. September 1944 informiert der Kommandant den Finanzdienst des Konzentrationslagers in Oranienburg über die »Pensionierung« der Hündin Asta, die durch den Hund Burek (Materialnummer SS 2474) ersetzt wird. Halbjährlich übermittelte Hartjenstein Berichte über den Hundezwinger, in dem bei seiner Amtsübernahme 24 Tiere gehalten wurden. Neben der Pensionierungsmeldung können Besucher die Todesbescheinigung des Gefangenen Jacques Belle vom 21. April 1944 lesen. Der Angehörige der Widerstandsgruppe Alliance ist – wie unzählige andere Häftlinge – an den Folgen einer Infektion durch Hundebiss gestorben.

Dass Hartjenstein ein Freund der Hunde war, das hat auch Rudolf Höß berichtet. »Aus Langeweile und um ihren Spaß zu haben, hetzten sie ihre Hunde auf die Häftlinge«, klagt Höß in seinen Aufzeichnungen über die Führer der Hundestaffel. »Wurden sie dabei erwischt, dann war eben der Hund auf sich auffällig benehmende Häftlinge von selbst losgegangen. Ausreden hatten sie immer.« Und Höß weiter: »Was habe ich mich mit der Hundestaffel rumgeärgert, welche Zusammenstöße deswegen mit dem Regimentskommandeur gehabt.« Gemeint ist Fritz Hartjenstein. Der habe seine Hundeführer stets in Schutz genommen. Er aber, Höß, sei mit Beschwerden über Hartjenstein nicht durchgedrungen: »Ich hatte ja aber kein Verständnis für die wirklichen Truppenbelange – nach Ansicht Glücks. Daher auch von ihm nie die rechtzeitige Ablösung der für das Lager untragbar gewordenen Führer erreichen können. Viel, viel Böses hätte vermieden werden können, wenn Glücks zu mir eine andere Einstellung gehabt hätte.«

Die Hunde der SS hatten es besser als die Menschen, die ihnen ausgeliefert waren. Der Chef des Zentralamtes sorgte sich persönlich um ihre Fütterung. Schon am 19. Januar 1941 schrieb er eine Anweisung an alle Kommandanten der Konzentrationslager, in der er bis ins Detail die »Fütterung der Diensthunde« anordnete. Diese Regeln seien allen Hundeführern bekannt zu geben. In der Order werden »zweimal tägliche Fütterungszeiten« festgelegt. »Vor anstrengendem Dienst unterbleibt möglichst die Verabfolgung größerer Futtermengen.« Die Zeiten seien »pünktlich einzuhalten und dürfen nur aus zwingenden Gründen geändert werden«. Jeder Hund müsse eine eigene, gekennzeichnete Futter- und Trinkschüssel haben, die eine Stunde nach dem Füttern mit kochendem Wasser zu reinigen sei. Er müsse stets über frisches Wasser verfügen können. Was darunter zu verstehen ist, wird präzise geregelt – »farblos, klar und ohne besonderen Geschmack oder Geruch« müsse das Trinkwasser der Hunde sein. Punkt 7 bis Punkt 20 der Anweisung geben vor, wie sich das Futter zusammenzusetzen hat. Ein Mischfutter aus Fleisch und pflanzlichen Nahrungsmitteln wird vorgeschrieben: Schlachtabfälle, Dörrfleisch, Flechsen und sogenanntes Kadafleisch von der Fleischverwertungsanstalt, dazu Gemüse, Hülsenfrüchte, Knochen, aber keine Geflügelknochen. Auch vor Pferdefleisch (nur im gekochten Zustand, ohne Brühe) wird gewarnt. Die gewünschte Konsistenz wird als »dickbreiig« beschrieben, »nicht zu heiß«, und »dünne Suppe« sei unter allen Umständen zu vermeiden. Abschließend mahnt der befehlsgebende Obersturmbannführer an: »Ohne ausreichendes Futter kann der Hund seine Arbeit nicht leisten und ohne zweckentsprechende Arbeit können sich auch bei bester Ernährung niemals kräftige Muskeln bilden«.

Wie es im Vergleich dazu den Menschen ging, schreibt der langjährige Konzentrationslager-Häftling Joseph Schupack in seiner »jüdischen Leidensgeschichte« mit dem Titel »Tote Jahre«. Dazu muss man wissen: Schupack kam zu einer Zeit von Majdanek nach Auschwitz, als Friedrich Hartjenstein dort Kommandant war und seine Hundeführer zur Einhaltung der Fütterungsregeln anzuhalten hatte. Er schreibt über die Verpflegung: »In Scharen gingen die Menschen dabei ein, und die noch Verbliebenen sahen wie Schatten aus. Viele waren zu Skeletten abgemagert, ihre Füße waren wie Streichhölzer. Andere bekamen dicke Bäuche, geschwollene Beine und Furunkel. Eine weit verbreitete Krankheit war Durchfall. Raucher, die ihre mageren Rationen gegen Tabak eintauschten, und passionierte Händler, die mit ihren Rationen irgendwie Geschäfte machten, sie alle trugen zu ihrem Ruin selber bei und spielten damit den Nazis ungewollt in die Hände. Von den zugeteilten Rationen allein konnte man unmöglich leben, vom Tausch noch weniger. Manche versuchten, ihre Rationen in kleine Happen einzuteilen und in Abständen zu sich zu nehmen, und quälten sich selbst damit. Sie trugen diese kleinen Häppchen tagsüber mit sich herum und legten sie nachts unter den Kopf, um sie für später aufzubewahren. Dadurch konnten sie sich tagsüber nicht ablenken und nachts nicht schlafen. Dieser selbst inszenierte Wettkampf zwischen Magen und Seele war ein Nagel mehr zum eigenen Sarg.«

Sofort hat man die Fotos jener ausgemergelten Menschen vor Augen, die in Bergen-Belsen von der britischen Armee befreit wurden. Schupack gehörte am 15. April 1945 zu ihnen. Er hatte fünf Jahre seiner Jugend unter der Naziherrschaft gelitten, hatte das Getto in Radzyn, die Lager Majdanek und Auschwitz überstanden, hatte im Lager Mittelbau-Dora bei Nordhausen noch mehr hungern müssen als in den KZs zuvor, war einer der Überlebenden gewesen, die in Güterwagen stehend in die westlichen Lager gefahren wurden, und hatte schließlich in Belsen mit Glück auch den Typhus überlebt. Er wog 40 Kilogramm, als Belsen befreit wurde.

Ellen hat das Foto von Axi und Adda gefunden. Zwei wohlgenährte Schäferhunde mit gesundem, schön gezeichnetem Fell schauen aufmerksam vom Hügel. Das Foto wurde 1944 an der Kommandantenvilla am Struthof aufgenommen. Vater Fritz ist nicht auf dem Bild. »Ich muss mich geirrt haben. Bestimmt hat sich das Bild von der Übung im Sauerland mit dem der Hunde vermischt, weil ich ihn doch immer als großen Tierfreund gesehen habe.«

Abb. 18 Ihnen ging es besser als den Menschen im KZ: Für die Deutschen Schäferhunde »Axi« und »Adda«, die der Auschwitz- und Natzweiler-Kommandant als Familienhunde hielt, war nach Anweisung der SS-Führung bestens gesorgt (Quelle: privat).

Kriegsgefangener. – Über die letzten Kriegswochen des Soldaten Fritz Hartjenstein ist wenig bekannt und nichts belegt. Wenn stimmt, was er später im Gericht behauptete und was auch seine Frau zu Hause den Kindern erzählte, dann musste er froh sein, dass seine angeblich zahlreichen Bewerbungen zur Rückversetzung an die Front erhört wurden. Endlich war er dem KZ-System entkommen. Allerdings ist eine solche Bewerbung weder in seiner Personalakte noch sonst irgendwo belegt. Und dass SS-Führer in den letzten drei Monaten vor Kriegsende aus dem sich schon in Auflösung befindenden KZ-Netzwerk abgezogen wurden, um beim letzten Aufbäumen mitzuhelfen, war nicht ungewöhnlich, sondern eher die Regel. Robert Steegmann ist, was die Versetzung an die Front angeht, denn auch zu einem ganz anderen Schluss gekommen: »Der disziplinierte Offizier und kompetente Organisator besaß die blasse Persönlichkeit eines frustrierten Menschen, der zudem an Verfolgungswahn litt. So war er überzeugt, dass es sich bei seiner Versetzung in das Lagersystem um eine Disziplinarmaßnahme handelte und seine erneute Einberufung in Kampfeinheiten der Wehrmacht am 23. Januar 1945 auf einer Denunziation eines SS-Rottenführers beruhte, der sich wegen seiner angeblichen Inkompetenz bei der Zentralverwaltung in Oranienburg über ihn beschwert haben soll.« Dagegen spricht allerdings, dass Hartjenstein keineswegs gleich an die Front gerufen wurde. Er war ja zunächst als Kommandant von Ausbildungseinheiten im Einsatz, ehe er doch nochmals in den Krieg zog.

In der Dokumentation, die Arno Huth für die KZ-Gedenkstätte Neckarelz erarbeitet hat, wird über den Kommandantenwechsel dies geschrieben: »Ob die Versetzung Hartjensteins in den Ereignissen in Bisingen gründeten, geht weder bei Steegmann noch bei Glauning deutlich (hervor). Zumindest hatte Hartjenstein noch einen Tag zuvor am 22. Januar per Funkspruch vom WVHA gegen die Situation in den Wüste-Lagern Häftlingsbekleidung angefordert.« Angespielt wird auf den vorangegangenen Inspektionsbesuch durch Oswald Pohl, Chef des Wirtschaftsverwaltungsamtes, im Außenlager Bisingen. Dieser soll noch im Dezember 1944 die extreme Sterblichkeit der Häftlinge im Lager Bisingen zum Anlass seiner Inspektion genommen haben. Was Pohl vorfand in der geplanten Schieferöl-Gewinnung, kann ihn nur verärgert haben: Nichts funktionierte. Die ab Ende Januar beginnende Umorganisation in Kommandantur und Lagerleitungen kann also durchaus Folge des Pohl-Besuchs gewesen sein, weniger einer Denunziation. Ab 23. Januar jedenfalls war der Kommandant aus dem Amt.

Aber konnte er jetzt als Bestrafung empfinden, was er, wie er später behauptete, doch all die Jahre im KZ-System so dringlich erhofft hatte? Endlich raus an die Front, so machten es später seine Anwälte immer wieder geltend, habe er gewollt, um der Lager-SS zu entkommen. Und nun sollte es also eine Strafversetzung sein, daraus erlöst zu werden, was er ebenfalls schon als Strafversetzung empfunden habe?

Rätselhaft bleibt auch, warum er nur sechs Tage in Putlos blieb. Und ebenso mit Fragezeichen ist Hartjensteins Angabe zu versehen, er sei ab dem 24. April von Bergen an die Front nach Pilsen gefahren. Denn in Bergen waren die britischen Truppen schon am 15. eingetroffen, und die 16, 17, 18Jährigen, die noch in Bergen für Einsätze ausgebildet wurden, hatten gar kein Material mehr, sich zu verteidigen. Aus dem benachbarten KZ hatten sich die Wachmannschaften vor der Befreiung in Scharen abgesetzt. Die Briten ließen sie gewähren, was noch im selben Jahr beim Bergen-Belsen-Prozess in einer Lüneburger Turnhalle für Unverständnis sorgte. Angeklagt wurden dort die, die im KZ geblieben waren, darunter Kommandant Kramer. Die, die sich abgesetzt hatten, kamen ungeschoren davon. Und so wird auch das Personal der Panzer-Ausbilder spätestens am Tag der Befreiung des benachbarten Lagers klammheimlich aus Bergen verschwunden sein.

Und doch scheint es so, als habe Hartjenstein in Bergen noch eine gute Tat vollbracht: Der jüngste Bruder seiner Ehefrau war noch kurz vor Kriegsende zur Ausbildung eingezogen worden und wenige Wochen vor der Kapitulation überraschend wieder zu Hause in Oldau bei Celle aufgetaucht. »Er hat gesagt, mein Vater habe ihn heim geschickt, sonst wäre er in Kriegsgefangenschaft geraten«, erinnert sich Ellen an ihren Onkel. Wenn das stimmt, kann er nur in der 15 Kilometer nördlich gelegenen Panzerschule Bergen gewesen sein, wo Hartjenstein für wenige Wochen neuer Chef war. Drei Wochen vor Kriegsende muss sich auch in dieser Einheit alles aufgelöst haben. Ob Hartjenstein wirklich noch nach Tschechien verlegt wurde oder ob er auf eigene Faust versuchte, zu Frau und Kindern nach Österreich zu fliehen? Am 8. Mai jedenfalls ließ er sich gefangen nehmen, und die Amerikaner brachten ihn nach Landsberg.

Von nun an wird der erste Kommandant des selbstständigen Vernichtungslagers Auschwitz-Birkenau und der letzte Kommandant des riesigen Arbeitslager-Netzes Natzweiler an seinem Narrativ von der Strafversetzung eines anständigen Frontoffiziers ins deutsche Konzentrationslagersystem arbeiten. Und er wird sich bis zum Schluss als folgsamer Soldat darstellen, der nicht habe ahnen können, dass das, was ihm befohlen wurde, verbrecherisch war. In seiner Aussage vom 23. Januar 1950 vor französischen Vernehmern erklärte Hartjenstein dazu: »Während meiner Tätigkeit im Rahmen der Waffen-SS war mir keineswegs bewußt, daß es sich um eine kriminelle Organisation handelte. Erst nach dem Krieg wurde die SS als solche eingestuft.«

Überleben nach dem Krieg

Unter Anklage

Versager. – Kann man der Darstellung Hartjensteins, er sei unfreiwillig in die SS und ins Lagersystem geschickt worden, glauben? Dazu lohnt es sich, die Erinnerungen von Rudolf Höß, seinem Chef in dieser Zeit, einmal genau anzusehen. In den einschlägigen Werken wie der Dokumentation »Kommandant in Auschwitz« von Martin Broszat sind die »Autobiografischen Aufzeichnungen des Rudolf Höß« nämlich nur auszugsweise veröffentlicht. Ein vollständiges Exemplar der »Aufzeichnungen und Briefe von Rudolf Höß aus den Jahren 1946/47« fand sich ausgerechnet dort, wo eigentlich nur alles über die Schicksale der Opfer der NS-Zeit gesammelt wird: in den Arolsen Archives, International Center on Nazi Persecution, im nordhessischen Bad Arolsen. Dort sind 139 Seiten aus Höß' Feder bewahrt, die Seiten 112 bis 114 speziell zu Friedrich Hartjenstein. Der Peiner steht in einer Reihe mit 14 SS-Führern, über die Höß in seiner Todeszelle sein Urteil fällte. Allen voran Heinrich Himmler, dann Adolf Eichmann, Oswald Pohl, Richard Glücks, Arthur Liebehenschel – und schließlich Friedrich Hartjenstein.

Höß behauptet, Hartjenstein bereits seit 1938 zu kennen. Er irrt. Da diente dieser noch bei der Reichswehr. Der Schreiber erwähnt Hartjensteins Verwendung als Kompanieführer bei der Wachtruppe in Sachsenhausen. Er sei auch »einige Zeit Kdo-Führer des Arbeitslagers Niedernhagen-Wewelsburg« gewesen. Danach sei er bei der Totenkopf-Division »in verschiedenen Hauptdienststellen verwendet« worden. Und nun kommt, was Hartjenstein später als Strafversetzung empfinden sollte: »Eicke konnte ihn nicht mehr gebrauchen, da er als Einheitsführer wiederholt versagt hatte, und so kam er, wie es in solchen Fällen üblich (war), z.K.L. – Glücks schickte ihn als hervorragenden Wachtruppenführer nach Auschwitz, wo sein Vorgänger, der Sturmbannführer Gebhardt, sich unmöglich gemacht hatte.«

Also doch eine Strafversetzung!? Schon komisch, wenn ein Kommandant behauptet, eine Versetzung in seinen Aufgabenbereich sei als Strafe für persönliches Versagen anzusehen – stimmt das, hätte man ihm nur jene Leute geschickt, die man andernorts nicht mehr gebrauchen konnte. Oder wollte der Auschwitz-Kommandant damit nur beklagen, mit welchen Nieten er sich als Vorgesetzter habe herumplagen müssen?

Höß beschreibt den »Versager« genauer: »Hartjenstein fing nun gleich an, seine Fronterfahrungen bei dem Auschwitzer, wüst zusammengewürfelten, Wachsturmbann auszuwerten und einzubauen. Er wollte alles ganz militärisch streng aufziehen, besonders die Führer ausbilden und erziehen. Die Hauptaufgabe, die Bewachung der Häftlinge und die Sicherung des Lagers bedeuteten ihm Nebensächlichkeiten, die er spielend bewältigen wollte. – So großspurig und aufgeblasen fing er an und so blieb es auch. – All die schönen Redensarten verpufften vor der rauhen Wirklichkeit der Auschwitzer Notzustände. – Stets war die Zahl der Wachmänner zu gering, nie ausreichend, um einen geordneten, planmäßigen Häftlingseinsatz zu den Außenlagern durchführen zu können. Und nun wollte Hartjenstein noch ganze Kompanien zum Exerzieren und zur Ausbildung befreit haben vom Wachdienst. Die Notwendigkeit des vollen Einsatzes des gesamten Wachsturmbannes sah er nie ein: deswegen gerieten wir von Anfang an schon aneinander. Er konnte nie verstehen, daß die Sicherung des Lagers und die ausreichende Bewachung der Häftlinge der milit. Ausbildung vorausging. Mir warf er stets vor, ich hätte kein Verständnis für die militärischen Belange des Wachsturmbanns.«

Der Hartjenstein-Kritiker verweist dann noch auf einen »weiteren steten Stein des Anstoßes«, der für ihn als Auschwitz-Kommandanten besonders schwer gewogen haben muss: Hartjensteins Eintreten für seine Männer gegen Disziplinarmaßnahmen. Dieser habe darauf gedrungen, dass Verfehlungen stets ihm zu melden seien und nur er entscheide, ob er sie nach oben, also an Höß, weitermelde. Wenn nämlich er selbst, Höß, Wachmänner bei Wach- oder sonstigen Verfehlungen ertappt habe, bei denen »H.s Strafbefugnis nicht ausreichte«, habe er diese selbst bestraft oder den SS-Gerichten übergeben, schreibt Höß. Dass Hartjenstein »den betroffenen Männern immer selbstherrlich sagte, die Bestrafung wäre zu hart und er würde sie rückgängig machen«, muss Höß besonders gewurmt haben. Hartjenstein habe behauptet, »der Kommandant habe kein Herz für Soldaten. – So trieb er systematisch einen Abstand zwischen die Truppe und mir. Alle Vorstellungen meinerseits, dies zu unterlassen, blieben fruchtlos. Er wollte den selbständigen Regimentskommandeur spielen. (…) Er wollte unbedingt 12 Kompanien haben, um ja die Notwendigkeit des Regts. und der Aufteilung in Batl. unterstreichen zu können. Trotz meiner Gegenvorstellung und obiger Argumentierung setzte er bei Glücks das Regt. durch. Er bekam auch noch einige Führer dazu, die Glücks mir für das Lager stets abgeschlagen hatte.«

Was Höß aber ganz persönlich traf, war der kameradschaftliche Umgang Hartjensteins mit seinen Leuten. »H. liebte es, sehr oft mit seinen Führern zusammen zu feiern. Da ich dazu wenig Zeit, auch kein besonderes Verlangen hatte, nützte er dies aus, die meisten Führer aller Dienststellen seinen Anschauungen gefügig zu machen und gegen mich einzustellen, alles bei bester Kameradschaft! – Daß der gesamte Dienst unter diesen Einstellungen litt, ist allzu verständlich.« Seine Männer jeden Morgen erneut über den Umgang mit Häftlingen zu belehren, wie er es gefordert hatte, habe Hartjenstein nicht gefallen, »da hätten sie ja zu früh aufstehen müssen. Sie waren ja auch des Nachts zu oft mit den Regt.- od. Battls.-Feierlichkeiten beschäftigt, um die Kameradschaft zu haben.«

Und dann zeigt sich Höß »in Baufragen« als Menschenfreund, dem das Wohl der Häftlinge mehr am Herzen lag als das von Hartjensteins Soldaten. »Daß es viel wichtiger war, den Allgemeinzustand des Lagers, insbes. in hygienischer Hinsicht baulicherseits zu verbessern, sah er nicht ein. Daß es gar notwendig war, in den Häftlingslagern die katastrophalen Zustände durch beschleunigtes und bevorzugtes Bauen zu beseitigen, wollte ihm schon garnicht einleuchten.« Häme kann sich Höß nun nicht verkneifen: »Später als Kdt. von Birkenau bekam er zu spüren, wie seine Einstellung sich auswirkte.« Ansonsten wolle er schweigen über Hartjensteins Tätigkeit als Kommandant – um dann doch zu urteilen: »Um das Lager selbst hat er sich kaum gekümmert. Er hatte genug zu tun in dem halben Jahr, um einen genügend großen Kdo. Stab zu schaffen. – Nach Birkenau kam er als Kodt. nach Natzweiler, das er so geräumt hat, daß den Franzosen alles Wichtige – bes. die Geheimsachen – in die Hände fiel. – Im Febr. 45 gab ihn Pohl für die Front frei, als er seine Arbeit in den A. L. Natzweiler sah. – H. war der <u>richtige</u> Fü. für ein K.L.«, schließt der Ex-Vorgesetzte spöttisch.

Mittendrin in seiner bissigen Hartjenstein-Aburteilung offenbart Rudolf Höß – vermutlich unfreiwillig – dann auch noch etwas über sich: »H. war zu kurzsichtig und zu engstirnig, eigensinnig bis zur Verbohrtheit und unaufrichtig. Er hat hinter meinem Rücken viel gegen meine Befehle und Anordnungen gearbeitet. Glücks habe ich dies oft genug klargestellt und z. Teil auch bewiesen, ohne Erfolg. Glücks meinte immer, das läge an mir, daß ich mit keinem Führer auskäme.«

Abb. 19 Verhasste Soldaten-Kameradschaft: Die Geselligkeit Fritz Hartjensteins mit seinen Männern war seinem Vorgesetzten Höß ein Dorn im Auge. Das Foto zeigt Hartjenstein 1939 oder 1940 nach einem »Vogelschießen« im Lager Wewelsburg (Quelle: privat/National Archives and Records Administration, College Park, Maryland).

Freundinnen. – Sie waren beide elf Jahre alt, als sie sich kennenlernten. Jetzt sind sie 75. Ihre Freundschaft hat gehalten. »Auch wenn wir gewusst hätten, was zwischen uns steht, hätten wir kein anderes Verhältnis zueinander. Es gab nie ein böses Wort. Wir haben uns noch nie gestritten.«

Diese Freundschaft hätte es nie geben dürfen, wenn es nach den Eltern, vor allem nach Onkel und Tante gegangen wäre. Eine Freundschaft mit der Tochter eines SS-Mannes? Das musste verhindert werden. Man war schließlich eine angesehene Peiner Familie, ein »Geschäftshaushalt«, wie die Tante nie zu betonen vergaß. Was sollten die

Kunden denken, die Peiner Mitbürger, wenn die Tochter mit der eines Nazi-Verbrechers spielte? Und was würde geredet werden? Wie würde die Antwort ausfallen, wenn die Peiner Bürgerschaft sich womöglich fragte, was eigentlich die angesehene Familie aus der Bahnhofstraße selbst in der Nazizeit gemacht hat?

Die elfjährige Barbara hat das damals nicht verstanden. Der Geschäftshaushalt, die Glaserei und Kunsthandlung in der Bahnhofstraße, Ecke Schützenstraße, war ihr Zuhause. Und Ellen war die Neue in ihrer Klasse in der Wallschule. Man schrieb das Jahr 1955, und Ellen war gerade mit ihrer Mutter aus dem kleinen Ort Oldau bei Celle zum Onkel nach Peine gezogen. Auch sie lebte in einem Geschäftshaushalt. Oma Hartjenstein, der »Feldwebel«, wie sie die Familienmitglieder heimlich nannten, hatte den Milchladen an der Ecke Gröpern/Lindenstraße zur Institution gemacht. Hier hat das Nachkriegs-Peine den Lebenssaft jener Jahre gekauft: frische Milch, dazu Quark, Käse, Buttermilch. Mit Oma Hartjensteins Vollmilch war Ellen aufgepäppelt worden, als sie halb verhungert nach wochenlanger Flucht als Säugling im Arm der ausgezehrten Mutter in Peine angekommen war. Und hier im Milchgeschäft wuchs sie ab dem elften Lebensjahr auf, nachdem Großmutter 1953 gestorben war und Sohn Hans das Geschäft im kleineren Rahmen weiterführte.

Barbara war ein zurückhaltendes Kind, Ellen das ganze Gegenteil. »Das hat gepasst«, sagt Barbara heute. Die beiden Elfjährigen freundeten sich an. »Nein, das geht nicht!«, hat die Tante, die die Kunsthandlung führte, der jungen Nichte Barbara rigoros klargemacht. Mit der, einer Hartjenstein, dürfe sie sich auf gar keinen Fall einlassen. Warum? Das hat sie nicht gesagt; das hätte Barbara auch nicht verstanden. »Bei uns hat der Geschichtsunterricht ja beim Kaiser geendet.« Und wenn sie nachfragte, warum denn nicht, weil sie es begreifen wollte, hieß es nur: »Das verstehst du nicht!« Und sie fragte nicht mehr. Was sie denn gedacht habe über das Verbot? »Kinder hatten nicht zu denken, die hatten zu hören.«

Nicht nur die Tante war rigoros. Ebenso der Onkel. Nicht anders Barbaras Mutter, die mit im Haushalt lebte, aber viel unterwegs war, sodass die Herrschaft über den Familienbetrieb eben die Tante hatte: »Wir sind ein Geschäftshaushalt, da können wir uns das nicht leisten.« Der Satz klingt der heute 75Jährigen noch immer im Ohr. Ebenso: »Benimm dich! Hast du ein Taschentuch?« Die Anstandsregeln für die Tochter einer ehrenwerten Handwerker- und Kaufmannsfamilie gingen Barbara in Fleisch und Blut über. Selbst der Großvater drängte seine Kinder, den Kontakt der Enkelin zur kleinen Hartjenstein unbedingt zu verhindern. Heimlich hörte Barbara ausgerechnet während ihrer Konfirmationsfeier einen erhitzten Streit mit, weil der Opa sich erregte, dass dem Kontakt der beiden Mädchen, die schon wieder zusammen in der Stadt gesehen worden seien, nicht drastischer ein Riegel vorgeschoben werde. Einzig Oma Busse hatte ein Einsehen. Solange sie lebte, durfte Ellen heimlich ins Haus. »Sie hat uns gedeckt. Aber wenn uns einer gesehen hat, gab es Krach und die Erwachsenen haben sich gestritten.« Warum sich die Freundinnen nicht treffen durften, sagte auch die Oma nicht. Kurz vor der Konfirmation der Mädchen starb sie. Dann blieb nur noch die Straße.

Not macht erfinderisch, und wenn es um Heimlichkeiten geht, sind Teenager Talente. Natürlich trafen sich die Mädchen. »Nur ein paar Notlügen.« Niemand kannte die Hinterhöfe der südlichen Innenstadt Peines damals besser als diese beiden. Jeden Schleichweg nutzten sie, jeden denkbaren Trick dachten sie sich aus. »Das war eigentlich ganz schön«, schmunzeln beide noch heute.

Ihre Wohnungen lagen ja in Sichtweite, jeweils Eckhäuser an der Bahnhofs- und der Lindenstraße. Ein Blick über den Gröpern, quer hindurch zwischen dem Hotel Deutsches Haus im Westen und dem Härke-Ausschank im Osten, dann konnten sich beide Mädchen in den Türen von Milchladen oder Glaserei stehen sehen und zuwinken. Doch nicht einmal die Milch durfte Barbara bei Hartjensteins holen. Auch das war verboten. Sie musste über die Bahnhofstraße, musste sich durch die tagsüber fast ständig dort stehenden Autos vor verschlossener Schranke schlängeln und im weiter entfernten Konkurrenzgeschäft die Milch holen. Nachdem Oma gestorben war, begann die Zeit der Trickserei. Da verabredete man sich mit anderen Klassenkameradinnen, um mit denen demonstrativ und vom Geschäft aus gut sichtbar auf der anderen Straßenseite zu spielen. Wenn Barbara sicher sein konnte, von der Tante in akzeptierter Gesellschaft gesehen worden zu sein, ging es ab zum heimlichen Treffen mit Ellen. Manchmal, so erinnern sich heute die alten Damen schmunzelnd, seien Klassenkameradinnen regelrecht angeheuert worden, um sich mal kurz vor den Geschäften gemeinsam sehen zu lassen und dadurch die Erwachsenen in Sicherheit zu wiegen.

Und Ellen? Was wusste sie, warum der Freundin der Umgang mit ihr verboten worden war? »Nichts! Ich wusste nur, sie darf mit mir nicht spielen.« Als Kinder hätten sie beide das einfach hingenommen und das Beste daraus gemacht. Ein Versteckspiel. Denn genauso ahnungslos war ja Barbara. Ellen habe zwar gedrängt: »Nun wehr dich mal!« Aber Barbara blieb artig. »Ich musste am Tisch sitzen und durfte nur reden, wenn ich gefragt wurde. Hat mich aber keiner gefragt.« Als sie es als Jugendliche schließlich doch wagte, das Verbot zu hinterfragen, sei der Onkel wütend geworden und habe sie angefahren: »Warum, warum? Das kann ich dir sagen: Wie die Synagoge gebrannt hat, da stand der Vater von der da ganz oben und hat die Feuerwehr behindert. Deshalb!«

Die Synagoge? Den Massenmord an den Häftlingen in den Arbeitslagern, die Ausrottung der Juden Europas, die Barbarei deutscher Soldaten im Krieg, die Kriegsverbrechen an Ost- und Westfront – das alles konnte man in den 50er Jahren den Kindern gegenüber verschweigen. Die Wunde im Stadtbild aber, die Brandstelle der ehemaligen Synagoge, die war nicht zu verbergen, die war augenfällig. So oft sind die Mädchen an dem leeren Eckgrundstück vorbeigeschlendert. Dass Ellens Vater ein KZ-Kommandant war, das hätte man erklären müssen: KZ, was war das? Da war es schon einfacher, ihn als Nazi hinzustellen, der die Feuerwehr behinderte, als das jüdische Gotteshaus brannte. Das musste reichen, ihn als schlechten Menschen zu charakterisieren und der Nichte so das Umgangsverbot mit seiner Familie zu erklären. Was er wirklich getan hatte, dass er ein Kriegsverbrecher war, dass er mehrfach zum Tode verurteilt worden war, das brauchte man der Halbwüchsigen nicht zu verraten. Und obendrein konnte so der Eindruck erweckt werden, als hätte Barbaras Onkel schon immer verurteilt, was man in Peine den Juden angetan hat – im Gegensatz zu diesem Nazi, dem Hartjenstein. Der war zwar in Wahrheit gar nicht dabei beim Synagogenbrand und beim Mord an dem jungen Juden Hans Marburger, aber ein Nazi war er bestimmt.

Doch Barbara wollte es jetzt genauer wissen. Sie hat das leere Grundstück gesehen, hat die Gedenktafel an der ehemaligen Synagoge studiert, hat begonnen, heimlich und jugendlich naiv die Stadtbücherei nach Literatur zur NS-Zeit zu durchsuchen. Erst Kinderbücher, dann Landser-Hefte, schließlich historische Werke. Zehn-Pfennig um Zehn-Pfennig. Erst durch die Landser-Groschenhefte hat sie vom Krieg erfahren. »Wenn man mir nichts sagt, musste ich doch versuchen, es allein zu erfahren. Mutter wollte ich nicht fragen. Die war ja auch selten da.« Ganz langsam dämmerte es ihr, dass es mit dem Krieg, mit den in dieser Zeit begangenen Verbrechen und der Tatsache, dass der Vater der Freundin Nazi war, zu tun haben müsse. Sprechen konnte sie über ihren Verdacht mit niemandem, auch nicht mit der Freundin selbst.

Gewissheit kam viel, viel später. Da war sie 18 oder 19. Sie hatte amtliche Post bekommen, war als Miterbin eines verstorbenen, ihr kaum bekannten Verwandten angeschrieben worden. Für sie war das der Auslöser, sich mit der Familiengeschichte zu befassen. Sie besuchte das Stadtarchiv, fand Hinweise auf ihren 1938 verstorbenen Großvater, darunter auch die in der Zeitung abgedruckte Danksagung der Familie nach dessen Tod. Einen »herzlichen Dank an den Ortsgruppenleiter der NSDAP«, ließen die Hinterbliebenen ganz öffentlich via Zeitungsanzeige darin ausrichten. Die ganze Familie, so stellte sich schließlich heraus, war in der Partei gewesen, hatte munter mitgemacht, hatte vor und vor allem nach der Pogromnacht – »Reichskristallnacht« hieß es damals – mit ihrer Glaserei prächtig verdient. Mit dieser glücklich vertuschten und vergessenen Zeit, so offenbarte sich Barbara nun, sollte nichts in der Welt die ehrbare Familie in Verbindung bringen. Schon gar nicht die Nähe zu einem Hartjenstein, Peines größtem Nazi-Verbrecher, den man zwar kannte, aber nicht mehr kennen wollte.

Und Freundin Ellen hat dann bald schon geheiratet, mit 18. Selbst als verheiratete Frau war sie in der Kunsthandlung nicht gern gesehen, wurde von Barbaras Tante aus dem Laden geschmissen und vom Onkel ausgesperrt, als sie mit ihren ältesten Kindern die Freundin in der Glaserei besuchen wollte. »Der hat den Laden einfach zugesperrt, als er mich erkannte.« Es sei bei Barbaras Verwandten geradezu zur fixen Idee geworden, gegen sie zu sein. Und noch immer sei ihr damals nicht klar gewesen, dass es etwas mit ihrem Vater zu tun hatte. Selbst die Freundinnen, die miteinander sonst jedes Geheimnis teilten, schwiegen darüber. Ebenso die Mutter. Sie willigte zwar in die Hochzeit ein, schwieg aber weiter über den Vater. Übel nahm ihr Ellen das nicht. »Ich war aber auch ein aufmüpfiges Kind.« Die Hochzeit endete mit einem Eklat: »Jetzt bin ich verheiratet, jetzt hast du mir gar nichts mehr zu sagen«, habe sie als frischvermählte Braut der Mutter gesagt – und prompt eine Ohrfeige erhalten.

Deshalb dauerte es, ehe der Vater zum Thema wurde. Anlass war der Besuch eines Verwanden aus dem Harz. Der »Onkel« habe davon geschwärmt, wie er einst mit dem »hohen SS-Mann« Hartjenstein »in Berlin um die Häuser gezogen« sei. Der Witwe sei das sichtlich peinlich gewesen. Dann erst wurde die Mutter gesprächiger. Das Wort »Auschwitz« aber wurde immer vermieden. »Oberschlesien« galt als Synonym. Sie habe, entschuldigte sich die Witwe des einstigen Auschwitz-Kommandanten später, vorsichtig damit sein müssen, was sie der Tochter offenbare, damit das in Peine nicht herumgeplappert würde.

Dann erst, schon längst junge Frauen und Mütter, hatten beide verstanden, was all die Jahre zwischen ihnen gestanden hatte und ihre Freundschaft dennoch nie hat gefährden können. Barbara lebt seit Jahrzehnten an der Ostsee, Ellen noch immer im Landkreis Peine. Jetzt, jenseits des 75. Geburtstages, verbringen die beiden auch von den Schatten der Geschichte unzertrennlichen Freundinnen immer wieder viele Wochen lang zusammen und genießen ihren Lebensabend.

Abb. 20 Das Milchgeschäft Hartjenstein in der NS-Zeit: Wenn hochrangige Gäste in Peine logierten, wurden sie zum Peiner Hof am Gröpern gefahren. Gleich daneben über dem Milchgeschäft wuchs Ellen von ihrem elften Lebensjahr an auf (Quelle: Friedrich Stephan).

Ungleichheit. – Für das Grundgesetz der Bundesrepublik Deutschland zählt jeder Mensch gleich viel. Manchmal hilft es, den Gleichheitsgrundsatz als Maßstab anzulegen, um Unrecht einordnen zu können.

Nehmen wir einmal den Todeskampf des in Natzweiler nach seiner Flucht gefassten Georg und vergleichen ihn mit dem des am 8. Mai 1945 von alliierten Soldaten festgesetzten Friedrich Hartjenstein:

Wer hat den KZ-Flüchtling Georg gerichtet? Vier, höchstens fünf niederrangige SS-Männer, die ihn fassten, quälten, erschlugen und in den Leichenkeller warfen, ihn dort verrecken ließen und dafür das Wohlwollen ihres Kommandanten ernteten. Wer hat Georg geholfen? Niemand!

Wer hat den Kriegsgefangenen Fritz gerichtet? Je zwei britische und zwei französische Militärgerichte, dazu zwei französische Berufungsgerichte und letztlich das Pariser Kassationsgericht, das höchste Strafgericht Frankreichs. Wer hat Fritz geholfen? Ein gutes Dutzend deutsche und französische Rechtsanwälte, darunter ein deutscher Amtsgerichtsrat, ein künftiger Justiz- und Kultusminister und ein ehemaliger Natzweiler-Häftling, ein Landgerichtspräsident a. D., mehrere nationale und internationale Hilfsorganisationen für Kriegsgefangene, die Zentrale Rechtsschutzstelle der Bundesrepublik Deutschland, das Deutsche und das Internationale Rote Kreuz in Paris, das Hilfswerk der evangelischen Kirchen Deutschlands, ein Hannoveraner Landesbischof und ein Bischof der französischen katholischen Kirche, ein Präsident der Pfälzischen Landeskirche, ein Peiner Superintendent, mehrere evangelische Pfarrer sowie ein katholischer Priester, diverse alte Kriegskameraden sowie eine Lehrerin und die Schüler einer Volksschule mit einer Unterschriftensammlung, ungezählte französische Ärzte und Krankenschwestern, diverse, teils offensichtlich gedungene Zeugen vor Gericht, aber auch mehrere wohlwollende einstige KZ-Häftlinge, mehrere Wehrmachtsgeneräle mit hilfreichen Zeugenaussagen, darunter ein Ritterkreuzträger, ein norwegischer Universitätsprofessor, die Gemischte Gnadenkommission der deutschen und alliierten Justiz, die der britische Außenminister Anthony Eden und der deutsche Kanzler Konrad Adenauer 1951 angestrebt hatten, der US-amerikanische Außenminister Dean Acheson, die Hochkommissare der Besatzungszonen, diverse prominente Repräsentanten internationaler Organisationen, der diplomatische Dienst der Bundesrepublik in Paris und Bonn, das deutsche Außen- und das Justizministerium, ein blaublütiger Prinz mit besten Beziehungen zu höchsten Kreisen in den USA sowie eine echte und eine Nazi-Prinzessin mit ihrer klammheimlichen Kriegsverbrecher-Hilfe, verschiedenste Dienststellen der britischen und der französischen Besatzungsmächte in Deutschland, darunter der Generalgouverneur der französischen Zone General Pierre König, etliche Parlamentarier verschiedener Parteien des Deutschen Bundestages, darunter der erste Fraktionsführer der SPD, Kurt Schumacher, samt der ganzen SPD-Fraktion, der deutsche FDP-Justizminister Thomas Dehler, das Plenum des Bundestages in zwei Parlamentsdebatten, das Corps Diplomatique des französischen Außenministeriums und schließlich der französische Staatspräsident persönlich.

Ach ja – und die Familie in Peine und Oldau natürlich. Langanhaltend und aufopfernd. Die Familie des Nacht-und-Nebel-Gefangenen Georg hingegen weiß bis heute nicht, wohin Georg verschwunden ist, wer ihn von der Straße weg verschleppte, wer ihn tötete und wo seine Leiche namenlos verbrannt wurde.

Wuppertal. – Juristisch begann es ja recht glimpflich. Ende Mai 1946 verhandelte das britische Militärgericht in Wuppertal gegen Fritz Hartjenstein und acht weitere Angeklagte. Es ging um den gewaltsamen Tod von vier mutmaßlichen Spioninnen, die am 6. Juni 1944 im Raum vor den Krematoriumsöfen im Lager Natzweiler mittels Giftspritzen hingerichtet wurden, ohne dass ein gerichtliches Todesurteil gegen sie vorlag. Am dritten Verhandlungstag wurde der Kommandant des KZ ausführlich vernommen, am 1. Juni 1946 wurde das Urteil gesprochen. Du kannst aus dem Protokoll deshalb zitieren, weil du es im Bundesarchiv in Ludwigsburg, wo eigentlich nur die Unterlagen der Zentralen Stelle der Landesjustizverwaltungen liegen sollten, zufällig gefunden hast. Es lag unpaginiert und ohne jedes Archivzeichen eingeklemmt zwischen viel jüngeren Dokumenten. Offenbar, so wurde vermutet, ein Irrläufer aus dem Koblenzer Bundesarchiv. Der Grund, warum gerade die Hartjenstein-Aussage angefordert wurde, wird sich später noch aus anderen Unterlagen erschließen. In Koblenz aber, so solltest du Monate später feststellen, gibt es nicht nur diese wenigen Seiten des Protokolls. Dort findet sich der komplette Schriftsatz, auch das Plädoyer des Anklägers. Die britischen Militärprozesse gegen deutsche Kriegsverbrecher wurden nämlich sorgfältig protokolliert und in deutschen Archiven aufbewahrt. Mit französischen Prozessen sieht das anders aus. Die, so wird dir auf drängende Nachfrage und nur inoffiziell gesteckt, rücke Frankreich bis heute nicht heraus. Das habe das Bundesarchiv bisher vergeblich versucht. Vielleicht, so wird dir eineinhalb Jahre später klar, weil vor den französischen Tribunalen nicht Aussageinhalte und deren Beweiswürdigung zählten, sondern einzig das, was die Richter an individueller Überzeugung aus den mündlich vorgetragenen Aussagen gewannen.

Hartjenstein wird in seinem ersten Prozess von Strafverteidiger Dr. Klute aus Hagen unterstützt. Er bestätigt, Kommandant gewesen zu sein – von Mai 1944 bis Januar 1945, ehe er an die Front gerufen wurde. Ihm habe die gesamte Administration oblegen, alle sechs Abteilungen. Gewohnt habe er zunächst im Lager (Kommandantenvilla), ab Juni in einem Haus in Willesberg (gemeint ist Wildenbach), vier Kilometer entfernt. Er nennt bereitwillig seine Dienstzeiten, nicht aber die in Auschwitz. Er beschreibt seine Unterstellung unter die Inspektion der Konzentrationslager in Oranienburg, gibt an, dass er 15 bis 20 Außenlager betreut habe und deshalb drei bis vier Tage in der Woche auf Dienstreise gewesen sei. Als seine Pflicht habe er es angesehen, das KZ »ordentlich und anständig zu führen«. Von Beginn an betont er, sich ganz auf seinen Adjutanten Ganninger, einen »Familienmann mit acht Kindern«, verlassen zu haben. Vor jeder Dienstreise habe er diesem die Lagerführung anvertraut, und zwar stets durch schriftliche Vollmacht. Bei seiner Rückkehr habe Ganninger ihm stets berichten müssen, was passiert war. Ob er dann auch von jeder Exekution erfahren habe, die während seiner Abwesenheit stattgefunden hatte, will der Vorsitzende wissen. »Ich war nicht über alle Exekutionen informiert.« »Warum nicht?« »Ich kenne den Grund nicht, warum vor mir einiges verborgen wurde.«

Dann kommt das Gericht zur Sache: »Wissen Sie, ob Exekutionen stattgefunden haben ohne Anordnungen von höherer Dienststelle?« »Nein, davon weiß ich nichts.« Er muss erklären, wie Todesurteile, die in Natzweiler vollstreckt werden sollten, die Kommandantur erreichten, wie sie übermittelt wurden, wie ihr interner Dienstweg war. Und dass eigentlich immer nur Ganninger, sein Adjutant, mit diesen Dingen beschäftigt war: Der erhielt die Telegramme oder geheimen Befehle, der gab sie intern weiter, der heftete sie ab und verwahrte sie im Safe, zu dem auch nur er den Schlüssel hatte. Ob es Exekutionen ohne schriftliches Todesurteil gegeben habe, fragt der Richter. »Ich kann mich nicht erinnern, dass eine Exekution ohne Todesurteil stattgefunden hätte.« Ob Ganniger so etwas hätte anordnen dürfen? »Wenn es kein Urteil einer höheren Instanz gab, war es uns nicht erlaubt, so etwas anzuordnen.« »Denken Sie daran, dass Sie unter Eid stehen: Haben Sie eine solche Order gegeben?« »Nein, ich habe eine solche Order nicht gegeben.« »Gab Ganninger einen solchen Befehl?« »Das kann ich nicht sicher sagen.«

Weiter geht es mit dem konkreten Fall, dem Töten der vier Frauen: Wann er davon gehört habe? »Ich hörte (...) davon, als ich von Major Barkworth am 14. April 1946 dazu befragt wurde im Gefängnis in Landshut.« »Vorher nicht?« »Nein.« Wie er sich das erklären könne? »Sie wollten mir darüber wohl nicht berichten.« »Wer hätte es berichten müssen?« »Ganninger hätte es berichten müssen.« »Passierte das nicht?« »Nein, es passierte nicht.« Noch auf verschiedene Weise versuchen der Vorsitzende und auch die Verteidiger der Mitangeklagten aus ihm herauszubekommen, wie es möglich sei, dass der Fall ihm weder berichtet worden sei noch er beim Mittagessen in der Messe davon erfahren habe. Es sei doch ein außerordentliches Ereignis gewesen, das er hätte wissen müssen. Was er getan hätte, wenn er erfahren hätte, dass Exekutionen an vier Frauen ohne Urteil durchgeführt werden sollten? Er hätte die Frauen zurückgeschickt, »wir sind ein Männer-Lager«. Und er hätte Ganninger und den ausführenden Arzt der SS-Justiz gemeldet.

Im Kreuzverhör geht es darum, warum er sich so sicher sei, dass er zur Tatzeit nicht im Lager war: »Ich weiß, dass ich Geburtstag hatte am 3. Juli. Und nach dem Geburtstag war ich mehrere Tage auf Dienstreise.« Weil die Fragenden das anzweifeln und ihm vorhalten, das habe er bei seiner ersten Aussage im Gefängnis aber nicht gesagt, hakt der Verteidiger ein: »Hat man Ihnen gesagt, dass das am 6. Juli geschehen ist?« »Nein.« »Hat er (der Vernehmende) den Zeitpunkt irgendwie benannt?« »Nein.« Der Angeklagte wird dann mit den Aussagen von Zeugen konfrontiert: Einer hatte ausgesagt, der Kommandant habe den Befehl gegeben, alle Fensterläden zu schließen, wenn die Frauen durchs Lager zum Krematorium gebracht werden. Einer will ihn sogar bei der Exekution gesehen haben. »Ich war bei keiner Exekution dabei.« Was denn die übliche Exekutionsmethode gewesen sei? »Hängen.« Ob es andere Methoden gegeben habe? »Es gab keine Erschießungen zu meiner Zeit.« Und Giftspritzen? »Nein.« Ob er sich erklären könne, warum in diesem Fall Gift gespritzt wurde? »Soweit ich es ermitteln konnte in diesem Fall, war es die humanste Methode.« Warum ihm der Fall nicht im Exekutions-Buch aufgefallen sei, versuchen es die Richter erneut: »Es gab kein Exekutions-Buch.« Und wenn es kein Todesurteil gegeben habe, so habe es auch nirgendwo abgelegt werden können. Am Ende klingen die Fragen fast schon verzweifelt: »Können Sie dem Gericht nicht helfen, was Ganninger bewogen haben könnte, den Fall vor Ihnen zu verheimlichen?« »Ich kann mich nicht in Ganningers Gedanken versetzen, um herauszufinden, was ihn veranlasste, diesen Fall nicht zu berichten.« – Man muss wissen: Ganninger war untergetaucht und saß nicht mit auf der Anklagebank.

Der Anklagevertreter aber glaubt Hartjenstein nicht – und hat gute Argumente. Sie sind ausgeführt im vollständigen Sitzungsprotokoll, das in Koblenz aufbewahrt wird: Hartjenstein, so macht der Militärstaatsanwalt klar, will nicht dabei gewesen sein. Selbst wenn das stimme, müsse er aber davon erfahren haben. Es sei nicht glaubhaft, wenn er behaupte, davon nichts gewusst zu haben. Ganninger war nach allen Zeugenaussagen auch nicht dabei. Den Befehl zum Töten der Frauen hat nach den Feststellungen des Gerichts Otto gegeben, ein SS-Mann, der nur zur Fortbildung im Lager war (»officer under instruction … learning the job«) und Vertreter des Adjutanten Ganninger werden sollte. Otto habe den Lagerarzt Rohde dazu gezwungen, die Giftspritzen zu setzten. Rohde aber habe sich dagegen gewehrt, habe zwar eine der Frauen schließlich gespritzt, sei dann aber so erschüttert gewesen, dass er zusammenbrach und ein Sanitäter die weiteren drei Spritzen verabreichen musste. Hartjenstein, der verantwortliche Kommandant, muss aber – wenn er denn überhaupt weg war – nach spätestens drei Tagen wieder im Lager gewesen sein. Was hätte näher gelegen, als dass Rohde zum Chef gegangen wäre und ihm gesagt hätte: »Ich wurde von einer Person ohne besonderen Dienstrang zu dieser verheerenden Aufgabe gezwungen und ich möchte hiermit meinen Protest einlegen.« Und der Staatsanwalt erinnert: Rohde hat Hartjenstein gut gekannt, er konnte keine Angst davor haben, ihn einzuweihen. Er war schließlich der Hausarzt (family doctor) auch der Familie Hartjenstein. »Was glauben Sie, wo liegt hier die Wahrheit?«

Der Schuldspruch – also zunächst die Tatsachenfeststellung (Findings) – folgte noch am selben Tag:

»Fritz Hartjenstein, you have been found guilty by this court of the offence with which you were charged.« Schuldig der Straftaten, die ihm vorgeworfen wurden.

Tags darauf konnte Dr. Klute dann Milderungsgründe vortragen. Der Anwalt schildert die Soldatenlaufbahn Hartjensteins, erwähnt erstmals, dass dieser sowohl im Frankreich-Feldzug (wofür es in den Personalakten keinerlei Belege gibt) als auch in Russland an der Front gekämpft habe, und stellt dann, ebenfalls zum ersten Mal, Hartjensteins Versetzung in ein Konzentrationslager als Bestrafung dar: »Weil er einmal dem Befehl eines Vorgesetzten nicht gehorchte, wurde er zur Bestrafung nach Auschwitz versetzt.« Und dann beschreibt der Verteidiger den Angeklagten als den besten Kommandanten, den Natzweiler je hatte. Der Zeuge Fuhrmann habe gesagt, er sei zehn Jahre politischer Gefangener gewesen. Hartjenstein sei der einzige Kommandant gewesen, der das Leben der Gefangenen erträglich gemacht habe. Als der nach Natzweiler gekommen sei, sei das Bestrafen durch Schläge verboten worden. Er habe dem SS-Personal das Misshandeln der Gefangenen verboten und sich selbst niemals gegenüber einem Gefangenen brutal verhalten. Mit ihm habe man reden können, sogar über das Essen, als er die Küche in die Verantwortung der Gefangenen gegeben habe. Mit allen vorangegangenen Kommandanten sei das nicht der Fall gewesen. Dr. Klute erinnert schließlich noch daran, dass Hartjenstein »beliebt« gewesen sei und »eine gute Bildung« gehabt habe, ehe er um ein mildes Urteil bittet.

Das wurde am 1. Juli 1946 gesprochen, nach nur 30-minütiger Beratung: Nur die, die nachweislich beteiligt waren, als die vier Frauen starben, sollten hängen. Hartjenstein, obwohl als Verantwortlicher angesehen und deshalb schuldig, erhielt lediglich lebenslängliche Haft: »… undergo imprisonment for life.«

Einen ausführlichen Prozessbericht über dieses Urteil hat die Kommission für Kriegsverbrechen der Vereinten Nationen 1948 in Band V der Law Reports (Verfahrensberichte von ausgewählten Kriegsverbrecherprozessen) herausgegeben. Darin heißt es wörtlich: »Hartjenstein war Kommandant des Lagers. Es gab keine eindeutigen Beweise dafür, dass er bei dem Mord anwesend war, und er behauptete, dass er zu diesem Zeitpunkt nicht im Lager war und dass er die mutmaßlichen Ereignisse erst nach der Gefangennahme kannte. Es wurde jedoch festgestellt, dass er auf einer Feier im Lager anwesend war, deren Datum nach einigen Beweisen das gleiche war wie das der Tötungen.« Und zur Frage der Strafbarkeit der Tötung von mutmaßlichen Spioninnen argumentierte die Staatsanwaltschaft: »Hätten sie ein Gerichtsverfahren vor einem zuständigen Gericht gehabt und wären sie anschließend durch Erschießen rechtmäßig hingerichtet worden, wäre dieser Fall niemals verhandelt worden. Die Verteidigung hätte jedoch nicht gezeigt (bewiesen), dass es einen Prozess gab. Diesen Frauen wurde weder ein Todesurteil mitgeteilt, noch hätten sie (...) jemals vor einem Gericht gestanden.«

Abb. 21 Hartjenstein auf der Anklagebank in Wuppertal: Inmitten seiner Mitangeklagten der Kommandant. Das Foto zeigt von vorn Seuss, Straub, Meier, Wochner, Hartjenstein, Berg, Rohde, Bruttel und Aus dem Bruch (Quelle: privat/National Archives and Records Administration, College Park, Maryland).

Wiederauferstehung. – Um zu verstehen, was geschehen ist am 6. Juli 1944 und was jetzt ausgeurteilt war, muss man sich die Aussagen jener Zeugen anschauen, die dabei waren. Zum Beispiel die des politischen Häftlings Walter Schultz. Er war damals dem Henker und Krematoriums-Chef Peter Straub zugeteilt gewesen und belastete nun Hartjenstein schwer. Er habe gesehen, wie der Lager-Lastwagen mit vier Frauen angekommen sei, und er habe Straub deshalb gefragt, was mit diesen geschehen werde. Es seien zwei Engländerinnen und zwei Französinnen gewesen. Straub habe berichtet, dass Hartjenstein die Frauen bereits gesehen und sie informiert habe, dass sie künftig in der SS-Küche und der Offiziersmesse arbeiten sollten. Noch am selben Abend – Schultz gibt das Datum allerdings falsch mit dem 12. Juni an – habe er gegen 19 Uhr die Zellen am Krematorium kontrolliert und durch die Klappe der Tür die vier Frauen in der dortigen Zelle gesehen. Sie trugen graue Overalls. Straub habe ihm noch dazu gesagt: »Schöne Dinger, was?« Erst später habe er erfahren, dass sie noch am selben Abend getötet wurden. Am nächsten Morgen habe er zufällig ein Gespräch von Wochner (einem der Mitangeklagten) mit einem Oberscharführer mitgehört, und der habe gesagt, dass die Frauen betäubt und verbrannt worden seien. »Wochner war sehr erschüttert.« Am selben Morgen sei Straub, der noch sehr betrunken gewesen sei, ins Büro gekommen. Er habe gesagt: »Ich bin in Auschwitz eine lange Zeit gewesen, in meiner Zeit sind ungefähr vier Millionen Leute durch den Schornstein gegangen, aber ich habe niemals zuvor etwas wie dieses erlebt. Ich bin fertig.« Und der Zeuge weiter: »Ich bemerkte, dass Straubs Gesicht sehr zerkratzt war.« Nach der Schilderung des Henkers seien die Frauen in den Vorraum des Krematoriums geführt worden. Dort mussten sie sich hinsetzen und für eine angebliche ärztliche Untersuchung ausziehen. Sie hätten sich geweigert, wenn nicht eine Ärztin hinzukäme. Dann habe man ihnen gesagt, sie würden nur gegen eine Krankheit geimpft. Der Ersten habe man im Nebenraum dann eine Spritze gegeben und sie zu den anderen zurückgeführt. Als er die zweite Frau vom Spritzen zurückgebracht habe, sei die erste bereits »steif und betäubt« gewesen. Alle vier betäubten Frauen seien dann durch den Korridor zum Verbrennungsofen geschleift und dort »abwechselnd Kopf und Füße zuerst« in den brennenden Ofen geschoben worden. Schultz wörtlich weiter: »Straub sagte, dass, als die letzte Frau halb im Ofen war, sie wieder zu sich kam, zu schreien anfing und Widerstand leistete. Als genügend Männer da waren, war es ihnen möglich, sie in den Ofen zu stoßen, aber nicht bevor sie Widerstand geleistet und Straubs Gesicht zerkratzt hatte. Straub sagte mir auch, dass sie geschrien hatte ›Vive la France!‹.«

Der Häftlings-Kapo Franz Berg, dessen Aufgabe es war, das Krematorium anzuheizen, habe Schultz am selben Tag berichtet, »dass er einen großen Schock erlitt, als die letzte Frau wieder zu sich kam, und dachte, es wäre ein Fall von Wiederauferstehung der Toten.« Dieser Krematoriumsmitarbeiter Franz Berg behauptete in seiner eigenen Aussage aber, noch vor Verabreichung der Giftspritzen auf sein Zimmer geschickt worden zu sein. Er habe von dort durch einen Spalt im Holz der Exekution zugesehen. Auch habe er am nächsten Morgen die vier verkohlten Leichen im Verbrennungsofen entdeckt. Berg hat später auch zum zweiten Natzweiler-Prozess der Briten eine Aussage gemacht. Darin berichtete er hautnah von »Hinrichtungen im Privaten« und wie diese abliefen. Beim Tod der vier Frauen will er aber nur heimlicher Zuschauer gewesen sein.

Es gibt auch die Aussage eines der Ärzte, die die Injektionen setzten. Es war eine der ersten Amtshandlungen des neuen Lagerarztes Dr. Werner Rohde aus Marburg an der Lahn – jenes Arztes also, den der Staatsanwalt in seinem Plädoyer als vertrauten Hausarzt der Familie Hartjenstein hingestellt hatte. Das mag später so gewesen sein, nicht aber schon Anfang Juli, als Rohde gerade erst in Natzweiler eingetroffen war, behauptete die Verteidigung. Dass man sich schon aus Auschwitz kannte, wo Rohde von März 1943 bis Mitte 1944 SS-Lagerarzt und damit auch Hausarzt der Hartjensteins war, musste unerwähnt bleiben. Das Wort »Auschwitz« blieb tabu. Vorgänger Dr. Plaza hatte an jenem 6. Juli seinen letzten Diensttag. Beide Mediziner hatten bei einer Besprechung nach dem Mittagessen beschlossen, die Hinrichtung mit Evipan-Natrium per Injektion vorzunehmen, weil das schmerzfreier sei, als diese Frauen zu hängen. Denn dagegen habe der Henker, Peter Straub, Einwände gehabt. Vier Frauen zu hängen, »das gibt ein Theater im Lager«, habe der gesagt. Den Frauen sei gesagt worden, es handele sich um Impfungen gegen Typhus. Rohde gab zu, bei der ersten Frau die Spritze gesetzt zu haben. Dann sei er so erschüttert gewesen, dass er unfähig gewesen sei, weiterzumachen. Dr. Plaza habe die restlichen Spritzen verabreicht. Rohdes entscheidende Aussage: »Hartjenstein war nicht anwesend.«

Auch der letzte Zeuge, Mitangeklagter Emil Bruttel, erinnert sich nicht an Hartjenstein am Tatort. Er selbst, so der damalige Sanitäter, habe nur das tödliche Gift, sehr reines Phenol, weil nicht genug Eviapan vorhanden war, aus dem San-Bereich mitbringen müssen. Selbst beteiligt sei er an den Tötungen nicht gewesen. Sein Eindruck von Ärzten und

Offizieren sei gewesen, »daß sie sich durch einen größeren Stab mehr Mut und Selbstvertrauen für diese ihnen sichtlich äußerst unangenehme Handlung verschaffen wollten«. Aus der Unterhaltung der Offiziere habe er herausgehört, dass es sich bei den Frauen um Spioninnen gehandelt habe, die auf Befehl des SD-Führers West hinzurichten waren. Er selbst hätte »niemals gegen die Ehre des Roten Kreuzes und die menschliche Pflicht eines Sanitäters« verstoßen, betont der Zeuge. Aber die Ärzte »bezeichneten diese Art Tötung für humaner als Erschießen oder Hängen«. Und der Zeuge Bruttel betont: Die Ärzte hätten nach jeder Injektion Lebenszeichen kontrolliert und geäußert: »Der Tod ist eingetreten.« Das, was Berg und Straub geschildert haben sollen, dass also eine Frau noch lebte, als sie in den Ofen geschoben wurde, bestreitet der Sanitäter.

Widerstandskämpferinnen. – Was waren das für Frauen, die da am Abend des 6. Juli 1944 mit Phenolspritzen betäubt und dann mutmaßlich lebendig verbrannt wurden? Sie hießen Diane Rowdon, Vera Leigh, Sonia Olschanezky und Andrée Borrel. Sie gehörten einem britischen Spezialkommando an. Das SOE (Special Operation Executive) hielt die Verbindung zwischen dem geheimen französischen Widerstand und den kämpfenden Truppen der näher rückenden Front. Dass das Schicksal dieser Frauen öffentlich bekannt wurde, ist einer ihrer Kolleginnen zu verdanken. Die Britin Vera Atkins, selbst SOE-Offizierin und später als Journalistin tätig, hat dem Verschwinden ihrer vier Kolleginnen nachrecherchiert und darüber berichtet. Das Ergebnis erfährt der Besucher auch in der Ausstellung der heutigen Gedenkstätte Natzweiler.

Da ist Vera Leigh. Sie ist Britin, aber in Frankreich aufgewachsen. Dank ihrer perfekten Sprachkenntnisse wird sie ab Mai 1943 Kurierin der SOE. Am 30. Oktober wird sie in Paris von der Gestapo verhaftet und ins Gefängnis Fresnes gebracht. Dort landet auch Sonia Olschanezky, nachdem sie am 21. Januar 1944 bei einem Treffen mit einem Agenten aus London verhaftet worden ist. Die erst 19jährige Frau war schon früh im Widerstandsnetzwerk Prosper aktiv gewesen und hatte sich bei der Sabotage des Zugverkehrs der deutschen Besatzer beteiligt. Ebenfalls in der Widerstandsgruppe Prosper hatte die damals 24jährige Andrée Borrel begonnen. Sie war Mitarbeiterin der französischen Exilregierung in London und ließ sich Ende 1942 mit dem Fallschirm in Frankreich absetzen, wo sie als Kurierin arbeitete. Am

23. Juni 1943 wurde sie verraten und in Paris verhaftet. Am wenigsten ist über Diane Rowden bekannt. Die 1915 geborene Britin war seit 1940 in der SOE. Wann genau sie von den Deutschen gefasst wurde, ist unbekannt. Auch sie wurde nach Fresnes gebracht. Bei den Agentinnen hatten die Deutschen Mitgliedskarten der SOE gefunden und auch einen Entschlüsselungscode für geheime Botschaften sichergestellt. Olschanezky war zudem Mitglied der »Forces Françaises Combattantes« (Truppe kämpfender Französinnen). Alle vier Frauen landeten später in einem Arbeitslager für Frauen in Karlsruhe und wurden schließlich nach Natzweiler gebracht und dort getötet.

Belastungszeugen. – Wer aber hat den Kommandanten belastet, wenn doch etliche Zeugen ihn am Tatort nicht gesehen haben wollen? Hauptbelastungszeugin ist ausgerechnet eine Frau – eine der wenigen in dem reinen Männerlager. Alphonse Bauer, Krankenschwester im Revier, gab zu Protokoll, gesehen zu haben, wie die vier Frauen aus dem Lastwagen ausstiegen und vom Kommandanten Hartjenstein persönlich sowie vom Krematoriums-Verantwortlichen Peter Straub zum Bunker gebracht wurden. Abends habe sie mit dem Arzt Dr. Boogaerts Schach gespielt, als sie draußen Schritte gehört hätten. Sie löschten das Licht und wollen – obwohl vorher befohlen worden war, alle Fenster zu schließen und nicht nach draußen zu schauen – gesehen haben, wie Hartjenstein, Dr. Plaza, der neue Lagerarzt Dr. Rohde und andere SS-Männer auf dem Weg zum Krematorium waren, während Straub in Richtung Bunker ging. Dort seien die vier Frauen eingesperrt und somit isoliert gewesen, weil, so hatte Dr. Boogaerts ausgesagt, vier Frauen im Männerlager andernfalls viel Aufsehen erzeugt hätten. Auch am abendlichen Apell nahmen sie nicht teil. In dieser Zeit, so die beiden Zeugen, hätten sie Gelegenheit gehabt, ganz kurz mit den Frauen zu sprechen.

Zwei Zeugenaussagen, die den Kommandanten also belasteten, mehrere, auch die der Haupttäter, die ihn entlasteten. Das Gericht ging nicht davon aus, dass Hartjenstein anwesend war beim Vierfachmord im Krematorium. Wohl aber sei er als Kommandant verantwortlich. Und dass er entgegen seiner Behauptung an diesem Tag im Lager war, das habe sich aus mehreren Zeugenaussagen ergeben, die ihn abends bei der Verabschiedungsfeier für den scheidenden Lagerarzt gesehen haben wollen. Deshalb schuldig, aber nicht zum Tode verurteilt – noch nicht.

Fliegertod. – Kaum war das erste, das mit lebenslanger Haft noch relativ günstig ausgefallene Urteil gesprochen, begann am 5. Juni 1946 in Wuppertal die Verhandlung einer zweiten Anklage der Briten. Hartjenstein und vier Mitangeklagten wurde Beteiligung am gewaltsamen Tod eines britischen Flieger-Sergeanten vorgeworfen. Der Pilot, der in den Akten mal Habgood, mal Hapgood genannt wird, war über Frankreich abgeschossen worden, hatte sich aber per Fallschirm retten können. Die deutschen Besatzer hatten ihn festgenommen und ins Außenlager Schirmeck gebracht. Der dortige Kommandant hatte telefonisch in Natzweiler angefragt, was mit dem Gefangenen geschehen solle. Hartjensteins Adjutant hatte die Überstellung angeordnet, und Zeugen hatten noch beobachtet, wie der Mann in Fliegeroverall und mit nur einer Socke am Fuß in den Lager-Lkw getrieben wurde. Die Tochter des Pförtners im Schloss Schirmeck bestätigte, der Flieger sei barfuß und mit den Stiefeln in der Hand abgeführt worden.

Von hier an gehen im zweiten Prozess die Zeugenaussagen auseinander. Einige wollen beobachtet haben, dass der Pilot das Lager Struthof nicht lebend erreichte, also unterwegs erschossen worden sein müsse. Andere sagten aus, der Brite sei lebend im Lager angekommen und dann im Vorraum des Krematoriums erhängt worden. Hartjenstein hatte stets betont, von dem Fall nichts zu wissen. Dass sein Adjutant das Telefonat geführt habe, spreche dafür, dass er auf Reisen gewesen sei. Auch sei es möglich, dass die Politische Abteilung allein, die ja dem Kommandanten nicht unterstand, die Exekution angeordnet habe. »In der Verhandlung standen sich nun die Aussagen des ehemaligen Häftlings Franz Berg einerseits und der beiden SS-Unterführer (…) gegenüber«, schrieb später Verteidiger Heinz Siegmann in einer Zusammenfassung. Berg habe gesagt, er habe einen Toten entladen und im Krematorium verbrannt. Auf der Brust habe dieser eine große Ausschusswunde im Overall aufgewiesen. Er habe mit einem anderen – zum Zeitpunkt des Prozesses nicht greifbaren – Häftling namens Ziegler auch den Lkw vom Blut reinigen müssen. Die beiden SS-Männer, die den Piloten gefahren hatten, sagten jedoch vor Gericht, sie seien dabei gewesen, als dieser wenig später unter Beteiligung Bergs erhängt wurde. Man schob sich also gegenseitig die Schuld zu.

Die Wuppertaler Militärrichter glaubten den SS-Männern, auch weil andere Zeugen einen Mann im Fliegeroverall im Lager gesehen haben wollten. Hartjenstein wurde in diesem Verfahren zum Tode verurteilt. Das Gericht billigte ihm als Offizier immerhin den Tod durch Erschießen zu – eine Ehrenbezeugung –, während die drei anderen Todesurteile durch Erhängen vollstreckt werden sollten. Das Gericht erkannte zwar an, dass Hartjensteins Anwesenheit nicht bewiesen sei, als Kommandant treffe ihn aber ein Mitverschulden, weil er seine Überwachungspflicht versäumt habe und ihm die vielen Exekutionen in seinem Lager einfach nicht hätten entgehen dürfen. Unter den zum Tode Verurteilten war der Krematoriumsmitarbeiter Berg – jener Zeuge, der behauptet hatte, der Flieger sei schon tot angekommen. Berg wurde noch 1946 hingerichtet. Damit war der wichtigste Zeuge dieser Tat nicht mehr am Leben. Erst Jahre später, als Hartjenstein schon lange in der Todeszelle saß, konnte Verteidiger Siegmann jenen zweiten Zeugen auftreiben. August Ziegler, inzwischen Rentner und in Mannheim lebend, sagte – genau wie Berg damals – aus, Habgood sei bereits tot im Lager angekommen.

Abb. 22 Ringen um die richtige Verteidigungsstrategie: Angeklagter Friedrich Hartjenstein mit seinem ersten Rechtsanwalt Dr. Klute im Juni 1946 im Wuppertaler Militärgerichtssaal während einer Verhandlungspause (Quelle: National Archives and Records Administration, College Park, Maryland).

Fehlurteil. – Für die Verteidigung also ein Fehlurteil, zumal in Wuppertal auch nicht bewiesen worden sei, dass Hartjenstein überhaupt zu jener Zeit im Lager war. Das Urteil müsse also nachträglich revidiert werden, trug Hartjensteins neuer Verteidiger, Heinz Siegmann, Jahre später in zahlreichen Gesprächen mit Vertretern der britischen Besatzungsbehörden vor. Seiner umfangreichen Ausarbeitung dazu legte er eine lange Liste positiver Leumundszeugnisse zur Person Hartjensteins bei:

1. Kirchliches Zeugnis des Herrn Superintendenten Siemers, Peine.
2. Bescheinigung des Herrn Generalleutnant a. D. von Ravenstein.
3. Eidesstattliche Erklärung des ehem. Generals der Waffen-SS, Karl Wolff.
4. Eidesstattliche Versicherung des Rentners August Ziegler.
5. Brief an Fr. Dr. Kloninger des Oberregierungsrates W. Kratt.
6. Eidesstattliche Versicherung des Herrn Josef von der Bank.
7. Eidesstattliche Erklärung des Herrn Karl Geisler.
8. Bescheinigung des Pastors Meyer in Peine.
9. Leumundszeugnis der Herren Franz Rudolf Kümpers, Heinrich Onken, Senator Wietfeld, Albrecht Koch.

Und schließlich verwies Siegmann noch auf ein Schreiben des katholischen Bischofs Gabriel Piquet aus Clermont-Ferrand, den die Deutschen im August 1944 als angeblichen Unterstützer des Widerstands festgesetzt und zusammen mit Prinz Franz Xaver von Bourbon-Parma – auch er unter Resistance-Verdacht – nach Natzweiler-Struthof gebracht hatten. Der Bischof hatte angeblich Juden und Partisanen geschützt. Tatsächlich waren in seinem Sprengel etliche jüdische Kinder in katholischen Einrichtungen versteckt worden. Hartjenstein hatte nach den ersten beiden Urteilen aus seiner Todeszelle heraus sowohl den Bischof als auch den bourbonischen Prinzen angeschrieben und um deren Unterstützung gebeten. Sie sollten bezeugen, dass es in Natzweiler unter seinem Kommando doch gar nicht so schlimm gewesen sei. Darauf hatte Bischof Piquet immerhin mitgeteilt, dass er »Hartjenstein nicht anklagen« würde.

Monsignore. – Eine Kopie der Briefe, die Hartjenstein aus der Zelle heraus am 9. Oktober an Monsignore Gabriel Piquet, Bischof von Clermont-Ferrand, sowie wortgleich auch an Fürst Xavier de Bourbon-Parma geschrieben hat, findet sich im Bundesarchiv Ludwigsburg im Ordner 11 der Prozessunterlagen zur späteren Verhandlung in Metz. Aus dem Text wird deutlich, wie ungerecht sich der Hauptverantwortliche für die Exekutionen im Lager nun doch behandelt fühlte und dass er nach der Erfahrung mit den Briten auch keine Gerechtigkeit von den Franzosen erwarte: »Da mein Gewissen vor Gott und den Menschen rein ist und ich mir nichts vorzuwerfen habe, kann ich mit aller Offenheit vor die französischen Richter treten. (…) Der Prozess von Wuppertal hat mich zu meinem Leidwesen gelehrt, dass ein deutscher Angeklagter von vornherein als verdächtig und verurteilenswert gilt.«

In der Todeszelle

Überstellung. – Einmal »lebenslänglich«, einmal Todesurteil durch die Briten – doch Hartjenstein sollte am Leben bleiben, anders als Krematoriums-Chef Peter Straub und dessen Helfer Franz Berg. Beide wurden am 11. Oktober 1946 gehängt. Die Mitangeklagten Kurt Geigling und Magnus Wochner hatten je zehn Jahre Freiheitsstrafe erhalten, Josef Muth 15 Jahre. Wann genau Hartjenstein an die Franzosen übergeben wurde, ist unklar. Dokumente zur Überstellung finden sich in den Akten der Rechtsschutzstelle dazu nicht. Mutmaßlich geschah das ebenfalls im Oktober. Die Vollstreckung der Urteile wurde zunächst ausgesetzt, weil auch die Franzosen ihm noch den Prozess machen wollten. Die Verfügung zur Aussetzung der Hinrichtung unterschrieb der Oberkommandierende in der französischen Zone, General König. Von Wuppertal aus ging es ins Militärgefängnis der französischen Besatzungszone nach Rastatt. Zu dieser Zeit verhandelten die Alliierten noch in Deutschland. Erst nach der ersten französischen Gerichtsverhandlung, die am 9. Dezember 1946 begann und deren Urteil am 1. Februar 1947 fiel, wurde Hartjenstein nach Frankreich überstellt, wo er zunächst in Straßburg, später in Metz auf den dortigen zweiten Prozess warten sollte. Mit Berufungsverfahren und Kassationsanträgen sollten sich die französischen Militärprozesse bis in den Herbst 1954 hinziehen.

Vergasungen. – Was dabei nie verhandelt wird, ist der Tod von 87 jüdischen Menschen in der Gaskammer des Stammlagers Struthof. Dass unter seinem Kommando und von seinen Wachmannschaften Menschen ins Gas geführt werden, das kannte Hartjenstein aus Auschwitz-Birkenau. Hunderttausende fanden so den Tod in dem von ihm geführten Lager. Das war bereits Routine, noch ehe er dort Kommandant wurde, und das ging mit noch viel größerem Tempo weiter, als er Auschwitz verließ und täglich mehrere Züge mit Juden aus Ungarn ankamen. In Natzweiler waren Vergasungen hingegen die Ausnahme.

Die Gaskammer war nur gebaut worden, damit die Mediziner der nahen Straßburger Universität ihre vermeintliche Forschung betreiben konnten. Schon Kramer, Hartjensteins Vorgänger im elsässischen Lager, hatte im Sommer 1943 mitgeholfen, die aus Auschwitz überstellten angeblich »rassetypischen« Juden in Natzweiler unter Anleitung von Prof. Hirt umzubringen, um deren Körper für eine anatomische Sammlung präparieren zu lassen. Nun gab es aber eine Zeugenaussage, in der auch Hartjenstein die Mitwirkung an derartigen Tötungen im Gas vorgeworfen wurde. Warum daraus weder bei den Briten noch bei den Franzosen eine Anklage wurde, ist unbekannt. Ob die Ermittler die Darstellung des Zeugen widerlegen konnten oder einfach nicht glaubten, oder ob dieser sich vielleicht im Datum geirrt hatte, ist unklar. Klar hingegen ist, dass der Zeuge mehrfach das Datum Juli 1944 nennt und betont, »der Kommandant« sei dabei gewesen. Kommandant war zu dieser Zeit Hartjenstein. Und die im Sommer 1943 erbaute Gaskammer war demnach ein Jahr alt.

Die Aussage stammt von Lagerführer Robert Nitsch, der auch die Rapportzettel führte. »Auf diesen Zetteln musste ich jeweils das Fehlen einer bestimmten Anzahl Häftlinge feststellen«, sagte er aus. »Es war mir dann jedesmal klar, daß diese vergast wurden, weil ich dies im ersten Fall der Frauen, den ich jetzt schildern werde, selber sah.« Die weitere Aussage von Nitsch: »Eines Abends gegen 19 Uhr im Juni oder Juli 1944 sah ich von meinem Wohnzimmer aus, von dem ich zum Lagereingang sah, daß die grüne Minna in das Lager hineinfuhr und gleich darauf wieder zurückkam. Sofort ging ich zum Lagerposten und fragte ihn, was der Kommandant im Lager getan hat.« Der Lagerälteste Behnke habe ihm dann berichtet, »daß der Kommandant jüdische Frauen abholte. Weil ich gleich eine Ahnung hatte, was das bedeuten wird, zumal ich wußte, daß man einige Tage zuvor die Gaskammer renovierte, ging ich zu Fuß zum Struthof, in dem sich die Gaskammer befand. Am Struthof angekommen, sah ich auch den Kommandanten, einen Arzt und noch einige SS-Angehörige vor der Gaskammer stehen. Ich grüßte den Kommandanten, ging jedoch an den SS-Angehörigen vorbei zu einem Landwirt (…). Bei diesem habe ich mich bis 21 Uhr aufgehalten und begab mich dann wieder zurück ins Lager. Dabei ging ich auch an der Gaskammer vorbei, die zu diesem Zeitpunkt offen war. Einige SS-Angehörige waren schon dabei, vergaste Frauen auf einen

Lkw zu laden. Ein Teil der vergasten Frauen lag noch in der Gaskammer drin. Ich nehme an, daß der Kraftfahrer die Leichen in das anatomische Institut nach Straßburg brachte, denn er sagte mir am folgenden Tag, daß er schon in Straßburg gewesen sei. Die übrigen Vergasungen habe ich nicht gesehen. Es war so, wie schon angegeben, daß ich aufgrund meiner Rapportzettel Kenntnis von den drei weiteren Vergasungen bekam.« Es wurden demnach 57 jüdische Männer und 30 jüdische Frauen im Gas getötet.

Benzinmangel. – Angefangen hatte das schon lange bevor Hartjenstein in Natzweiler eintraf. Schon im Bürgerspital in Straßburg, wo sich das Anatomische Institut der Reichsuniversität Straßburg befand, hatte dessen Direktor Prof. Dr. August Hirt versucht, eine Sammlung präparierter Leichen aufzubauen. Angeblich für Forschung und Lehre. Zunächst hatte man ihm Leichen aus der Landesheilanstalt Lörchingen (Lothringen) zur Verfügung gestellt. Parallel forschte Hirt zur Wirkung des Kampfstoffes Senfgas (Lost) mit dem Ziel, ein Gegenmittel zu finden. Dabei schreckte er nicht davor zurück, Gas und Gegenmittel direkt an Häftlingen auszuprobieren. 1943 wurde es in Straßburg aber zu gefährlich, da die Alliierten erste Bombenangriffe geflogen hatten. »Als Ausweichstelle habe ich mir Natzweiler gedacht und ich werde vermutlich einen Teil der Fluoreszenzeinrichtung dorthin schaffen lassen«, schrieb er im Oktober 1943 an Standartenführer Sievers nach Waischenfeld. Diesem kündigte er an: »Von der großen Menschenversuchsreihe werden eben die letzten Kurven angefertigt (…).« Seinen Bericht solle Sievers dann dem Reichsführer SS vorstellen, weil er glaube, »dass wir doch durch unsere Behandlung wesentlich zur Therapie der schweren Lostvergiftungen etwas haben beitragen können«.

In Natzweiler war dann im Sommer 1943 eigens eine Gaskammer eingerichtet worden. Es handelte sich um den ehemaligen Kühlschrank des Hotels Struthof, den die Firma Linde aus Sürth bei Köln umgebaut hatte. Experimentiert wurde mit Erstickungs- und Lähmungsgasen, die durch einen angebrachten Trichter eingeführt und deren Wirkung auf die in der Gaskammer eingesperrten Opfer durch ein Schauglas beobachtet werden konnte. Der Todeskampf der Menschen soll jeweils eineinhalb bis zwei Minuten gedauert haben. Erste Opfer waren am 11. August 1943 jüdische Frauen – jene, die unter Hartjensteins Herrschaft aus Auschwitz nach Natzweiler gebracht und bereits dort ausgewählt worden waren, um später in Hirts rassekundlicher Anatomiesammlung ausgestellt zu werden. Die Körper der Opfer wurden noch in Natzweiler in große, mit Formalin gefüllte Becken gelegt, um in der Konservierungsflüssigkeit auf den Transport nach Straßburg zu warten. Dort, so schrieb Hirt an Sievers, »werden zur Aufnahme des Materials die entsprechenden Vorkehrungen getroffen«. Einzige Sorge des Wissenschaftlers im Zusammenhang mit der Ermordung und Überführung der jüdischen Menschen war es, »uns evtl., sofern möglich, Benzinscheine zu besorgen, da wir hier augenblicklich nur 25 l für den Leichenwagen zur Verfügung haben und damit die neuen Fahrten nicht ausführen können«. An jüdischen Menschenleben mangelte es also nicht, wohl aber an Benzin.

Pogromvormittag. – Fünf Jahre vorher war Benzin noch schnell zu beschaffen gewesen – notfalls in der nächsten Apotheke. Zum Beispiel für Brandstiftungen an Synagogen. »Reichskristallnacht« haben sie damals gesagt, »Pogromnacht« heißt das heute. Aber in Werners Heimatstadt war es nicht die Nacht, sondern der nächste Vormittag, als sich die Peiner ins deutschlandweite Unrecht einreihten. Was genau an jenem 10. November geschah, ist gut erforscht und in Prozessakten dokumentiert – so gut es nach dem Krieg eben ging. Ende 2017, also rund 70 Jahre nach Beginn der Ermittlungen und dem 1949 geführten Prozess, hat der Förderverein Jugend und Kultur der Stadt Peine die im Niedersächsischen Landesarchiv liegenden Dokumente kopieren lassen und im Stadtarchiv der Öffentlichkeit zugänglich gemacht. Als der Historiker Dr. Jens Binner, der sich die Akten erarbeitet hatte, im Kreismuseum einen öffentlichen Vortrag darüber hielt, war auch Werner gekommen. »Die Reichspogromnacht im November 1938 in Peine und der Prozess gegen den Mörder von Hans Marburger«, so der Titel. Denn in Peine brach sich damals nicht nur der wilde Hass der SS-Männer und in ihrem Fahrwasser auch der breiter Bevölkerungsschichten gegen Geschäfte und Wohnungen jüdischer Mitbürger Bahn, es gipfelte in der Kleinstadt an der Fuhse sogar in einem Mord. Der 17jährige Hans Marburger war eines der 100 oder auch bis zu 1000 Todesopfer – die genaue Zahl ist umstritten – dieser ersten generalstabsmäßig vorbereiteten gewaltsamen Judenverfolgung des Dritten Reiches. Werner hörte den Vortrag mit gemischten Gefühlen. Er wusste: Da waren meine drei Onkel und der Mann meiner Tante dabei – und auch ich, als Siebenjähriger. Und Werner verstand plötzlich, was die Ereignisse dieses Tages, an denen dessen drei Söhne und ein Schwiegersohn beteiligt waren, mit seinem Großvater gemacht haben müssen.

Warum er den Ablauf jenes Tages so genau schildere, erklärte der Vortragende zu Beginn: Weil schon die bahnbrechenden Arbeiten Saul Friedländers gezeigt hätten, so Dr. Binner, dass »die Tendenz der wissenschaftlichen Geschichtsforschung, sich auf allgemeine Theorien und abstrakte Systemdiskussionen zu konzentrieren«, durchbrochen werden müsse. Nur die konkreten Geschehnisse zeigten »die zahlreichen Kategorien von Beteiligten und alternative Handlungsmöglichkeiten«. Das schaffe Empathie einerseits, aber auch die Möglichkeit, den Blick zu weiten und »die lokalen Vorkommnisse mit den allgemeinen Ergebnissen der Forschung« zu verbinden. Tut ihr das nicht gerade am Beispiel Fritz Hartjenstein auch, Werner und du?

Der Peiner Prozess war der einzige unter 1076 Strafverfahren, die im Nachkriegsdeutschland unter Druck der alliierten Besatzungsmächte geführt wurden, in dem es für die Ereignisse jener Nacht und des folgenden Tages zu einer lebenslangen Freiheitsstrafe kam. Der Mörder Hans Marburgers, der Braunschweiger SS-Mann Paul Szustak, wurde wegen Verbrechens gegen die Menschlichkeit in Tateinheit mit Totschlag verurteilt. 1956 wurde die Strafe in zehn Jahre Zuchthaus umgewandelt. Von Werners drei SS-Onkeln findet sich nur ein Name in der Prozessakte, auch wenn Werner sicher ist, dass alle drei mitmachten. Der Mann seiner Tante, Herbert Henze, gehört mit einer Strafe von neun Monaten Gefängnis zu den Verurteilten. Und obwohl die Prozessakte die Verbrechen jener 24 Stunden in Peine so umfangreich dokumentiert, waren es nur wenige, die sich nach Prozessende dafür interessierten: Binner war erst der Dritte.

Das konkrete Geschehen beschreibt Binner so: Am Abend des 9. November gab es im Wiener Café am Schützenplatz einen Kameradschaftsabend, an dem der Peiner SS-Sturm – also auch die Brennecke-Söhne –, die Peiner Polizei und die Kriminalpolizei teilnahmen. Zwar sollen die SS-Männer bereits im Radio vom tödlichen Anschlag des polnischen Juden Herschel Grynszpan gegen den deutschen Diplomaten von Rath in Paris gehört haben, doch habe das noch keine unmittelbaren Reaktionen ausgelöst. Gegen 22 Uhr verließ die SS das Lokal. Erst gegen 4 Uhr in der Nacht soll die Gestapo Hildesheim der Peiner Kriminalpolizei den Befehl gegeben haben, die männlichen jüdischen Einwohner der Stadt festzunehmen. Das geschah dann ab etwa 6 Uhr. Wie viele Juden abgeholt wurden – belegt sind 14 Festnahmen –, ist unklar. Unter denen, die in die Polizeiwache in der Marktstraße 1 gebracht wurden, befand sich auch der erst 17jährige Hans Marburger. Der schmächtige Junge wurde aber wieder freigelassen, nachdem der Leiter der Kripo, Richard Schaubode, sich den Segen der Gestapo dafür geholt hatte. Für den Jugendlichen wurde diese gut gemeinte Entscheidung zum Todesurteil.

Denn inzwischen war parallel auch die SS alarmiert worden. Herbert Henze, Brenneckes Schwiegersohn, berichtete im Prozess, er sei um 5 Uhr von seinen Kameraden geweckt worden. Wenig später trafen vor der Polizeiwache sechs Männer des SS-Sturmes 3/49 aus Peine auf fünf eigens aus Braunschweig angereiste SS-Kameraden. Man sei auf Befehl in Zivil gekommen, steht in den Akten. Denn was dann geschah, sollte ja wie die gerechte Reaktion des Volkes auf ein von einem Juden verübtes Verbrechen aussehen. Kurz vor 8 Uhr zog der SS-Trupp los. Es waren überwiegend Söhne angesehener Peiner Kaufleute, das Bürgertum der Stadt. Man hatte sich vorher von der Schutzpolizei – den »Saufkumpanen vom Vorabend«, so Binner – die Adressen der »Judenwohnungen« geben lassen. Die nahe gelegene Villa des Tierarztes Dr. Alfred Schwarz in der Werderstraße suchte die SS als Erstes heim. Es folgten die Wohnungen des Kaufmanns Albert Friedmann in der Breiten Straße, die von Albert Eichbaum in der Hagenstraße sowie die von David de Jonge, der am Rosenhagen die Gastwirtschaft Zur Börse betrieb. Selbst vor der Wohnung einer Witwe mit ihrer geistig behinderten Tochter am Schwarzen Weg machten die Gewalttäter nicht Halt. Überall wurden Türen eingetreten, Möbel, Glas und Porzellan zerschlagen, Angehörige bedroht und Schaden angerichtet, wo immer es möglich war.

Nach den Zeugenaussagen soll die Gruppe Paul Szustaks nicht die einzige gewesen sein, die an diesem Vormittag marodierend von einer jüdischen Wohnung zur nächsten zog. Auch die Familie des Schuhhändlers Louis Fels wurde heimgesucht – die Wohnung wie auch das Geschäft. Ebenso Emil Goldschmidt in der Breiten Straße, Max Herzfeld am Markt sowie das Kaufhaus Brunsviga, das Herzfeld zu diesem Zeitpunkt längst verkauft hatte. Und immer wieder ergibt sich aus den Aussagen, dass zufällige Zeugen die Taten der SS-Männer keineswegs guthießen, dass sie den bedrängten jüdischen Mitbürgern teils sogar halfen, teils Schlimmeres abzuwehren versuchten und in einem Fall das Eindringen in eine Wohnung mit dem Verweis, dass dort ein achtjähriges Mädchen wohne, sogar verhindern konnten.

Der 17jährige Hans Marburger hatte weniger Glück. Ihn trafen die SS-Leute in der elterlichen Wohnung, in der am frühen Morgen die Polizei bereits seinen Vater Hermann und dessen Angestellten Max Stern festgenommen hatte. Szustak und seine Kameraden zerstörten die Wohnung und nahmen den Jungen mit zur Synagoge. Noch vor 10 Uhr müssen sie dort angekommen sein. Dort seien sie auf Konrad Stegen, Sohn einer der angesehensten Peiner Kaufmannsfamilien, und mehrere namentlich nicht bekannte Männer – mutmaßlich aus Braunschweig – gestoßen, die in der Synagoge bereits gewütet und die geplante Brandstiftung vorbereitet hatten. Es war dann Herbert Henze, der den Auftrag bekam, Benzin zu beschaffen. Er besorgte von den ihm bekannten Inhabern einer Apotheke einen Kanister mit zehn Litern Brennstoff und übergab ihn dem SS-Mann Willi Ritter, der den Inhalt teils auf den Teppichen der Synagoge auskippte.

Unterdessen hatten andere Braunschweiger die Wohnung des Synagogenverwalters gestürmt. Dessen Frau, Rosalie Laube, versuchte noch, den jungen Hans Marburger mitzunehmen in die nahe Wohnung von Alfred Hertel. Doch die harsche Reaktion der SS war: »Der bleibt hier!« Danach folgte, was später, Jahre nach dem Krieg, zur lebenslangen Zuchthausstrafe für Szustak führen sollte: Der reißt in der Synagoge die Vorhänge von den Fenstern, übergießt auch diese mit Benzin, legt nun Feuer – und tötet Hans Marburger.

Wie genau der Mord geschah – das Gericht erkannte letztlich nur auf Totschlag –, hat auch die umfangreiche Beweisaufnahme nicht erbracht. Szustak hatte anfangs behauptet, gar nicht in Peine gewesen zu sein. Dann gab er an, Marburger habe ihn angegriffen, sodass er sich mit seiner Pistole habe wehren müssen. Das Gericht aber glaubte dieser Version ebenso wenig wie die Zeugen, die bezweifelten, dass sich der kräftige SS-Mann eines schmächtigen 17Jährigen nicht anders als mit tödlichen Schüssen hätte erwehren können. Als Tatort sah das Ge-

Abb. 23/24 Brand der Peiner Synagoge am 10. November 1938: Werner war Augenzeuge des Feuers in der Bodenstedtstraße. Kurz zuvor war im Innern der Synagoge der 17-jährige Hans Marburger von einem SS-Mann erschossen worden (Quelle: Stadtarchiv Peine).

richt die Wohnung des Verwalters an. Dann muss der Leichnam des Jugendlichen in die Synagoge geschleppt und dort angezündet worden sein. Noch in der Nacht nach dem Brand wurden die verkohlten Überreste Marburgers angeblich von vier SS-Leuten – darunter wieder Brenneckes Schwiegersohn – aus den Brandtrümmern geholt und vor Rosental von der Kanalbrücke ins Wasser geworfen. So Henzes Version. Anders jedoch sagte Heinrich Habenich aus. Er allein habe die sterblichen Überreste der Brandleiche geborgen, in einen Waschtopf aus Zink getan, sie in seinem DKW aus der Stadt gefahren und in den Kanal gekippt. Er habe sich als Parteimitglied verpflichtet gefühlt, sagte er, »weil die Bevölkerung nicht erfahren sollte, welche Verbrecher sich in unseren Reihen befanden«.

Die Synagoge brannte aus und musste später von der jüdischen Gemeinde auf eigene Kosten abgerissen werden. Die Feuerwehr war viel zu spät gekommen, und davor soll sie die Order erhalten haben, nicht zu eifrig zu löschen. Der Mord an Hans Marburger wurde vertuscht. Der Leiter der Kripo, Richard Schaubode, glaubte zwar schnell an einen Mord, weil ihm von Zeugen der verkohlte Leichnam in der Brandruine gemeldet worden war. Schaubode informierte auch die Staatsanwaltschaft, die Leitstelle in Hannover und die Staatspolizei, den Landrat und den Peiner Bürgermeister Bronleewe. Er begann schließlich zu ermitteln und bekam im Braunen Haus, der späteren Hagenschänke, wo die NSDAP-Kreisleitung damals saß, von Paul Szustak zu hören, Marburger sei »auf der Flucht erschossen« worden. Letztlich musste er die Ermittlungen an die Geheime Staatspolizei abtreten. Die Gestapo stellte das Verfahren alsbald ein.

Alemannentreue. – Es ist sicher eins der größten Mysterien in der hier rekonstruierten Lebensgeschichte, dass ausgerechnet ein Opfer der SS-Gewaltherrschaft, ein einstiger Natzweiler-Häftling, zu einem der wichtigsten Fürsprecher Fritz Hartjensteins wurde – als »Armenanwalt« einerseits und als Bittsteller bei der Gemischten Gnadenkommission aus deutschen und alliierten Juristen zur Beurteilung alliierter Urteile gegen deutsche Kriegsverbrecher andererseits. Gemeint ist Franz Ludwig Roth, Rechtsanwalt aus Rastatt in Baden.

Man muss zeitlich weit vorgreifen, denn erst ein Schreiben vom 6. November 1953 macht die Rolle des Rastatters in Hartjensteins Leben deutlich. An diesem Tag schreibt Roth seinem alten Verbindungsbruder, dem Landgerichtspräsidenten a. D. Dr. Ernst Pfeifer, nach Freiburg. Er gratuliert Pfeifer dafür, als »Delegierter des Deutschen Bundes bei der Gnadenkommission« berufen zu sein, und legt ihm das Schicksal des in Frankreich in der Todeszelle sitzenden Fritz Hartjenstein ans Herz. Roth erinnert daran, dass ihn die Nazis einst auch verhaftet und ins KZ gesteckt hätten, wie er für zehn Tage nach Natzweiler verschleppt und danach mit 1000 Häftlingen über Dachau nach Mauthausen gebracht und zur Zwangsarbeit versklavt worden sei. Er betont, dem damaligen Kommandanten in Natzweiler zwar nie begegnet zu sein, dass er aber nach Kriegsende vom Tribunal Général in Rastatt angesprochen und als »Armenanwalt« für diverser Kriegsverbrechen angeklagte SS-Leute verpflichtet worden sei. »Als ich das Gefängnis besuchte (…), stellte sich heraus, dass er der Lagerkommandant in Natzweiler war, unter dem ich 10 Tage lang im genannten Konzentrationslager diente. Ich teilte ihm diese Tatsache mit und fragte (…), ob er unter diesen Umständen etwa einen anderen Verteidiger wollte (…). Er bat mich aber direkt darum seine Verteidigung beizubehalten, denn, nachdem ich 10 Tage im KZ Natzweiler geweilt hatte, könne er mich besser über alles informieren.«

Roth hat dann die Verteidigung übernommen und zwei Monate lang mit ihm im »ersten großen Natzweiler-Prozess in Rastatt verhandelt mit dem Erfolg, dass Hartjenstein, trotzdem man ihm persönlich nicht das Geringste nachweisen konnte, zum Tode verurteilt wurde, und zwar nur deshalb, weil er eben als oberster Lagerkommandant der Verantwortliche war«. Er habe in dem Verfahren als Verteidiger eine Reihe Entlastungszeugen berufen lassen, und auch selbst habe er einige Punkte angeben können, die für den Angeklagten sprächen. Schließlich habe auch der norwegische Professor Paulson, einst ein politischer Häftling, nichts Nachteiliges über Hartjenstein bekunden, sondern nur Gutes berichten können. Roth weiter: »So hatte Hartjenstein, als er im Mai 1944 zum Obersten Lagerkommandanten ernannt worden war, in Natzweiler eine Kapelle gründen lassen von Häftlingen für Häftlinge, die Franzosen durften ein Cabaret aufziehen, der Galgen, der mitten im Lager stand, wurde auf seine Veranlassung entfernt, die Sanitätsbaracken wurden vermehrt und besser eingerichtet; kurzum, er hat allerhand getan, was ich aus eigener Wahrnehmung wusste und kannte.«

»Nicht ein einziger Zeuge ist **gegen** Hartjenstein aufgetreten«, beteuert Roth. »Nur ein Franzose trat auf und behauptete, er habe gesehen, dass (er) Hartjenstein mit seinem Stab bei der Erhängung von Häftlingen im Lager gesehen habe. Diese Zeugenaussage konnte ich aber widerlegen, denn die letzte Erhängung in Natzweiler hatte im Februar oder März 1944 stattgefunden, und Hartjenstein selbst war erst Ende Mai 1944 als Kommandant nach Natzweiler gekommen.« Das Motiv des Briefschreibers: »Ich teile Dir das alles mit, damit Du daraus ersiehst, dass Hartjenstein kein Schweinehund ist.« Vielmehr habe er »einen tadellosen Eindruck« gemacht, »so dass mir die französischen Richter wiederholt erklärten, Hartjenstein trage eine vorbildliche Haltung zur Schau und sei durchaus der Typ des korrekten preussischen Offiziers«.

Er wurde dennoch zum Tode verurteilt. Fünfzehn Verurteilte dieses ersten Natzweiler-Prozesses in Rastatt wurden dann getötet, die, so Roth, »nach Auffassung aller Kenner der Lagerverhältnisse mit Recht hingerichtet wurden, ganz gleich ob es SS-Leute oder Kapos waren. Hartjenstein wurde dann nach Metz abgeschoben, wo er heute noch sitzt.« Er stehe noch heute mit ihm im brieflichen Kontakt. »Hartjenstein schreibt mir nun dauernd, ich solle mich doch bemühen (...). Ich habe mich auch schon bemüht, aber es steht mir dabei immer wieder das angeblich noch laufende Verfahren des zweiten Natzweiler-Prozesses im Weg.« In diesem, so rechnet Roth, werde er sicher selbst unter Eid aussagen müssen. Es ziehe sich aber nun schon seit Jahren hin, und es bestehe sogar die Möglichkeit, dass es letztlich nicht in Straßburg, sondern als Anklage vor dem Militärtribunal in Metz verhandelt werde. Der französische Generalstaatsanwalt, der unter anderem mit General Marie-Pierre König, dem Militärgouverneur der französischen Besatzungszone, über Hartjensteins Gnadengesuch gesprochen habe, rechne damit, »dass er bestimmt begnadigt« werde. Allerdings müsse noch der zweite Natzweiler-Prozess abgewartet werden, der in Straßburg oder Metz steigen solle.

Auch zu dem vorangegangenen britischen Todesurteil äußert sich Roth gegenüber dem alten Freund: »An Hartjenstein war die Todesstrafe, die von den Engländern verhängt war, dann nicht vollzogen, weil nachgewiesen wurde, dass er an dem Tage, an dem die scheussliche Sache passierte, auswärts auf einer Dienstreise war. Außerdem hatte er als Lagerkommandant in dieser Sache keine Befugnisse; denn jede

Gestapo-Stelle hatte das Recht, Leute aus den Konzentrationslagern holen oder dort erschießen zu lassen mit anderen Gefangenen und dieselben einfach ins Krematorium zu werfen, aufzuhängen oder zu verbrennen.« Und dann entpuppt sich Roth sogar noch als Ohrenzeuge für jenen Mord an den vier britischen und französischen Spioninnen: »Ich selbst erinnere mich noch, dass ich gerade in jener Nacht – es war einige Tage ehe wir nach Dachau und Mauthausen abtransportiert wurden – nachts etwa um 12 Uhr Autos über die Lagerstraße zum Krematorium rumpeln hörte. Dabei hörte ich weibliche Stimmen weinen und schreien. Das waren die Engländerinnen, die damals auf Anordnung von Robert Wagner (Badischer Reichsstatthalter und Gauleiter sowie Chef der Zivilverwaltung im besetzten Elsass) nachts ins Lager gebracht und gleich aufgehängt und ins Krematorium geworfen wurden.«

Schließlich wird Roth – wenn auch im Satzbau etwas verunglückt – konkret: »Mein lieber Ernst! Und nun habe ich an dich die höfliche Bitte, Dich kraft Deines Amtes zu erkundigen, ob nicht die Möglichkeit besteht, durch die Kommission, der Du angehörst, Hartjenstein in irgendeiner Form begnadigt oder begnadigen lässt. (…) Ich möchte aber nichts unversucht lassen, um meinen Mandanten, den ich für einen hochanständigen Menschen halte, in irgend einer Weise zu helfen.« Denn: »Da ich (…) Hartjenstein als Menschen schätze, bzw. schätzen gelernt habe, und nachdem auch viele andere Lagerinsassen seine guten Seiten geschildert haben, möchte ich, um mein Gewissen zu entlasten, nichts unversucht lassen, um ihm zu helfen so gut es geht. Hartjenstein war wirklich kein SS-Schwein (…) wie sein Vorgänger Kramer, der von den Engländern hingerichtet ist.« Roth beendet den Bittbrief an seinen alten Bundesbruder »in alter Alemannentreue« und mit Gruß an die Frau Gemahlin.

Rastatt. – Worum sich Roth im ersten französischen Prozess gekümmert hat, war dieses: Am 3. Dezember 1946 erhebt der Regierungskommissar beim Obersten Gericht in Rastatt folgende Anklage gegen 51 Deutsche wegen Totschlags, Beihilfe zum Totschlag, Gewalttätigkeiten, Diebstahls und Kriegsverbrechen. An dritter Stelle der Angeklagtenliste steht Hartjenstein, ohne Vornamen. Der Prozess wird später auch der Wüste-Lager-Prozess genannt, weil sich die Taten in den Außenlagern – im SS-Jargon die Wüste-Lager – in Schörzingen, Erzingen, Spaichingen, Dautmergen und Schömberg ereigneten. Alles Arbeitslager im Neckargebiet, die nur organisatorisch zu Natzweiler gehörten und die eingerichtet worden waren, um die Häftlinge Schiefer sowie Treibstoff aus Ölschiefer gewinnen und dabei in der abgelegenen und bergigen Gegend Höhlen für unterirdische Fabriken zum Bau von V1- und V2-Waffen bauen zu lassen. Deshalb war es nur konsequent, die Verhandlung in Deutschland zu führen, nicht in Frankreich.

Insgesamt hat es laut Anklage 29 derartige Wüste-Lager gegeben. Wörtlich heißt es etwas holpernd in der Anklageschrift: »Ungefähr in anderthalb Jahren haben sich dort 50 000 politische Häftlinge, hauptsächlich Polen und Franzosen, in Teilbeständen von je mehreren tausend Sammellagern von Auschwitz, Dachau und Natzweiler und wurden durch den ungeheueren Verbrauch an menschlichem Material für diese höllischen Arbeitsbedingungen beansprucht. 25 000 Tote müssen jetzt aus Massengräbern, in welche sie wahllos vergraben wurden, ausgegraben werden; sie stellen den Preis der Kriegsanstrengungen der Nazis in letzter Stunde dar.« Und weiter: »Die 51 Angeklagten dieser ersten Serie sind hauptsächlich Angehörige der SS oder Kapos von fünf Zweiglagern, von denen man weiß, daß sie bei der Ausübung ihres Dienstes Häftlinge getötet, geschlagen oder bestohlen haben. Eine zweite Serie (in einem weitere Prozess) aus denselben Lagern werden die Unternehmer und Ingenieure bilden, welche die unterernährten Häftlinge zur Arbeit gezwungen haben (…).«

Der Kommandant von Natzweiler wurde angeklagt, weil von dort aus die Befehle gekommen waren. »Die Verantwortlichkeit ist sogar nach Ansicht der SS-Männer und der Lagerführer erdrückend, weil nichts unternommen worden war, um die Lage der Häftlinge zu bessern, was jetzt gewisse Kommandoführer nicht versäumt haben, anzugeben.« Zur Person Hartjensteins heißt es in der Anklage: »Ein fanatischer SS-Mann und als Spezialist in Bezug auf Konzentrationslager lastet auf ihm eine erdrückende Verantwortung, denn alle angeklagten Lagerführer und SS-Offiziere suchen die Verantwortung abzuwälzen, indem sie sich auf die erhaltenen Befehle berufen, welche nur von Hartjenstein herrühren können, oder von seinen Nachfolgern Schwarz oder Schmidetzki.« Den beiden Nachfolgern werden freilich schon in der Anklageschrift mildernde Umstände zuerkannt, weil sie vom Vorgänger Hartjenstein eine »stark kompromitierende Lage übernommen« hätten.

Aber vor allem Schwarz habe diese sich noch verschlimmern lassen, »ohne sich im Geringsten um das Schicksal der Häftlinge zu kümmern«.

Das Ergebnis des folgenden »ersten großen Natzweiler-Prozesses« ist bekannt: Zwei Monate lang habe er für Hartjenstein gekämpft, schrieb Roth später, aber dieser wurde dennoch zum Tode verurteilt, »weil er eben als oberster Lagerkommandant der Verantwortliche war«.

Pflichtverletzung. – »… als oberster Lagerkommandant der Verantwortliche …«. So einfach hatte es sich das Rastatter Gericht nicht gemacht. Erst Jahre später sollten seine Anwälte die wörtliche Urteilsbegründung »Judgement No 9« des »Tribunal Général dans L'affaire des sous-camps du Würtemberg du 9. Décembre 1946 au 1er Février 1947« zu Fritz Hartjenstein in die Finger bekommen. In der Verteidigerakte findet sich also doch, was das Bundesarchiv über acht Jahrzehnte vergeblich aus Frankreich zu erlangen versuchte: das Urteil des französischen Militärgerichts. Auf sieben Seiten wird sehr ausführlich die Schuld der Kommandanten dargelegt. Neben Hartjenstein wurden seine Nachfolger beziehungsweise örtlichen Vertreter Schwarz und Schmidetzki verurteilt; die Unterlager, so das Gericht, hätten unter ihrer Autorität und Kontrolle gestanden. Der Zustand der Internierten und die Einhaltung von Weisungen übergeordneter Behörden hätten unmittelbar ihrer Zuständigkeit unterlegen. Sie hätten bei ihren Inspektionen die Einhaltung der Regeln und die Verteilung der Rationen überprüfen müssen. Stattdessen hätten sie aber nicht glaubhaft machen können, dass Arbeitszeiten eingehalten wurden und die Etats für die Verpflegung korrekt verwendet wurden. Sie hätten es zudem versäumt, sich über die Sterblichkeit zu informieren und die Ursache der ungezählten Todesfälle zu untersuchen. Dadurch hätten sie die Verbrechen, die ihren Mitangeklagten vorgeworfen wurden, überhaupt erst ermöglicht. Alle drei Kommandanten hätten zwar behauptet, die Industrieunternehmen sowie die NS-Bau-Organisation Todt, für die die Zwangsarbeiter tätig waren, zu einer ausreichenden Versorgung der Gefangenen zu verpflichten, geschehen sei aber nachweislich nichts. Dieser Aufgabe, den Profiteuren die strikte Einhaltung einer solchen Verpflichtung aufzuerlegen, seien sie folglich gerade nicht nachgekommen.

Den Fall Hartjenstein, so die Urteilsbegründung, habe das Gericht ganz besonders überprüft. Dieser sei schließlich für fünf Monate als

Kommandant des Stammlagers verantwortlich für die Kontrolle der Außenlager gewesen. Dessen besondere Schuld sei es: »Dass er während dieser Zeit keine ernsthaften Inspektionen durchgeführt hat und in keiner Weise versuchte, die Lebensbedingungen der Internierten, den Gesundheitszustand der Lagerinsassen sowie die Ursachen der außergewöhnlichen Sterblichkeit zu erforschen, dass er somit wissentlich zum Komplizen von Verbrechen wurde, indem er vorsätzlich seine Vorrechte und seine Autorität nicht nutzte, deren Begehung zu verhindern.« All diese Handlungen, so das Urteil weiter, seien »Verstöße gegen die Gesetze und Gebräuche der zivilisierten Nationen und gegen die Gebräuche des Krieges sowie Verbrechen gegen die Menschlichkeit«. Daher sei Hartjenstein mit der Mehrheit der Richterstimmen der angeklagten Kriegsverbrechen und Verbrechen gegen die Menschlichkeit für schuldig befunden und deshalb zum Tode verurteilt worden.

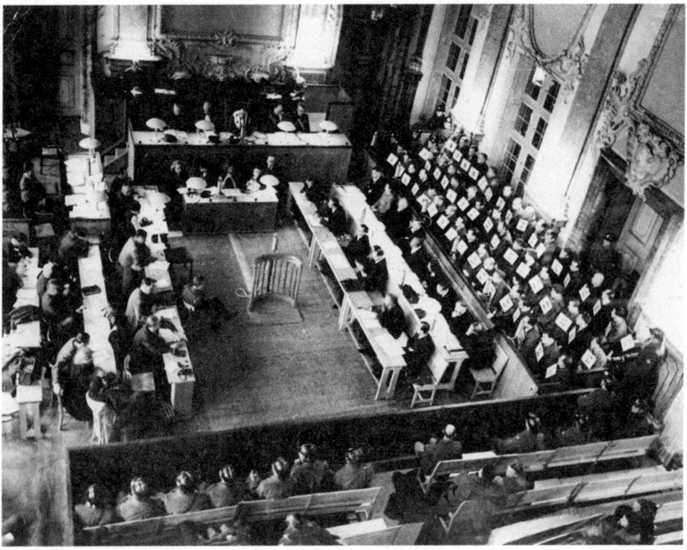

Abb. 25 Gräuelberichte im goldverzierten Schlosssaal: Mit 51 Angeklagten der größte der vielen Rastatt-Prozesse gegen Kriegsverbrecher war der sogenannte Wüste-Lager-Prozess. Fritz Hartjenstein mit der Nummer 2 auf der Brust saß in der Mitte der ersten Reihe. Seine Ehefrau saß derweil auf der Zuhörerbank (Quelle: Kreisarchiv Rastatt, 9/Plan- und Bildersammlung Rastatt Tribunal).

Schlossprozesse. – »Verbrechen gegen die Menschlichkeit« also? Diesen Begriff aus dem Völkerstrafrecht gab es noch gar nicht, als Fritz Hartjenstein das beging, wofür er in Rastatt verurteilt wurde. Der Straftatbestand wurde 1945 erst erfunden, weil die Verbrechen, die die Nazis gegen alle Regeln der Menschlichkeit, gegen jedes Kriegs- und jedes Völkerrecht systematisch und über Jahre an ihren Kritikern und Gegnern begangen hatten, einen Namen haben mussten. Im sogenannten Londoner Statut (Charta vom 8. August 1945) wurde der Rechtsbegriff als Grundlage für die Nürnberger Prozesse gegen die Hauptkriegsverbrecher des NS-Regimes so festgelegt. Heute dient das Römische Statut des Internationalen Strafgerichtshofes als Basis dieses Straftatbestandes und hat in viele nationale Strafgesetze auf der ganzen Welt Eingang gefunden. Damals aber, als Fritz Hartjenstein in Rastatt vor seinen Richtern stand, musste der neu definierte Verbrechens-Tatbestand erstmals auch gegen jene Befehlsempfänger angewandt werden, die die Anweisungen der in Nürnberg verurteilten Schreibtischtäter vor Ort ausgeführt hatten. Mit dem Londoner Statut hatten sich die vier alliierten Besatzungsmächte auf ein gemeinsames Strafrecht verständigt, das sie nun dem nationalen deutschen Recht überstülpten und in Nürnberg, in Dachau (US-amerikanische Kriegsverbrecher-Prozesse), in Wuppertal oder Lüneburg (britische Prozesse) und eben auch in Rastatt (französische Prozesse) anwandten.

Hartjensteins französischer Prozess in Rastatt mit 51 Angeklagten war nicht der erste und nicht der letzte. Etwa 20 große und mehr als 200 kleine Prozesse mit insgesamt 2135 Angeklagten wurden in Rastatt geführt. Hartjenstein war einer von 105 darin zum Tode Verurteilten. Vollstreckt wurden davon letztlich nur 63. Die Franzosen hatten sich vorgenommen, alle auf deutschem Boden, also im Bereich der seit Mai 1945 beherrschten französischen Besatzungszone (Gouvernement militaire français), stattgefundenen NS-Gräueltaten in Rastatt zu verhandeln. Dafür wurde eigens das leerstehende Rastatter Schloss umgebaut; der riesige Ahnensaal wurde zum Verhandlungsraum mit Mikrofonen und Lautsprechern für Zeugenaussagen und Übersetzer ausgestattet. Das Tribunal Général hatte höchstes Interesse daran, dass die Verfahren eine große öffentliche Bekanntheit erlangten. Es ließ bis zu 150 Zuschauer, Journalisten, Fotografen und Kameraleute zu und hatte schon im Vorfeld bei den Ermittlungen verfügt, dass Deutsche als Zeugen hinzuzuziehen waren, wenn etwa Massengräber geöffnet wurden. Eine dieser pädagogischen Maßnahmen der französischen Militärregierung etwa verpflichtete deutsche NSDAP-Mitglieder dazu, Leichensäcke zu nähen und die exhumierten Toten aus den Massengräbern einzusargen und zu bestatten. Ihnen sollte vor Augen geführt werden, was die SS und ihre Helfer vermeintlich im Namen des deutschen Volkes angerichtet hatten.

Aus dem Schatten der heute jedermann bekannten Nürnberger Prozesse ist die Serie der Rastatter Kriegsverbrecherverfahren dennoch nie herausgetreten. Selbst vielen Historikern ist die Prozessserie weitgehend unbekannt. Das hat offenbar zwei Gründe: Zum einen waren noch nicht überall wieder Zeitungen zugelassen, als im Mai 1946 die ersten Prozesse im Schloss begannen. Innerhalb der französischen Zone wurde zwar sicher bekannt, was in Rastatt verhandelt wurde, in der amerikanischen und britischen Zone aber gab es kaum Berichte darüber. Von dem, was Fritz Hartjenstein vorgeworfen wurde, dürfte man in seiner Heimatstadt damals mangels Tageszeitung nichts erfahren haben. Zum anderen sind die Rastatter Prozesse auch von der Wissenschaft bis heute wenig beachtet worden. Das liegt daran, dass die Akten darüber in Frankreich nach geltendem Militärrecht für 100 Jahre unter Verschluss sind. Sie dürfen – jedenfalls nach bisherigem Stand – erst in den Jahren 2047 bis 2052 an die Öffentlichkeit. Nur einigen wenigen Historikern ist es gelungen, durch persönliche Beziehungen einen Teil der originalen Prozessunterlagen einzusehen. So etwa Prof. Dr. Rainer Hudemann von der Universität des Saarlandes, der sich mit seiner Doktorandin Elisabeth Thalhofer in einem Forschungsprojekt zumindest die Akten der Prozesse zu den Verbrechen in den saarländischen Gestapogefängnissen erarbeiten durfte. Auf diesen Recherchen basiert das Dokudrama des Südwest-Rundfunks (SWR) und des deutsch-französischen Fernsehsenders arte über die Rastatter Prozesse, das im Mai 2021 ausgestrahlt wurde. Für diese Produktion haben die französischen Behörden offenbar erstmals einen Teil der Rastatter Akten Journalisten zugänglich gemacht; möglich war das infolge einer Änderung des französischen Archiv-Gesetzes von 2016.

Diese Dokumentation hat dich elektrisiert: Du selbst warst ja auf jene wenigen Aktensplitter aus dem Bundesarchiv angewiesen, die in den personalisierten Beständen zu Hartjenstein zu finden waren.

Immerhin enthielten die dortigen Bestände zur Zentralen Rechtsschutzstelle auch Kopien von Dokumenten aus dem Prozess. Originale konntest du nicht einsehen. SWR und arte aber fanden neben historischen Fotos auch einige Filmausschnitte aus einem der Prozesse. Einige haben die Filmemacher verwandt, andere finden sich auf der Website des SWR über das Making-of zum Film. Und plötzlich steht er vor dir: Fritz Hartjenstein, Angeklagter im Wüste-Lager-Prozess – in Bewegtbildern. Der alte schwarz-weiße Filmausschnitt zeigt die Anklagebank, die ehrenwerten Richter im eindrucksvollen Schlosssaal und schließlich ganz groß und am Mikrofon der höchstrangige der Angeklagten: der Mann mit der Nummer 2 auf einem Pappschild vor der Brust – Kommandant Hartjenstein.

So also sah damals Guste Hartjenstein, eine von 150 Zuhörerinnen des Prozesses, ihren Mann auf der Anklagebank sitzen: erste Reihe mittig, direkt vor ihm das riesige Mikrofon für die Angeklagten. Sie war dabei, als gegen ihn im Schloss verhandelt wurde. Und sie sorgte sich um seinen Gesundheitszustand. Das weiß man aus wieder einer anderen Quelle. Der arte-Film ist nämlich auch ein Werk über das Wirken einer damals noch sehr jungen Juristin, der Referendarin und wegen ihrer Französisch-Kenntnisse zur Pflichtverteidigerin berufenen Dr. Helga Stödter (geb. Kloninger). Das »Fräulein Kloninger« vertrat eigentlich mehrere andere Angeklagte. Sie muss aber mit der Frau des Kommandanten auf der Zuhörertribüne in Kontakt getreten sein, vielleicht hatte sie sich auch mit ihr angefreundet. Man tauschte sich aus, man schrieb sich, und Hartjenstein versuchte gar, sich künftig statt von Roth lieber von der jungen Assessorin vertreten zu lassen.

Woher du das weißt? Von der längst verstorbenen Juristin selbst. 2011 hat die zuletzt in Hamburg arbeitende Anwältin ihren Nachlass aus den Rastatter Prozessen dem dortigen Kreisarchiv übergeben. Immerhin 35 Leitzordner, denn die Anwältin hatte im Laufe der Jahre in 295 Fällen insgesamt 439 Rastatter Angeklagte vertreten. Eine »Wissenschaftliche Sensation« nannte die örtliche Presse damals den Neuzugang des Archivs. Das war kaum übertrieben. Kreisarchivar Martin Walter formulierte es in einem Aufsatz treffend: »Man mag es kaum glauben. Tatsächlich gibt es in den Archiven der Bundesrepublik Deutschland zu einem der wichtigsten Ereignisse der bundesdeutschen Nachkriegsgeschichte lediglich Splitterüberlieferungen, die Rede ist von den Kriegsverbrecherprozessen des Tribunal Général de la Zone Francaise in Rastatt.« Helga Stödter lieferte nun wertvollen Stoff. Drei Jahre später ergänzte der Nachlass eines der Rastatter Ankläger diese neue Quelle noch mit weiteren 40 laufenden Zentimetern Aktenmaterial. Die Sammlung Paul-Julien Doll beinhaltet vor allem den Prozess gegen Hermann Röchling, nicht aber den gegen Hartjenstein.

Dass sich dennoch zu Hartjenstein etwas im Rastatter Kreisarchiv findet, ist der Bekanntschaft der beiden ungleichen Frauen zu verdanken, aber offenbar auch der Tatsache, dass der Angeklagte selbst vom Wirken der jungen Verteidigerin beeindruckt war. Die 1922 in Berlin geborene Juristin war möglicherweise von Guste Hartjenstein in Prozesspausen angesprochen worden. Das lässt sich aus Briefen schließen, die sich im Stödter-Nachlass befinden. Über die Anschrift »Guste Hartjenstein, Peine/Westfalen« schickte Stödter Briefe Hartjensteins auch an dessen Mutter. Etwa am 26. November 1947: »Ihr Sohn Fritz bat mich, Ihnen seine herzlichsten Grüße zu übermitteln und Sie gleichzeitig zu bitten, ihn doch weiterhin laufend mit Paketen zu versorgen.« Entweder über ihre oder über die Anschrift des Verteidigers Roth sollen die Pakete mit »Haferflocken, Zucker, Brot, Marmelade und sonstige[m] Aufstrich« gehen. Der Angeklagte bittet zudem, dass sein Bruder Hans ihn besuchen möge. Mitte Januar dankt die Anwältin dann der alten Dame aus Peine, dass diese auch ihr »ausserordentlich fühlbare Unterstützung« habe zukommen lassen. Offenbar hatte Else Hartjenstein nicht nur dem Sohn, sondern auch der Verteidigerin ein Lebensmittelpaket aus ihrem Milchgeschäft zukommen lassen. Ihr Hintergedanke: Sie, die Juristin, möge »alles nur Mögliche tun, daß mein Sohn von der harten Strafe befreit wird« und dass »nur die Kinder ihren Vater wiederbekommen«.

Im Nachlass der Anwältin findet sich auch ein Schreiben des Gefangenen Hartjenstein an seine Mutter aus dem November 1947. Darin klagt er über Hunger. Er habe »körperlich nachgelassen«. Mutters Päckchen, »die Gustchen mitgebracht« habe zum Prozess, seien schon wieder aufgebraucht. Er bittet um weitere Lieferungen aus Mutters Milchladen; sie wisse schon, was er gebrauchen könne. Und dass Bruder Hans bald einmal kommen möge, schreibt er. Schließlich, ganz unvermittelt und ohne jeden Zusammenhang, dieser Satz: »Wie hat sich denn die kleine Ellen in Peine aufgeführt?« Das Mädchen, das er noch nie gesehen hatte, war inzwischen zweieinhalb Jahre alt und bei der Oma in Peine, während die Ehefrau im Schloss dem Prozess beiwohnte. Am Ende kündigt er noch an, nun versuchen zu wollen, dass zusätzlich zu Rechtsanwalt Roth auch die junge Referendarin »Fräulein Helga Kloninger« ihn vor Gericht vertreten dürfe. Der hatte er in einem anderen Schreiben bereits sechs potenzielle Zeugen der Verteidigung genannt, zu denen die Anwältin den Kontakt suchen solle, damit diese ihn und auch ihre anderen Mandanten mit ihren Aussagen entlasten würden. Zwar habe Roth mit einigen schon gesprochen, sie aber könne vielleicht mehr erreichen. Und er nennt noch viele weitere Namen von ehemaligen Häftlingen: »Ein Teil dieser Leute kann sich sicher noch sehr gut erinnern. Mir wurde versichert, dass diese genannten Leute für mich eintreten würden, da ich sie stets entgegenkommend behandelt habe.« Und auch seine Frau könne ihr noch weitere Entlastungszeugen nennen.

Der Brief klingt wie der Versuch, neben seinem offiziellen Pflichtverteidiger Roth noch andere Mitstreiter seiner persönlichen Strafverteidigung zu finden. Ein offizielles Mandat hat die Anwältin, über deren Privatadresse die Carepakete von Mutter und Ehefrau ins Gefängnis liefen, aber nie übernommen. Pflichtverteidiger in Rastatt und in der Berufung in Metz blieb Franz Ludwig Roth.

Abb. 26 Als Chef verantwortlich für die Kriegsverbrechen der Mitangeklagten: Der einstige Kommandant wurde an exponierter Stelle in der Mitte und direkt vor dem Mikrofon im Ahnensaal des Schlosses auf der Rastatter Anklagebank platziert (Quelle: Screenshots aus dem arte/SWR und SR-Dokudrama zum Generaltribunal in Rastatt von 1946–1954).

Heimatanwälte. – Roth war nicht der einzige Jurist, der sich für den nunmehr doppelt Todgeweihten in Metz einsetzte. Hatten ihm die Briten und die Franzosen in Rastatt jeweils noch einen deutschen »Armenanwalt« zur Seite gestellt, mussten es für die Prozesse in Frankreich Strafverteidiger mit französischer Zulassung sein. Über deren Eifer und Qualifikation erfährt man in den umfangreichen Akten, die aus dem Nachlass der Zentralen Rechtsschutzstelle in Stuttgart stammen und die im Bundesarchiv in Koblenz lagern, herzlich wenig. Nur zwischen den Zeilen des Schriftverkehrs von Fritz Hartjenstein und seinen deutschen Unterstützern lässt sich immer wieder erspüren, wie sehr der Todeskandidat unter dem Desinteresse – vielleicht auch der Überlastung – seiner örtlichen Anwälte gelitten haben muss. So klagt er immer wieder, dass der letzte Kontakt schon Monate her sei und eine vernünftige Vorbereitung der Verteidigung nicht zustande komme. Auch erwähnen die deutschen Helfer in ihrem umfangreichen Briefverkehr vielfach, wie schwierig sich die Zusammenarbeit mit den französischen Kollegen gestalte. Man müsse diese »zum Jagen tragen«, spottet einer im innerdeutschen Schriftverkehr.

Daheim hingegen wächst die Zahl seiner juristischen Beistände von Jahr zu Jahr. Offenbar ist es die Mutter – der Vater war schon 1940 gestorben –, die aus ihrem bescheidenen Umsatz mit dem Peiner Milchgeschäft die Anwälte bezahlt. In mindestens jedem zweiten Schriftsatz geht es auch um die Finanzierung der Anwaltskosten, um Vorschüsse, um Reisekosten und um Möglichkeiten, sich bei karitativen Stellen finanzielle Unterstützung für den Rechtsschutz des Kriegsgefangenen in Frankreich zu sichern. Diese diversen Anträge an kirchliche und staatliche Stellen werden auch jeweils von den Anwälten argumentativ begleitet. Die notleidende Ehefrau, die mit minimaler Rente drei Kinder durchbringen muss und dabei auf Zuwendungen der Schwiegermutter, auf Hilfe der Geschwister in Oldau sowie auf Geschenke aus der Kirchengemeinde angewiesen ist, wird erwähnt. Und auch die alte, teils schon gelähmte Mutter, die trotz Krankheit noch den Milchladen führt, um das Geld für den Rechtsschutz ihres Sohnes zu verdienen. Sie werden in etlichen der Briefe an deutsche Rechtsschutzstellen eindrucksvoll geschildert.

Belegt ist aber auch, wie die Hartjenstein-Frauen als Bittstellerinnen abgewiesen wurden: In Koblenz findet sich eine – allerdings zeitlich viel jüngere – Notiz des »Verbandes Deutscher Soldaten«, wonach Frau Hartjenstein die Dienststelle aufgesucht und um finanzielle Unterstützung gebeten habe. Man habe dagegen aber »Bedenken«. Als Begründung wird die Berichterstattung der »Zeit« über das letzte Urteil im Juni 1954 angegeben. In einem der Anwaltsschreiben heißt es: Es sei »geradezu ein Wunder, woher sie immer wieder die innere Kraft und die realen Mittel nimmt, um überhaupt einspringen zu können«. Und gleichzeitig sind diese unzähligen Briefe der verschiedenen Anwälte beredte Belege dafür, wie zäh die Zeit in der Todeszelle verstrichen sein muss: Fast jedes Anwaltsschreiben beginnt mit einer langatmigen Erklärung und Entschuldigung an Hartjenstein, an seine Familie, an die Kollegen oder die Rechtsschutzstellen, warum man erst jetzt reagiere. Und fast jedes endet wiederum mit der Erörterung, wie schwierig es sei oder sein werde, weitere juristische Unterstützung zu finanzieren.

In Deutschland war es zunächst die Kanzlei des späteren CDU-Landtagsabgeordneten und niedersächsischen Justiz-, später Kultusministers Richard Langeheine, die Hartjenstein vertrat. Langeheine war ab 1949 Landrat des Kreises Peine, 1952 bis 1955 sowie 1961 bis 1964 dann Peiner Bürgermeister. Dem Inhaftierten fühlte sich der Vollblutpolitiker mindestens bis 1952 anwaltlich, aber auch ganz persönlich verbunden. Denn in einem Schreiben vom 23. August 1951 an den Häftling »Nr. 3077« im Prison Militaire Metz (Moselle) bat er Hartjenstein, »weder Mut noch Nerven zu verlieren«. Fast verschwörerisch deutet der Peiner Jurist an, was im Hintergrund alles für den Kriegsgefangenen getan werde: »Im übrigen muss ich Ihnen wiederholt zum Ausdruck bringen (…), daß unser Vaterland sich aller noch im Ausland befindlichen Deutschen viel mehr annimmt, als diese vielleicht selbst wahrnehmen wollen. Mehr kann und darf ich darüber nicht sagen.« Klar: Die Post an die Häftlinge sowie deren Post nach Deutschland wurden natürlich in Metz mitgelesen.

Aus Langeheines Kanzlei gibt es aber schon früh einige Briefe, die offenbar bereits der Anwalt und Langeheine-Sozius August Reinecke bearbeitet hat. Spätestens ab Sommer 1949 ist Reinecke dann aus seinem eigenen Notariat in der Breiten Straße in Peine heraus federführender deutscher Verteidiger – besser gesagt: dessen Briefkopf erscheint als federführend. Reineckes Kanzlei bereitet zwar alles vor, gewinnt aber den in Kriegsverbrecherprozessen erfahrenen Rechtsanwalt

Hans Laternser aus Wiesbaden dafür, zusammen mit dem französischen Pflichtverteidiger Theodor Wiltzer den Angeklagten im weiteren Strafverfahren zu vertreten.

Erscheinung. – Ebenfalls schon im Sommer 1949 taucht ein anderer Name auf: der des in Peine lebenden Amtsgerichtsrates Heinz Siegmann. In der NS-Zeit war Siegmann in Gifhorn und Meinersen Jugendrichter am Amtsgericht gewesen und kämpfte nun noch immer mit seiner Entnazifizierung, wurde im Laufe der folgenden Jahre dann aber doch wieder zum Amtsrichter berufen. Formal durfte schon damals ein Richter nicht parallel als Rechtsanwalt – also quasi auf der Gegenseite – tätig werden. Und als noch nicht wieder anerkannter, also entnazifizierter Jurist schon gar nicht. Deshalb zieht Siegmann nun offenbar lange Zeit nur im Hintergrund die Fäden, während Langeheines oder Reineckes Briefkopf über jedem offiziellen Anwaltsschreiben steht. Dennoch entwickelt sich der Jurist Siegmann, der mit dem 1942 an der Ostfront gefallenen Bruder Fritz Hartjensteins einst in Peine zur Schule gegangen ist, zum engagiertesten Kämpfer um das Leben des KZ-Kommandanten. Siegmann wird diesen Kampf im Laufe der Jahre zu seinem ganz eigenen machen und dabei auch ein hohes berufliches Risiko eingehen. Noch ehe er es formal darf, übernimmt er laut einem Aktenvermerk das vollständige Mandat von Langeheine. Er schafft es schließlich sogar, sich vom niedersächsischen Justizministerium eine bis dahin undenkbare Sondergenehmigung erteilen zu lassen, die ihm neben seinem Amt als Richter eines Amtsgerichts ein Auftreten als Strafverteidiger vor französischen Gerichten ermöglicht. Sein Mentor Richard Langeheine, mit besten Beziehungen in die Landespolitik ausgestattet, mag ihn unterstützt haben. Am 16. Oktober 1953 schreibt der Celler Oberlandesgerichtspräsident dem Richter Siegmann: »Der Herr Nieders. Minister der Justiz hat Ihnen nunmehr (…) die Genehmigung zur Beibehaltung und Weiterführung Ihrer Tätigkeit als Inlandsverteidiger (…) erteilt.« Zwei Jahre später wurde Langeheine selbst Justizminister.

Erzwungen hat diese nachträgliche Legalisierung seines Engagements im Sommer 1953 die Zentrale Rechtsschutzstelle in Bonn. Die hatte damals den Mainzer Anwalt Dr. Lane für Hartjenstein mandatiert. Als der entdeckte, dass bis zu diesem Zeitpunkt schon 13 Bände Akten mit je 200 bis 300 Blatt Schriftverkehr entstanden waren, reiste Lane zusammen mit Siegmann direkt zur Rechtsschutzstelle nach Bonn und klärte dort die Zuständigkeiten. Siegmann erklärte, dass ihm Rechtsanwalt Langeheine bereits seit dem 10. Januar 1950 das Mandat überlassen habe, weil Hartjenstein »infolge des persönlichen Vertrauensverhältnisses zu mir ausschließlich mich als seinen Verteidiger gewünscht« habe. Freundlicherweise habe die Sozietät Reinecke und Langeheine ihm erlaubt, in ihren Büros und unter ihrem Briefkopf als »Anwaltsvertreter« tätig zu werden. Darauf drängte die Rechtsschutzstelle, Siegmann möge sich dafür sofort die Genehmigung des Landesjustizministers einholen. Siegmann versprach es zu Protokoll. Sodann wurde anerkannt, dass »Amtsgerichtsrat Siegmann im Gnadenverfahren bestellt wird, und zwar unter nachträglicher Bestätigung und Anerkennung seiner darin von Anfang an ausgeübten Tätigkeit«. Damit war für den Richter zumindest die finanzielle Frage seiner Nebenbeschäftigung geklärt.

Das Konstrukt der Verteidigerriege sollte dadurch im Laufe der Jahre so groteske Formen annehmen, dass selbst der einzige in Metz zugelassene Anwalt, der Franzose Dr. Wiltzer, nicht mehr durchblickte. Mühsam habe er ihm erklärt, schreibt der von der Rechtsschutzstelle entsandte Dr. Lane, dass sich das Ganze in einen französischen Auslands- sowie einen deutschen Auslands- und einen deutschen Inlandsverteidiger gliedere, wobei die Inlandsfunktion mehrere Peiner Anwälte vertreten hätten, künftig aber nur Amtsgerichtsrat Siegmann. Dabei durfte in den Augen der deutschen Justiz der Richter lediglich Inlandsverteidiger für Verfahren im Ausland sein, in den Augen der französischen Justiz musste er aber als deutscher Auslandsanwalt gelten.

Abb. 27 Porträt des Amtsgerichtsrates Heinz Siegmann: Der Jurist mit dem markanten »Schmiss« im Gesicht war in der NS-Zeit Jugendrichter und beim Geheimdienst der SS. Er wurde trotz anfänglichen Berufsverbotes eifrigster Helfer Hartjensteins (Quelle: privat).

Audienz. – Schon im September 1949 hatte Siegmann – noch ganz inoffiziell – zum Beispiel den Hamburger Juristen Dr. Paul Leverkuehn mit der Prüfung der Rechtmäßigkeit der französischen Anklage beauftragt. Siegmann fuhr sofort ganz großes Geschütz auf. Er wollte wissen, ob diese sich mit der Genfer Konvention vertrage, zumal ja in Frankreich Taten angeklagt würden, die bereits zum Teil das britische Militärgericht verhandelt habe. Es gebe zwar einen Reformvorschlag des internationalen Kriegsgefangenenrechts, schrieb Leverkuehn am 20. September 1949, der Entwurf des Internationalen Komitees des Roten Kreuzes sei aber noch nicht in Kraft. Er laute: »Unzulässige Wiederaufnahme des Verfahrens: Ein Kriegsgefangener darf wegen derselben Handlung oder desselben Tatbestandes nur einmal bestraft werden.« Die Bemerkung des Deutschen Büros für Friedensfragen dazu lautete: »Die Bestimmung ist neu. Sie entspricht aber einem in der Strafgesetzgebung der Staaten allgemein anerkannten Grundsatz.« Demnach, so der Kollege, müsste eigentlich der in Frankreich angeklagte Tatbestand vom vorangegangenen britischen Verfahren »absorbiert« sein. Siegmanns Idee, sich nunmehr mit einer Beschwerde an den Haager Schiedsgerichtshof und an die Vereinten Nationen nach New York zu wenden, verwirft Leverkuehn jedoch. »Das wäre erst möglich, wenn Deutschland sich als Staat an diese Institutionen wenden kann.« Siegmann könne sich aber an das britische Unterhaus-Mitglied Stokes wenden, schlägt der Hamburger vor. Und er verspricht, sich selber in der Sache Hartjenstein mit der War Crime Group in Hamburg in Verbindung zu setzen.

Für die kommenden fünf Jahre wird der Amtsgerichtsrat Heinz Siegmann den Todeskampf Hartjensteins zu seinem ganz persönlichen Feldzug machen. Er wird unfassbar aufwändige Schriftsätze verfassen, wird komplizierteste Verteidigungsstrategien entwickeln, wird nach Metz, Paris und ins Elsass reisen, wird unermüdlich – und mutmaßlich nicht immer ganz sauber – nach Entlastungszeugen suchen und sie mit hohem Risiko vom Gericht vernehmen lassen. Und er wird geradezu abenteuerlich wirkende Bemühungen unternehmen, dem Todgeweihten zu helfen. So schlug er noch wenige Tage vor Hartjensteins Tod dem deutschen Gesandtschaftsrat in Paris, Dr. Guttmann, in einem Schreiben vor, dieser möge um »eine Audienz für Frau H. beim Staatspräsidenten nachsuchen. Ich verspreche mir davon viel.« Siegmanns Begründung, warum die Ehefrau des Verurteilten den französischen Präsidenten Coty sicher erweichen und dazu veranlassen könne, das vorliegende Gnadengesuch zu unterschreiben, lautet so: »Die dortigen Dienststellen, die den Menschen H. nicht, sondern nur das Verfahrensobjekt H. als Schwerverbrecher kennen, würden vermutlich leichter einen inneren Wandel vollziehen können, wenn sie aus der Erscheinung der Frau H. ableiten könnten, dass es nicht gut denkbar erscheint, dass diese Frau jahrzehntelang mit einem Schwerverbrecher verheiratet gewesen ist.«

Vertrauenssache. – Ausgesprochen hatte es der Inhaftierte am 12. Dezember 1949. An diesem Tag schrieb er einen langen Brief an Siegmann und gab ihm zu verstehen, dass nun er, der Amtsgerichtsrat, es sein solle, dem er sein Schicksal in die Hand geben wolle. Inständig bat er Siegmann, er möge ihn alsbald in seiner Zelle besuchen, damit man mündlich all das bespreche, was er nicht schreiben könne. Denn »man muss darüber sprechen und zwar mit einem Menschen, dem man unumschränktes Vertrauen schenkt. Dieses sind Sie, Herr Amtsgerichtsrat, für mich.«

Der Ex-Kommandant, schon dreifach verurteilt, davon zweimal zum Tode, sah jetzt noch viel Schlimmeres auf sich zurollen. »Ich rechne damit, daß Ende d. J. unsere hiesigen Vernehmungen abgeschlossen werden, denn alles spricht dafür.« Wenn nun die Anklagevertreter schnell arbeiteten, käme es bald zu einem Abschluss. Nun müsse er sich, ohne Zeit zu verlieren, auf seine Verteidigung vorbereiten. Dass es bis zum Verhandlungstermin noch viereinhalb Jahre dauern würde, konnte er ja nicht ahnen. Und da er trotz mehrfacher Nachfrage noch immer auf einen Besuch seines französischen Verteidigers Wiltzer warte, bedürfe er nun der Hilfe von deutscher Seite: »Ich benötige Ihren Rat und Ihre Ansichten im Augenblick mehr denn je.« Er erklärt auch warum: »weil es sich bei dem zu beschaffenden Beweismaterial in erster Linie um ehem. deutsche Dienststellen handelt, denen ich unterstand und von denen ich meine gesamten diesbezüglichen Befehle und Anordnungen erhielt.« Deshalb möge Siegmann den erfahrenen Verteidiger in den bisherigen Kriegsverbrecherprozessen, Hans Laternser, hinzuziehen. Der hatte den Generalstab und die angeklagten Mitglieder des Oberkommandos der Wehrmacht im Hauptkriegsverbrecherprozess in Nürnberg vertreten. Dort hatte er maßgeblich versucht, für seine Mandanten einen jeweiligen Befehlsnotstand zu konstruieren, womit die Verantwortlichkeit auf die SS-Hierarchie und letztlich auf Adolf Hitler allein geschoben werden sollte. So etwas schwebte Hartjenstein offenbar auch vor.

Denn bisher seien ja keine Zeugen aufgetaucht, die ihn einer persönlichen Tat bezichtigt hätten, schreibt er. »Trotzdem wird man die Exekutionen, die nun einmal an einem befohlenen Exekutionsort wie das Konzentrationslager Natzweiler ausgeführt werden mußten und von den vorgesetzten Dienststellen in Berlin befohlen und angeordnet wurden, zum Gegenstand meiner Anklage machen und als Morde deklarieren.« Da sollte er Recht behalten. Wappnen wollte er sich dagegen mit Dokumenten, die Laternser, wie Hartjenstein hoffte, aus den Nürnberger Prozessen haben könnte. Das seien zum einen »grundlegende Befehle, die sich darüber aussprechen, wer die Exekutionen von Häftlingen zu befehlen (…) hatte. Der Kommandant war nur ausführendes Organ dieser erteilten Befehle, denen er sich durch Weigerung nicht entziehen konnte«, behauptet er. Zum anderen solle Laternser aus den bisherigen Prozessen eine Feststellung zum Grad und zum Umfang der Verantwortlichkeit von Kommandanten beschaffen. Außerdem geht es Hartjenstein um die Frage, ob deutsche Gerichte oder Sondergerichte, die die Exekutionen ausgeurteilt hatten, von der französischen Justiz überhaupt anerkannt werden. Zum Schluss stellt er noch eine ganz praktische Anfrage: Siegmann möge herausfinden, wann genau Ende August, Anfang September nach der Räumung des KZ die Züge mit Häftlingen vom Bahnhof Rothau Richtung Dachau abgefahren seien. Das sei wichtig »für einen Vorgang« in der Nacht zum 2. September. Dieser »Vorgang«, den er hier andeutet, sollte sich bei Anklageerhebung als blutiges Massaker an französischen Widerstandskämpfern offenbaren.

In einem anderen Schreiben an Siegmann war Hartjenstein noch eine weitere Idee gekommen: Er bezweifelte, dass die genannten Belastungszeugen überhaupt von Mitte Mai bis September 1944 im Lager waren. Er verlangte von seinem Helfer, die Zeugen anzuschreiben und ihnen den Beweis abzuverlangen, wann sie im KL Struthof waren. Er fügte eine Liste mit Fragen an, die den Zeugen zu stellen seien.

Chefsache. – So sehr sich die Heimatanwälte mühten – der doppelt von Todesurteilen bedrohte Mann in der Zelle versuchte früh, sich jede erdenkliche Hilfe zu sichern. Immer ganz Chef, fing er ganz oben an: Aus dem französischen Gefängnis heraus schrieb er an den ersten deutschen Bundespräsidenten Theodor Heuss. Die Antwort fiel knapp aus. Er lehne es ab, sich in Einzelfällen einzusetzen, ließ Heuss mitteilen.

Kaum war im März 1950 die Zentrale Rechtsschutzstelle (ZRS) in Stuttgart entstanden, schrieb Hartjenstein einen Brief an deren Leiter. Das war Hans Gawlik, ebenfalls einer der Verteidiger in den Nürnberger Prozessen. Dort hatte Gawlik Mitglieder des Sicherheitsdienstes des Reichsführers SS verteidigt, im Einsatzgruppenprozess war er Anwalt von Erich Naumann, und im Nürnberger Ärzteprozess vertrat er den KZ-Arzt Waldemar Hoven. Gawlik war 1949 Leiter der »Koordinierungsstelle zur Förderung des Rechtsschutzes für die deutschen Gefangenen im Ausland« geworden, die nach Gründung der Bundesrepublik zur Zentralen Rechtsschutzstelle des Bundes wurde. Mitte 1950 betreute diese Stelle schon 2784 Gefangene, vorwiegend in Frankreich. In Verruf kam Gawliks Dienst Ende der 60er Jahre, als herauskam, dass er den Suchdienst des Deutschen Roten Kreuzes eingespannt hatte, um etwa 800 untergetauchte Kriegsverbrecher zu finden, die zuvor in Frankreich in Abwesenheit verurteilt worden waren. Sinn der Aktion: Gawlik wollte die Verurteilten vor Reisen ins Ausland warnen. 1968 wurde der ZRS-Chef deshalb frühzeitig in Pension geschickt.

Hartjenstein jedenfalls versuchte 1950, seinen Fall auch dort zur Chefsache zu machen, und schrieb direkt an Gawlik. Zunächst beklagt er in seinem handschriftlichen Brief, dass seinen deutschen Anwälten von den französischen Dienststellen die Sprecherlaubnis vorenthalten werde. Die Rechtsschutzstelle habe zwar schon eine Reihe von Dokumenten, die auch in den Nürnberger Prozessen eine Rolle gespielt hätten, nach Metz geschickt. Diese seien aber bei seinem französischen Anwalt. »Seit Monaten bemühe ich mich nun schon darum, von meinem hiesigen Anwalt etwas über den Inhalt dieser vorgenannten Dokumente zu erfahren, leider aber vergebens.« Als »Verteidiger der Nürnberger Prozesse und Kenner der Verhältnisse«, schrieb Hartjenstein, könne Gawlik ihm doch sicher die »Anordnungen, Anweisungen und Befehle über folgende Punkte« beschaffen, mit deren Hilfe er vor Gericht verdeutlichen könne, wie abhängig er doch gewesen sei. Und zwar, »weil hier die Ansicht vertreten und behauptet wird, dass der Lagerkommandant der Urheber aller Dinge gewesen ist«.

Dann zählt er die ihn bedrückenden Punkte auf und formuliert Fragen, die Gawlik aus den ihm bekannten Dokumenten beantworten soll:

»1. KL als Exekutionsort: Wer hat diese dazu gemacht? Welche Dienststellen hatten das Recht, diese Orte in Anspruch zu nehmen? Konnte sich ein Kommandant dem widersetzen? (…) Gibt es darüber irgendwelche Befehle (…)?«

»2. Exekutionen: Wer trägt die Verantwortung dafür? Ich stelle diese Frage, (…) weil hier behauptet wird, dass keine Urteile vorgelegen hätten, zum anderen der Kommandant der Urheber der Exekutionen gewesen sei und dass dieser über Leben und Tod entscheiden konnte.«

»3. Befehlsgebung in allen Lagern und Häftlingsangelegenheiten: Auch hierüber werden Anordnungen, Anweisungen und Befehle zeigen, dass nicht der Kommandant der Urheber war, sondern ihm vorgeschrieben wurde, wie er die einzelnen Angelegenheiten zu behandeln hatte.«

»4. Medizinische Versuche: Wer gab dafür die Genehmigung und diesbezüglichen Befehle? Sind darüber aus dem Ärzte-Prozess von Nürnberg grundlegende Nachweisungen vorhanden?«

Technokrat. – Derartige Handschriften Hartjensteins – im Ton stets höflich, in der Sache korrekt – gibt es unzählige in den Akten der Rechtsschutzstelle. Fast alle sind rein technokratisch. Ein Bedauern über das, was in den Lagern an menschlichem Leid zu erdulden war, oder darüber, dass es unzählige Todesopfer dieses menschenunwürdigen Systems gab, findet sich an keiner Stelle. Auch die Schreiben an seine Verteidiger sind stets verbindlich. Und doch schwingt immer ein Ton mit, als wolle hier einer Chef bleiben, wolle das Heft des Handelns in der Hand behalten. Auch die höflichste Bitte kommt zwischen den Zeilen wie der Versuch daher, einen Mitarbeiter oder Helfer zu etwas anzuweisen, so wie er, der Schreiber, es sich vorstellt. Etwa wie diese »Aufstellung der Punkte, über die der Zeuge zu fragen ist«. Das Papier ist als »Anlage 2« gekennzeichnet, unklar aber ist, von welchem seiner Helfer der Kommandant verlangt, folgende Fragen beantwortet zu bekommen:

»I. Anklagepunkte:

a) Mord: Habe ich einen Mord begangen, angeordnet, unterstützt, Beihilfe geleistet, geduldet? Wurden Exekutionen willkürlich oder nur auf Grund eines ordentlichen gerichtlichen Todesurteils durchgeführt? Habe ich an irgendeiner Exekution teilgenommen? (…).
b) Barbarei und Torturei: Habe ich irgendjemanden geschlagen oder misshandelt? (…) Wissen Sie, dass ich die Prügelstrafe (Stockhiebe) als Strafmaßnahme verboten und untersagt habe?
c) Vergiftungen und Vergasungen: Wissen Sie, ob (ich) in meiner Kommandantenzeit einen Häftling vergiftet, vergast oder ein Versuch an ihm angestellt wurde?

II. Wie habe ich mich als Kommandant den Häftlingen gegenüber verhalten und auf welche Art habe ich die Interessen der Häftlinge, gleich welcher Nation, vertreten?

1. Wissen Sie, welchen Scherereien und Unannehmlichkeiten ich durch meine vorgesetzten Dienststellen ausgesetzt war, weil ich mich mit allen Mitteln für die Wahrnehmung der Interessen der Häftlinge eingesetzt hatte?
2. Ist Ihnen etwas über die Verhinderung der angeblichen Schiebereien durch mich in der Häftlingsküche bekannt? (…)
3. Was wissen Sie über das Krankenrevier (…) und die damit verbundene Rettung vieler Häftlinge (…)?«

Es folgen noch fünf weitere Fragekomplexe, darunter Fragen nach Musikkapelle, Bibliothek, Kino und Prämierungswesen.

»III. Habe ich Verantwortungsbewußtsein besessen? Bin ich meiner Dienstaufsicht nachgekommen? (…)

IV. Wie war meine Führung der Lager im Vergleich zu meinen Vorgängern?«

Schon klar, welche Antworten von den noch zu benennenden Zeugen erwartet wurden. Und tatsächlich sollte es vor allem Amtsgerichtsdirektor Siegmann schaffen, etliche entlastende Aussagen zusammenzutragen. Auch er scheute sich nicht, den DRK-Suchdienst für seine und Hartjensteins Zwecke einzuschalten. Dank dem Roten Kreuz trieb Siegmann auch Dr. Werner Best, den Obergruppenführer und Chefstrategen der SS, auf, der bei Einrichtung des KZ Natzweiler hoher Offizier in der Militärverwaltung des besetzten Frankreich war. Best hätte einige Grundsatzfragen beantworten können. Als Siegmann hörte, dass Best wegen Kriegsverbrechen zu zwölf Jahren verurteilt war und in Dänemark einsaß, verzichtete er lieber auf diesen Zeugen. Dennoch fanden sich nicht nur niedere Dienstränge, um zugunsten von Hartjenstein auszusagen. Als es dann aber später ernst wurde und die Zeugen zur Verhandlung nach Metz geladen wurden, bekamen einige dann doch kalte Füße. In einem Aktenvermerk der deutschen Botschaft in Paris heißt es, mehrere Zeugen, die den Angeklagten hätten entlasten wollen, hätten sich an die diplomatische Vertretung gewandt, weil sie Sorge hatten, in Frankreich selbst verhaftet zu werden.

Erinnerungen. – Doch es gab ja nicht nur alte Kameraden, die helfen wollten. Es gab auch andere, auch in Hartjensteins Heimatstadt. Mit Werner hast du bei fast jedem Besuch darüber gesprochen, wie unfassbar es doch ist, dass nach dem Krieg über die Grauen dieser Zeit so wenig gesprochen wurde. Gegenüber den Kindern schon gar nicht. Selbst er, Neffe der Synagogen-Brandstifter, kindlicher Plünderer und Großcousin des Auschwitz-Kommandanten, habe von den Eltern praktisch nichts erfahren aus jenen zwölf dunklen Jahren. Die Nachkriegsgeneration erfuhr noch weniger. Auch wenn der Vater hoher SS-Mann war – Tochter Ellen ist ohne jede Kenntnis dessen aufgewachsen, was ihm vorgeworfen wurde. Umso irritierender war es für das Kind, dass ihre Familie allein wegen ihrer Herkunft geschnitten und sie wegen ihres Namens öffentlich angegriffen wurde – und nicht wusste warum. Ihre Mutter habe sie immer angehalten, sich in der Öffentlichkeit ordentlich zu benehmen. Warum? »Der Name Hartjenstein bedeutet etwas!« Was? Das blieb unerklärt. Selbst als sie schon erwachsen war und heiratete, habe ihr die Schwiegermutter gesagt: »Sag lieber nicht, dass du eine Hartjenstein bist.«

Sie erinnert sich eines Vorfalls, als sie 12 oder 13 war. Auf dem Peiner Marktplatz war sie von einem älteren Mann nach ihrem Namen gefragt worden. »Was macht dein Vater?«, habe der gefragt. »Der ist tot.« »Ach ja«, habe der Unbekannte voller Schadenfreude gesagt, »der ist ja erschossen worden.« Die Häme hat die Jugendliche nicht ausgehalten. »Ich habe dem eine geknallt, und der hat getobt.« Es sei dann ein Polizist dazugekommen – »das fand ja mitten auf dem Markt statt.« Und der habe, nachdem er sich den Streit hat erklären lassen, zu dem Mann gesagt: »So was macht man nicht. Normal müsste man Sie anzeigen.« Warum sich der Fremde so hämisch über den Tod des Vaters gefreut hat, wusste sie immer noch nicht.

Bundestag. – War das wirklich ein Brief von Fritz Hartjenstein, auf den der Oppositionsführer des ersten deutschen Bundesparlaments, Dr. Kurt Schumacher (SPD), in der 17. Plenarsitzung des Deutschen Bundestages Bezug nahm und der zu einer Interpellation (einem Auskunftsersuchen) der SPD-Fraktion zur Situation der Kriegsgefangenen in Frankreich führte? Möglich ist es – sogar wahrscheinlich. Schumacher hat am 15. November 1949 in der Aussprache über die Regierungserklärung Konrad Adenauers zunächst Grundsätzliches über die Überwindung des Nationalismus und die Struktur eines neuen Europa gesagt. Im Kern ging es in der Plenardebatte um den Vorschlag einer Vereinigung deutscher und französischer Stahlwerke, der Errichtung einer gemeinsamen Ruhrbehörde (Ruhrstatut), also um die künftige Montanunion, den wirtschaftspolitischen Vorläufer der Europäischen Wirtschafts-Gemeinschaft (EWG) und damit der EU. Bevor es aber zu einer Aussprache über das französisch-deutsche Verhältnis komme, so Schumacher, wolle er zunächst an das »Schicksal der Kriegsgefangenen, die Häufung der Leiden, die diese Menschen aushalten und die ihre Angehörigen in unserem Lande mit tragen«, erinnern. »In der Psychose der Vergeltung nach der Liquidation des Hitler-Krieges sind in Frankreich eine große Anzahl von militärgerichtlichen Urteilen gegen deutsche Kriegsgefangene gefällt worden, die wohl nicht immer den Tatbestand gerecht beurteilt haben, in der großen Überzahl der Fälle aber im Strafmaß, das gleich nach Jahrzehnten bemessen worden ist, über das menschlich Erträgliche hinausgegangen sind«, stellte Schumacher fest. »Das war speziell so in den Jahren 1945/46. Betroffen worden sind fast nur die kleinen Leute, die Mannschaften. Es ist unter den Verurteilten, die heute noch sitzen, nur ein einziger Oberst und kein einziger General (Hört! Hört! Bei der SPD – so die Anmerkung im Protokoll). Sie sehen, meine Damen und Herren, die Gewerkschaft der Generale ist die einzige internationale Gewerkschaft, die wirklich funktioniert (Heiterkeit und Beifall der SPD).« Schumacher forderte den Kanzler schließlich auf, er möge die Nachprüfung dieser Urteile von deutscher Seite erbitten, wofür das französische Volk und seine Regierung vor dem Hintergrund der weiteren Annäherung beider Völker sicher Verständnis haben würden. Soweit das Protokoll der 17. Sitzung.

Knapp einen Monat später, am 11. Januar 1950, stand dieser Punkt erneut auf der Tagesordnung: »Interpellation der Fraktion der SPD betreffend Hilfe für in Frankreich verurteilte deutsche Kriegsgefangene«. Die SPD hatte zu dieser Frage um Auskunft der Regierung ersucht. Vortragender war der Bundesminister der Justiz, Thomas Dehler (FDP). Der relativiert zunächst einmal das Bemühen der SPD um die in Frankreich noch einsitzenden 1200 von Militärgerichten verurteilten Deutschen, indem er auf »mindestens 300 000 deutsche Menschen« verweist, die in Russland zurückgehalten würden. Mit der Freilassung der dortigen Gefangenen, die er bei Verhandlungen in Moskau erreicht, sollte Konrad Adenauer Jahre später unsterblichen Ruhm erlangen. Weitere 8000 Frauen und Männer würden noch in Polen, 1400 Soldaten in Jugoslawien und noch einmal 500 in anderen Staaten zurückgehalten. Dehler weiter: »Für die französische Justiz, die ja wirklich ein hohes Ansehen zu wahren hat, sind die Verfahren gegen die deutschen Kriegsgefangenen – das darf ich wohl sagen – eine schwere Belastungsprobe. Gegen die Methoden, welche die französischen Untersuchungsrichter anwenden, werden Vorwürfe erhoben. Die Verfahren werden Jahr für Jahr verzögert. (…) Die Dinge werden gerade von den Deutschen bitter empfunden. Nur eine Tatsache: Es gibt in Frankreich nur ein Gefängnis, das heizbar ist.«

Dehler sprach weiter zu den französischen »Ausnahmegerichten«: »Die Gerichte, vor denen die deutschen Kriegsgefangenen stehen, bestehen aus einem Oberlandesgerichtsvorsitzenden und sechs militärischen Beisitzern, darunter nach einer Verordnung vom 28. August 1944, die noch von der provisorischen Regierung in Algier erlassen worden ist, vier alte Widerstandskämpfer. Die Verfahren entsprechen nicht deutschen Rechtsvorstellungen. Eine ausführliche Würdigung des Beweisergebnisses und eine klare Feststellung des Tatbestandes finden nicht statt; es erfolgt lediglich eine sehr abstrakte Beantwortung von Fragen nach der Art des alten Schwurgerichts. Dadurch ist die Möglichkeit, eine Sachüberprüfung durch das Kassationsgericht zu erreichen, so gut wie genommen. Die Strafen (…) werden nicht individualisiert. Sie lauten: Todesstrafe, 20 Jahre, 15 Jahre, 10 Jahre Zwangsarbeit.« Und dann beklagt Dehler eine noch im September 1948 verschärfte Verordnung, die man »als lex Oradour bezeichnen muss«. »Sie begründet eine in der Praxis gar nicht widerlegbare Schuldvermutung. Man kann mit den Angeklagten, die in diese Zwangslage kommen, nur Mitleid haben.«

Dehler spielt damit auf das größte Massaker in Westeuropa an, das deutsche SS-Mannschaften im Juni 1944 im südfranzösischen Dorf Oradour-sur-Glane angerichtet hatten. 642 Einwohner des Dorfes, fast die gesamte Bevölkerung, waren dabei getötet und das Dorf vollständig zerstört worden. Seither hatte in Frankreich das Auftreten der Waffen-SS in Oradour das Bild der Deutschen maßgeblich geprägt.

Dann zählt der Justizminister auf, wer den 1200 in Frankreich einsitzenden Gefangenen alles hilft: der Rechtsschutz für die Kriegsgefangenen in Stuttgart, der nunmehr zu einer trizonalen Arbeitsgemeinschaft ausgeweitet werde, die Rechtsschutzstellen des Roten Kreuzes in Stuttgart, Bad Kreuznach und Hamburg, die Rechtsschutzstelle der Caritas in Freiburg, das Evangelische Hilfswerk, die Vereinigung der Anwaltskammern der britischen Zone, die Rechtsschutzstelle der Wohlfahrtsverbände, das Internationale Komitee des Roten Kreuzes »als eine Art Schutzmacht für die deutschen Gefangenen« sowie diverse kirchliche Stellen und auch der Ökumenische Weltkirchenrat. Letztlich habe nunmehr zusätzlich die Bundesregierung den Rechtsschutz zentral übernommen und koordiniere die Verteidigung für inzwischen schon 1079 der insgesamt 1200 französischen Gefangenen. Er werde den Kanzler bitten, so Dehler, sich beim Besuch des französischen Außenministers darum zu bemühen, auch die Korrektur der schon gefällten Urteile zu ermöglichen.

Hier knüpft in der Aussprache der SPD-Abgeordnete Willi Eichler an: »Das vornehmste Bestreben muss darauf gerichtet sein, hier Wiederaufnahmeverfahren in Gang zu bringen. Erst wenn wir alle diese Möglichkeiten erschöpft haben, muß man versuchen, den Opfern, soweit sie unschuldig verurteilt worden sind, auf dem Wege des Gnadenerlasses Gerechtigkeit widerfahren zu lassen. (Beifall bei der SPD und bei der CDU).« Wie schon die Vorredner bemüht sich zum Schluss auch der CDU-Abgeordnete Heinrich Höfler explizit darum, mit seiner Kritik an der Justiz des Nachbarn nicht die deutsch-französischen Verhältnisse zu belasten – wenn man denn schon die deutschen Täter jetzt als »Opfer« bezeichne. Denn »aus dieser Gesinnung, die sich manchmal da ausdrückt (in den Verurteilungen), kann nur der Hass geboren werden. Wir aber brauchen nicht den Hass, sondern wir brauchen die Verständigung.« Am Ende der Debatte verweist Höfler dann auf einen Brief, den er von einem in Frankreich in der Todeszelle einsitzenden deutschen Kriegsgefangenen erhalten habe und auf dem offenbar auch das Auskunftsersuchen der SPD basierte – »ich habe den betreffenden Akt dem französischen Außenminister Herrn Schumann persönlich in die Hand gegeben«. Es gehe nicht an, so der CDU-Abgeordnete Höfler, dass einer der Gefangenen ihm habe schreiben müssen: »Ich warte nun seit zwei Jahren jeden Morgen um fünf Uhr mit Ausnahme der Sonntage auf meine Hinrichtung.« »(Hört! Hört!)«, lautet der Zusatz der Bundestagsstenografen zum Plenarprotokoll.

War hier die Rede von Fritz Hartjenstein? Der saß tatsächlich seit mehr als zwei Jahren in einer französischen Todeszelle, der schaltete mit seinen Briefen als Helfer ein, wen immer er erreichen konnte, und der war sicher einer der ranghöchsten Gefangenen und nur deshalb noch am Leben, weil ihm noch weitere Verbrechen vorgeworfen und erneut gegen ihn verhandelt werden sollte.

Widerborstigkeit. – »Zu diesem Zeitpunkt war längst der Kalte Krieg eine Realität und der Westen mit dem Aufbau einer Verteidigungsgemeinschaft bei deutscher Beteiligung beschäftigt«, schrieb über diese Bundestagsdebatten der Historiker Arthur L. Smith jr. in seinem Beitrag über »Die deutschen Kriegsgefangenen und Frankreich 1945–1949« in den Vierteljahrsheften für Zeitgeschichte des Instituts für Zeitgeschichte München. Der Westen habe das Problem deutscher Kriegsgefangener endlich liquidieren wollen und sei dabei auf »andauernde französische Widerborstigkeit« gestoßen. Man habe sich fünf Jahre nach Kriegsende nunmehr auf das Schicksal jener Gefangenen konzentrieren wollen, die noch in sowjetischer Hand waren. Denn: »Die Lehrstunde in bedingungsloser Kapitulation war vorüber.«

Es habe ja, so Smith, tatsächlich zunächst so ausgesehen, als schicke sich Frankreich an, die Fragen Kriegsgefangenschaft und Kriegsverbrechen schnell zu lösen. Darauf hatten vor allem die Vereinigten Staaten gedrängt. Sie hatten schließlich die meisten der Gefangenen an Frankreich übergeben. Und sie hatten ein Interesse an mehr Einigkeit in Europa, um sich im Kalten Krieg auf einen starken europäischen

Partner verlassen zu können. Die Amerikaner selbst hatten ihre Gefangenen alsbald in Freiheit gesetzt, hatten auch die Briten dazu gedrängt, Kriegsgefangene schnell freizulassen und Urteile gegen Kriegsverbrecher nachträglich zu verkürzen. Schon ab Sommer 1946 stand auch Frankreich unter dem Druck der Amerikaner, entsprechend zu handeln. Immer mehr in Frankreich geflohene Deutsche tauchten in der amerikanischen Besatzungszone auf, und die US-Besatzungsbehörden sahen sich gezwungen, die Flüchtlinge einzufangen und wieder nach Frankreich auszuliefern. Andererseits stand Frankreich unter riesigem Arbeitskräftebedarf. Hunderttausende Franzosen waren im Krieg durch deutsche Besatzer umgekommen. Die französische Industrie sei nun von deutschen Arbeitskräften völlig abhängig, argumentierte man gegenüber den USA. Smith schreibt: »In einem streng geheimen Schreiben wurde der amerikanische Missionschef in Frankreich von seiner Regierung angewiesen, dieses Land daran zu erinnern, daß die fortwährende Festhaltung von Kriegsgefangenen anderthalb Jahre nach Kriegsende im Gegensatz zu allen existierenden Konventionen stehe. Außerdem werde das Prinzip der Zwangsarbeit vom amerikanischen Volk verabscheut.«

Im März 1947 war man sich einig: Frankreich wollte die 450.000 deutschen Soldaten, die das Land noch gefangen hielt, nach und nach um monatlich 20.000 reduzieren, den Gefangenen aber anbieten, freiwillig und gegen Bezahlung für bestimmte Zeit in Frankreich zu bleiben. Die Kriegsgefangenen sollten nun den Status eines Zivilarbeiters bekommen. Rund 200.000 Deutsche sollen sich darauf interessiert gezeigt haben, 87.000 unterschrieben bis September 1947 einen Vertrag. Am Ende sollen es bis zu 110.000 Freiwillige gewesen sein. Vielen hatte es in Frankreich gefallen; sie waren als fleißige Arbeitskräfte von den Franzosen geschätzt worden und hatten ihrerseits eine neue, ganz andere Lebensart kennengelernt, als ihnen die Nazi-Propaganda hatte weismachen wollen. Manchem Historiker gilt die Annäherung deutscher Kriegsgefangener beziehungsweise Kontraktarbeiter an die französische Zivilgesellschaft als ein erster Schritt europäischer Integration und eine frühe Basis der deutsch-französischen Freundschaft.

Allerdings: Die Kriegsverbrecherfrage hingegen, so Smith, habe sich zum »Zentrum der deutschen Nachkriegsmisere« entwickelt. Das habe daran gelegen, dass Briten und Amerikaner ihre Prozesse alsbald nach dem Krieg begannen und die Verhandlungen in Deutschland abhielten, wo die Öffentlichkeit sie nachverfolgen konnte. Frankreich aber bestand auf Verhandlungen in Frankreich, die Urteile waren in Deutschland nicht nachvollziehbar, weil, wie einst im Schwurgericht, einzig die Überzeugung der Richtermehrheit zählte und Beweise nicht nachlesbar gewürdigt wurden. Die Tatsache, dass in die Militärgerichte immer auch ein Anteil einst aktiver Widerstandskämpfer berufen werden musste, galt von vornherein als Beleg für zwangsläufige Vorverurteilung. Denn kaum ein Franzose konnte frei sein von Groll nach vielen Jahren der Besatzungswillkür durch die Deutschen. Als der Schweizer Jurist Pierre Boissier, Delegierter des Internationalen Roten Kreuzes und Zeuge vieler französischer Militärprozesse, Ende 1947 den deutschen Ausschuss für Kriegsgefangenenfragen besuchte, soll er in privaten Gesprächen ein düsteres Bild über die Objektivität französischer Gerichte gemalt haben. »Die öffentlichen Gerichtsverhandlungen, so sagte er, seien mit Veteranen der Widerstandsbewegung überfüllt. Man sage, daß die Gerichte ebenso wie die Verteidigung unter dem Druck der öffentlichen Meinung stünden und es selten wagten, sich auf internationales Recht zu beziehen oder es anzuwenden.« Und die Situation wurde ab September 1948 noch heikler. Frankreich revidierte – »vielleicht um einer möglichen amerikanischen Intervention zuvorzukommen«, schreibt Smith – »das 1944 erlassene Gesetz (…) über die Bestrafung von Kriegsverbrechen; nun war den angeklagten Personen die Beweislast auferlegt, daß sie in eine verbrecherische Organisation gezwungen worden seien und daß sie persönlich keine Kriegsverbrechen begangen hätten.«

Das sollte auch Friedrich Hartjenstein noch schwer im Magen liegen. Weitere Anklagen gegen ihn warfen ihm die Mitgliedschaft in einer Verbrecherbande, also der SS, als eigenen Straftatbestand vor – ein Grund dafür, warum er und seine Verteidiger künftig immer wieder herauszuarbeiten suchten, dass er, der Kommandant mehrerer Konzentrationslager, eigentlich zwangsweise, weil als Strafe für Versagen, in diese Positionen versetzt worden sei. Genau so, wie der jugendliche Flakhelfer, den die Nazis noch kurz vor Kriegsende in die SS-Uniform gezwungen hatten, beweisen musste, dass er nicht freiwillig an den Gewaltaktionen der SS-Einheiten in Frankreich teilgenommen hatte.

Und dann, Ende 1948, war Hartjenstein plötzlich kein Kriegsgefangener mehr. Die Rechte der Genfer Konvention waren für ihn erloschen, auch wenn der Bundestag Jahre später noch über »Kriegsverbrecherfragen« diskutieren sollte. Frankreich hatte 500 der 1500 unter Anklage stehenden Kriegsgefangenen überraschend entlassen. Die verbliebenen 1000 Deutschen wurden nunmehr zu Untersuchungshäftlingen und formal von den zivilen Behörden festgesetzt. Frankreich war schlagartig frei von Kriegsgefangenen. Für Hartjenstein persönlich änderte sich aber nichts, er blieb in seiner Todeszelle. Andere Angeklagte waren nun zivile U-Häftlinge. Das Internationale Rote Kreuz protestierte zwar gegen die »Verwandlung von Kriegsgefangenen in politische Häftlinge« und die Missachtung der Genfer Konvention. Dagegen wurde sogar im Juni 1949 die Möglichkeit eines Protestes bei den Vereinten Nationen wegen Verletzung der Menschenrechte durch Frankreich erwogen. Doch dann wurden sich die Beteiligten einig, die Zeit für sich spielen zu lassen: Je länger es mit der Justiz in Frankreich dauerte, umso günstiger mussten die Aussichten für die deutschen Angeklagten werden. Sie nun zu unterstützen sollte ab sofort Aufgabe der entstehenden Bundesrepublik sein.

Hysterie. – Das entsprach Volkes Stimmung. Im Deutschland des beginnenden Wirtschaftswunders hatte sich längst eine neue Einstellung zu den Verbrechen der Nazizeit entwickelt. Die Nürnberger Prozesse und die Verurteilung und Hinrichtung der Hauptschuldigen hatten die Menschen im Schock der Erkenntnisse über das Ausmaß des NS-Mordens noch hingenommen. Die Entnazifizierung war bis 1949 weitgehend abgeschlossen worden und für die Mehrzahl glimpflich verlaufen. Von den gut 2,5 Millionen Deutschen, die von den überwiegend mit Laienrichtern besetzten Spruchkammern beurteilt wurden, waren 54 Prozent als Mitläufer anerkannt worden. Gegen knapp 35 Prozent wurden die Verfahren eingestellt, und nur 1,4 Prozent aller Fälle führten zu einer Beurteilung als Schuldiger oder Belasteter. Und jetzt wollten die Deutschen den Krieg und die Verbrechen schnell vergessen und nicht mehr durch die noch ausstehenden Kriegsverbrecherprozesse daran erinnert werden. Eine regelrechte Hysterie entwickelte sich deshalb laut Ernst Würzburger um die Kriegsverbrecher und deren Schicksal. In seinem Buch »Der letzte Landsberger« schreibt er über Hans Schmidt, den einstigen Adjutanten des Konzentrationslagers Dachau, der 1947 von der amerikanischen Militärgerichtsbarkeit zum Tode verurteilt worden war. Am 7. Juni 1951 wurde das Urteil vollstreckt. Das war die letzte Hinrichtung, die auf dem Boden der Bundesrepublik Deutschland ausgeführt wurde, und sie fand unter dem erheblichen Protest großer Teile der Bevölkerung statt. In Schmidts Heimatstadt Höxter an der Weser gab es Unterschriftensammlungen, Demonstrationen und Protestmärsche. Die Zeitung aus dem benachbarten Holzminden rief sogar ihre Leser in einer groß angelegten Kampagne zum Protest auf. Eine Begnadigung Schmidts hatten auch angesehene Persönlichkeiten aus Kirche und Politik gefordert.

Wie die Prozesse der alliierten Sieger inzwischen in der Bevölkerung gesehen wurden, gibt am besten eine Ansprache wieder, die anlässlich der Beerdigung des hingerichteten Dachau-Adjutanten vor 5000 Gästen der Trauerfeier gehalten wurde. Grabredner war am 9. Juni 1951 Franz Plutz, Kreisobmann der Sudetendeutschen Landsmannschaft, Kreisgruppe Holzminden: »Deutsche Männer, deutsche Frauen, deutsche Jugend! Erschüttert stehen wir an der Bahre von Hans Schmidt, einem der letzten sieben von über 400 Landsbergern, die für Deutschland starben. Einmalig in der Geschichte der Völker hat das Schicksal den Siegermächten die Chance gegeben, Recht und Gerechtigkeit unter den Völkern für alle Zeiten zu verankern. Mit Amerika an der Spitze haben die Alliierten in der Atlantik-Charta sich verpflichtet, die Menschenwürde zu achten und die Gesetze der Menschlichkeit, auch den Besiegten gegenüber, einzuhalten. Die Durchführung der sogenannten Kriegsverbrecherprozesse in Nürnberg, Dachau und in den übrigen Siegerstaaten haben bewiesen, dass die Alliierten diese einmalige Chance des Schicksals vergeben haben. Schuld oder Nichtschuld ist eine Frage der Gerechtigkeit, niemals aber eine Frage der Macht. Recht und Gerechtigkeit lagen in der Hand der Sieger, es sollte internationales Recht gesprochen werden. Für das Geschehen in diesem letzten Krieg standen aber nur deutsche Menschen als Besiegte vor den Siegern als Richter. Der Sieger hat sein Recht gesprochen, der Besiegte hat das Urteil der Sieger entgegenzunehmen. So wurde aus der Chance des Schicksals in der Hand der Sieger des letzten Weltkrieges größtes Unrecht.« So also sahen viele Deutsche die Prozesse: Siegerjustiz – auch gegen Fritz Hartjenstein in Frankreich.

Kein Wort hingegen davon, dass die alten Nazis unterdessen in der jungen Bundesrepublik wieder Karriere machten. Auch Hartjenstein-

Verteidiger Heinz Siegmann. Der war zurückgekehrt in den Staatsdienst, wieder als Richter – so, wie er einst in Gifhorn und Meinersen junge Leute abgeurteilt hatte, die in der Hitlerjugend nicht spurten. Der legendäre Publizist Ralph Giordano, der die Endphase der NS-Zeit in Hamburg in einem feuchten Keller überlebte, schrieb 2012 in einem Leserbrief an die Frankfurter Allgemeine Zeitung, den Werner in seine Sammlung geheftet hat, über diese Zeit: »Wir leben in einem Land, wo dem größten geschichtsbekannten Verbrechen mit Millionen und Abermillionen Opfern, die wohlgemerkt hinter den Fronten umgebracht worden sind wie Insekten, das größte Wiedereingliederungswerk für Täter folgte, das es je gegeben hat. Von wenigen Ausnahmen abgesehen, sind sie nicht nur straffrei davongekommen, sondern konnten ihre Karrieren auch unbeschadet fortsetzen.« Fritz Hartjenstein war also eine Ausnahme.

Abb. 28 Große Ehre für einen Kriegsverbrecher: Beerdigung des von den Amerikanern verurteilten und hingerichteten Lagerleiters des KZ Dachau Hans Schmidt in Höxter. Wie hier gab es auch bei Hartjensteins Beerdigung in Peine große öffentliche Anteilnahme (Quelle: ullstein bild).

Barbarei. – Es dauerte bis zum 14. März 1951, bis eine neuerliche Anklage, nunmehr gegen den Untersuchungshäftling, nicht mehr gegen den Kriegsgefangenen Hartjenstein, vom Untersuchungsrichter zugelassen und vor der Detachierten Kammer Metz des Berufungsgerichts Colmar verhandelt werden sollte. Angeklagt waren 90 Deutsche, 54 von ihnen flüchtig, zwei in Freiheit, der Rest inhaftiert. Jetzt galt erstmals die neue französische Rechtslage, die den Angeklagten auferlegte, selbst zu beweisen, dass sie nicht Mitglied einer verbrecherischen Organisation waren. Die genaue Anklage lautete: »... stehen unter dem Verdacht: Der Bildung einer Verbrecherbande, des Mordes, der Begehung von Akten der Unmenschlichkeit, der Folterung, der Vergiftung, der Tötung, der vorsätzlichen Mißhandlung und der Mittäterschaft bei den obigen Verbrechen.«

Einleitend heißt es: »Im Lager Struthof in Natzweiler (...) wurden zwischen 1941 und 1944 von den Deutschen Staatsangehörige aller mit Deutschland im Krieg stehenden Länder und sogar spanische Kommunisten interniert. Dabei wurden vorsätzliche Hinrichtungen, Folterungen und Brutalitäten mit einer solchen Grausamkeit und einer solchen Raffinesse begangen, daß diese Taten den Stempel der Barbarei tragen. Aufgrund der großen Zahl ihrer gemeinsam begangenen Straftaten (...) und ihres Zieles, nämlich die Aufrechterhaltung und Verschärfung durch Terror eines Vernichtungsregimes (...), erscheinen die SS-Angehörigen und ihre unmittelbaren Mitarbeiter, mit denen sie die ihnen anvertrauten Häftlinge auf Gnade und Ungnade beherrschten, als Teilnehmer einer Verbrecherbande.« Und weiter: »Überall und zu jeder Zeit (...) war jeder Deportierte der Gnade des kleinsten SS-Mannes ausgesetzt oder sogar eines Kapos, der aus den Reihen seiner Kameraden gewählt wurde. Diese konnten ihn nicht nur nach Lust und Laune misshandeln und peinigen, sondern sie hatten auch das Recht, über seinen Tod oder über sein Leben zu entscheiden, und konnten ihn ohne eine Strafe zu erwarten einfach niederschießen oder ihn misshandeln und foltern, bis er daran starb.«

Die Anklage führt dann die täglichen oder mehrmals täglichen Hinrichtungen durch Erschießen an, ohne sie einzelnen Tätern zuzuordnen. Auch werden die Fälle erwähnt, in denen »Kommandoführer oder Kapos zur eigenen Belustigung Deportierte unter irgend einem Vorwand außerhalb der erlaubten Aufenthaltszone schickten oder sie sogar gewaltsam dahin trieben. Die Wachen, die diesen Vorgang beobachtet hatten, schossen trotzdem auf die angeblichen Flüchtlinge«. Es folgen unzählige namentlich zugewiesene Verbrechen. Der Name Hartjenstein als unmittelbar Beteiligter taucht allerdings nur zweimal auf. Nicht etwa bei der Tötung der Agentinnen, die nach monatelanger Haft in französischen Gefängnissen und einem Lager bei Karlsruhe zur Exekution nach Natzweiler gebracht wurden. In diesem Fall werden nur die unmittelbar Anwesenden erwähnt. Hartjenstein wird vielmehr Komplizenschaft bei den medizinischen Versuchen vorgeworfen. Bei der Befreiung des Lagers seien in Kübeln des anatomischen Instituts Straßburg 17 Leichen gefunden worden. Deren Obduktion habe ergeben, dass sie offensichtlich unter Schlägen in die Gaskammer getrieben worden waren. »Hier steht man vor einer wahrhaft barbarischen Tat.« Professor Bickenbach, so die Anklage weiter, habe im Juni 1944 seine Forschungen zu »immunisierender Wirkung des Urotropins bei Vergiftung durch Phosgengas« wieder aufgenommen, und zwar »mit Komplizität von Hartjenstein« – gemeint ist offenbar Komplizenschaft.

Es folgt eine lange Liste mit der Zuweisung jeder einzelnen festgestellten Einzeltat. Es sind mehrere Hundert Taten. Dem Angeklagten Hartjenstein werden auf den Seiten 39 bis 45 die Einzeltaten 177 bis 219 zugerechnet. Zählt man die Anzahl der bei diesen Taten ums Leben gekommenen Menschen zusammen, kommt man auf eine Größenordnung zwischen 110 und 150. Genau ist das nicht zu errechnen, weil in vielen Fällen die Namen der Opfer – namenlose NN-Gefangene – fehlen oder die Anzahl der Getöteten unklar bleibt. In der Regel werden die Morde aber dem Kommandanten nur deshalb zugerechnet, weil er als verantwortlicher Vorgesetzter »die verbrecherischen Handlungen dieser seiner Untergebenen geduldet oder organisiert hat«.

Blutbad. – Am schwersten aber wiegt ein Anklagepunkt, in dem dem Kommandanten ganz persönlich der Tod zweier Frauen zugerechnet wird. Er selbst also habe den Blutrausch eröffnet. Unter diesem Punkt der Anklage heißt es: »Bevor die SS-Leute von Struthof vor den alliierten Befreiungsarmeen flohen, wälzten sie sich mehrere Tage und Nächte buchstäblich in Blut, wobei die Zahl der Erhängten und der Genickschüsse nur durch das Arbeitstempo des Krematoriums bedingt wurde, das nur zwei Leichen alle 35 Minuten verbrennen konnte.« Die

Anklage summiert die Opfer so: »141 identifizierte Franzosen und wahrscheinlich etwa 40 andere sind in diesen Tagen Opfer des blutrünstigen deutschen Hasses geworden.« Was Hartjenstein besonders angelastet wird: »Die ersten zwei Opfer – Frauen – wurden vom Kommandanten Hartjenstein persönlich erschossen, nachdem er sie selbst vom Gefängnis ins Krematorium geführt hatte.«

An dieser Stelle enthält die Anklageschrift auch eine Bilanz der Morde: »Während der dreieinhalb Jahre seines Bestehens sind in dem Lager 3. Ordnung Struthof, das nach Ansicht der Veteranen der Deportierung eines der gefährlichsten Lager war, sowie in seinen Nebenlagern 2156 gezählte Personen gestorben, wobei in dieser Rechnung nicht eingeschlossen sind etwa die geheimen Hinrichtungen sowie die zwischen dem September 1943 und dem 29. Mai 1944 gestorbenen Russen, Polen und Juden. Die wirkliche Zahl der Sterbefälle muß um 3000 herum liegen. Die Durchschnittszahl der im Lager anwesenden Häftlinge war in dieser Zeit 1983.«

Alliance. – Die Vorgeschichte dessen, was die Anklage ein »Wälzen in Blut« nennt, ist der Kampf der Deutschen gegen den zunehmenden französischen Widerstand bei gleichzeitig immer näher rückender Front. Man habe damals Nachtangriffe aus den Wäldern durch die »Maquis des Vosges«, eine elsässische Widerstandsgruppe, befürchtet. Gegen diese Gruppe hatte die Gestapo Straßburg eine Aktion gestartet und etliche Verdächtige festgenommen. Außerdem saßen weitere Resistance-Kämpfer der »Alliance« schon länger in Schirmeck im Hochsicherheitsgefängnis. Die Alliance war 1940 gegründet worden. Sie sammelte Informationen über die Stärke der Wehrmacht und die Lager und leitete sie an die französische Exilregierung weiter. Ende 1943 wurde das Netzwerk nach einem Verrat zerschlagen. Gut 400 Alliance-Mitglieder sollten bis Ende 1944 durch Exekutionen den Tod finden. Zahlreiche Widerständler saßen noch in Schirmeck unweit von Natzweiler im Schutzhaftlager, als Hartjenstein die Räumung des Stammlagers vorbereitete. In mehreren Konvois wurden vom 1. September an 107 Alliance-Mitglieder und weitere 35 elsässische Widerstandskämpfer per Lastwagen ins Lager Struthof gebracht. Die Männer kamen in Baracke 10 unter, die Frauen zunächst in der Garage. Sie alle wurden tags darauf binnen 24 Stunden in den Räumen vor dem Krematorium getötet.

In der Anklage heißt es: »Unter diesen Leuten befanden sich auch 14 Frauen, die nur mit dem Schlafanzug bekleidet waren. Die ganze Bekleidung sowie das Geld und der Schmuck dieser Unglücklichen war in Schirmeck verblieben und die Gestapo eignete sie sich nach ihrem Tode einfach an.« Und weiter: »Die Morde wurden nicht alle auf die gleiche Weise durchgeführt. Manchmal wurde das Opfer, als es das Zimmer betrat, von einem hinter der Tür stehenden Deutschen mit einer Art Stutzen durch einen Schuß in den Nacken erschossen. Manchmal aber schoß man in die Schläfe. Andere wiederum wurden im Keller der Baracke getötet, wobei das Opfer zuerst auf den Boden gelegt wurde mit dem Kopf neben dem Abfluß; dann erhielt es einen Genickschuß; die zahlreichen Einschläge auf dem Zementboden sind ein Beweis für die Verbrechen. Überall war Blut, richtige Lachen; die Wände und die Türen waren mit Blut befleckt. Der Sadismus der Henker war grenzenlos; sie schreckten auch nicht davor zurück, den noch Lebenden die Ermordung ihrer Kameraden zu zeigen.« Aus den Zeugenaussagen gehe hervor, dass die SS-Leute die ganze Nacht hindurch ununterbrochen getötet hätten.

Eine dieser Zeugenaussagen war die des NN-Gefangenen Max Nevers, der in der Küche arbeitete und in der Nacht zum 3. September 1944 gerufen wurde, um einige Kannen Kaffee zu bringen. Robert Steegmann zitiert Nevers' Aussage vom 19. Oktober 1949: »Als er die Tür zum Krematorium öffnete, schlug ihm ein Schwall von Hitze entgegen und er sah ihm unbekannte SS-Männer mit nacktem Oberkörper in voller Aktion. Einer fesselte die Hände der Gefangenen, ein weiterer versetzte ihnen den Todesstoß, während andere Gefangene an Haken im Krematorium aufgehängt wurden. Aus Angst, Dinge gesehen zu haben, die verborgen bleiben sollten, verließ Nevers den Ort so schnell wie möglich.« Nevers' Kollege Guillaume Greffe, auch er Küchenhäftling, ging am nächsten Morgen unter einem Vorwand ins Krematorium und sah dort noch immer an Haken hängende Leichen. Zeuge Pierre Choffel gab an, an diesem Tag als Schlosser für die SS-Leute eine Tür zum Duschraum geöffnet zu haben, in dem er eingesperrte Männer und Frauen gesehen habe, die offenbar auf ihre Hinrichtung warteten. Wieder andere Zeugen berichteten, dass im Untergeschoss des Krematoriums zahlreiche Leichen gestapelt worden seien. Erst nach zwei vollen Tagen Dauerbetrieb hätten aus dem Verbrennungsofen keine Flammen mehr geschlagen. Der Kamin habe in dieser Zeit rot geglüht. Und darüber, wie planmäßig die Massentötungen vorbereitet worden waren, konnte der Zeuge Dr. Henri Gayot etwas sagen: Es hätten diejenigen, »die im Steinbruch arbeiteten, in den acht Tagen vor der Massenexekution jeden Abend einen Behälter mit 50 Liter Motoröl in das Lager schaffen« müssen – der Treibstoff für den Verbrennungsofen, in dem nach Steegmanns Einschätzung in diesen Tagen mindestens 180 Menschen verbrannt wurden.

Schweinehaken. – Das war ja nur das blutige Finale. Hinrichtungen hatten während der ganzen Zeit des Bestehens des KZ im Krematorium stattgefunden. Der Zeuge Franz Berg hatte das in einer Aussage so geschildert: »Manchmal fanden Hinrichtungen im Krematorium im Privaten statt (…). Die gewöhnliche Handlungsweise war die, dass Peter Straub, der das Krematorium unter sich hatte, Befehle vom Chef der politischen Abteilung erhielt, um die Hinrichtungen auszuführen. (…) Zuerst wurden zwei Maurerböcke auf den Fußboden gesetzt, dann wurde eine Planke auf sie gelegt. Wenn der hinzurichtende Gefangene von Peter Straub hereingebracht wurde, musste er sich vollständig ausziehen. Dann musste er auf die Planke (…). Dann wurde die Schlinge, dessen anderes Ende an einem Haken an der Decke befestigt war, um das Genick des Gefangenen gelegt. (…) Wir gaben dem Seil gewöhnlich zwischen 10 und 15 Zentimeter Spielraum. Wenn dieses getan war, gab Straub den Befehl ›fertig‹ und die zwei Böcke wurden umgeworfen (…). Die Böcke fielen dann hinunter und der Gefangene schwebte in der Luft. Da die Arme der Gefangenen auf ihrem Rücken gefesselt waren, konnten sie sich nicht bewegen; aber die meisten der Gefangenen, die in dieser Weise hingerichtet wurden, stießen mit ihren Füßen um sich. Sehr oft dauerte dieses Umsichstoßen 10 oder 15 Minuten, manchmal nicht so lange.« Und dann legt der Zeuge Berg dem Vernehmer ein Stück Schnur vor, mit dem er nachgemacht hatte, wie die Schlingen aussahen, die im Krematorium verwendet wurden. Sie seien jeweils von Conrad Schultz von der Politischen Abteilung geknüpft worden, »der ein Seemann gewesen war«.

Auch dieser Conrad Schultz wird befragt. Er bestätigt die Aussage und beschreibt noch die Hakenkonstruktion genauer: Sie war einer Reihe von Schweinehaken in einer Schlachterei ähnlich, die sich entlang einer Schiene verschieben ließen. »Ich erinnere mich, dass, als fünf Russen erhängt wurden, ich sah, dass der Kleinste noch für wenigstens zehn Minuten um sich stieß.« Er wisse das so genau, sagte Schultz, weil ihm manchmal befohlen wurde, als Zeuge dabei zu sein. Es habe genaue Anweisung gegeben, dass einzig Straub und Berg die Hinrichtungen durchführen durften. Er selbst sei immer nur Zeuge gewesen – »ohne zu übertreiben kann ich sagen, dass ich bei mindestens zehn solcher Vorfälle dabei war«.

Und dann bestätigt dieser Zeuge, dass der Lagerkommandant stets informiert war: »Wenn Befehle für die Hinrichtung von Gefangenen vom RSHA Berlin kamen, kamen sie mittels Fernschreiben an. Eine Kopie wurde mittels Kohlepapier in der Maschine gemacht und das Original kam zur politischen Abteilung und die Kohlekopie ging zum Kommandanten.« Der Henker Straub habe seine Befehle von Magnus Wochner, dem Chef der Politischen Abteilung bekommen. »Wenn jedoch Befehle für Hinrichtungen nicht vom RSHA, aber vom SD kamen, z. B. von der Gestapo Straßburg, wurden die an die Lagerkommandantur geleitet, die dann Wochner informierte.«

Ordnung. – Es hatte also alles seine Ordnung. Ordnungsfanatiker Hartjenstein konnte eigentlich nichts entgangen sein. Keineswegs überhastet, so Robert Steegmann, und sorgfältig vorbereitet sei auch die »offenbar nur als vorläufig betrachtete« Räumung des Lagers gelaufen. Wie sehr er bis ins Detail alles zu kontrollieren versuchte, zeigt sein Kommandanturbefehl vom 1. September 1944 zur Räumung des KL Natzweiler, der dem Massentöten der Resistance-Kämpfer in der übernächsten Nacht zum 3. September vorausging: »A) Gemäß Funkspruch der Amtsgruppe D vom 1.9.1944 ist das KL Natzweiler umgehend zu räumen.« Es folgen von A bis C und in zwölf Unterpunkten detaillierte Anweisungen, die bis hin zur Bereitstellung der »Gefäße zur Verrichtung der Notdurft« alles für den Abtransport der Gefangenen nach Dachau regelten.

Nur wenn man bereits weiß, was am Tag nach diesem Befehl passierte, kann man auch die unscheinbaren Punkte 5.) und 6.) der Order Hartjensteins nachvollziehen. Der erste könnte ja noch als Ausdruck reiner Ordnungsliebe zu verstehen sein: »5.) Das Schutzhaftlager und die dazugehörigen Räume sind in sauberen und ordentlichen Zustand

Abb. 29 Wintervergnügen in den Vogesen: Als das Lager schon evakuiert war und der Kommandant noch im Hotel Struthof blieb, tollten Hartjensteins Kinder im Winter 1944 mit Vaters »ungarischem Burschen« als Bewacher im Schnee. Sie nannten ihn »Schall«, weil sein echter Name zu schwer auszusprechen war (Quelle: privat/National Archives and Records Administration, College Park, Maryland).

an die Verwaltung zu übergeben.« Der folgende irritiert, denn jemandem zu befehlen, dass er zu tun hat, was seine Aufgabe ist, ist überflüssig – es sei denn, es gäbe geheime mündliche Absprachen: »6.) SS-Hauptscharführer Straub erledigt seine ihm übertragenen Aufgaben.«

Welch ein Zynismus! Gefängnis Schirmeck sollte also besenrein gemacht werden, und der Henker sollte seines Amtes walten. Man wird den von Hartjenstein unterschriebenen Befehl so lesen müssen: 5.) Das Schutzhaftlager, in dem einzig die Alliance-Kämpfer eingesperrt sind, ist von diesen gut 140 (oder sogar mehr als 180) Menschen zu räumen. 6.) Peter Straub, der Henker und Krematoriums-Chef, hat dafür zu sorgen, dass diese ermordet und verbrannt werden. So geschah es auch, ohne das Wort Töten zu verwenden. Jeder hatte nur den ihm übertragenen Job zu machen – der Henker eben die Aufgabe des Henkers. Hartjensteins letzter Punkt dieses Befehls: »Der engere Kommandostab und die Wachkompanien verbleiben nach Räumung und Rückkehr von den Transporten vorerst in Natzweiler. Gez.: Der Lagerkommandant«.

Grübeleien. – Werner ist so froh, dass ihr Ellen gefunden habt. Sie hat ihn angerufen, sie haben sich nett unterhalten. Sie will ihn mal besuchen – nach Corona. Für Werner ist am wichtigsten, dass seine Erinnerungen ihn nicht getrogen haben, dass seine Grübeleien über das so lange zurückliegende Gespräch mit Ellen ein Ende hat. Es gibt Ellen, sie ist tatsächlich die leibliche Tochter seines Großonkels, er hat sich nicht geirrt. Das sei ja im Alter so eine Sache. Wenn er sich so mit seinen Unterlagen beschäftige, da gehe schon mal was durcheinander. Aber das könnt ihr ja jetzt gemeinsam sortieren, wenn ihr alles für das Buch beisammen habt. Und dann könne Ellen dazu kommen und ihre Erinnerungen an den Vater und das, was die Mutter über ihn berichtete, noch hinzufügen. »Ich stehe dir da ganz und gar zur Verfügung«, hat er dir mehrfach versichert. »Ich stehe dir nur dafür zur Verfügung!« Und was er da oben im Büro noch habe, das werde er dann auch gefunden haben. Und bestimmt würde ihm dann noch was einfallen. Dann, wenn ihr euch zum Schreiben trefft – nach Corona.

Zeitspiel. – Die neuerliche Anklage war nun also formuliert – doch die Zeit verging. Zeit, neue Helfer zu finden. Hans Gawlik sollte helfen, der Chef der Zentralen Rechtsschutzstelle und Verteidiger in Nürnberg.

Doch der hielt sich bedeckt. Dafür kam ein anderer Nürnberg-Verteidiger ins Spiel: Karl Roemer aus Bad Kreuznach. Der war vor Gawlik Leiter einer Rechtsberatungsstelle in Stuttgart gewesen und jetzt, 1949 bis 1952, zum Berater der Bundesregierung in Fragen des internationalen Rechts und der ausländischen Gesetzgebung geworden. Roemer hatte sich mit Hartjensteins französischem Verteidiger Wiltzer in Metz getroffen und mit ihm erörtert, ob die Verteidigung im anstehenden Kassationsverfahren die juristischen Grundsätze »res judicata« (entschiedene Sache) oder »ne bis in idem« (nicht zweimal in derselben Sache) einwenden solle. Soll heißen: Würde im Fall Hartjenstein vorgetragen, dieser dürfe in Frankreich nicht nochmals für etwas angeklagt werden, das bereits die Briten ausgeurteilt hatten (»ne bis in idem«), dann hätte der Angeklagte die vorausgegangenen britischen und das französische Urteil zuvor als endgültig anerkennen müssen (»res judicata«). Aber verhandelte Heimatanwalt Siegmann nicht gerade mit den Briten, deren Militärurteile beide nachträglich abzuändern beziehungsweise diese wieder aufzunehmen? Konnte man also eine neue Anklage anfechten, solange die bisherigen Schuldsprüche vom Verurteilten noch gar nicht anerkannt wurden?

Am 13. August 1951 schrieb Roemer einen Aktenvermerk: »Nein!« Gar nichts wolle man vorerst unternehmen, sei er sich mit Wiltzer einig. Denn: »Unter dem Eindruck des Gesamttatbestandes (der französischen Anklage), der unvorstellbar scheußliche fortgesetzte Handlungen enthält, und unter dem Eindruck der zweimaligen Verurteilung von Hartjenstein zum Tode« seien sich auch Wiltzer und Hartjenstein selbst inzwischen einig geworden, »dass das Verfahren in keiner Weise beschleunigt wird« und dass »die Zeit für den Beschuldigten arbeiten kann«.

Präzedenzfall. – Aber nicht nur die Zeit, auch die Helfer sollten im Hintergrund weiter für ihn arbeiten können. Am 13. Februar 1952 überreichte der Holzmindener Freidemokrat Artur Stegner, Bundestagsabgeordneter und Landesvorsitzender seiner Partei, dem Bundesminister der Justiz, Dr. Thomas Dehler (FDP), in Bonn eine Denkschrift der Rechtsanwälte Reinecke und Langeheine aus Peine. Darin ging es um die »Überprüfung des Falles und Freilassung des Fritz Hartjenstein« sowie um ein »Gesuch der Mutter des Inhaftierten an André Francois-

Poncet«, den Hochkommissar Frankreichs in Deutschland (1949 bis 1955), mit der Bitte, »nunmehr zu erwägen und zu prüfen, ob es nicht zweckmäßig ist, diesen Fall evtl. als Präzedenzfall herauszustellen und die Freilassung des bereits 1946 in Wuppertal von einem britischen Militärgericht verurteilten Hartjenstein durchzusetzen«. Stegner betont, »dass deutscherseits bestritten wird«, dass Hartjenstein zu Recht verurteilt wurde. Aber selbst wenn man das annehme, so habe dieser doch einen erheblichen Teil der Strafe abgesessen und sei eines Gnadenerweises würdig. Stegner verweist darauf, dass Hartjenstein nach französischer Sichtweise bereits seit sechs Jahren in Untersuchungshaft sitze und der Rechtsgrundsatz »ne bis in idem« verletzt sei, wenn er für dieselbe Sache nun erneut verurteilt würde. Überdies habe die Chambre des Mises en Accusation am 16. Dezember 1950 sämtliche Vernehmungen des Prozesses annulliert und das Material dem Untersuchungsrichter zurückgegeben.

Fortan stand der Fortschritt des Metzer Verfahrens durchgehend unter Beobachtung durch Spezialisten des Bundesjustizministeriums und der deutschen Botschaft in Paris. Besonders Dr. Walter Guttmann von der diplomatischen Vertretung in Paris sollte sich engagieren und bis in die letzten Stunden mit dem Schicksal des Todeskandidaten und seiner Familie verbunden bleiben.

Unter Beobachtung

Verteidigungsstrategie. – Seit seiner ersten Anklage in Wuppertal hat jeder Verteidiger – ob Klute, ob Roth, ob Laternser, ob Langeheine, ob Reinecke, ob Siegmann, ob Wiltzer, ob Lane – immer wieder darauf hingewiesen, dass Fritz Hartjenstein nicht freiwillig in Natzweiler war. Er habe als Soldat an der Front gedient, schrieben oder erklärten die Anwälte stets, und er sei zwangsversetzt worden in den Konzentrationslager-Dienst. Eine Bestrafung! Die genauen Gründe für diese vermochten die Anwälte freilich nur sehr schwammig anzudeuten, da das Ganze ohnehin einzig auf der Behauptung Hartjensteins beruhte und es keine Belege dafür gab. Mal hieß es, »wegen eines misslungenen Versuchs, ein Bataillon zu führen«, mal wurde behauptet, wegen »einer Befehlsverweigerung gegenüber einem Vorgesetzten, um unnötiges Blutvergießen zu vermeiden«, sei er bestraft worden. Dass es ein Wechsel von der Front in die Massenvernichtung unschuldiger Menschen war, verschwieg jeder der Verteidiger. Das Wort Auschwitz wurde gemieden. In einem Schreiben von Siegmann erinnerte dieser – etwas verklausuliert, denn die Franzosen lasen die Post ja mit – den Inhaftierten daran, dass er Auschwitz nicht erwähnen dürfe. Dass zwischen Zwangsversetzung und Dienstantritt in Natzweiler eine Lücke von mehr als zwei Jahren klaffte, hofften die Anwälte offenbar auch im vierten Strafprozess vertuschen zu können.

Das hatte schon in Rastatt geklappt. Verteidiger Roth fasste es später so zusammen – wieder ohne Auschwitz zu erwähnen: »Mit der Waffen-SS war er zuletzt im Osten, bekam als Batl.-Führer mit seinem höheren Vorgesetzten Krach, weil dieser das Batl., das schon ziemlich zusammengeschossen war, nach Hartjensteins Auffassung unnötigerweise opfern wollte. Hartjenstein wurde dann in die Heimat abgeschoben, wurde, nachdem er verschiedentlich bei Ersatzformationen tätig war, dem Reichssicherheitshauptamt zur Verfügung gestellt, und von dort aus wurde er im Mai 1944 zum Lagerkommandanten nach Natzweiler bestimmt.« Die Jahre in Auschwitz also nichts weiter als ein Dienst in irgendwelchen »Ersatzformationen«.

Einzig in einer internen Zusammenfassung, die nicht adressiert ist, die aber wohl der Information der Kollegen von der Rechtsschutzstelle diente, formulierte Siegmann etwas wahrheitsgetreuer: »Im Februar 1942 erfolgte eine Ablösung als Batl.-Kdr., weil er einen Befehl, den er glaubte nicht verantworten zu können – es handelte sich hierbei ausschließlich um einen militärischen Auftrag, der ihm sinnlos erschien und das Leben seiner Männer unnütz gefährdet hätte –, nicht ausführte. Nach seiner Ablösung wurde er vorerst strafweise in untergeordneten Stellungen verwendet, um alsdann als Führer der Wachtruppe des KL-Auschwitz strafweise (unterstrichen) einer besonderen Verfügung des Reichsführers SS zufolge Dienst tun zu müssen.« Eine solche Verfügung Himmlers freilich findet sich weder in seiner SS-Akte noch in irgendeinem Archiv. Und in seiner Familie sollte sich später eine andere, für einen Bestraften nochmals ehrenwertere Version verbreiten: Der Vater habe sich geweigert, wie befohlen seine eigenen Leute zu erschießen, die den Befehl für einen Angriff verweigert hätten.

Siegmann jedenfalls erhoffte sich von dem Argument, der Angeklagte habe wider Willen einen Posten übernehmen müssen, den er verabscheut habe und dem er immer wieder versucht habe zu entkommen, sehr viel. Darauf baute er seine Verteidigung auf. Für seine Behauptung, die er vor Gericht einsetzen wollte, hatte er auch schon Zeugen gefunden – hochrangige SS-Generäle, die bezeugen wollten, dass der Angeklagte sich mehrfach um Versetzung bemüht habe. Darunter war auch Oswald Pohl, SS-Obergruppenführer und General der Waffen-SS, mit dem Hartjenstein in Landsberg gesessen hatte und der diesem schon dort versprochen hatte, ihm eine Zwangsversetzung zu attestieren, wenn das vor Gericht nötig wäre. Gegen diesen Zeugen allerdings hatte Siegmann dann doch Vorbehalte: Pohl war einer der Hauptkriegsverbrecher und als solcher in Nürnberg zum Tode verurteilt worden. Auf einen in Nürnberg Verurteilten mochte sich die Verteidigung dann doch nicht berufen. Als Pohl 1951 hingerichtet wurde, musste es dann ohnehin ohne diesen Zeugen gehen.

Grundsätzlich aber, so Siegmann, solle das Thema Strafversetzung weiter verfolgt werden. Das fand auch Kollege Hans Kirstein, ein weiterer Verteidiger, der für die Rechtsschutzstelle Dr. Lane vertrat: »Als allgemeine Richtlinie für die Entlastung von Hartjenstein dürfte in erster Linie dienen der Nachweis, dass er nicht freiwillig die Kommandantur des KZ übernommen hat. (…) Ein weiterer wichtiger Gesichtspunkt ist der, zu prüfen, ob und in welchem Umfang Hartjenstein sich bemüht hat, die ihm aufgebürdete Funktion wieder loszuwerden. Insbesondere, hat er irgendetwas unternommen, um von dem Posten wieder fortzukommen?« Nachweise für diesen Punkt, etwa Schreiben mit der Bitte um Versetzung, sollten die Verteidiger zwar nie finden, das Thema Strafversetzung wollten die Anwälte dennoch weiter verfolgen.

Dann aber machte eine Bemerkung Hartjensteins die ganze schöne Verteidigungsstrategie kaputt: Er sei schon in Landsberg zum Thema Auschwitz befragt worden, schrieb Hartjenstein seinem Anwalt ganz arglos. Wenn es die Amerikaner wussten, dann hatten die es auch den Briten berichtet, auch wenn diese es in den Wuppertaler Prozessen nicht thematisiert hatten, und dann drohte Gefahr, dass es jetzt auch die Franzosen wissen. Und war Auschwitz nicht sogar im Rastatt-Prozess zumindest erwähnt worden? Siegmann war entsetzt. Viel später, kurz vor dem letzten großen Prozess, sollte er diesen so lange als sicher geglaubten Trumpf noch aus ganz anderen, gänzlich hausgemachten Gründen aus der Hand geben.

Zuständigkeitsglück. – Amerikaner, Briten, Franzosen – wer war eigentlich zuständig für den Kriegsgefangenen Fritz Hartjenstein? Er war mit einer Panzerabwehreinheit an der tschechischen Front, als der Krieg endete. Dort stellte er sich am 8. Mai den Amerikanern. Die brachten ihn nach Landsberg und übergaben ihn später zur Durchführung der Prozesse an die Briten, die ihn nach den beiden Verurteilungen in Wuppertal den Franzosen überließen. So zumindest glaubten es bis dahin alle seine Verteidiger. Ein Irrtum, der sich erst im Oktober 1949 aufklärte. In einem Schreiben, das Amtsgerichtsrat Siegmann unter dem Briefkopf des Peiner Notars August Reinecke formulierte, weil der Ex-Nazirichter zu diesem Zeitpunkt noch nicht »entnazifiziert« war, stellt er die verzwickte Lage klar: Die Amerikaner haben Hartjenstein sofort nach Kriegsende formal den Franzosen übergeben. Er war also französischer Kriegsgefangener, als die Briten gegen ihn ermittelten. Frankreich hat den Gefangenen dann für die Durchführung der Wuppertaler Prozesse lediglich den Briten überlassen und den Verurteilten danach wieder zurückgenommen. Er war und blieb Gefangener der Franzosen.

Damit war Siegmann gewichtige juristische Munition verpufft, hatte er doch nach internationalem Recht den Artikel V des Kontrollratsgesetzes Nr. 10 vom 20. Dezember 1945 geltend gemacht. Danach durfte eine Auslieferung Angeschuldigter von Staatsregierungen oder Zonenbefehlshabern nur so erfolgen, »daß die Auslieferung eines Verbrechers in ein Hoheitsgebiet nicht dazu ausgenutzt werden kann, um in einem anderen Gebiet den freien Lauf der Gerechtigkeit zu vereiteln oder unnötig zu verzögern. Wenn innerhalb von sechs Monaten der Ausgelieferte nicht von dem Gericht der Zone oder des Landes, wohin er ausgeliefert wurde, verurteilt worden ist, dann soll er auf Ersuchen des Befehlshabers der Zone, in der er sich vor seiner Auslieferung aufgehalten hat, wieder in diese Zone zurückgebracht werden.« Aus diesem Grund – man bedenke: um »den freien Lauf der Gerechtigkeit« zu befördern! – verlangte Siegmann von den Briten nun, ihren Kriegsgefangenen von den Franzosen zurückzufordern, weil es dort mit den Prozessen seit Jahren nicht voranging.

Da lag er aber falsch – und selbst Hartjenstein schien es nicht besser zu wissen. Wie es wirklich war, wessen Gefangener der Mandant ursprünglich war, ist dem Verteidiger erst bei einer Unterredung am 17. Oktober 1949 mit dem Junior Commander Mrs. Eiloart von der War Crime Unit in Hamburg klar geworden. Siegmann hatte dort vorgesprochen, um die Briten zu überreden, Hartjensteins Rückgabe zu fordern. Das sei gar nicht möglich, machte ihm der zusätzlich eingeschaltete Colonel Draper, der Leiter der War Crimes Unit, klar. England und Frankreich hätten 1946 nämlich ein Abkommen getroffen, nach welchem England Hartjenstein nach erfolgter Verurteilung an Frankreich zurückgeben müsse. Nur für den Fall, dass die französischen Strafen geringer ausfallen würden als die in Wuppertal, würde es zur Rücküberstellung in britische Haft kommen. In Rastatt aber gab es ebenfalls ein Todesurteil, folglich würden die Engländer auf Vollstreckung ihrer Urteile verzichten müssen.

Und damit wurde erst jetzt deutlich, warum der KZ-Kommandant überhaupt noch lebte: Wäre er britischer Kriegsgefangener gewesen, hätte man ihn nach der Wuppertaler Todesstrafe sofort hingerichtet – wie die anderen Verurteilten auch. Weil die Briten aber versprochen hatten, ihn auch für den Fall einer Verurteilung zum Tode zurückzugeben, blieb er für die weiteren Verfahren in Frankreich am Leben.

Die ihm zuvor unklare Zuständigkeitsfrage war für den Verurteilten folglich ein reiner Glücksfall. Es rettete sein Leben. Und da zu diesem Zeitpunkt die britischen Besatzer ihre Kriegsgefangenen längst freigelassen hatten, sie zudem zusammen mit den Amerikanern in Deutschland einen künftigen Verbündeten sahen, sollte nunmehr auch gegenüber diesem Verurteilten Milde walten – jedenfalls, soweit es ihre Urteile betrag. »Ihr Fall hätte bei den britischen Behörden schon sehr viel Arbeit gemacht«, schreib Siegmann an Hartjenstein. »Auf Grund von umfangreichem und einwandfreiem Beweismaterial sei Ihre Schuld erwiesen worden. Allerdings sei zuzugeben, daß Ihre Schuld nicht so groß sei wie die von anderen Verurteilten (…). Darum sei mit Rücksicht auf ihre zwischenzeitlich langjährige Haft gegen Sie aus beiden (…) Strafurteilen (…) eine Gesamtstrafe von 10 Jahren Gefängnis gebildet worden.« Und dann hätten die Briten sogar noch versprochen, »im Hinblick auf das Todesurteil des Tribunal Général Rastatt (…) zu befürworten bzw. ein Gnadengesuch selbst zu stellen.« Hatte Siegmann das richtig verstanden? Die Briten reduzierten ihre eigenen Strafen auf ein Minimum und wollten jetzt sogar noch die Franzosen bitten, für Hartjenstein Gnade walten zu lassen? Kaum zu glauben, aber Siegmann sollte später sogar auf dieses vermeintliche Versprechen noch beharren.

Abb. 30 Doppelporträt eines Todeskandidaten: Der verurteilte Natzweiler-Kommandant Fritz Hartjenstein wurde bei den Franzosen per Gesetzesänderung vom Kriegsgefangenen zum Untersuchungshäftling (Quelle: Repro aus Webb, S. 112).

Strafverwirrung. – Einmal lebenslänglich plus ein Todesurteil reduziert auf gerade einmal zehn Jahre? Konnte das sein? Die Frage war berechtigt. Denn neben der Verwirrung, wessen Kriegsgefangener er nun eigentlich ist, gab es zusätzlich ein Durcheinander der Strafzumessung. Schon am 16. September 1948 war dem in Frankreich einsitzenden Gefangenen ein Schreiben des britischen Oberbefehlshabers in Deutschland zugegangen, wonach dieser die Todesstrafe aus dem Wuppertaler Prozess in »lebenslänglich« umgewandelt habe. Zweimal »lebenslang« stand nun bei den Briten im Raum. Das war nach Siegmanns Bemühungen in Hamburg angeblich auf zehn Jahre zusammengestrichen worden. Der Amtsgerichtsrat hatte umgehend dem Hilfswerk der Evangelischen Kirchen, die seine Bemühungen mit finanzierten, auch die Zusage der Briten signalisiert, diese würden beim französischen Hohen Kommissar ein Gnadengesuch stellen, um das Rastatter Todesurteil vom Tisch zu bekommen. Ebenso argumentierte er gegenüber dem Bundesjustizministerium, das er am 16. Januar 1950 aufforderte, den Rechtsschutz für den Gefangenen Nr. 3077 zu übernehmen. Er selbst habe schon ein umfangreiches Gnadengesuch eingereicht, und die War Crime Unit habe ihm schriftlich mitgeteilt, dieses gegenüber dem französischen Hohen Kommissar zu unterstützen. Schließlich verwies der Verteidiger noch ganz stolz darauf, dass nunmehr auch die Kirche um das Leben Hartjensteins kämpfe. Der niedersächsische Landesbischof Dr. Hanns Lilije habe sich »mit Rücksicht auf den offenbar geführten Nachweis, dass Hartjenstein sich keiner speziellen Straftatbestände schuldig gemacht hat«, nunmehr »maßgeblich für Hartjenstein eingesetzt«.

Dann aber wurde am 22. Februar 1950 mitgeteilt, das Legal Advisers Zonal Office Herford habe beide britischen Urteile, also die ursprüngliche Todes- und die Haftstrafe, zu 21 Jahren zusammengefasst. Das müsse ein Irrtum sein, protestierte Hartjenstein aus seiner Zelle. Das Dokument des »Military Court – War Crimes, Order on Review«, das Hartjenstein mitschickte, ist aber eindeutig: »In der Erwägung, dass nach gebührender und sorgfältiger Prüfung in Ausübung der ihm vom Hauptsekretär seiner britischen Majestät übertragenen Befugnisse (…) beschlossen wurde, die vorgenannten Verurteilungen in eine Freiheitsstrafe von 21 Jahren umzuwandeln.«

Eilig forderte Siegmann den Wiesbadener Kollegen Laternser auf, sofort in London zu intervenieren, schließlich sei ihm doch in Hamburg versprochen worden, beide Urteile seien zu nur zehn Jahren zusammengefasst. Diese Verwirrung wird sich jahrelang durch die Akten ziehen und nie aufklären. Siegmann beharrte darauf, dass er in dreitägigen Verhandlungen mit Colonel Draper eine Zusammenfassung in eine Gesamtstrafe von zehn Jahren erzielt habe. Für seinen Mandanten konnte es am Ende jedoch völlig egal sein, ob 10 oder 21 Jahre, die französischen Urteile würden in jedem Fall härter bleiben, und selbst deren Vollstreckung sollte er nicht mehr erleben. Für Siegmann aber wurden die Verhandlungen mit Draper zum Glücksfall. Sie dienten im Juni 1953 der Zentralen Rechtsschutzstelle als Beleg dafür, dass der Amtsgerichtsrat schon seit Jahren am Ball war und seine Tätigkeit deshalb auch rückwirkend noch anerkannt – sprich: bezahlt – werden müsse.

Gnadengesuch. – Und er hat ja auch viel getan für seinen Mandanten. Schon 1950 hatte er einen vielseitigen Gnadenantrag an die Briten gestellt – damals mit dem später umstrittenen Ergebnis der Umwandlung in zehn Jahre. Wenn es hilfreich war, bestand er auch nicht mehr auf diese angeblich zugesagten zehn Jahre; dann führte er die einundzwanzig an. So wie in seinem Antrag vom 4. März 1954 an den Secrétaire Rapporteur de la Commission Consultative Mixte in Baden-Baden, Hotel Stephanie. Der Gemischte Beratende Ausschuss, so schreibt er, möge die bisherigen britischen Urteile gegen Fritz Hartjenstein aufheben, hilfsweise die auf 21 Jahre herabgesetzten Strafen aus Wuppertal noch weiter mindern. Es folgten lange Begründungen. Vor allem betont er, dass der Kommandant bei keiner der verurteilten Taten persönlich zugegen war. Dann breitet er aus, was er 1949 mit Colonel Draper besprochen haben will und dass ihm eine Gesamtstrafe von zehn Jahren zugesagt worden sei. Und schließlich schreibt er, dick unterstrichen: »Es widerspricht auch der Menschlichkeit, Hartjenstein bislang darüber im Unklaren gelassen zu haben, auf welche Gesamtstrafe oder Einzelstrafen die Wuppertaler Urteile zurückgeführt worden sind.« Tatsächlich waren seit der Verurteilung fast acht Jahre vergangen, ohne dass klar war, wie die endgültige Strafe nun lauten sollte.

Siegmann stellt seinen Mandanten in dem Gnadenantrag zudem als braven Soldaten dar: Er sei Unterführer im Heer gewesen. »Nach Aufstellung der früheren Waffen-SS wurde er als Ausbilder zu dieser ›überstellt‹, also befohlen. Mit ihr zog er in den Krieg. Wegen Tapferkeit wurde er Offizier.« Und dann wagt es Siegmann doch, gegenüber dem Gnadenausschuss mit jener handfesten Lüge zu kommen, die er dann später im Gericht nicht mehr vorzutragen wagte: »Als er im Frühjahr 1944 trotz dreimaliger Wiederholung einen Befehl, ohne ausreichende Artillerievorbereitung eine russische Stellung zu nehmen, verweigerte, wurde er mit sofortiger Herausziehung aus der Front und mit der Strafversetzung nach Natzweiler gemaßregelt.« Als sei er noch 1944 an der Front und nie in Auschwitz gewesen.

Jubeljahr. – Schon in das Jahr 1950 hatten Hartjensteins Helfer große Hoffnung gesetzt: das »Heilige Jahr« der Christenheit. Anlässlich dieses »Jubeljahres«, so hatte der Nordwestdeutsche Rundfunk kurz vor Weihnachten 1949 im Radio spekuliert, sollte es eine Generalamnestie aller Kriegsverbrecher geben. Siegmann suchte nunmehr Hilfe bei Ritterkreuzträger Dr. Carl Langemeyer in Holzminden. Der hoch dekorierte Stabsarzt, der sich für seine alten Kameraden engagierte, sollte auf Siegmanns Bitte hin doch möglichst auch Hubertus Prinz zu Löwenstein-Wertheim-Freudenberg in diesem Sinne mobilisieren. Der Journalist, Autor und spätere FDP-Bundestagsabgeordnete hatte beste Beziehungen in die Politik und ins Ausland. Siegmann bat Langemeyer, doch »mit dem Prinzen zu Löwenstein erneut zu verhandeln«, um »über diesen auch das Interesse des Auslands und insbesondere Amerikas, vielleicht aber auch gleichzeitig über die Ihnen bekannten Bundestagsabgeordneten eine entsprechende Rührigkeit des Bundestages erreichen zu können«. Zumindest Letzteres ist gelungen.

Nicht nur das – auch die evangelische Kirche hatte Siegmann im Boot. Ab 1950, pünktlich zum Heiligen Jahr der Christenheit, sollte sich auch der Hannoversche Landesbischof Dr. Dr. Hanns Lilije für den Verurteilten einsetzen. Schon am letzten Tag des Jahres 1949 bedankte sich Siegmann in einem Schreiben an den Landesbischof für dessen »Bereitwilligkeit«. Er lieferte, weil das Lilijes Büro so erbeten hatte, ein handschriftliches Schreiben Hartjensteins mit, in dem dieser persönlich um die Mitwirkung des Bischofs in seiner »Prozeß- und Gnadenangelegenheit« bat. Zugleich erhielt der Kirchenvertreter ein Exemplar des von Siegmann ausgearbeiteten Gnadengesuches, das er bereits den britischen Dienststellen zugeleitet hatte und das nun auch an die französische Justiz gehen sollte. Er würde es »namens meines

Mandanten dankbar begrüßen«, schreibt der bis dahin inoffizielle und unbezahlte Anwalt, wenn das »Exemplar des Gnadengesuches mit einer entsprechenden kirchlichen Stellungnahme dem Herrn französischen Oberkommissar zugeleitet werden würde«. Hartjenstein hoffe überdies, dass die guten Beziehungen des Bischofs zum britischen Oberkommandierenden und jetzigen Oberkommissar, General Robertson, so gut seien, dass Lilije auch auf diesem Wege etwas für ihn tun könne, weil »eine zusätzliche Mitwirkung der Kirche von nicht zu unterschätzender Bedeutung sein könne«.

Der Bischof tat, worum er gebeten wurde. Am 28. März 1950 übersandte sein Büro dem Amtsgerichtsrat die Antwort des Hohen Kommissars, Botschafter François-Poncet, auf Lilijes Gnadengesuch: »Herr Bischof. Mit Schreiben vom 1. März waren Sie so freundlich, mich auf den Fall des genannten Hartjenstein aufmerksam zu machen, der vom Generalgericht von Rastatt zum Tode verurteilt wurde. Es ist mir eine Ehre, Ihnen mitteilen zu können, dass Ihr Antrag der Begnadigungskommission zur Prüfung vorgelegt wird. Ich werde es nicht versäumen, diese Angelegenheit später persönlich zu untersuchen, und ich werde Sie über meine Entscheidung auf dem Laufenden halten.«

Hilferuf. – Wie diese Entscheidung lautete, ist in den Akten des Landeskirchenarchivs Hannover nicht belegt. Erfolg hatte sie jedenfalls nicht. Wohl aber sah sich der Hartjenstein-Helfer eindreiviertel Jahre später genötigt, einen neuen Anlauf zu nehmen, diesmal mit der deutlich bescheideneren Bitte eines simplen Hafturlaubs zum Besuch der schwer erkrankten Mutter. Wieder war es ein Gnadengesuch an François-Poncet, wieder lief es über den Landesbischof. Ob der sich allerdings auch diesmal anschloss, ist unbekannt. Im Kirchenarchiv gibt es zwar eine Kopie des Anschreibens an Lilije vom Nikolaustag 1951, nicht aber einen Beleg dafür, dass der Landesbischof auch diesmal half.

Der mit »dringend und eilig« gekennzeichnete fünfseitige Schriftsatz mit der Bitte um »Weihnachts-Heimat-Beurlaubung« wird wieder ausführlich damit begründet, dass »die Schuld Hartjensteins keineswegs so groß sei wie diejenige von anderen Verurteilten in analogen Prozessen«. Dann verweist er auf die familiäre Situation: »Frau Hartjenstein hat im Verlauf der langen Haftzeit ihres Ehemannes nur zweimal Gelegenheit gehabt, ihn sehen und sprechen zu können. Das war einmal etwa im Jahr 1947 und dann erst wieder im Oktober/November 1951, als ihr über den Herrn Untersuchungsrichter in Metz gestattet wurde, wenigstens für etwa vier bis fünf Stunden eines einzigen Tages mit ihrem Ehemann zusammen sein zu dürfen, wobei dieser dann Gelegenheit hatte, sein jüngstes Kind zum ersten Mal in seinem Leben sehen zu können.« Ellen war also sechseinhalb Jahre alt, als sie einen Nachmittag lang auf dem Schoß ihres Vaters sitzen durfte, den auch sie nur in SS-Uniform von den wenigen Fotos aus dem Familienalbum kannte. Den Antrag dazu hatte Gustel Hartjenstein am 10. August 1951 gestellt: Siegmann möge ihr einen Termin zum Besuch ihres Mannes erstreiten, »weil er sein Kind doch gern mal kennen lernen möchte«.

So richtig pathetisch wird Siegmann aber erst, wenn es um die »ausgesprochene Tragödie« der demnächst 74jährigen Mutter des Gefangenen geht. Die alte, kranke Frau in ihrem Peiner Milchladen lebe »nur noch aus der Kraft der ganzen Hoffnung und Erwartung ihrer beispielhaften mütterlichen Liebe, dass es ihr vor dem Tode noch vergönnt sein möge, ihren inhaftierten Sohn noch einmal – und sei es zunächst auch nur für kürzeste Zeit – in den Arm schließen zu dürfen«. Dem langen Schreiben legt der Jurist eine »Ärztliche Bescheinigung« des Peiner praktischen Arztes Dr. Karl Gatzert bei, in dem der Gesundheitszustand der Milchhändlerin beschrieben wird. »Amtsärztlich überprüft und beglaubigt« durch das Staatliche Gesundheitsamt und den Peiner Amtsarzt. Die Kraft der Kauffrau an den Schalthebeln ihrer Milchpumpe unter der Treppe des Eckhauses Gröpern und Lindenstraße, die dort regierte wie eine Kommandantin, die auch in der Familie nur liebevoll »der Feldwebel« genannt wurde, ging also zu Ende. Nun war sie auf die Gnade der Franzosen angewiesen. Siegmann schrieb:

»Ich möchte deshalb meinen, dass es über jeden berechtigt erscheinenden Wunsch Frankreichs nach gerechter Sühne für alle Kriegsgräueltaten, sofern die wirklichen Täter einwandfrei überführt wurden, einen Weg geben müsse, der es ermöglichte, aus Erwägungen des Herzens, der Christlichkeit und der Menschlichkeit heraus diesem Gesuche stattzugeben. Der in diesem Gesuch zum Ausdruck kommende Hilferuf einer Mutter muss auch über Staatsgrenzen hinweg schon allein deshalb Gehör finden, weil die Entwicklung dieses Jahrhunderts dazu führen wird, dass nicht nur die Völker Europas, sondern gerade auch alle europäischen Menschen zueinander finden.«

Bürgschaft. – »Zu Dionys, dem Tyrannen, schlich …« Sofort fällt dir Schillers Bürgschaft ein. Was der Amtsgerichtsrat sich jetzt ausgedacht hatte, hatte klassisch-literarische Züge.

»Ich bin«, spricht jener, »zu sterben bereit,
Und bitte nicht um mein Leben.
Doch willst du Gnade mir geben,
Ich flehe dich um drei Tage Zeit,
Bis ich die Schwester dem Gatten gefreit,
Ich lasse den Freund dir zum Bürgen,
Ihn magst du, entrinn ich, erwürgen.«
(…)
»So bleib du dem König zum Pfande,
Bis ich komme, zu lösen die Bande.«

Das war es, was der Hartjenstein-Helfer nunmehr dem vermeintlichen Besatzungstyrannen François-Poncet vorschlug. Der französische Hohe Kommissar möge den Todgeweihten für einige Tage aus seiner Zelle entlassen, und er, Siegmann, würde dafür sorgen, dass statt seiner zahlreiche Bürgen aus seiner Heimatstadt für dessen Rückkehr ins französische Gefängnis haften – oder sich erwürgen lassen. So, als lebte man noch in der griechischen Antike. Wörtlich heißt es in dem Schreiben an François-Poncet:

»Etwaige Zweifel, dass im Falle einer Urlaubsgewährung der Beurlaubte nicht in die Haft zurückkehren könnte, werden schließlich dadurch ausgeräumt, dass sich in der Stadt und im Kreise Peine etwa 60–65 Männer im Alter von 20–30 Jahren bereit erklärt haben, Bürge für den Inhaftierten zu sein. Im einzelnen können, falls die Bewilligung dieses Gesuches davon abhängig gemacht werden sollte, sämtliche Bürgen nach genauer Anschrift binnen kürzester Frist namhaft gemacht werden.«

Der Peiner Bürgerschaft blieb das schillereske Drama erspart. Obwohl man sich ja gern vorstellen würde, wie der alte Nazi-Richter unter der einstigen Hitlerjugend seiner Heimatstadt für ein heldenhaftes Einstehen zugunsten einer in Feindeshand todgeweihten früheren Nazigröße wirbt. Werner hätte sicher zu gerne gewusst, ob seine Onkel zu jenen gehörten, die sich als Bürgen stellen wollten. Wäre wohl auch

Hartjensteins Großneffe angesprochen worden, für den Verwandten mit seinem Leben zu bürgen? Werner war immerhin schon 22, sein Leben ein geeignetes Faustpfand. Die Franzosen nahmen weder das Bürgschaftsangebot an, noch ließen sie Hartjenstein in einen Weihnachtsurlaub fahren. So etwas wie »Hafturlaub«, hatte schon der französische Kollege Wiltzer geschrieben, kenne das französische Strafrecht gar nicht. Und tatsächlich reagierte das Hochkommissariat auf Siegmanns Antrag zwar, ging dabei aber mit keinem Wort auf das Urlaubsgesuch ein. Es schrieb am 20. Dezember 1951 lediglich, die Hauptverhandlung hätte schon längst stattfinden können, wenn Hartjenstein nicht als Reaktion auf das vorangegangene Urteil – das Rastatter – sein Recht auf Kassation in Anspruch genommen hätte. Siegmanns handschriftliche Notiz unter dem Brief lautet: »offensichtlicher Misserfolg«. Erst viel später, am 14. August 1952, wird der Antrag dann auch formal beschieden: Abgelehnt!

Wenn sie also Bürgen nicht akzeptieren wollten, vielleicht würde ja ein Ehrenwort eines deutschen Soldaten reichen. Am 13. August 1952 versuchte es Siegmann ein weiteres Mal. Er beantragte »Hafturlaub auf Ehrenwort zum Besuch der todkranken Mutter«. Das war frech. Denn zum einen war ja der vorangegangene Weihnachtsurlaub schon abgelehnt worden, zum anderen war zu diesem Zeitpunkt die Mutter längst tot. Diesmal reagierten die französischen Justizbehörden immerhin schneller: Das französische Recht kenne keinen Urlaub auf Ehrenwort, teilten sie mit. Und man könne auch keinen Gendarmen mitschicken, weil ja Peine in der britischen Zone liege, und da habe ein französischer Gendarm keine Rechte. Antrag abgelehnt!

Floskelsalat. – Nicht nur in juristischen Dingen verstand sich Siegmann als Stütze des Verurteilten. In langen Briefen – mal unter dem Briefkopf der Kanzlei, mal ganz privat – sprach er dem Mandanten Mut zu. Oft waren es gestelzte Satzkonstruktionen, angefüllt mit den damals üblichen Höflichkeitsformulierungen. Manchmal nahmen inhaltsleere Erklärungen, warum und unter welchen Umständen er gerade jetzt schreibe, das erste Drittel des Briefes ein. Ebenso lang waren oft die nichtssagenden Schlussbemerkungen. Die Schreiben, gerade die rein privaten, lesen sich wie ein Floskelsalat. So der Weihnachtstrost 1951, nachdem es mit dem beantragten Urlaub nicht geklappt hatte. »Das ist unsagbar hart und schwer für Sie, den es unmittelbar betrifft«, schreibt Siegmann. Er versichere ihm, dass er sein Los »mannhaft ertrage«. Und schließlich gab er sich zuversichtlich. Er sei sich sicher: »Vor einer höheren Macht wird eine solche Haltung doch einmal Zinsen bringen.« Und zum Schluss: »In treuer Kameradschaft grüßt Sie …«

Als Hartjensteins Mutter im August 1952 dann gestorben war, ohne den Sohn nochmals gesehen zu haben, kondolierte Siegmann wieder wortreich: »Vielleicht musste auch dieser Verlust noch gleichsam als Krönung der Schwere Ihres Geschicks hinzukommen, um Sie so zu stärken und zu festigen …« Der Mutter bescheinigte er höchste Anerkennung: »Es hat mir immer größte Hochachtung abgenötigt, mit welcher eisernen Energie sie sich (…) trotz ihres doch schon hohen Alters ihrem Betrieb widmete«. Und zum Schluss gab es wieder ein paar Hoffnungsfloskeln: Er sehe »ein Ende, das sich am Horizont abzeichnet«, und es werde »das Licht der Freiheit immer sichtbarer«.

Hilfsarbeiter. – Wer war dieser Jurist Heinz Siegmann, der sich hier als so hoffnungsfroher Tröster gibt? Jedenfalls war er Optimist. Er selbst wartete damals lange auf bessere Zeiten; auch er war ein Verurteilter, hatte es aber fast schon überwunden, als er Hartjenstein diesen Brief schrieb. Siegmann gehörte zu jenen wenigen, die nach dem Zusammenbruch nicht nur als Mitläufer eingestuft wurden, sondern die real belastet waren und die Konsequenzen zu tragen hatten. Er war durchs Entnazifizierungsverfahren gefallen und mit einem Berufsverbot belegt worden. Er engagierte sich deshalb zunächst verdeckt, formal als »wissenschaftlicher Hilfsarbeiter«, in der Kanzlei der Peiner Anwälte Reinecke und Langeheine, weil er nach dem Krieg zunächst weder als Richter noch als Rechtsanwalt tätig sein durfte. Erst der im Jahr 1951 dem Grundgesetz hinzugefügte Paragraf 131, der das Rechtsverhältnis der vor dem 8. Mai 1945 beamteten Deutschen regelte, hatte auch für Siegmann den Weg ins Richteramt wieder frei gemacht.

Heinz Siegmann, geboren am 6. Juli 1908, also genau drei Jahre jünger als Hartjenstein, war ein Nazi. Er hatte in der Hitler-Zeit der SS angehört, war in Gifhorn – damals schon zum Richter berufen – als Hitlerjugend-Führer im Einsatz und war dort sogar stellvertretender Leiter der SD-Außenstelle Gifhorn in den Jahren 1943 und 1944 gewesen. In Meinersen, dort, wo er Urteile sprach, war er zugleich Ortsgruppenleiter. Ein glühender Nazi und Funktionsträger des Geheimdienstes der SS also, der gleichzeitig an den Amtsgerichten Gifhorn und Meinersen über die Vergehen von Jugendlichen urteilte.

Nach dem Krieg dauerte es lange, ehe sich Siegmann der Fortsetzung seiner beruflichen Laufbahn als Jurist sicher sein konnte. Am 28. August 1948 hatte ihn die Spruchkammer im Entnazifizierungsverfahren (NLA HA, NDS. 171 Lüneburg Nr. 15125) mit einem Berufsverbot als aufsichtsführender Richter sowie an den Amtsgerichten Meinersen und Gifhorn belegt. An diesen beiden Gerichten war er von Anfang der 40er Jahre bis Kriegsende Jugendrichter gewesen. Schon das Gifhorner Adressbuch von 1941 weist ihn als »Amtsgerichtsrat« in Meinersen aus. Die Verbeamtung als »Amtsgerichtsrat« konnte ihm nach Kriegsende zwar nicht genommen werden, eine neue Richterstelle war damit aber zunächst ausgeschlossen. Offiziell wurde er am 1. Juli 1949 dann »wissenschaftlicher Hilfsarbeiter« in der Kanzlei in der Breiten Straße in Peine. Wann genau er in die Justiz zurückkehren durfte, ist heute nicht mehr festzustellen. Seine Personalakte wurde nicht archiviert. Weder die Amtsgerichte Peine oder Gifhorn – das AG Meinersen wurde am 1. April 1959 geschlossen – noch das Landgericht Hildesheim oder das Oberlandesgericht Celle können heute auf die Dienstzeiten Siegmanns zugreifen. Offenbar muss er aber schon 1952 wieder Richter gewesen sein. Zunächst erhielt er Stellen als »beauftragter Richter« in den Amtsgerichten Celle und Lehrte. Ab 1954 war er Amtsgerichtsrat in Bad Pyrmont, ab 1961 dann nach eigenem Versetzungsantrag Richter in Peine. Damals gab es beim Amtsgericht noch andere Kollegen, die nach der NS-Zeit beruflich hatten zurückstecken müssen: Mindestens zwei ehemalige Landgerichtsdirektoren wurden am AG Peine einfache Amtsrichter. So auch Siegmann. Er urteilte in vielen Strafsachen, machte die Landwirtschafts-Gerichtsbarkeit geradezu zu seinem Steckenpferd und wechselte nach seiner vorzeitigen Pensionierung im Jahr 1974 sogar noch in eine eigene Kanzlei als Rechtsanwalt, die er aus seinem Privathaus in Wensen heraus betrieb. Sein »knarziges, immer altmodisch korrektes« Auftreten bei Gericht bezeichnen alte Juristenkollegen noch heute als »legendär«. Und bis zu seinem Tod am 31. März 1989 habe er auf seinen Titel »Amtsgerichtsrat« höchsten Wert gelegt. In einem Nachruf der Peiner Allgemeinen Zeitung wurde er damals als »seltene Richterpersönlichkeit« bezeichnet, die »seine

Pappenheimer kennt«. Seine Erlebnisse, so hieß es, füllten ein heiteres Juristen-Brevier. So habe er im Amtsgericht Meinersen Streithähnen auch schon mal wortwörtlich »eingeheizt«, indem er den Kanonenofen so lange bis zur Gluthitze nachfüllen ließ, bis sich die schweißgebadeten Kläger und Beklagte geeinigt hatten. Ein so »allgemein geschätzter Richter«, wie es der Nachruf ausdrückte, war er freilich nicht. So mancher Angeklagte hatte unter seinen in der Nazizeit entwickelten Grundeinstellungen von Recht und Ordnung zu leiden. Seine Berliner Burschenschaft hatte ihn, den einstigen SS-Mann, ausgeschlossen und auch später, als er in Peine wieder in Amt und Würden war, nicht wieder aufgenommen.

Wiederaufnahmeantrag. – Wenn auch für das französische Verfahren nur Abwarten und Zeugen-Suche halfen, so konnte man doch bezüglich der britischen Urteile noch etwas mehr unternehmen. Der Gnadenantrag, das Verhandeln mit dem Hohen Kommissar, die noch umstrittene Ermäßigung auf 21 oder aber 10 Jahre – alles schön und gut. Aber es gab ja noch die Möglichkeit einer Wiederaufnahme. Der Antrag an den Supreme Court der britischen Zone in Herford trägt kein erkennbares Datum. Er muss nach 1951 gestellt worden sein, denn neben August Reinecke und Richard Langeheine steht bereits Anwalt Horst Raschke, der Schwiegersohn Reineckes, mit im Briefkopf. Keiner von ihnen hat eine Zeile davon geschrieben. Das war einzig Siegmann. Der Antrag ist mit 28 Seiten das umfangreichste Werk des verteidigenden Richters für seinen einzigen Mandanten. Er beantragt, beide Wuppertaler Verfahren vom 1. Juni und vom 5. Juni 1946, also die zur Tötung der vier Spioninnen einerseits und des abgestürzten britischen Fliegers Habgood andererseits, wiederaufzunehmen. Dass er auf eine mildere Beurteilung, gar einen Freispruch hoffte, lässt sich schon aus seinen Schlussbemerkungen schließen: Es werde sich »nicht leugnen lassen, dass die Urteile aus dem Frühjahr 1946 auch in etwa eine Folge der verständlichen Animositäten der Alliierten gegen (...) Nazideutschland gewesen sind.«

Man muss schon Respekt haben vor der Mühe und dem Geschick des Juristen. Er verweist natürlich auf all die entlastenden Aussagen, die jeweils bekunden, dass Hartjenstein bei den Taten nicht zugegen war. Im Fall der vier Frauen sei jetzt ein neuer Zeuge aufgetaucht, der bestätigen könne, »dass H. bei der Hinrichtung wirklich nicht zugegen war«. Dieser Zeuge habe nämlich die Tötung mittels Spritzen durch ein Oberlichtfenster des Krematoriumsvorraumes beobachtet. Dann legt Siegmann Beweise vor, dass Hartjenstein vom 3. bis 9. Juli zunächst mit der Familie in Wildersbach Geburtstag gefeiert habe und dann auf Dienstreise gewesen sei. Als Beleg schickt der Antragsteller eine eidesstattliche Versicherung der Ehefrau mit – ein Dokument, das er später, als es auf den zweiten französischen Prozess zuging, noch verfluchen sollte.

Und noch ein Zeuge war aufgetaucht: Ein Mitarbeiter der Gestapo-Dienststelle Karlsruhe-Durlach könne sich erinnern, dass es eine Aburteilung unter Einbeziehung des Reichssicherheitshauptamtes Berlin gegeben habe. »Die Tötung der vier Frauen war infolge dessen eine rechtmäßige, da sie auf Grund eines Urteils erfolgte, welches für die an der Hinrichtung Beteiligten nicht erkennbar den Charakter eines verbrecherischen Befehls enthielt.«

Im Fall des getöteten britischen Piloten gab es ebenfalls eine neue Aussage. Danach sei dieser tatsächlich schon tot ins Lager gebracht worden. Jetzt glaubte Siegmann diese Aussage eines Zeugen belegen zu können. Denn ein anderer Zeuge habe beschworen: »Ich habe G. (…) nach Natzweiler begleitet. Einmal, als wir einen Zivilisten mitnahmen, den wir unterwegs erschossen auf Befehl von Buck«. Buck war Kommandant des Lagers Schirmeck, und der Zivilist, so Siegmann, könne niemand anderes als Habgood gewesen sein.

Menschenfreund. – Zur allgemeinen Verantwortung des Lagerkommandanten erklärte der Antragsteller: »Dass Hartjenstein trotz seiner dienstlichen Überlastung getreu der Lauterkeit seines Charakters und in tiefstem Bewußtsein der ewigen Verpflichtung von Mensch zu Mensch, wie sie Elternhaus, Schule und Kinder in ihm gestärkt hatten, das Menschenmögliche – mehr als dies – in der Gestaltung der Lebensbedingungen der Häftlinge getan hat, ist bereits durch drei Eidesstattliche Versicherungen ehemaliger Häftlinge dargetan.« Jetzt lege er zwei weitere Aussagen norwegischer Häftlinge vor, in denen diese bestätigten, »wie menschlich Hartjenstein sein verantwortungsvolles Amt ausgeübt hat und wie die Häftlinge unter seiner Lagerführung aufgeatmet haben.« Er sei eben in erster Linie Frontsoldat, kein Prototyp eines Nazi gewesen, da er nie Mitglied der NSDAP war. Es folgt auch hier die Geschichte von der durch zwei eidesstattliche Versicherungen bestätigten Zwangsversetzung: »Gegen seinen bis zum äußersten aufrecht erhaltenen Willen, bei seiner Truppe zu bleiben, wurde er strafweise an Konzentrationslager versetzt.« Siegmann fügt zudem eine Bescheinigung der Reichswehr bei, wonach Hartjenstein als Ausbilder an die Waffen-SS »überstellt« (dick unterstrichen) worden sei. Er sei also nicht aus freien Stücken zur SS gegangen. »Bis zu der angedrohten Gefahr, selbst als Häftling in ein KZ zu kommen, hat Hartjenstein als Kommandant von Natzweiler Eingabe um Eingabe gemacht, um wieder zur Front versetzt zu werden.«

Ob der Jurist wirklich geglaubt hat, die fünf Jahre zwischen »Überstellung« von der Reichswehr in die SS vom Januar 1939, als der Krieg noch gar nicht begonnen hatte, bis zur Natzweiler-Kommandantur im Mai 1944 würden nicht auffallen? Er bleibt dabei: »Zu seiner Strafversetzung war es gekommen, weil H. als Frontoffizier einen Einsatzbefehl an der Front deshalb (…) für undurchführbar erklärt hatte, weil er (…) das Leben der Mehrzahl seiner Leute unnötig aufs Spiel gesetzt haben würde.«

Schließlich malt er noch die Person des Verurteilten als die eines zutiefst humanen Menschenfreundes aus. So habe er zum Beispiel die Tochter des Direktors der Nobel-Dynamit-Werke in Dortmund durch sein Bemühen aus dem KZ frei bekommen und ihr eine Anstellung besorgt. Wo das war, in Auschwitz nämlich, schreibt Siegmann lieber nicht. In Natzweiler habe er zudem Tische, Schränke, Bänke beschafft sowie eine Bibliothek und eine Kantine eingerichtet. Lauter gute Taten. Und in einem Fall habe er sogar »eine 17-jährige Polin aus dem KZ freibekommen, nachdem er sich von der Unzulänglichkeit der Einweisungsgründe überzeugt (…) hatte.« Diese Polin habe er in seinem Haus aufgenommen und wie eine Tochter behandelt.

Polenmädchen. – Das stimmt! Die echte Tochter, Ellen, die das Polenmädchen Steffi nie bewusst kennengelernt hat, erinnert sich, wie die Mutter über sie gesprochen hat. »Ich kenne ja ihren Namen nicht. Sie haben sie nur Steffi genannt. Vielleicht Stephania? Aber diese Frau hätte ich gern kennengelernt. Sie war ja schließlich bei meiner Geburt dabei.« Steffi muss 17 gewesen sein, als sie zu einer der Hausangestellten des Kommandanten von Auschwitz-Birkenau wurde. Offenbar hatte sie der Chef selbst im Frauengefängnis ausgesucht. Jüdin wird sie nicht gewesen sein – die kamen entweder sofort ins Gas oder wurden als Arbeitssklaven ausgebeutet. Die junge Polin muss Christin gewesen sein, denn sie nahm auch an den Bibelstunden teil, die Mutter Hartjenstein in ihrem Haus in der SS-Siedlung organisierte. Die Mutter habe noch im hohen Alter davon geschwärmt, erinnert sich Ellen, wie gut Steffi habe kochen und backen können. Und das schon als Jugendliche. »Sie hat oft von Steffi erzählt.« Auch in Wildersbach im Elsass und in Guttenbach blieb Polenmädchen Steffi bei den Hartjensteins. Sie begleitete die hochschwangere Ehefrau und die Jungs auch mit nach Österreich. Dort habe sie im Arbeitslager Pians, dem Nachbarort von Grins, »die Liebe ihres Lebens kennengelernt«. »Mutter hätte sie lieber behalten, aber das ging ja nicht«, sagt Ellen über die Erinnerungen der Kommandantengattin.

Selbsthilfe. – So sehr sich Siegmann auch ins Zeug gelegt hatte, für seinen Mandanten sprang selbst mit bischöflichem Segen nichts heraus. Selbst die Briten reagierten nicht auf den neuerlichen Wiederaufnahmeantrag. Im März 1952 griff der Todeskandidat zur Selbsthilfe. Jetzt brachte er einen juristischen Blickwinkel ins Spiel, auf den bisher noch keiner aus dem guten Dutzend seiner Strafverteidiger gekommen war – nicht einmal der fantasiebegabte Siegmann. Mag sein, dass sich die Gefangenen im Militärgefängnis Fresnes gegenseitig mit derartigen juristischen Gedankenspielen Mut machten. Hartjenstein formulierte jedenfalls eine eigene Auslegung des britischen Manual of Military Law und schickte sie an die Innere Mission der Hannoverschen Landeskirche mit der Bitte, den Herrn Bischof einzuschalten. Auslöser sei ein Text der Zeitung »Christ und Welt« vom 6. März 1952 gewesen mit dem Titel »Der wandelbare Paragraph«.

Es ging um den § 443 des Manual of Military Law und damit um die grundsätzliche Frage, ob das, was Hartjenstein vorgeworfen wurde, überhaupt Teil der Kriegsführung sein konnte und ob diese Taten von den Siegermächten als Kriegsverbrechen bestraft werden durften. Dieser Paragraf habe in seiner ursprünglichen Fassung so gelautet: »Es ist jedoch von Wichtigkeit, festzustellen, daß Mitglieder der Streitkräfte, die solche Verletzungen der anerkannten Regeln der Kriegsführung

Abb. 31 Hartjenstein als informierter Zeitungsleser: Schon in seiner Zeit als Kommandant hielt er sich auf dem Laufenden. Hier ein Foto aus dem Jahr 1944. Auch in der Todeszelle behielt er über die politische Entwicklung den Überblick (Quelle: privat/National Archives and Records Administration, College Park, Maryland).

begehen, die von ihrer Regierung oder ihrem Befehlshaber befohlen werden, keine Kriegsverbrecher sind und deshalb nicht vom Feinde bestraft werden können.« Hartjenstein behauptete nun, dass dieser § 443 im Jahr 1945, wenige Tage vor der Kapitulation, neu gefasst worden sei und nun »genau das Gegenteil des bisherigen Inhalts besagte«. Danach würde jeder einzelne Soldat für jede Tat verantwortlich gemacht, auch wenn ihm diese befohlen worden sei. Und dieses »so gesetzte neue ›Recht‹ wurde mit rückwirkender (!) Kraft angewandt, aber nicht etwa auch gegen britische Soldaten, die durch die alte Fassung gedeckt blieben, sondern ausschließlich gegen deutsche ›Kriegsverbrecher‹. Ein Soldat, der auf Befehl seines Vorgesetzten handelte und von 1939 bis 1945 eine völkerrechtswidrige Handlung durchführte, bleibt straffrei, wenn er der britischen Armee angehörte, er wurde aber als Kriegsverbrecher verurteilt, wenn er in den Reihen der deutschen Wehrmacht gedient hatte.« Und jetzt, 1952, stehe in der Neuauflage des Manual of Military Law der Paragraf 443 wieder in der alten Fassung, und die »Deckblätter« mit dem Wortlaut von 1945 seien nicht mehr zu haben. Der Versuch Hartjensteins blieb erfolglos. Keiner seiner Anwälte griff das Thema § 443 je auf. Auch der Bischof hielt sich bedeckt.

Vermögensverlust. – Aber eine andere Entwicklung beschäftigte die Anwälte: die Idee einer Europäischen Verteidigungsgemeinschaft (EVG). Im Frühsommer 1952 muss Hartjenstein aus seiner Zelle heraus einen ziemlich grantigen Brief geschrieben haben – weil es weder mit der Anklage voranging noch seine Anwälte etwas erreichten. Das Schreiben ist nicht erhalten. Siegmann antwortete am 21. Juni. Er äußerte Verständnis dafür, dass Hartjenstein »beim Gedanken an die Heimat voller Vorwürfe« sei. Und auch die Vorwürfe gegen ihn selbst könne er ihm »nicht verübeln«. Er persönlich aber bleibe optimistisch, weil es in Westeuropa eine hoffnungsvolle politische Entwicklung gebe, von der Kriegsgefangene sicherlich profitieren würden. Und dann erläuterte der Anwalt den »Geburtsvorgang der EVG«.

Dass Hartjenstein klagte und sich selbst bemitleidete, war jetzt, nach sieben Jahren Haft, häufig geworden. Besonders wenn es um Geld ging, wurde er mürrisch. Seit Jahren gab es Streit um 248 Mark, die sein zweiter Verteidiger aus Wuppertal, Dr. Klute, noch verlangte. Damit konfrontiert, beklagte Hartjenstein, dass er sein »gesamtes Vermögen verloren habe und dieses auf der Bank von Molsheim im Elsass beschlagnahmt worden« sei. Auch die laufenden Vorschüsse, die sein französischer Verteidiger Wiltzer verlange, ohne dass er einen Fortschritt sehe, ärgerten ihn. Siegmann versuchte ihn mit dem Verweis zu beruhigen, dass ja künftig die Rechtsschutzstelle die Kosten übernehmen werde – letztlich also die Bundesrepublik Deutschland. Vorsorglich ließ er sich von der diplomatischen Vertretung in Paris vorrechnen, was Wiltzers Hilfe denn so wert sei, um damit den Mandanten zu beruhigen. Die Erklärung der Botschaft lautete: »Es ist dabei ferner zu berücksichtigen, dass sich Rechtsanwalt Wiltzer durch die Übernahme der Verteidigung auch persönlicher Anfeindungen in der Öffentlichkeit und Presse aussetzt, die für ihn mit materiellen Nachteilen verbunden sein können.« Mit gleicher Post bewilligte die Botschaft für Wiltzer weitere »300.000 ffn.«

Verteidigungsgemeinschaft. – Dabei hatten die Verteidiger ja tatsächlich seit eineinhalb Jahren nichts Konkretes mehr unternommen. In einem undatierten persönlichen Schreiben an Hartjenstein versichert Siegmann, »dass es der einhellige Wunsch des gesamten deutschen Volkes ist, den deutschen Wehrbeitrag zur europäischen Verteidigung unabdingbar mit der Entlassung aller deutschen Menschen aus allen Haftanstalten und Gefangenenlagern gekoppelt zu wissen. Rache lässt sich nicht verewigen. Die Vernunft siegt letzten Endes doch immer. Das müssen sich diejenigen Nationen sagen lassen, die immer noch deutsche Menschen festhalten. Rache und Vergeltungswünsche sind auch schlechte Bausteine für ein neues Europa. Und Deutschland in seiner überwiegenden Mehrheit will es und will sich daran auch im Wehrbeitrage beteiligen. Es will aber kein diffamierter Beteiligter sein, sondern die gleichen Rechte und Pflichten wie die anderen haben. Das ist aber nur gewährleistet, wenn die Psychose, die 1945 und 1946 noch verständlich sein mochte, ihr Ende findet.« Und dann verweist der Briefschreiber auf die deutsche Forderung, internationale Berufungsgerichte mit deutschen Richtern gleichen Stimmrechts einzurichten. »Ganz Europa ist mit allen seinen Teilen in einem geradezu unvorstellbaren Entwicklungsprozess«, beteuert er. Er bittet um Geduld: »Aber einmal öffnet sich auch Ihnen das Tor zur Freiheit. Möge dies noch im Jahr 1952 sein.«

Siegmann hat seine Überlegungen auch der Zentralen Rechtsschutzstelle erläutert: »(…) habe ich (…) bewusst so gut wie nichts Sachdienliches mehr unternommen, weil mir die Entwicklung der Einbeziehung der Bundesrepublik in die westliche Verteidigungsgemeinschaft mit allen denkbaren Auswirkungen auf das Los der deutschen Kriegsgefangenen so sehr im Fluss zu sein scheint, dass ich mich nicht der Gefahr aussetzen wollte, in dieser so überaus umfangreichen Sache allen (…) Arbeit zu machen, die möglicherweise doch fruchtlos bleiben musste.« Er vermute, schreibt er weiter, dass der französische Staat die letzten Verfahren offenbar absichtlich auf Eis gelegt habe, »auch wenn Hartjenstein und seine Kameraden daran und an jedem Helfer verzweifeln müssen«. Und dann fordert Siegmann von der Rechtsschutzstelle, sie möge sich dafür einsetzen, dass die Bundesrepublik vor der Ratifizierung der EVG-Verträge »eine Unterschrift von der Lösung des Kriegsgefangenenproblems im deutschen Sinne abhängig machen« solle. Die Zentralstelle solle zudem alle Kriegsgefangenen in einem Rundschreiben darüber informieren, welche Bedeutung die EVG-Gründung für sie haben werde.

Doch die Rechtsschutzstelle dämpfte entsprechende Hoffnungen umgehend. Das Verfahren von Metz schwebe zwar, es sei aber dennoch damit zu rechnen, dass es trotz der EVG-Entwicklung noch eröffnet werde. Und selbst der Metzer Gefangene reagierte höchst skeptisch auf Siegmanns Erwartungen, der EVG-Prozess würde auch für ihn heilsame Wirkungen entfalten: »Der beste Geduldsfaden kann einmal reißen«, schrieb Hartjenstein, »wenn man unentwegt moralische Backpfeifen erhält«. Er und seine Kameraden jedenfalls glaubten nicht, »dass die europäischen Entwicklungen auch für uns von Vorteil sein können«.

Er sollte recht behalten. Im nächsten Schreiben aus der Zelle zitiert Hartjenstein am 2. Juli 1952 eine dpa-Meldung: »Bundeskanzler Dr. Adenauer teilt vor der CDU/CSU-Bundestagsfraktion mit, die Außenminister Dean Acheson und Anthony Eden hätten ihm versichert, dass so schnell wie möglich an die Überprüfung der Kriegsverbrecherurteile herangegangen wird. Die Einsetzung der vorgesehenen Gnadenkommission gehöre zu den Punkten des Deutschlandvertrages, die schon vorzeitig wirksam werden sollen.« Also keine schnelle Entlassung der Kriegsverbrecher, weil Deutschland sonst seine EVG-Unterschrift verweigert. Stattdessen lediglich die Schaffung einer Gnadenkommission, an die alsbald auch Hartjensteins erster Verteidiger Roth aus Rastatt appellieren sollte.

Noch ganz ohne Gemischte Gnadenkommission setzten indes die französischen Gerichte das Rastatter Urteil nach dem Kassationsantrag, der Aufhebung und einer abermaligen Bewertung selbst neu fest. Am 5. Mai 1952 erfuhr Hartjenstein das Ergebnis: Das erste französische Todesurteil vom 1. Februar 1947 aus Rastatt wurde in 20 Jahre Kerkerhaft umgewandelt.

Immerhin! In einem anderen Punkt sollte Hartjenstein mit seiner Skepsis recht behalten: Aus der Europäischen Verteidigungsgemeinschaft ist dann tatsächlich nichts geworden. Der Plan der Wiederbewaffnung Deutschlands im Rahmen der EVG scheiterte 1954 im französischen Parlament – zu groß war noch das Misstrauen gegen den deutschen Nachbarn. Die Bundesrepublik hingegen hatte die Pläne schon im Mai 1953 ratifiziert, ohne dabei auf Freilassung der Kriegsverbrecher zu bestehen. Statt Mitglied der EVG zu werden, trat die Bundesrepublik zusammen mit Italien der neu gegründeten Westeuropäischen Union und danach durch die Pariser Verträge 1954 der NATO bei, um so die Wiederbewaffnung zu ermöglichen.

Ausschuss. – Nicht einmal aus der von Adenauer angekündigten Gnadenkommission wurde etwas. Offenbar sollte der Eindruck vermieden werden, die neue Kommission habe selbst ein Gnadenrecht. »Der durch Anordnung des Britischen Hohen Kommissars vom 1.9.1953 errichtete Gemischte Beratende Ausschuss hat seine Tätigkeit aufgenommen«, teilte im November die Zentrale Rechtsschutzstelle mit. Nun werde von Amts wegen jeder Fall überprüft. In der Anordnung Nr. 107 des Hohen Kommissars für die britische Zone heißt es, die Aufgabe des Ausschusses sei es, »ohne die Gültigkeit der Urteile in Frage zu stellen«, die Herabsetzung von Strafen und mögliche Entlassungen auf Ehrenwort zu prüfen. Aber nur »in Bezug auf Gefangene, die in der Britischen Zone als Kriegsverbrecher in Haft gehalten werden.« Hartjenstein hatte also gar nichts von Adenauers Versprechen. Frankreich machte nicht mit, er saß auch nicht in der britischen Zone, und zur neuerlichen Überprüfung seiner britischen Verurteilungen, die ja schon auf 21 Jahre reduziert waren, sollte es auch nie kommen.

Sanatorium. – Du hast es lange vermieden, Werner reinen Wein einzuschenken. Was er sich von dir gewünscht hat, wirst du nie erfüllen. Das Schicksal seines geliebten Großvaters, der als Ziegeleiunternehmer an den Nazis verzweifelte, wird im Dunkeln bleiben. Natürlich hast du versucht, in jenem Seniorenheim etwas zu erfahren, in das er 1939 zunächst gebracht wurde. Es war damals ein Sanatorium. Eine Nervenheilanstalt, 1897 gegründet und im Charme der Bäderarchitektur jener Zeit erbaut. Psychiatrie, Entziehungsanstalt und Sanatorium für Malariakranke war das stattliche Haus im Peiner Stadtteil Woltorf damals. Einziger Hinweis in der Sanatoriums-Chronik, den sich Werner angestrichen hat, ist dieser Halbsatz: »als man dort psychisch Kranke zwangsweise untergebracht hatte.« Aber Werners Verdacht, die drei SS-Söhne hätten Heinrich Brennecke dort wegsperren lassen, weil er allzu laut gegen die neuen Machthaber opponierte, wird sich wohl kaum in den Krankenakten bestätigt finden. Die Einrichtung hat seither den dritten, vierten Träger. Ob es noch alte Krankenakten gibt, weiß die heutige Verwaltung nicht. Und wenn, müsste die Zentrale in Berlin sie freigeben. Damit sei kaum zu rechnen. Aber in Corona-Zeiten hat ohnehin niemand die Zeit, im Keller nach 80 Jahre alten Krankenakten zu suchen. Und zudem darf derzeit kein Fremder ins Gebäude. »Vielleicht nach Corona«, sagt man dir.

Die Heilanstalt für psychisch Kranke, in die Opa Brennecke vom Sanatorium aus überstellt wurde und in der er gestorben sein soll, hat »überhaupt keine Akten mehr aus der Zeit«. Beteuert man dort jedenfalls. Ob denn die NS-Zeit dort je erforscht wurde, fragst du. Dafür habe es nie einen Anlass gegeben. Auch dort kommst du also nicht weiter. Und ob er nicht eventuell dement oder tatsächlich psychisch krank war, wird sich auch andernorts kaum erfahren lassen. Er war ja immerhin schon 74, als er starb. Auch dem Amtsarzt im Gesundheitsamt kannst du damit jetzt nicht kommen. Und dass im Stammbuch Peine als Sterbeort steht, kann einen ganz anderen Grund haben. Vielleicht war er ja noch in Peine wohnend gemeldet. Du gibst das Thema irgendwann einfach auf. Werner wird seinen Verdacht, sein Großvater sei als Nazigegner womöglich von den eigenen Kindern »aus dem Weg geräumt« worden, mit ins Grab nehmen.

Entlastungszeugen. – Jahre vergingen bis zum großen, dem finalen Prozess. Einen der Gründe für den Zeitverzug beschrieb ein Mitarbeiter des Hilfswerkes der evangelischen Kirchen in Deutschland in einem Brief an die Zentrale Rechtsschutzstelle in Bonn so: »Das Verfahren ist auf Grund einer Überprüfung annulliert worden, weil die durch den Kapt. Lorich geführte Verhandlung als Untersuchungsrichter als ungesetzmäßig beanstandet wurde. Es ist dann auch ein neuer Untersuchungsrichter bestellt worden. Auf bisher unerfindliche Weise hat dann aber der Kapt. Lorich die Untersuchung wieder in die Hand bekommen und sind alle für Herrn H. beigebrachten günstigen Zeugenaussagen unter den Tisch gefallen.« Vor Gericht dürfe das nicht erneut passieren, falls doch noch verhandelt würde.

Nun also ein neuer Anlauf bei der Suche nach Entlastungszeugen. Am 23. Oktober 1952 war Siegmann zwar immer noch von seinem »persönlichen Gefühl« überzeugt, dass die »in Frankreich noch geplanten Kriegsverbrecherprozesse gar nicht mehr zur Verhandlung kommen«, gleichwohl bereitete er sich nun aber vor. Von der Rechtsschutzstelle erbat er Einsicht in die 32 Zeugenaussagen, die im Rahmen der Ermittlungen bisher vorlagen. Er wollte weitere entlastende Aussagen hinzufügen. Würde der zweite französische Prozess nämlich glimpflich enden, wäre auch eine günstige Entscheidung im bevorstehenden Gnadenverfahren reine Formsache. Die britischen Urteile waren ja schon zusammengestrichen worden – umstritten war nur, auf wie viele Jahre. Das Rastatter Urteil lautete nun auf 20 Jahre Kerker. Jetzt galt es, die Zeit zu nutzen und Zeugen aufzutreiben, die den Angeklagten im finalen Prozess als feinen Menschen darstellen sollten. Für den strafverteidigenden Amtsgerichtsrat eine Fleißarbeit.

Es wurde im Amtsgericht Ettlingen unter Eid Hans Gasch befragt, seinerzeit Häftling in der Bekleidungskammer: »Ich habe von Fritz Hartjenstein einen sehr guten Eindruck. Die Verhältnisse im Lager haben sich zu seiner Zeit grundlegend geändert.« Er habe sich für die Häftlinge eingesetzt, die Verpflegung habe sich gebessert, die Betreuung der Kranken ebenso. Man habe jetzt mehr Briefe schreiben dürfen. Auch in den Außenlagern habe er sich um Ordnung bemüht. Der neue Kommandant habe dafür gesorgt, dass keiner der Häftlinge mehr frieren musste. Gasch selbst habe einen großen Posten Wäsche an die Häftlinge ausgegeben. Der Zeuge beschreibt eine ganz andere

Welt, als die Untersuchungsrichter sie bisher kannten: »Hartjenstein hat jedem der Häftlinge, insbesondere auch den Nacht- und Nebelleuten, ermöglicht, das Lagerkino und sonstige Veranstaltungen zu besuchen.« Gasch wird sogar konkret: Als der Kommandant von einer Misshandlung gehört habe, habe er dafür gesorgt, dass die Häftlinge im Revier behandelt und die SS-Leute mit Arrest bestraft wurden. Die Prügelstrafe sei bereits am Tag seines Dienstantritts abgeschafft worden. Er wisse das so genau, weil er »an diesem Tag auf den Bock gehen sollte, weil ich Norwegern 1000 Paar Socken aus meiner Kammer gegeben hatte. Meine Bestrafung ist auf Anordnung Hartjensteins unterblieben.« Auch an Bier konnte sich der Zeuge erinnern, das der Kommandant beschafft und »jeden Sonntag« an Häftlinge »als Fleißprämie« ausgeschenkt habe. »Zusammenfassend habe ich folgendes zu erklären: Hartjenstein hat das Menschenmögliche getan, um den Häftlingen ihr Los zu erleichtern. (…) Ich kann ihm menschlich und in seiner Eigenschaft als Lagerkommandant das beste Zeugnis ausstellen.« Soweit die eidliche Aussage. Allerdings findet sich in den Akten auch eine andere Vernehmung von Gasch, in der es zu Hartjenstein heißt: »Wir mussten allerdings die Feststellung machen, dass selbst der beste SS mit der Zeit abstumpft und nur zu oft ohne Befehl zu Misshandlungen überging.« Und dann bestätigt er, dass er selbst heimlich mitangesehen habe, wie »Jüdinnen« zur Gaskammer gebracht und im September 1944 Maquis-Kämpfer erschossen worden seien.

»Den allerbesten Eindruck« hatte auch Karl Geißler, der unter Eid im Amtsgericht Eppingen aussagte. Zunächst habe er, so der Zeuge, im Außenlager Neckarelz erlebt, wie Hartjenstein zusammen mit einem Arzt das Krankenrevier inspiziert und sich nach Küche und Arbeitszeiten erkundigt habe. »Diesen guten Eindruck (…) verstärkte dann noch mein Aufenthalt im Hauptlager Natzweiler (Juli und August 1944).« Dorthin sei er strafversetzt worden, weil er sich in Neckarelz über schlechte Wurst beschwert habe. Hartjenstein habe ihn dann auf die Kommandantur bringen lassen, befragt und später den Lagerführer von Neckarelz versetzen lassen – wegen Verschlechterung der Ernährung und Zunahme der Sterbeziffer. »Auch sonst wurde in Natzweiler, insbesondere von den älteren Lagerhäftlingen, von Hartjenstein nur gut gesprochen. Er galt als anständig.« Als Geißler später als »Lagerältester« nach Neckargartach versetzt worden sei und dort

»sehr ungünstige Verhältnisse« angetroffen habe, habe er sich hilfesuchend in einem »durchgeschmuggelten Bericht« an Hartjenstein gewandt. Die Folge sei gewesen: drei Tage Arrest für den Lagerführer und auf Hartjensteins Befehl hin eine Zuteilung von 1000 Paar Schuhen für die Häftlinge. Auch die Verpflegung sei vorübergehend besser geworden. Und in einem zusätzlichen Schreiben an die Verteidigung schreibt Geißler noch: »H. war ein durch und durch anständiger und sauberer Vorgesetzter, von dem es ausgeschlossen ist, daß er sich an Grausamkeiten beteiligt hat oder dieselben duldete.«

Zeuge Heinz K. lieferte noch am 3. Juni 1954 die Erklärung ab, Hartjenstein sei »sozial eingestellt« gewesen und habe »den Häftlingen ihr Los erleichtert und sich dadurch selbst gefährdet«. K. weiter: »Er hat veranlasst, dass ein Orchester für Häftlinge zusammengestellt wurde.« Er habe auch mal einen SS-Mann einsperren lassen, der im Steinbruch geschlagen habe. Zudem habe er den Häftlingen ermöglicht, berufliche Fachliteratur zu bestellen. Und einmal habe er »Mirabellenschnaps an Schwerarbeiter verteilt«. Bei Zeuge Alfons A. klingt das am 11. Juni genauso. Kranke Häftlinge habe Hartjenstein nach Straßburg zum Arzt bringen lassen. Zeuge Willy K. erinnerte zudem daran, dass Hartjenstein chaotische Verhältnisse übernommen habe. Er könne »für die Missstände in Natzweiler nicht verantwortlich gemacht werden«. Nach allgemeiner Stimmung im Lager »galt H. als anständiger Kommandant.« Und dann behauptet K. auch noch, was Verteidiger Siegmann, wenn er denn seinen Trumpf ziehen würde, gut gebrauchen konnte: Es sei im Lager »allgemein bekannt gewesen, dass er als dienstuntauglicher Frontoffizier gegen seinen Willen die Stelle als Lagerkommandant übernehmen musste«.

Aus Celle meldete sich der Zeuge Adolf St. zu Wort: »Ich kann wohl sagen, dass, seitdem H. Lagerkommandant war, im Lager Ordnung herrschte. Und die Häftlinge menschlich behandelt wurden.« Und weiter: »Ich habe nie gesehen, dass H. sich an irgendwelchen Häftlingen vergriffen hat. Es war im Gegenteil streng verboten, Häftlinge anzufassen, zu schlagen oder zu misshandeln. Stockschläge waren damals schon abgeschafft. Unter seiner Führung wurden Kantine, Prämiengutscheine für gute Führung und Ehrenhäftlinge eingeführt. Öffentliche Exekutionen wurden nur aufgrund eines Urteils durchgeführt, das vorher verlesen wurde.«

Auch direkt dem Untersuchungsrichter gegenüber gibt es entlastende Aussagen. Ein Zeuge bestätigte das gemeinsame Biertrinken. Das Fass habe ein Luxemburg-Häftling gespendet. Hartjenstein habe »uns Häftlingen gegenüber die Zügel locker gelassen«, und man habe zum Bier deutsche Lieder gesungen. Der Zeuge weiter: »Aus der Zeit Hartjensteins ist mir kein Fall bekannt, dass SS-Wachen Häftlinge geschlagen oder sonstwie misshandelt haben.« Es sei »selbst im Steinbruch ganz human« zugegangen. Er führe das auf Anordnungen des Kommandanten zurück.

Noch eine ganze Reihe derart positiver Zeugenaussagen findet sich in den Akten. Darunter etliche Zeugen aus der alten Heimat, dem Landkreis Peine, die Fritz Hartjenstein jeweils ziemlich pauschal als »feinen Menschen«, »gläubigen Christen«, »anständigen Soldaten«, ja geradezu als Menschenfreund beschreiben. Auch alte Zeugenaussagen frischt Siegmann wieder auf, darunter Behauptungen, der neue Kommandant habe eine Bibliothek für die Häftlinge eingerichtet und bei guter Führung »Ehrenhäftlinge« ernannt.

Im späteren Prozess sollte die Verteidigung sich noch wünschen, diese Zeugen lieber nicht benannt zu haben. So löste der Hinweis auf »Ehrenhäftlinge« bei Zeugen, Zuhörern und Richtern nur Spott aus. »Ehrenhäftlinge« waren solche, die ohnehin bereits eine besondere Funktion innehatten. Sie durften als einzige Zivilkleidung tragen, mussten sich aber mit einer violetten Binde am Arm selbst kennzeichnen. Zu ihren Privilegien gehörte es sogar, sonntags das Lager zu verlassen und sich im Umkreis von fünf Kilometern frei zu bewegen. Einigen war es gar erlaubt, Haare zu tragen – militärisch kurz natürlich. Robert Steegmann schreibt über das seltene Privileg: »Unter Kommandant Hartjenstein, bei einer Belegstärke von mehr als 6000 Häftlingen, wurde es nur vier Häftlingen zuteil.« Hartjenstein selbst sagte dazu in einer Vernehmung: »Durch diese Geste wollte ich zeigen, dass ich für die Häftlinge Verständnis hatte. Ich wollte zeigen, daß ich nicht die Mentalität eines KZ-Offiziers besaß.«

Es gab auch vorher schon Rückschläge. Aus Niederösterreich antwortete der von Hartjenstein als potenzieller Entlastungszeuge benannte Franz G. auf Siegmanns Bitte um Entlastendes, damit »kann ich Ihnen leider nicht dienen, denn Fritz H. hat sich uns Häftlingen gegenüber nie als Mensch benommen. Ich wäre ein Schurke meinen Mithäftlingen gegenüber, wenn ich für diesen Menschen gut aussagen würde.« Aus Oslo von einem in Natzweiler inhaftierten norwegischen Professor kam sogar Spott: »Die lächerliche Geschichte mit den Ehrenhäftlingen machte uns alle die Frage stellen: Hat doch der Kommandant keine Ahnung, was für Leute Ko., L. und Ka. (die Ehrenhäftlinge, darunter François Kozlik) eigentlich sind.« Und eine Bibliothek, für die Siegmann offenbar um Bestätigung gebeten hatte, »habe ich dort nie gesehen«. Schließlich konnte der Verteidiger froh sein, dass der Zeuge sich nicht direkt ans Gericht wandte: »Die Ermörderung der etwa 300 Franzosen – Frauen und Männer – in den letzten Tagen des August 1944 machte einen tiefen Eindruck auf uns. Dann war wohl auch Hartjenstein der Kommandant und der Verantwortliche für die Durchführung dieser Unmenschlichkeit?«

Meineid. – Doch diese wenigen negativen Aussagen waren ja Petitessen im Vergleich zu dem, was die Belastungszeugen der Anklage dem Struthof-Kommandanten und seinen Männern vorwerfen sollten. Siegmanns entscheidender Trumpf hingegen würde Gewicht haben – ein ganz hohes Tier aus dem persönlichen Stab des Reichsführers SS. Denn Siegmann hatte schon 1949 einen Zeugen gefunden, der die Geschichte von der Zwangsversetzung ins Konzentrationslagersystem mit höchster Kompetenz bezeugen konnte. Bei kritischer Rückfrage würde der zwar auch ein Datum nennen müssen, und es würde auffallen, dass zwischen Disziplinarmaßnahme und Ankunft in Natzweiler mehr als zwei Jahre lagen, aber wenn man im großen Prozess die Zeit in Auschwitz überspringen könnte, dann würde die eidesstattliche Versicherung vom 27. April 1949 Gold wert sein. Sie stammte von Karl Wolff, General der Waffen-SS, als Chef des Stabes beim Reichsführer SS der Verbindungsoffizier von Himmler zu Hitler. Wolff war Obergruppenführer und sollte Hartjensteins Kronzeuge für die Legende der Zwangsversetzung werden. Verteidiger Siegmann beschrieb es in seinem Gnadengesuch zum Rastatter Urteil im Dezember 1949 so: »Wie durch eidesstattliche Versicherung des früheren Generals der Waffen-SS Karl Wolff (…) nachgewiesen werden kann, ist H. im Mai 1944 tatsächlich auf Grund einer disziplinären Maßregelung gegen seinen Willen von der Fronttruppe als Kommandant des KZ Natzweiler nach dort strafversetzt worden.«

Wolff war zum Zeitpunkt seiner eidesstattlichen Versicherung gerade selber erst wieder in Freiheit. Die Briten hatten ihn wegen Mitgliedschaft in einer verbrecherischen Organisation, der SS, zu fünf Jahren Gefängnis verurteilt. Am 6. März war das Urteil aufgehoben worden. Wenn der General aus dem Führerhauptquartier tatsächlich das geschworen hatte, was Siegmann in den Gnadenantrag schrieb, war es ein Meineid. Denn weder wurde Hartjenstein 1944 »von der Front« versetzt – es sei denn, Wolff definierte das KZ Auschwitz als die Front –, noch hätte er das überhaupt wissen können. Wolff war nämlich schon seit Juli 1943 in Italien. Er war von Himmler als höchster SS- und Polizeiführer Italiens eingesetzt worden und spielte bei der Verhaftung Mussolinis am 12. September 1943 durch deutsche Fallschirmjäger eine entscheidende Rolle. Immerhin soll er die von Hitler geplante Entführung Papst Pius XII. hintertrieben haben, weil er Aufstände in ganz Italien befürchtete. Nun also war der einstige Herr Italiens und Beschützer des Pontifex bereit, mit einem Meineid dem vergleichsweise kleinen SS-Mann Hartjenstein zu helfen.

Und noch einer, gar ein Ritterkreuzträger, war angetreten, die Geschichte von der Zwangsversetzung zu bezeugen: Generalleutnant Hans von Ravenstein, einst Kommandeur der 21. Panzerdivision und erster General, der in alliierte Gefangenschaft geraten war. Ravenstein sagte schriftlich aus, Hartjenstein sei »im Januar 1939 zwangsversetzt worden aus dem Kavallerie-Schützen-Regiment«. Aber was sollte eine solche Aussage bewirken? Januar 1939 war Hartjenstein ja überhaupt erst zur SS gewechselt – freiwillig, weil seine zwölf Jahre Militärdienst beendet waren. Und weil der Krieg noch nicht einmal begonnen hatte, passte diese angebliche Zwangsversetzung so gar nicht zu Hartjensteins Erzählung vom geschassten Frontsoldaten. Und weil von Ravenstein schon von 1941 bis 1947 in afrikanischer und britischer Kriegsgefangenschaft gelebt hatte, konnte er zu der Zeit, als Hartjenstein ins KZ kommandiert wurde, überhaupt nichts sagen. Ein Ritterkreuzträger, das hätte Eindruck gemacht, aber auf diesen Zeugen musste wohl oder übel verzichtet werden.

Scheußlichkeiten. – Eingedenk der vielen positiven Zeugenaussagen über Schicksal und Charakter seines Mandanten klangen die Briefe Siegmanns, je näher der große Struthof-Prozess rückte, weiter optimistisch. Diese Stimmung dämpfte im Juni 1953 der Kollege Dr. Lane nach einem Gespräch mit dem französischen Verteidiger Wiltzer. Der Franzose erwarte, »dass wir mit einer sehr erregten Atmosphäre zu rechnen haben werden. Die den Untergebenen von Hartjenstein zur Last gelegten Scheußlichkeiten sind so grauenerregend und so zahlreich, dass sie sich zwangsläufig ungünstig für den Kommandanten auswirken würden, dem die Verantwortung oblag.« Beide Anwaltskollegen standen zudem noch unter dem Eindruck des 1952 gesprochenen Metzer Urteils gegen die beiden Medizin-Professoren Bickenbach und Haagen, die auch noch zu Hartjensteins Zeit Experimente mit Häftlingen im Lager Struthof durchgeführt hatten und dafür schon 1947 bei den Nürnberger Ärzteprozessen verurteilt worden waren. In Frankreich gab es gegen sie dann nochmals eine Verurteilung. Das nahm auch Hartjenstein im Metzer Gefängnis schwer mit. In einem Brief vom 26. Januar 1953 schreibt er, er stehe »unter dem Eindruck von zwei Prozessen«, in denen »zwei deutsche Professoren (…) zu lebenslanger Zwangsarbeit verurteilt wurden«. Weiter: »Während im zweiten Prozess gegen sechs Angeklagte des Lagers Schirmeck zwei zum Tode und die anderen zu 20–5 Jahren Gefängnis verurteilt wurden.« Hartjensteins Folgerung: »Eines ist nun aber ganz klar, dass man sich an den fünf Fingern abzählen kann, was (…) uns damit noch bevorsteht.«

Das war im Januar 1953. Es sollte bis November dauern, ehe das Gericht den Anwälten mitteilte, dass es gedenke, »in der ersten Hälfte 1954« zu tagen. Erst im März 1954 erfuhr Dr. Lane dann während eines Besuchs im Metzer Militärgefängnis den geplanten Termin: 15. Juni 1954. Erwartete Dauer: zwei bis drei Wochen. Den Angeklagten Hartjenstein konnte der Verteidiger bei diesem Besuch nicht sprechen. Der lag im Lazarett und ließ sich erneut »Blasensteine, so groß wie ein Kirschkern«, entfernen. Hinterher beschwerte sich der übellaunige Kranke, dass die Franzosen dem Anwalt einen Besuch im Krankenhaus verweigert hätten. Darauf schrieb Siegmann, der sich um die Stimmung seines Mandanten sorgte, an Hartjensteins Ehefrau, sie solle ihm bis zum Prozessbeginn nur erfreuliche Dinge schreiben, nichts von der Prozessvorbereitung. »Möge er vom Krankenlager bald gestärkt aufstehen.«

Kehrtwende. – Sechs Wochen vor der Verhandlung in Metz griff Verteidiger Siegmann in einem Brief an die Bonner Rechtsschutzstelle abrupt in die so mühsam vorbereitete Verteidigungsstrategie ein. Es war eine Wende um 180 Grad. Er warnte den Kollegen Dr. Lane, der ja in Metz neben dem Angeklagten sitzen würde, vor einigen »m. E. gefährlichen Umständen«, deren Richtigkeit er inzwischen in Gesprächen mit der Ehefrau bestätigt gefunden habe.

»1. Die (...) bedeutsam erachtete Schutzbehauptung Hartjensteins, von der Ostfront strafweise an das KL Natzweiler versetzt worden zu sein, wird am besten verschleiert, weil:

1. H. schon vor seiner Tätigkeit im KL Natzweiler in möglicherweise gleicher Funktion und zwar offenbar schon ab Anfang 1942 im KL Auschwitz tätig gewesen ist. Daher:
2. seine gegenüber der Anklagebehauptung, selbst zwei Frauen erschossen zu haben, aufgestellte Schutzbehauptung, um die für die Tötung dieser Frauen fragliche Zeit (3. bis 5. Juli 1944) zur Feier seines Geburtstages (3. Juli) bei seiner im Elsass wohnhaften Familie gewesen zu sein. Die Einlassung zu diesem Punkt birgt die Gefahr in sich, dass – selbst bei Unkenntnis des Gerichts von der Tätigkeit H.s in Auschwitz – die Frage aufgeworfen werden könnte, warum H.s Familie mit der gesamten Wohneinrichtung ins Elsass in die Nähe von Natzweiler übergesiedelt sei, wenn H. selbst seine ›kurz vorher erfolgte Strafversetzung aus der Ostfront‹ auch nur als zeitlich vorübergehende und absehbare Disziplinar-Maßnahme gehalten haben soll.«

Für den Angeklagten muss es ein Schock gewesen sein, dass ausgerechnet sein einst trautes Heim in den Bergen unweit von Natzweiler ihn gefährden sollte. Dabei hatte seine Frau selbst dafür gesorgt: Schon 1946 hatte sie bei Notar Dahlgrün in Celle eine eidesstattliche Versicherung abgegeben, dass ihr Mann zwischen dem 3. und 5. Juli 1944 seinen Geburtstag im Kreise seiner Familie gefeiert habe – in ihrer Wohnung im Elsass. Damit war die Mär von der zeitlich begrenzten Strafversetzung unglaubwürdig. Und nun hatte die Ehefrau alles noch verschlimmert: Obwohl er sie gebeten habe, Rückfragen bei ihrem Mann zu unterlassen, »muss sie es doch getan haben, denn ich finde soeben eine Notiz von ihr in meinem Dienstzimmer vor, wonach ihr Mann ihr folgendes geantwortet habe: ›es (also Auschwitz) war letzten Endes für mich ebenso Garnisonsstadt wie Braunschweig, Celle, Iserlohn usw., in denen ich als Soldat meine militärischen Aufgaben hatte, die ich überall dort zu erfüllen hatte, wo man mich hinkommandierte. Wie das nun einmal im militärischen Leben gang und gebe ist.‹« Und dann wird Siegmanns Verzweiflung greifbar: »Es ist also H., was ich bislang noch garnicht zu befürchten wagte, vom Untersuchungsrichter offenbar schon zu Auschwitz vernommen worden. Dann aber weiß das Gericht schon um diesen für deutsche Überlegungen schwerwiegenden Umstand.«

In Verklärung

Untermenschen. – Unabwendbarer Befehl zum Töten – so erklärten die Angeklagten ihre Barbarei. Tuberkulose – so erklärte sich der Mitarbeiter der Adlerwerke die vielen, vielen Toten unter den Zwangsarbeitern. Oder Typhus oder die Ruhr oder die Ernährungslage im Allgemeinen … Wie mag sich wohl Friedrich Hartjenstein all die Leiden und all die Toten unter den ihm in Natzweiler anvertrauten Häftlingen erklärt haben? Hatte er ein schlechtes Gewissen? Und was hat er gedacht über die Zigtausenden, die vor seinen Augen in Auschwitz ins Gas gingen? In dem, was in all den Briefen an seine Rechtsanwälte oder jene Dienststellen, die ihn in Kriegsgefangenschaft und Untersuchungshaft unterstützten, aus seiner Feder geflossen ist, findet sich kein Wort der Erklärung. Nirgendwo ein Satz des Bedauerns oder des Mitleids mit den Opfern. Einzig die Bekundung eines reinen Gewissens findet sich in den Akten: Am 19. Juli 1954 schrieb der dreifach zum Tode Verurteilte aus seiner Zelle an den Generalkonsul der Bundesrepublik Deutschland in Paris: »Ich glaube, für mich in Anspruch nehmen zu können, das Beste gewollt zu haben. Ich kann auch heute noch jedem Menschen frei und offen in die Augen schauen, denn mein Gewissen ist rein.«

Auch seine Frau hat – außer der Schilderung der Szene am Küchentisch in Auschwitz-Birkenau – über Gefühle oder gar Mitgefühl ihres Mannes stets geschwiegen; sein Sohn, der ihn als 19Jähriger in der Todeszelle besuchte, ebenso. Die Tagebücher, die er, wie wir von Ellen wissen, in der Zelle geschrieben hat, sind weg, und ein Historiker hat ihn nie im Gefängnis besucht, um ihn zu interviewen. Wenn Werner und du das Denken der KZ-Kommandanten verstehen wollt, müsst ihr euch also an die Aussagen der Kollegen halten. Tom Segev hat mit etlichen gesprochen, und Rudolf Höß hat in seiner Zelle in Krakau viel dazu geschrieben. Das verband ja die beiden zerstrittenen Auschwitz-Kommandanten – der eine wartete in Frankreich, der andere in

Polen auf den Tod. Während Höß aber schon knapp zwei Jahre nach dem Kriegsende hingerichtet wurde und zuvor einen umfassenden Bericht über seine Zeit als KZ-Kommandant abgegeben hatte, starb Hartjenstein erst siebeneinhalb Jahre später, ohne dass eine Erklärung von ihm greifbar wäre.

»Diese Aufzeichnungen umfassen einhundertvierzehn Blätter – freiwillig und ungezwungen habe ich dies alles niedergeschrieben«, notierte Höß im Februar 1947 in Krakau. »Nach dem Willen des RFSS wurde Auschwitz die größte Menschen-Vernichtungs-Anlage aller Zeiten. Als er (Himmler) mir im Sommer 1941 persönlich den Befehl erteilte, in Auschwitz einen Platz zur Menschenvernichtung vorzubereiten und diese Vernichtung durchzuführen, konnte ich mir nicht die geringsten Vorstellungen über die Ausmaße und die Auswirkungen machen. Wohl war mir dieser Befehl etwas Ungewöhnliches, etwas Ungeheuerliches. Doch die Begründung ließ mich diesen Vernichtungsvorgang richtig erscheinen. Ich stellte mir damals keine Überlegungen an – ich hatte den Befehl bekommen – und hatte ihn durchzuführen. Ob diese Massenvernichtung der Juden notwendig war oder nicht, darüber konnte ich mir kein Urteil erlauben, soweit konnte ich nicht sehen. Wenn der Führer selbst die Endlösung der Judenfrage befohlen hatte, gab es für einen alten Nationalsozialisten keine Überlegungen, noch weniger für einen SS-Führer. ›Führer befiehl, wir folgen‹ – war keinesfalls eine Phrase, kein Schlagwort für uns. Es war bitter ernst gemeint. Es wurde mir seit meiner Verhaftung wiederholt gesagt, daß ich ja diesen Befehl hätte ablehnen können (…). Ich glaube nicht, daß unter den Tausenden SS-Führern auch nur einer einen solchen Gedanken hätte in sich aufkommen lassen können. So etwas war einfach ganz unmöglich.« Und über Himmler: »Seine grundsätzlichen Befehle im Namen des Führers waren heilig. An denen gab es keine Überlegungen, keine Auslegungen, keine Deutungen. Bis zur letzten Konsequenz wurden sie durchgeführt und sei es durch bewußte Hingabe des Lebens, wie es nicht wenige SS-Führer im Kriege taten.«

Wie mögen die KZ-Kommandanten sich dabei gefühlt haben? Auskunft gibt die Wiedergabe eines Gesprächs von Höß mit Adolf Eichmann. Höß schreibt: »Ich habe versucht, aus Eichmann dessen innerste, wirkliche Überzeugung über die Endlösung herauszubekommen, mit allen Mitteln. Doch auch in der fortgeschrittensten Alkoholauflockerung – nur unter uns – trat er, besessen geradezu, für die restlose Vernichtung aller erreichbaren Juden ein. Ohne Erbarmen, eiskalt mussten wir so schnell wie möglich die Vernichtung betreiben. Jede Rücksicht, auch die geringste, würde sich später bitter rächen. Dieser harten Konsequenz gegenüber mußte ich meine menschlichen Hemmungen zutiefst begraben. Ja, ich muß offen gestehen, diese menschlichen Regungen kamen mir – nach solchen Gesprächen mit Eichmann – beinah wie Verrat am Führer vor. Es gab für mich kein Entrinnen aus diesem Zwiespalt. Ich mußte den Vernichtungsvorgang, das Massenmorden, weiter durchführen, weiter erleben, weiter kalt auch das innerlich zutiefst Aufwühlende mitansehen.«

Juden seien schließlich »minderwertige Kreaturen« – diese Sicht sei für die Lagerkommandanten »der Schlüssel zu allem« gewesen, schreibt dazu Tom Segev. Und diese Sichtweise habe sich immer wieder selbst bestätigt, denn »je brutaler das System wurde, desto weniger Menschliches hatten für sie die Gefangenen – und desto mehr schien sich die Theorie vom Untermenschen zu bestätigen.« Das sahen laut Segev nicht nur die Kommandanten so, sondern auch ihre Familien. »Das waren ja wirklich nicht Menschen wie wir. Die waren doch so verdreckt«, sagte Ruth Kalder, Amon Göths Witwe, noch 1975. Karl Chmielewski, der Hunderte Menschen mit kochendem Wasser übergossen hatte und sie dabei tötete, empfand selbst vor Gericht noch seine Opfer »nicht als gleichwertige Menschen«. Und Max Pauly ließ seinen Verteidiger vortragen: »Wenn Leuten, deren Gehirnsubstanz eine geringere ist, täglich beigebracht wird, daß alle Menschen, die sich im KZ befinden, entweder rassisch minderwertig sind oder als Volksverderber bezeichnet werden müssen, ja sogar als schuldig daran, daß der Krieg noch dauert, dann ist es ganz natürlich, daß solche Leute es für durchaus in der Ordnung halten, das Leben der ihnen anvertrauten Häftlinge als ebenso minderwertig anzusehen, wie diese Häftlinge ihnen täglich geschildert wurden. Sie glauben schließlich, die Gefangenen genauso umbringen zu können, wie man Wanzen und Flöhe umbringt, die den Menschen nur schädlich sind.«

Franz Stangl, Kommandant des Vernichtungslagers Treblinka, verglich in einem Gespräch mit der britischen Historikerin Gitta Sereney die Gefangenen mit Vieh: Als er einmal im Zug neben einem Schlachthof gestanden habe und die Rinder ins Abteilfenster starrten, habe er gedacht: »Schau dir das an; das erinnert dich an Polen, genauso zutraulich haben die Leute dort geschaut – grad bevor sie in die Konservenbüchsen gingen. – Nachher konnte ich nie Büchsenfleisch mehr essen. Diese großen runden Augen, die mich treuherzig anstarrten, ohne zu ahnen, daß sie nur Augenblicke später alle tot sein würden.« »Sie haben sie also nicht als Menschen gesehen?«, fragte Sereney. Und Stangl darauf: »Das hatte nichts mit Menschen zu tun, das konnte einfach nicht sein. Es war eine Masse, eine Masse vermoderndes Fleisch. Wirth (ein SS-Führer an einer der offenen Tötungsgruben) sagte: ›Was sollen wir mit dem Mist machen?‹ Ich glaub, daß ich da unbewußt begonnen habe, sie als Ware zu betrachten. (…) Ich sah sie kaum als einzelne. Sie waren immer eine riesige Masse.«

Und noch einmal Rudolf Höß, wie er seinem Schwager Fritz Hensel erklärte, was in Auschwitz »Untermensch« bedeutete: »Sieh dir diese Menschen doch an. Sie sind nicht wie wir. Sie sind anders. Sie sehen ganz anders aus. Sie haben kein menschliches Benehmen. Sie tragen Ziffern auf dem Arm. Sie sind hier, um zu sterben. – Du bist hier auf einem fremden Planeten.«

Ob Hartjenstein auch so war? Ob er seine Opfer auch so betrachtete? Er, der in Auschwitz weinend am Küchentisch seiner Frau gegenüber

Abb. 32 Angesichts des Tötens an die eigene Frau und Familie gedacht: Der spätere Auschwitz-Kommandant Friedrich Hartjenstein, hier mit Ehefrau Gustel bei ihrer Hochzeit in Peine im Jahr 1935 (Quelle: privat).

saß? Dazu noch einmal Höß: »Wenn ich so nachts draußen bei den Transporten, bei den Gaskammern, an den Feuern stand, mußte ich oft an meine Frau und die Kinder denken (...). Auch von den verheirateten unter den an den Krematorien oder den Freianlagen Diensttuenden hörte ich (dies) oft. Wenn man die Frauen mit den Kindern in die Gaskammern gehen sah, so dachte man unwillkürlich an die eigene Familie.« Und dann tut er sich selbst leid: »Ich war in Auschwitz seit Beginn der Massen-Vernichtung nicht mehr glücklich.«

Tagebücher. – Auch Hartjenstein hat also Tagebuch geführt in seiner Zelle – über die Vorwürfe, über die Taten, über seine Beteiligung, den Prozessverlauf und seine Verteidigung vor Gericht. Man würde so gern darin blättern. Vielleicht hat er die Wahrheit darin geschrieben – belügt man sein Tagebuch? Vielleicht hat er sich auch selbst etwas vorgemacht, sich selbst entlastet, auf die Schuld anderer verwiesen, auf die Befehle, denen er gehorchen musste, und darauf, dass das mörderische System der SS sich schuldig gemacht hatte auch an ihm. So haben sich nach dem Krieg viele der Kriegsverbrecher zumindest vor dem eigenen Gewissen reinzuwaschen versucht. Aber es wird wohl nie jemand erfahren, was der dreifach Todgeweihte in Frankreich seinen Tagebüchern anvertraute.

Es waren mehrere Hefte, berichtet die Tochter Ellen – zwei dicke Bücher und vier kleine blaue Schulschreibhefte. Die Mutter habe sie ihr anvertraut, ehe sie starb. »Sie glaubte wohl, bei mir seien sie am besten aufgehoben.« Sie habe dann aber doch nie gelesen, was der Vater aufgeschrieben hatte. Vor Scheu? Von der Mutter wisse sie nur, dass die Hefte aus Paris nach Peine gebracht wurden, als der tote Vater 1954 überführt wurde. Vermutlich war es der katholische Geistliche, der sie übergab. Aber auch das ist nicht sicher. Belegt ist, dass Frau Hartjenstein noch 1963 – neun Jahre nach dem Tod ihres Mannes – nach zwei Büchern suchte. Am 10. Februar schrieb sie an die Zentrale Rechtsschutzstelle nach Stuttgart, erbat »die beiden Bücher mit Aufzeichnungen« zurück, die dort liegen müssten, und fragte: »Sind denn noch Menschen in Frankreich? Es könnte einem fast das Herz zerreißen, wenn es so wäre.« Und dann beklagte sie sich über ihre finanzielle Not, »weil man unseren Männern, den SS-Angehörigen, noch immer keine Pension zahlt«. Darauf gab es nur eine kurze Antwort:

Bücher seien nicht zu finden. Auf die anderen Fragen wurde nicht eingegangen. Ob es also ursprünglich acht Bücher oder Hefte waren oder ob die gesuchten Exemplare woanders gefunden wurden, ist unklar. Ellen jedenfalls erhielt sechs Bände. Einer der älteren Brüder habe nach dem Tod der Mutter nach den Tagebüchern gefragt. »Er wollte angeblich eine Biografie unseres Vaters schreiben. Ich hab sie ihm gegeben und nie wiederbekommen.« Sie wisse nur, dass auch der andere Bruder sie zum Lesen bekommen habe. Und als sie schließlich darauf drängte, sie zurückzuerhalten, habe der Älteste ihr gesagt, die Hefte seien vernichtet. Darauf habe der Onkel bestanden, der jüngere Bruder von Fritz. Sie seien also weg, ganz sicher.

Was tun? Die Hefte waren Ellens Eigentum. Aber wie kann sie beweisen, dass es sie je gab, dass sie sie verliehen hat, wann das war und wann sie sie zurückgefordert hat? Rechtsanwälte winken ab. Das sei vor Gericht gar nicht durchsetzbar, nicht einmal die Existenz der Hefte sei ja beweisbar. Und wenn sie wirklich vernichtet sind, was soll das bringen?

Die beiden Söhne kann man nicht mehr fragen. Sie leben nicht mehr. Ehefrau und Tochter des einen und die Kinder des anderen wollen nichts zu tun haben mit dem Thema. Von Tagebüchern wissen sie angeblich nichts. Ihr Mann habe über Konzentrationslager nie gesprochen, so Hartjensteins Schwiegertochter; nicht über Sachsenhausen, nicht über Wewelsburg, nicht über Auschwitz oder Natzweiler. Dabei haben die beiden Jungen mehrere Jahre ihrer Kindheit neben den Stacheldrahtverhauen gelebt, allein in Auschwitz zwei Jahre lang. Dort wuchsen sie unter der Rauchfahne der Krematorien in Birkenau auf, dort wurden sie eingeschult, standen sie stramm in der Hitlerjugend. Sie waren fünf und sieben, als sie nach Auschwitz in die SS-Siedlung zogen, sieben und neun, als das Lager Natzweiler aufgelöst wurde. Kann es sein, dass sie nie in der Familie darüber sprachen, was sie in den prägenden Jahren ihrer Kindheit dort gesehen haben? Und dass der Älteste seinen Vater kurz vor dessen Tod in Paris in seiner Zelle besucht hat, er auf der einen, der Vater auf der anderen Seite der Gitter – auch darüber soll nie gesprochen worden sein? »Er wollte über sowas nicht reden – er hatte Depressionen«, sagt immerhin eine der Hinterbliebenen. Mit dem, was der Vater schriftlich hinterlassen hatte, wollte sich offenbar auch niemand beschäftigen. Es wurde einfach vernichtet. »Es ist nichts mehr da vom Vater. Lass die braunen Sachen ruhen«, habe die Schwägerin ihr gesagt, berichtet Ellen.

»Selbst mein Bruder hat mich schon verleugnet«, erinnert sich Ellen. Einmal sei sie uneingeladen bei der Feier eines runden Geburtstages aufgetaucht. Da hätten die Gäste gestaunt, dass er überhaupt eine Schwester hat. Weder zur Beerdigung des einen noch zu der des anderen Bruders war sie eingeladen. »Der ältere hat mich mal linke Bazille genannt.« Warum? Nur weil sie nicht so wie die Brüder die Vergangenheit verdrängen wollte? Dabei habe sie eigentlich gar nicht viel gewusst – von Auschwitz nur das, was man darüber lesen konnte, von Natzweiler eigentlich gar nichts. Kein Wunder, dass die Verwandtschaft gar verhindern wollte, dass man sie findet. »Ich möchte gern einmal nach Auschwitz, auch wenn mir jetzt schon der Gedanke daran die Luft abschnürt. Aber vielleicht kann ich dann mal einen Abschluss finden.« Und es ärgert sie noch heute, dass sie damals, als Mutter ihr die Tagebücher gab, sie nicht gleich gelesen hat. Jetzt sind sie weg.

Klassenarbeit. – Erhalten hingegen ist die Erinnerung daran, wie sehr das Schicksal der deutschen Kriegsgefangenen damals die Menschen in Nachkriegsdeutschland beschäftigte – auch schon die Kinder. Oder wie sie instrumentalisiert wurden, müsste man heute eher sagen, wie die NS-Zeit also schon bald verklärt wurde. Der Koblenzer Akte liegt ein Schreiben der Zentralen Rechtsschutzstelle vom 7. Juli 1954 an die Lehrerin »Fräulein Grete Pölert« bei. Sie war Pädagogin an der Volksschule Groß Ilde, heute ein Ortsteil von Bockenem am Harz, und sie hatte eine ganz besondere Klassenarbeit initiiert: Ihre Schüler von Klasse eins bis sechs betreuten den zum Tode verurteilten Fritz Hartjenstein, schrieben ihm Briefe in die Todeszelle und sammelten noch kurz vor Beginn des neuerlichen Prozesses Unterschriften für seine Begnadigung.

Die Groß Ilder Lehrerin musste ihren Schulkindern nach den Sommerferien 1954 freilich eine traurige Botschaft der Rechtsschutzstelle mitteilen: »Es hat sich leider bewahrheitet, dass der von Ihrer Klasse betreute H. zum Tode verurteilt wurde. Es wurden eine ganze Reihe Entlastungszeugen zur Hauptverhandlung entsandt, die auch günstig für Herrn H. ausgesagt haben.« Das habe jedoch nicht ausgereicht: »Wir bitten Sie, Ihrer Klasse die Versicherung zu geben, dass für H. auch weiterhin alles getan wird, was möglich ist.«

Abb. 33 Verklärung der eigenen Jugend im Deutschland der Nationalsozialisten: Aufmarsch der BDM-Gruppen in Peine. Das Foto entstand etwa 1938 oder 1939, aufgenommen von dem Peiner Hobbyfotografen Friedrich Stephan (Quelle: Friedrich Stephan)

Hitlerjugend. – Du hast Werner mehrfach nach seiner Jugend im Nazideutschland gefragt. Die Zeit in der Hitlerjugend? Hat er noch als Flakhelfer Posten schieben müssen am Herzberg oder Luhberg, wo die Flakbatterien und die großen Scheinwerfer gegen die Bomber standen, die sich an der von Opa Brennecke so verhassten Autobahn Richtung Braunschweig, Magdeburg und Berlin orientierten? War er beeindruckt von den Aufmärschen der Braunhemden durch seine Heimatstadt, vorbei am Wohnhaus der Familie in der Haupteinkaufsstraße? Hat ihm die Zeit in der Hitlerjugend gefallen, hat sie ihn beeindruckt, und wie denkt er heute darüber? Werner ist stets ausgewichen. Daran mochte er sich nicht erinnern, oder er wollte zumindest nicht davon erzählen. »Reden wir ein andermal darüber.« Und schnell war er wieder in der Studentenzeit in Göttingen, bei seinen US-amerikanischen Kommilitonen, den Demos gegen die Wiederbewaffnung und beim Jazz, bei seinem Klavierspiel, das ihm die Tante, die Frau des verurteilten Benzinbeschaffers, des Synagogen-Brandstifters, beigebracht hatte.

Natürlich war auch Werner in der Nazijugend gewesen. Das erfährst du aber erst nach seinem Tod. Seine Kinder haben kartonweise seine Sammlungen aus dem Büro entsorgt. Darunter finden sich auch einige Blätter aus seiner eigenen Jugend – seiner Hitlerjugend: »Jungvolkjungen sind hart, schweigsam und treu. Jungvolkjungen sind Kameraden. Der Jungvolkjungen Höchstes ist die Ehre.« So stand es in dem kleinen Heftlein des »Hdf. Werner H…, Jungzug 2, Seydlitz, Fähnlein Friedrich der Große.« Werner hat das Heft aus seiner Zeit als »Hordenführer« – immerhin schon kein Pimpf mehr – vernichtet. Er wollte mit der Hitlerjugend offenbar nichts mehr zu tun haben. Nur die ersten beiden Seiten, auch die mit den »Führerworten«, hat er herausgerissen und aufgehoben. »Wenn wir wieder ein Deutschland der Treue gewinnen wollen, so müsst ihr selbst lernen treu zu sein«, ließ Hitler in die Heftchen der Kinder schreiben. »Ihr seid das Deutschland der Zukunft, und wir wollen, daß ihr so seid, wie dieses Deutschland der Zukunft sein soll und sein muß.« Das also war das Deutschland, an das Werner nicht mehr denken wollte.

Andere sind da anders. Zum Beispiel jene Lehrerin, die im kleinen Groß Ilde 1954 ihre Schüler der ersten sechs Klassen dazu gebracht hatte, sich für den verurteilten Kriegsverbrecher Fritz Hartjenstein einzusetzen. An ihrem Lebensende schrieb sie ein Buch mit dem Titel »Rad des Lebens«. In ihren Erinnerungen auch ein Kapitel zur »Hitlerjugend«. Da hört man auch bei der schon über 80-jährigen früheren Lehrerin und Mutter von sechs Kindern noch den Stolz auf ihre Führerschaft in der Nazijugend heraus: »Natürlich war ich Jungmädelführerin, alle, die wach und aufgeschlossen waren, wurden es. Es waren die Besten und Begabtesten unseres kleinen Landes, die uns führten und zu Führerinnen ausbildeten, die Nachdenklichsten und Klarsten, die mir Leitbilder wurden. So geriet ich in den Kreis, in dem ich wachsen konnte, aus meinem engen Milieu heraus, auf ein helles Geistesleben zu. Natürlich marschierten wir singend durch Städte und fanden nichts Anstößiges dabei. Natürlich trugen wir stolz unsere Dienstkleidung mit Kordel als Rangabzeichen und liebten unser Deutschland über alles, ich liebe es noch immer! Es gab eine Kameradschaft und Opferbereitschaft, die ich nie wieder in dem Maß gefunden habe. Wir waren auch bereit, zu sterben für Deutschland oder im Einsatz für andere. Es war auf jeden Fall die selbstloseste und idealistischste Zeit in meinem Leben. Von der Politik allerdings hatte ich keine Ahnung, mir scheint, die wenigsten hatten eine. Vielleicht war eine Absicht dabei, dass wir ›Reine Toren‹ bleiben sollten?« So schreibt noch 2009 eine 81-Jährige über die Zeit, in der sechs Millionen Juden ermordet wurden und viele Millionen weitere Menschen in einem sinnlosen Krieg ihr Leben verloren. Diese Zeilen sind dann auch schon alles. Mehr aus der so heroischen NS-Zeit kommt nicht vor, auch nicht ihr vergeblicher Kampf für das Leben Fritz Hartjensteins.

Abb. 34 Aufmarsch der Nationalsozialisten vor Werners Wohnhaus in Peine: Dies war der Blick aus Werners Elternhaus auf die Breite Straße, durch die in der Nazizeit die SS durch die fahnengeschmückte Stadt marschierte (Quelle: Friedrich Stephan).

Herrenmenschen. – Ob die damals 25-jährige Lehrerin, die sich so für einen Todeskandidaten engagierte, ihren Kindern wohl auch berichtet hat, was einen Tag nach dem Brief der Rechtsschutzstelle, also am 8. Juli 1954, in der Wochenzeitung Die Zeit über das neuerliche Todesurteil geschrieben stand? Es war immerhin die spätere Herausgeberin des Blattes, die »mutige und streitbare Journalistin« Marion

Gräfin Dönhoff, die über die in Metz zum Tode verurteilten »Sechs Herrenmenschen« schrieb. Dem Text ist anzumerken, dass sie nicht mit im Gerichtssaal saß; offenbar hat sie mit Prozessbeteiligten gesprochen; Namen der Angeklagten werden nicht erwähnt. Sie nennt sie nur »Lagerleiter und Funktionäre des KZ-Lagers Struthof«. Und so ist unbekannt, ob es wirklich der Ranghöchste unter ihnen war, der Obersturmbannführer und Kommandant Fritz Hartjenstein, der im Gericht aufstand und diese Worte sagte: »Wenn ich irgend etwas dafür tun kann, den Hass gegen die Deutschen zu besänftigen, so will ich gern dafür den Tod erleiden.« Der Präsident des Gerichts sei dem so ritterlich daherkommenden Angeklagten aber sofort in die Parade gefahren: »Es stimmt nicht, dass Sie hier als Deutscher sind. Sie sind hier als Verbrecher. Reden Sie sich und anderen nicht ein, dass wir hier Deutschland den Prozess machen.« Und Dönhoff schreibt dazu: »In der Tat sind die Verbrechen, die dort vor dem Metzer Tribunal wie Fernaufnahmen von einem fremden Mond und dessen grauenerregenden Kreaturen abliefen, so widerwärtig, daß niemand sich wünschen kann, mit ihnen identifiziert zu werden.«

Die Zeugen, so der Bericht, hätten von »immer dem gleichen qualvollen Leben und Sterben, bei dem nur die Todesart variierte«, berichtet. Neun Zehntel der im Lager Umgekommenen seien an Entbehrungen gestorben, ein Zehntel durch Gewalt: »Genickschuss, Gaskammer, Erhängen am Galgen oder an einem der drei großen Fleischerhaken, die im Krematorium angebracht waren, aus dessen Schornstein bei vollem Betrieb die Flammen meterhoch schlugen. Aus Zweckmäßigkeitsgründen war an diese Wärmequelle die Wasserheizung angeschlossen, so daß, wenn genügend Leute umgebracht worden waren, heiß geduscht werden konnte.«

Die meisten der Angeklagten, so die Zeit-Autorin, seien »ganz primitive Menschen«. Viele hätten »während des Krieges nie andere Kugeln pfeifen hören als die, mit denen sie ihre Opfer ins Jenseits beförderten. Sie kannten nur die Denk- und Lebensweise des KZ, hielten die Vorstellung vom Herrenmenschen und dem auszumerzenden Untermenschen für die einzig echten Kategorien und hatten (…) nur noch die Reaktion des Schlächters in einem Schlachthaus, der ja auch nicht mehr empfindet, daß er ein Tier tötet.« Solche Leute habe es wohl zu allen Zeiten gegeben, »aber daß aus solchen potentiellen Verbrechern nicht nur Gelegenheitsverbrecher werden, sondern daß man sie in die vermeintliche Elite als Führer eingliedert und ihnen unbeschränkte Macht gibt, das allerdings ist nur in totalitären Regimen möglich, die ihre eigene Weltanschauung an die Stelle ewig gültiger Gesetze setzen. Sind diese erst einmal preisgegeben, dann stellen sich rasch neue Vorstellungen ein über das, was lebenswert und todeswürdig ist.«

Einer der Angeklagten habe seinen siebenjährigen Sohn dazu angehalten, mit Steinen auf Vorübermarschierende zu werfen, damit er sich rechtzeitig daran gewöhne, dass Häftlinge keine Herrenmenschen sind. Hartjensteins Söhne waren sieben und neun, als sie mit dem Vater, dem Kommandanten, und der Mutter von Auschwitz kommend in die Kommandantenvilla des Struthofes zogen. Die liegt idyllisch in einem großen Garten mit Schwimmbad am Hang zwischen Arbeitslager und Krematorium. Wie mögen die Jungen hier ihre Zeit verbracht haben? Als Steinewerfer oder mit dem angelernten Steinewerfer als Spielkamerad?

Abb. 35 Nur für kurze Zeit Heimstatt der Familie: Die Kommandantenvilla am Struthof war einst ein luxuriöses Ferienhaus eines Straßburger Bankiers. Hartjensteins Frau und Kinder zogen 1944 aber bald ins nahe Wildersbach (Quelle: Jürgen Gückel).

Dönhoff weiter: »Die Verurteilten haben immer wieder darauf hingewiesen, daß sie auf höheren Befehl gehandelt haben und daß sie selbst erschossen worden wären, wenn sie nicht, wie ihnen befohlen, gemordet, geschlagen und gefoltert hätten. Mag sein. Aber ist es wirklich so viel leichter, in Stalingrad zu sterben – was zweifellos jeder von ihnen, wäre er dort eingesetzt worden, ohne zu klagen getan hätte – als sein Leben zu lassen, um nicht zum Verbrecher zu werden? Denn die Möglichkeit zwischen Gut und Böse zu unterscheiden, die kann man den Menschen doch wohl nicht absprechen.«

Botschaftsbericht. – Soweit also eine Pressestimme, die sich an die breite, zumindest an die interessierte Bevölkerung richtete. Was die deutschen Behörden offiziell zum »Gruppenprozess KZ Struthof« erfuhren, hat der Diplomatische Vertreter der Bundesrepublik in Paris, Dr. Hausenstein, für das Auswärtige Amt in zwei langen Protokollen zu Papier gebracht: »Am 15. Juni 1954, 9 h vormittags hat die Hauptverhandlung (…) vor dem Gericht der bewaffneten Streitkräfte in Metz gegen 83 Angeklagte begonnen, von denen sich 16 in Untersuchungshaft befanden; fünf weitere Angeklagte, denen vorläufige Freilassung nach Deutschland bewilligt worden war, sind freiwillig zur Verhandlung erschienen. Den Vorsitz (…) führt Kammerpräsident Franck. Als Beisitzer gehören dem Gericht zwei Generale und vier Obersten an. (…) Die Verteidigung liegt in Händen von zehn französischen Anwälten und vier deutschen Anwälten sowie Amtsgerichtsrat Siegmann, Peine.«

Ergänzend hält Botschaftsvertreter Dr. Guttmann in einer Notiz fest, er habe als diplomatischer Vertreter längere Aussprachen mit Präsident Franck und dem Chefankläger gehabt. »Beide zeigten sich ihm gegenüber aussergewöhnlich liebenswürdig.« Weiter berichtet er, dass die freiwillig angereisten Angeklagten zu ihrem eigenen Schutz festgenommen und ins Gefängnis gebracht wurden, und zwar »aus Gründen der persönlichen Sicherheit« und »nicht als unfreundlicher Akt«. »Mit Rücksicht auf die gespannte Atmosphäre in Metz anlässlich dieses Prozesses war es tatsächlich angezeigt, die Angeklagten nicht auf freiem Fuß zu belassen. (…) Bisher ist die Verhandlung dank der hervorragenden Persönlichkeit des Präsidenten in völliger Ruhe und Würde verlaufen. Die französische Presse ist durch etwa 20 Journalisten vertreten; von deutscher Seite ist ein Vertreter der deutschen Presseagentur anwesend.«

So ruhig sollte es nicht bleiben. Im weiteren Verlauf, so wiederum Hausenstein im nächsten Bericht, sei durch die Schilderung »grauenhafter Misshandlungen und Tötungen« durch die Belastungszeugen »eine äußerst gespannte Atmosphäre« entstanden. Die französischen Verteidiger seien aus dem Zuschauerraum mit beleidigenden Zurufen bedacht worden, »so dass sich der Präsident veranlasst sah, eine Delegation der Déportierten zu sich zu bitten und sie zur Ruhe zu ermahnen«. Es sei bei der Vernehmung eines ehemaligen deutschen Häftlings dann zu einem Handgemenge mit einem der Angeklagten gekommen, sodass die Polizei eingreifen musste und die Verhandlung unterbrochen wurde. Und dann schreibt der Berichterstatter, was Siegmann besonders belastet haben muss: »Entgegen der Erwartungen waren die Erklärungen der von der Verteidigung geladenen Entlastungszeugen durchaus nicht immer günstig für die Angeklagten, sondern hinterließen vielmehr einen schlechten Eindruck.«

Fahrradunfall. – So diplomatisch wie der der Botschaftsvertreter fiel der Bericht des Prozessbeobachters für die Zentrale Rechtsschutzstelle in Bonn, Rechtsanwalt Hardow, nicht aus. Was die Entlastungszeugen angeht, ist er eher vernichtend: Der Präsident habe die »Hauptkrakeeler« unter den Zuhörern zunächst zu sich bestellt und sie aufgefordert, abzureisen, was diese auch überwiegend taten. Die Entlastungszeugen habe Franck zunächst nach ihren genauen Funktionen gefragt, und da einige Körperbeschädigte unter ihnen waren, habe er wissen wollen, ob sie im Lager zu Invaliden geworden seien. Zwei der Zeugen hätten daraufhin behauptet, sie hätten Fahrradunfälle erlitten. Die Vernehmung dieser beiden Zeugen sei schnell beendet worden, weil die Aussage sehr nach Verabredung ausgesehen habe. Ein dritter Zeuge sei fast blind und sehr stupide gewesen. Er wollte Hartjenstein entlasten. Der Präsident hätte ihn aufgefordert aufzustehen und Hartjenstein in den Reihen der Angeklagten zu bezeichnen. Da der Zeuge nicht in der Lage gewesen wäre, auf diese Entfernung hin Hartjenstein zu erkennen, hätte der Präsident die Vernehmung abgebrochen mit den Worten: »Sie kennen ja den Angeklagten überhaupt nicht.« Auch bei den übrigen Zeugen hätte der Präsident »den Aussagen die Plattform der Glaubwürdigkeit entzogen, sie bagatellisiert, den Zeitpunkt in Frage gestellt, die Zeugen zur geistigen Null gemacht und mit anderen Worten schnell abgefertigt. Die Vernehmungen seien nur so durchgepeitscht worden.« Selbst die Aussagen von Rechtsanwalt Roth, Rastatt, hätten nicht wesentlich zur Entlastung der Angeklagten beitragen können; sie seien »für einige Angeklagte ungünstig gewesen.« Und als dann der Anklagevertreter einige dieser Entlastungszeugen befragt habe, seien diese »damit zu Belastungszeugen geworden«.

»Abschließend betont RA. Hardow zu den Zeugenvernehmungen:

a) die Zeugen seien dem geistigen Format des Präsidenten in keiner Weise gewachsen gewesen,
b) bei einzelnen Angeklagten hätte sich die Situation durch Zeugenaussagen gebessert,
c) den übrigen Angeklagten, die von den Entlastungszeugen belastet worden wären, hätten diese Aussagen nicht mehr geschadet, da sie ohnehin schon so stark belastet waren, daß eine Rettung nicht mehr möglich war.«

Einzig Hartjensteins wichtigster Entlastungszeuge Ziegler aus Mannheim, der mit seiner Aussage die Exekution des britischen Fliegers im Lager widerlegen sollte, konnte nicht vernommen werden. Er war zwar angereist, dann aber über Nacht verschwunden. Es wurde vermutet, dass er bedroht worden sei. Der Zeuge habe aber dem Präsidenten einen Brief geschrieben und sich für sein Verschwinden entschuldigt.

Zum Plädoyer von Hartjensteins Verteidiger Wiltzer bemerkt der Berichterstatter lediglich: »nur auf der Oberfläche. In seinem Plädoyer wie in seinem ganzen Wesen ruhelos«. Von den deutschen Verteidigern habe keiner gesprochen. Die Schlussworte der Angeklagten hätten nur »sehr gut und sachlich« das wiedergegeben, was mit den Verteidigern besprochen war. Das Verhalten der Angeklagten habe im Laufe der drei Wochen eine Wandlung durchgemacht: In der ersten Woche »frech und brutal«, in der zweiten »hätten sie einiges zugegeben, sich aber darauf berufen, daß sie auf Befehl gehandelt hätten«. In der dritten Woche dann seien sie »aufgeschlossen« gewesen.

Sympathien. – Das Urteil fiel am 2. Juli, einen Tag vor Hartjensteins 49. Geburtstag: Von 8.30 Uhr bis 19 Uhr sei beraten worden – viel zu wenig Zeit, wie die Verteidiger später beklagten, um in elf Stunden 8700 Fragen durchzuarbeiten. Um 19.30 Uhr war Urteilsverkündung. Sechs der Angeklagten, darunter der Kommandant, wurden zum Tode verurteilt. Die Verteidiger kündigten sofort einen Antrag auf Kassation an. Nach Anwalt Hardows Einschätzung war die Situation für alle Verurteilten »äußerst ernst«. Aber: »Vielleicht könnte Hartjenstein gerettet werden, da er nach Ansicht der Verteidiger in der Beweisaufnahme persönlich nicht belastet wäre. (…) Es sei bei Hartjenstein erwiesen, daß er bei der Tötung der Mitglieder der Alliance nicht dabei war. Aber auch für Hartjenstein könne keine Prognose gestellt werden. Die französischen Verteidiger hätten eindeutig die Meinung vertreten, daß das Todesurteil an allen vollstreckt würde.«

Nicht ganz so düster liest es sich im Bericht des Botschaftsrates: Trotz der gerade ausgesprochenen Todesstrafe habe es der Regierungskommissar Oberst Thinièr für möglich gehalten, Hartjenstein zu retten. Er wolle dessen Begnadigung befürworten. Dr. Guttmann notiert weiter: »Bei sechs der anwesenden Angeklagten, die zum Tode verurteilt wurden, war bis auf Hartjenstein von Anfang mit einem Todesurteil zu rechnen. Über die Frage ob Hartjenstein mildernde Umstände zugebilligt werden können, soll unter den Richtern eine heftige Diskussion stattgefunden haben, da einige der Offiziersrichter offensichtliche Sympathie für Hartjenstein hatten. Wenn das Todesurteil trotzdem gefällt wurde, so sprach hierbei sicherlich die Rücksicht auf die erregte öffentliche Meinung eine entscheidende Rolle.« Verteidiger Lane wollte es später sogar noch genauer wissen: Die geheime Abstimmung der Richter habe zunächst ein denkbar knappes vier zu drei für ein Todesurteil gegen Hartjenstein ergeben, notiert er in seine Akte. Erst nach dem heftigen Streit sei mit fünf zu zwei abgestimmt worden. Er zieht daraus den Schluss: »Begnadigungschancen günstig!«

Freischießen. – Und die Peiner? Was haben die Peiner über ihren in Frankreich verurteilten Mitbürger erfahren? Die drei ersten Verfahren waren ja praktisch verborgen geblieben. Im Juni 1946, als die beiden Urteile der britischen Militärjustiz in Wuppertal gefällt wurden, gab es in der Stadt an der Fuhse noch gar keine Tageszeitung. Die Hannoversche Neue Presse, die einen kleinen Peiner Lokalteil hatte, startete erst im Juli 1946. Auch zur Zeit des Rastatter Urteils am 1. Februar 1947 existierte die Heimatzeitung noch nicht wieder. Erst 1949 ging die Peiner Allgemeine Zeitung wieder in Druck. Das Urteil vom 2. Juli 1954 aber schlug sich in der Heimatzeitung Hartjensteins tatsächlich nieder – als kleine Meldung im überregionalen Teil, immerhin aber auf Seite 1. Aufmacher dieses Tages war die »neue Auseinandersetzung mit Frankreich über EVG«, also der Streit um die geplante europäische Armee. »Scharfe Sprache gegen Paris«, lautete die Schlagzeile des EVG-kritischen Aufmachers, während im Lokalteil ein langer, mit »Peine in froher Erwartung« überschriebener Text sich ausgiebig dem lokalen Schützenfest widmete.

»Sechs Todesurteile in Metz

ap. Metz, 2. Juli

Im Prozess gegen die Lagermannschaften des ehemaligen Konzentrationslagers Struthof im Elsaß hat das französische Militärgericht in Metz am Freitag sechs Todesurteile gefällt. Zum Tode verurteilt wurden der vierte Kommandant des Lagers, der 49 Jahre alte Fritz Hartjenstein aus Peine, der stellvertretende Lagerdirektor Albert Fuchs aus Kehl, der stellvertretende Lagerverwalter Robert Nitsch aus Raasz in der Tschechoslowakei, Herbert Oehler aus Dieringhausen, Wolfgang Süß (gemeint ist Seuß) aus Nürnberg und Franz Ehrmanntraut aus Worschweiler. Am Freitag wurde den Angeklagten das Schlußwort erteilt. Der Angeklagte Ehrmanntraut, gegen den von der Anklage die Todesstrafe gefordert worden ist, rief das Gericht dazu auf, sich in die Lageratmosphäre zu versetzen, bevor es das Urteil spreche. Der letzte Leiter des Lagers, Hartjenstein, wies darauf hin, daß er nur vor der Wahl gestanden habe, die aus Berlin kommenden harten Befehle durchzuführen oder selbst hingerichtet zu werden. Der Verteidiger Hartjensteins betonte die Tatsache, daß der Angeklagte 1946 und 1947 schon zweimal vor britischen und französischen Gerichten gestanden habe, die ihn zuerst zum Tode, später aber zu einer geringen Freiheitsstrafe verurteilt hätten.«

Die Peiner Zeitungsleser konnten es also wissen. Haben sie auch darüber gesprochen? Wohl kaum. Die Lokalzeitung vertiefte das Thema nicht mehr. Und am Tag darauf war die Welt eine ganz andere: Rahn schießt, Rahn schießt alles Interesse an den Verbrechen der NS-Zeit in den Himmel über Bern. »Die Fußballsensation des Jahrhunderts« titelte die PAZ am Montag. Das »Wunder von Bern«, jenes 3 : 2 gegen Ungarn bei der Fußballweltmeisterschaft, verdrängte selbst das Peiner Freischießen, das wichtigste Fest der Stadt, weitgehend als Thema – außer vielleicht, dass jetzt feststand: »Neue Bürger stellen den Bürgerkönig«. Mit einem Todgeweihten in Frankreich wollten sich die ausgelassen feiernden Peiner Schützen-Korporationen mitten im Freischießen und im Fußball-Jubel aber gewiss nicht beschäftigen.

Blasensteinkrise. – Und dann noch ein Tiefschlag – schon wieder die Blase: Hartjenstein war ja bereits mehrfach operiert worden. Am Ende sollten es sieben Blasenoperationen sein. Den letzten längeren Lazarettaufenthalt hatte er gut überstanden, sodass er dem dreiwöchigen Prozess hatte folgen können. Während der Hauptverhandlung hatte Siegmann die Ehefrau des Angeklagten laufend unterrichtet – auch über den Gesundheitszustand. In der Heimat herrschte da noch Optimismus. Am 25. Juni antwortete Ehefrau Hartjenstein dem in Metz weilenden Anwalt: Sie sei »sehr zufrieden, besonders über den gesundheitlichen Zustand meines Mannes. Er ist und bleibt eben ein alter Soldat in jeder Weise.« Sie legte dem Brief 10 Mark bei, »damit er sich nach der Sitzung mal eine Dose Würstchen warmmachen kann«. Er solle sich ein paar Trauben dazu kaufen. Und dann spekuliert sie: »Was mich bedrückt, sind die vielen Belastungszeugen. Wenn man die Sache bei uns hätte, würde man auch noch mehr Entlastungszeugen bekommen.« Das war vor dem Urteilsspruch. Das dritte Todesurteil muss die bei diesem Prozess erstmals daheim gebliebene Gattin schockiert haben.

Während also seine Anwälte sich nach dem Richterspruch nun daran machten, die Begründungen für den Kassationsantrag zu schreiben und zugleich einen Begnadigungsantrag zu stellen, musste der Inhaftierte erneut ins Krankenhaus. Am 6. August schrieb er Siegmann aus dem Spital Ben-Secours, er liege dort »mit wieder sehr schwieriger Blasensteinkrise«. Zu Hause gab sich Verteidiger Siegmann in Dankesbriefen an seine juristischen Mitstreiter zwar zerknirscht über den Ausgang des Prozesses, schwärmte aber ansonsten vom schönen Paris, das er nach den Wochen in Metz auch noch besucht hatte und wohin seine Frau vorausgereist war. »Meiner Frau ging es nach wenigen Tagen blendend.« Siegmann war quasi noch in den Flitterwochen – er hatte nach dem Tod seiner ersten Frau gerade wieder geheiratet.

In tiefer Sorge hingegen steht am 23. September Auguste Hartjenstein in seinem Dienstzimmer, was er noch am selben Tag auch der Zentralstelle in Bonn mitteilt. Die Ehefrau habe eine Benachrichtigung eines Anstaltsgeistlichen aus Metz erhalten. Ihr Mann sei schwer erkrankt. Vor vier Wochen, also bald nach dem Urteilsspruch, sei er erneut an der Blase operiert worden. Die OP sei zwar gut verlaufen, er habe danach aber Sumpffieber bekommen, was er auch während des Krieges bereits einmal gehabt habe. Es stehe nicht gut um ihn. Die Antwort aus Bonn erfolgte umgehend: Siegmann solle sofort Pfarrer Friedrich anschreiben und um genauere Auskunft bitten. Mittel für eine Reise der Ehefrau zu ihrem erkrankten Mann stünden nicht zur Verfügung. Es sei aber sofort ein entsprechender Antrag an das Vertriebenenministerium gestellt worden.

Coronaverabredung. – Auch Werner hatte eine Blasenentzündung. Du hast nichts davon gewusst. Seit das Virus in der Welt ist und der erste Lockdown verhängt wurde, habt ihr nur noch telefoniert. Du wolltest ihn schützen – jetzt machst du dir Vorwürfe. Auf Besuche habt ihr aus Angst vor Ansteckung verzichtet. Werner ist 89 und geschwächt – gefährdeter kann man kaum sein. Über das, was du zusammengetragen hast, hast du ihn am Telefon unterrichtet. Was er gesammelt hatte und was wichtig war, hat er dir längst mitgegeben. Du hast auch endlich die Beerdigungsansprache des Pfarrers Friedrich bei der Bestattung seines Onkels Fritz bekommen. Du wolltest ihm eine Kopie bringen. Dann hast du sie ihm nur am Telefon vorgelesen. Inzwischen war das Bild, das die Dokumente aus den verschiedensten Archiven in ganz Deutschland ergeben, fast vollständig. Eure Verabredung, »gleich nach Corona« mit dem Schreiben dieses Buches zu beginnen, war so vage wie die des braven Soldaten Schwejk: »nach dem Krieg um halb sechs«.

Dann hast du ihn nicht mehr ans Telefon bekommen. Eine gemeinsame Freundin wusste mehr. Die Entzündung hat ihn geschwächt, und er ist in seiner Wohnung gestürzt. Eine Nichte hat ihn gefunden und ins Krankenhaus gebracht. Niemand darf ihn besuchen, nicht einmal die Nichte oder seine Kinder – Pandemiezeiten. Weil niemand außer ihm wusste, welche Medikamente er in welcher Dosierung nimmt, hat sich sein Zustand verschlimmert. Er ist verwirrt, aggressiv. Und sein Hausarzt, der hätte helfen können, liegt selbst im Krankenhaus und ist nicht ansprechbar. »Nach Corona« bekommt für euch eine ganz andere Bedeutung. Jetzt hoffst du auf seine Heilung, seine Hilfe, auf euer Treffen – nach Corona. Drei Wochen später gilt Werner als genesen; die Entzündung weg, medikamentös neu eingestellt. Er wird sogar bereits formal entlassen, soll in der Klinik nur noch die ihm verschriebene krankengymnastische Anwendung bekommen, damit er wieder mobil wird. Er muss sich, wie einst sein Onkel Fritz, wie begnadigt gefühlt haben. Der Physiotherapeut hat ihn kaum begrüßt, da klagt Werner über Schwindel. Als der Krankengymnast mit einem Arzt zurückkehrt, ist Werner schon nicht mehr am Leben.

Knapp zwei Jahre lang habt ihr gemeinsam an seiner Familiengeschichte geforscht. In dieser Zeit ist das Verhältnis des einstigen Schülers zu seinem früheren Lehrer zur Freundschaft geworden. Ihr habt nicht mehr miteinander sprechen können, aber seinen Auftrag, dieses Buch als sein Vermächtnis zu schreiben, den hast du verstanden.

Freundschaft. – Doch, einen Brief von Hartjenstein gibt es in den Akten, der nicht technokratisch, sondern sehr persönlich ist. Er wirkt sehr aufgeräumt, selbst das Schriftbild sauberer als in allen vorangegangenen Briefen, die Handschrift diesmal gut lesbar. Wenn man weiß, wie bald er starb, wirkt der Brief wie ein Vermächtnis. Geschrieben wurde er am 7. Juli 1954, also fünf Tage nach dem dritten Todesurteil, an seinen Verteidiger Siegmann. Er habe »tief Luft geholt« und sich »jetzt wieder in der Gewalt«, schreibt der Verurteilte. Er habe sich vorgenommen, »auch in Zukunft nicht von meinem geraden Weg abzugehen«. Und er sei immer noch optimistisch, dass alles »zu meinen Gunsten ausgehen wird«. Noch immer ist der Auschwitz- und Natzweiler-Kommandant also davon überzeugt, dass er alles richtig gemacht hat, dass ihn keinerlei Schuld trifft, dass Unrecht einzig an ihm begangen wird. Kein Wort der Reue oder des Mitleids für unzählige Tote jener Zeit, in der er die Verantwortung hatte.

Was aber seinen juristischen Helfer betrifft, der ihm mit seinen »Arbeiten und Mühen« sowie mit seiner »Anwesenheit während der drei Wochen das Kreuz gestärkt« habe, so wird er geradezu sentimental. Er dankt ihm »von Herzen« und ist überzeugt, »auch wenn wir mit keinem Wort davon gesprochen haben, dass wir Freundschaft geschlossen haben«.

Und dann bittet Hartjenstein seinen neuen Freund noch um diverse möglichst schonende Berichte über den Prozessausgang. Etwa an seine Frau, »damit sie sich ein Bild machen kann«, was »von besonderer Wichtigkeit« sei, »damit meine Frau meine beiden Jungen aufklären kann, um ihnen alle Komplexe zu nehmen, die eventuell für die beiden Jungen auftreten könnten, wenn ihnen nicht in aller Klarheit gesagt wird, wie sich ihr Vater verhalten hat und weder seinem Namen noch seiner Familie Unehre bereitet hat«. Und noch einmal betont er, »auch in Zukunft jedem Menschen klar in die Augen sehen zu können«.

Siegmann möge »weiter mein Anwalt« bleiben, um »insbesondere auch meinen Peiner Landsleuten und meinen guten Freunden gegenüber aus Ihrem berufenen Munde zu hören, wer Fritz Hartjenstein tatsächlich ist«. Dann wird er offensiv: »Ich glaube, dieses könnte man auch den Leuten zu verstehen geben, die die Geschicke meiner Heimatstadt leiten, in die ich ja einst einmal zurückkehren möchte. Sie als Anwalt und Dolmetsch zu wissen, würde mir Gewissheit geben, dass meine Landsleute erfahren, wer ihr Landsmann ist.«

Da hatte der Mann in der französischen Zelle offenbar einiges nicht mitgekriegt. In Deutschland, auch in Peine, wollte man Mitte der 50er Jahre von Krieg und NS-Zeit nichts mehr hören. Die Zeit des Verdrängens hatte längst begonnen. Über Konzentrationslager und Massenmord wurde peinlich berührt geschwiegen. Niemand wartete auf die Heimkehr eines KZ-Kommandanten. Den Namen Hartjenstein wollte in seiner Heimatstadt Peine niemand mehr hören. Seine Tochter sollte es noch später, nach seinem Tod, zu spüren bekommen. Der KZ-Kommandant sollte in seinem Geburtsort über viele Jahrzehnte hinweg ein unerwähnter Unbekannter bleiben. Und ob der Amtsgerichtsrat jemals den Peiner Stadtvätern vom Schicksal des angeblich zu Unrecht dreimal zum Tode verurteilten Mitbürgers erzählt hat, darf bezweifelt werden. Einzig ein knappes Schreiben an den Peiner Bürgermeister ist erhalten, in dem der Anwalt mitteilt, dass und unter welchen Umständen der französische Kriegsgefangene in Paris gestorben ist.

Kriegsgefangenenpatenschaft. – Seine kleine Tochter erwähnt der Verurteilte in dem Brief mit keinem Wort. Dabei hatte sie doppelt zu leiden. Ellen war ohne Vater aufgewachsen, hatte ihn erst als Sechsjährige kennengelernt – für wenige Stunden in einer Zelle in einem anderen Land. Und auch der Mutter hatte sie sich in den ersten Lebensjahren entfremdet. Die war ja von 1946 bis 1949 zu allen frühen Strafprozessen ihres Mannes gereist – nach Wuppertal, nach Rastatt, nach Metz. »Sie war selten da«, erinnert sich Ellen. Auch die älteren Brüder hätten später der Mutter vorgeworfen, sich nicht besonders um sie gekümmert zu haben. Dafür habe man ja schließlich Personal gehabt in Auschwitz und Natzweiler. Für Nachkriegskind Ellen war vor allem die Tante im Dorf Oldau die wichtigste Bezugsperson, »praktisch meine Ersatzmama«, wenn Mutter auf Reisen war. Erzählt wurde immer wieder die Geschichte, wie Ellen als Vierjährige aus dem Fenster schaute und berichtete: »Da steht eine fremde Frau im Garten!« Es war ihre von Reisen zurückgekehrte Mutter. Erst viel später, zum Lebensende der Mutter hin, habe sich das Verhältnis verbessert. Da habe die Mutter ihr erzählt, wie sie bei den ersten drei Prozessen an jedem Verhandlungstag gegen ihren Mann in den Zuhörerbänken gesessen habe und die Reihen der Angehörigen sich von Prozesstag zu Prozesstag angesichts der im Saal verhandelten Gräueltaten immer mehr gelichtet hätten. »Zum Schluss habe sie allein da gesessen, hat sie gesagt.« Und doch habe es Vorteile gehabt, Tochter einer Nazigröße zu sein. Jedes Jahr zum Geburtstag und zu Weihnachten gab es Geschenkpäckchen. »Es hat mir an nichts gefehlt. Meine Mutter hat gesagt, ich soll einen Wunschzettel schreiben, und das habe ich dann gekriegt.« Woher genau die Geschenke kamen, weiß Ellen bis heute nicht. In der Familie wurde die edle Spenderin immer nur »Mutter Elisabeth« genannt. Die habe auch immer wieder Landverschickungen für die Kinder von Kriegsgefangenen organisiert. In Seesen und in Alvesrode bei Springe sei sie damals in den Ferien gewesen.

Ob sich dahinter Edith Haniel verbarg, die Industriellenwitwe aus Dabringhausen? In seinem Brief an Siegmann bat Hartjenstein ausdrücklich darum, Frau Haniel zu informieren und ihr herzlich zu danken. Die Ehefrau des 1944 verstorbenen rheinischen Großindustriellen Karl Haniel hatte »meine Kriegsgefangenenpatenschaft übernommen«, schrieb Hartjenstein. Dabei hatte der Schlossherr aus Dabringhausen nach eigenem Bekunden mit den Nazis erhebliche Probleme gehabt, weil seine Frau »nicht rein arisch« gewesen sei. Und jetzt unterstützte diese Nichtarierin ausgerechnet einen deutschen Kriegsverbrecher?!

Um noch etwas sollte sich Siegmann kümmern: Er möge die Interessen seiner Familie beim Hamburger Anwalt Dr. F. vertreten. »Sollte

Herr Dr. F. nicht zu überzeugen sein, dass man moralisch gesehen ein kleines Anrecht auf eine Wohnung hätte und das Menschliche dieser Frage von anderen politischen Bindungen bei einem guten Willen nicht abhängig ist? (…) Gerade in meiner jetzigen Lage wäre es ein Geschenk des Himmels für mich, wenigstens meine Familie zu Weihnachten vereint zu wissen, damit meine Kinder nicht den Glauben an ihren Vater verlieren und meine Frau bei einer Wiedervereinigung und im eigenen Heim ihren ganzen mütterlichen Einfluss geltend machen kann, damit aus meinen Kindern ehrenhafte und ordentliche Menschen werden.« Der Hintergrund dazu: Dr. F. war der zweite Ehemann von Hartjensteins Schwägerin. Bruder Gerd war 1942 im Krieg gefallen. Offenbar aus Sorge, dass die Rechtsschutzstelle versuchen könnte, sich die hohen Verteidigerkosten zurückzuholen, wenn Fritz etwas erbte, hatte die 1952 verstorbene Milchhändlerin Hartjenstein nicht die Söhne, sondern ihre Schwiegertochter als Universalerbin eingesetzt. Die hatte das Haus mit dem Milchgeschäft am Gröpern geerbt. Die Söhne hingegen gingen formal leer aus. Man fand dann einen Weg, dass die Familie des einen Bruders das Geschäft weiterführen konnte und die des anderen in der Wohnung darüber leben durfte – »gegen Miete natürlich«, sagt Ellen. So sei sie dann als Elfjährige mit Mutter und Brüdern in die alte Heimatstadt des Vaters in die Wohnung über dem Milchladen gezogen.

Totgesagter. – Plötzlich wurde alles ganz eilig. Schon wenige Wochen nach dem Urteil hob ein hektischer Briefwechsel über den Gesundheitszustand des Verurteilten an. Im Oktober dann gehen fast täglich Briefe hin und her. Gefängnispfarrer Friedrich hat Hartjenstein am 12. Oktober am Krankenbett besucht und sodann mehrere höchst besorgte Briefe an Verteidiger und Familie geschrieben: Er habe »diesen mir sehr lieben Gefangenen besucht – wobei ich leider feststellen musste, dass dieser Gefangene ein sterbender Mensch ist«, heißt es im Schreiben an Siegmann. Auch der Ehefrau schenkt er am selben Tag handschriftlich reinen Wein ein und schreibt nach einigen freundlichen Vorworten: »Da er über den wahren Charakter seiner Krankheit aus humanitären Gründen nicht aufgeklärt wird, hat er die innige Auffassung, dass er im Krankenhaus Fresnes nicht richtig behandelt wird. Die ärztliche Kunst ist leider in einem solchen Fall vergebens.« Der Vertrauensarzt habe bereits das Internationale Komitee des Roten Kreuzes eingeschaltet. Und auch Botschaftsrat Dr. Guttmann bekommt bei einem Besuch in Fresnes keine günstigere Antwort: Er teilt die niederschmetternde Auskunft der Ärzte sofort in einem Brief per Eilboten den Anwälten mit: »Der Chefarzt des Hospital Fresnes hat geäußert: ›c'est un homme perdu‹.«

Er ist also ein verlorener Mann – jetzt geht es um Stunden: Am 14. schreibt Verteidiger Siegmann an den deutschen Gesandtschaftsrat in Paris und bittet um rasche Hilfe im Gnadenverfahren. Als Grund gibt er an: »H.s bedenklicher Gesundheitszustand.« Parallel hat sich die Zentrale Rechtsschutzstelle »sowohl an die diplomatische Vertretung als auch an Mede la Pradelle (die behandelnden Ärzte) gewandt mit dem Petitum, die Entlassung des Herrn H. auf schnellstem Wege zu veranlassen.« Und weiter: »Dagegen sehen wir keine Möglichkeit, über die britischen Behörden einen Austausch des H. zu erwirken.« Am 18. Oktober meldet die Rechtsschutzstelle den Pariser Diplomaten, Anstaltspfarrer Friedrich habe Folgendes mitgeteilt: »Es ist mir ein schmerzliches Anliegen, Ihnen sagen zu müssen, daß sein gegenwärtiges Befinden zu Befürchtungen Veranlassung gibt.« Der Priester macht es dringend: »Es darf ergebenst gebeten werden zu prüfen, ob irgend welche Schritte zugunsten von Hartjenstein unternommen werden können.« Natürlich ist damit eine Entlassung aus der Haft gemeint. Die wünschen sich auch die Bonner Diplomaten in Paris. Die haben längst erkannt, was der Tod des Kriegsgefangenen, der gerade erst durch das Urteil Bekanntheit erlangt hatte, für Folgen haben könnte. Den Akten liegt ein undatierter Entwurf für ein Telegramm an das Auswärtige Amt bei. Darauf der Vermerk »verschlüsselt«. Dass es abgegangen ist, kann nur angenommen werden. Der Inhalt: »Da versucht werden sollte zu vermeiden, dass ein weiterer deutscher Gefangener in französischem Gewahrsam stirbt, empfehle ich, im Rahmen des Möglichen darauf hinzuwirken, dass H. liberté pro visoire nach Deutschland genehmigt wird.« In vorläufige Freiheit also sollte man ihn setzen.

Auf die Diplomatie allein wollte sich der Pfarrer nicht verlassen. Am 18. griff er nochmals zur Feder und schrieb dem Präsidenten der Republik Frankreich, René Coty, persönlich. Sein Absender macht was her: »Pasteur Th. Friedrich, Délégué World Council of Churches, Genf.« Sein Anliegen: »Recours en Grâce«. In dem Schreiben bittet der Priester um Gnade für Hartjenstein, noch ehe der sterbe. Er malt das Bild eines anständigen Offiziers (»et que son caractère est honnête et sincère«). Und Friedrich breitet vor dem Staatsoberhaupt schließlich auch jene Geschichte aus, die ihm der Gefangene schon vor Jahren anvertraut habe und die seine Verteidiger vor Gericht nicht mehr vorzutragen gewagt hatten: dass er nämlich lediglich als Bestrafung für eine Befehlsverweigerung von der Front ins Konzentrationslager zwangsversetzt worden sei.

Doch es gibt technische Probleme. »Eine Begnadigung durch den Präsidenten der französischen Republik ist verfassungsgemäß erst nach Vorliegen der Rechtskraft des Urteils möglich«, schreibt Dr. Guttmann. Deshalb habe er noch einmal mit Hartjenstein gesprochen, und der habe jetzt auf seinen Rat hin seinen Kassationsantrag zurückgenommen. Erst danach könne eine Begnadigung erfolgen. Das Problem dabei sei aber: Das Kassationsgericht tage erst in der nächsten oder übernächsten Woche, und dann erst könne Rechtskraft über die Rücknahme erfolgen. Nach den französischen Rechtsvorschriften bedürfe es eines sogenannten »arrêt de désistement«, den einzig der Kassationshof selbst entscheiden könne. Würde ein Gnadengesuch ohne Rechtskraft des Urteils bewilligt, käme das einem Verfassungsbruch gleich.

Kirchenpräsident. – Er war also zum dritten Mal zum Tode verurteilt, war von seinen Ärzten längst aufgegeben und der Gnade des französischen Präsidenten ausgeliefert, da schaltete sich ein neuerlicher Helfer ein. Hans Stempel, Präsident der Pfälzischen Landeskirche und Mitglied im Präsidium der Stillen Hilfe, kündigte seinen Besuch an. Damals engagierten sich die Kirchen noch in der Stillen Hilfe, und der Theologe Stempel war besonders in der Betreuung bereits verurteilter NS-Täter aktiv.

Am 18. Oktober 1954 schrieb Stempel – schon ahnend, wie dramatisch es bereits war – an das Auswärtige Amt, dass er am 20. Oktober nach Paris fahre, weil dort »Oberstleutnant Hartjenstein (...) in diesen Tagen sterben wird. Ich weiß aber nicht sicher, ob ich ihn noch lebend antreffen werde.« Die Erlaubnis des französischen Justizministeriums, ihn zu besuchen, habe er. Nun aber habe er im Interesse der Angehörigen noch eine dringende Bitte: »Ich persönlich möchte aufs höflichste bitten, daß die Bundesregierung die Übernahme der Kosten für die Überführung (...) ermöglichen wolle. Gewiß würde dieser Akt in der so außerordentlich schweren Lage, in der sich die Angehörigen (…) befinden werden, als ein Ausdruck menschlichen Entgegenkommens und als eine Hilfe zur Linderung der mit dem Sterben in der Fremde und in der Haft verbundenen Härte besonders dankbar empfunden werden.«

Würstchengeld. – Die Härten der Haft hatte Ehefrau Gustel ja schon mehrfach mit der Zusendung von 10 Mark für Würstchen und Trauben abgemildert. Sie ließ ihm das Geld über den Anstaltspfarrer zukommen. Der entschuldigt sich in einem Schreiben vom 16. Oktober dafür, dass er die letzten 10 Mark noch ins Gefängnis nach Fresnes geschickt habe (»weil ich von Hartjensteins letztem Willen sein Geld betreffend nichts wusste«), wo sie wohl verloren gehen würden, wenn der Kranke aus dem Hospital gar nicht mehr in seine Todeszelle zurückkäme. Offenbar hatte Hartjenstein zu diesem Zeitpunkt selbst schon abgeschlossen mit seinem Leben. »Er bittet Sie, jedoch kein Geld mehr hier her zu senden, da er fürchtet, dass es nach seinem Tod für Gerichtszwecke verwendet wird. Ich habe, um dies zu vermeiden, versucht, sein Gefängnisgeld auf mein hiesiges Konto überweisen zu lassen. Hoffentlich gelingt es, sonst ist es verloren«, schreibt der Pfarrer.

Der Brief gibt Rätsel auf. An wen ging er wohl, wer hat da regelmäßig Geld geschickt? Um das Würstchengeld der Ehefrau allein konnte es hier nicht gehen. In den Akten findet sich nur eine Abschrift – ohne Adressat, ohne Anrede. Ein Zusatz weist aus, dass Kopien der Abschrift auch an Präsident Stempel und an Amtsgerichtsrat Siegmann gingen – jeweils nur zur Kenntnisnahme. Auf der letzten Seite gibt es einen Zusatz, der nur an Siegmann gerichtet ist. Dieser wurde am 18. Oktober in Wachenheim geschrieben. Das ist der Ort, in dem Hans Stempel, der oberste Seelsorger der Kriegsgefangenen, seinen Altersruhesitz hatte. Offensichtlich wurde aus Stempels Büro heraus die finanzielle Unterstützung Hartjensteins und seiner Familie organisiert. Die Kosten für die bevorstehende Überführung aber überstiegen die Möglichkeiten der Helfer. Deshalb organisierte der Anstaltspfarrer in dem Schreiben auch die Überführung. Denn: »Ich fürchte, dass Hartjenstein in der nächsten Woche stirbt. Der Sohn sagte, der Vater müsse unbedingt überführt werden. Sein Onkel Hans Hartjenstein, Peine, könne und werde ca. 2000 DM aus dem Geschäft nehmen. Er selbst, K., und sein Bruder, würden das Geld wieder zurückzahlen, zumal beide gut verdienen.«

Nun sollten also die Söhne die Heimkehr des Vaters im Zinksarg bezahlen. Sie waren inzwischen 17 und 19, der eine in der Ausbildung, der andere schon Facharbeiter. Vor neuneinhalb Jahren hatten sie zuletzt in Guttenbach mit dem Vater zusammengelebt. Seitdem gab es nur einige Besuche im Gefängnis. Den letzten Besuch des Ältesten, der gleich nach Bekanntwerden des kritischen Gesundheitszustandes seines Vaters nach Frankreich gereist war, beschreibt der Pfarrer so: »Den Aufenthalt von K. (Hotel etc.) habe ich bezahlt. Der sterbende Vater wolle, dass der Junge, mit welchem er sowieso nur durch ein vor das Bett gestelltes Eisengitter sprechen konnte, was ihm bei der Schwierigkeit, sich verständlich zu machen, nicht leicht fiel, nach Hause fahre.«

Pfarrer Friedrich kündigte überdies an, das Geld für die Überführung vorzustrecken, wenn der Gegenwert in Deutschland eingezahlt würde. Andernfalls müsse der Tote in Frankreich begraben werden. Denn die Bundesregierung habe inzwischen schon mitgeteilt, dass sie die Kosten nicht tragen werde. »Ob der Heimkehrerverband es tun wird, ist fraglich. Man müsste sich gegebenenfalls an Herrn von Lersner in Diersburg (…) wenden.« Und dann kündigt der Pfarrer noch an, dass er sich nun, nachdem der Sterbende seinen Kassationsantrag zurückgezogen habe, mit einem Gnadengesuch »über die Justice Militaire an Präsident Coty« wenden werde. »Es wäre gut, wenn Herr Hartjenstein nicht in der Todeszelle als condamné à mort« sterben müsste, und das auch im Blick auf seine Familie. Ich fürchte, dass alle diese Schritte zu spät sind …«

Beten. – Der Familie half nur noch Beten. Ob sie denn dort in Oldau sehr religiös aufgewachsen ist, hast du Ellen gefragt. Immerhin hat ja die evangelische Kirche der Familie massiv geholfen. Immer wieder findet sich im Schriftverkehr Siegmanns der Verweis darauf, dass Hartjensteins Frau und Kinder »in Oldau in sehr desolaten Zuständen« lebten und sie »einzig auf Almosen der Kirche angewiesen« seien. Nun sollten sie auch noch die Überführungskosten aufbringen. Ob die örtliche Gemeinde half, lässt sich nicht feststellen. Der Archivar der Kirchengemeinde Winsen bedauert. Es seien eben damals nur Geburten, Taufen und Konfirmationen in den Kirchenbüchern notiert worden, nicht karitative Hilfen. Und sie seien auch nicht einmal regelmaßig zum Gottesdienst ins benachbarte Winsen gegangen, erinnert sich Ellen. Zuhause gebetet wurde aber schon – abends und vor dem Essen. Als Kind habe sie vor dem Zubettgehen oft mit der Mutter für eine baldige Rückkehr des Vaters gebetet. Mutter Auguste sei sicher sehr gläubig gewesen. Später, kurz vor ihrem Tod, als sich Mutter und Tochter wieder besser verstanden, habe die Mutter davon erzählt, dass sie damals in Auschwitz in ihrem Haus in der SS-Siedlung auch Bibelstunden organisiert habe – heimlich, weil das die SS ja nicht so gern gesehen habe. Und es seien sogar Häftlinge dabei gewesen. Das habe sie sich nur erlauben dürfen, weil sie die Frau des Kommandanten gewesen sei.

Verfassungsbruch. – Was da vom Staatsoberhaupt verlangt wurde, war nichts anderes als ein Verfassungsbruch: die Begnadigung eines Verurteilten, ohne dass das Urteil überhaupt rechtskräftig war. Irgendwie muss es dann aber doch gelungen sein, den Präsidenten dazu zu bewegen, die Begnadigung eines Sterbenden auszusprechen und dadurch die französisch-deutschen Beziehungen zu schonen. Ein Dokument dazu gibt es in den deutschen Akten nicht; nur das Ergebnis spricht für sich. Eine andere Möglichkeit als die Begnadigung gab es nicht, jedenfalls nicht nach dem, was die Diplomaten für möglich hielten. Erst am 5. November 1954 wird die Rücknahme des Kassationsantrages formal vom Gericht anerkannt. Erst jetzt war das Todesurteil rechtskräftig; erst danach hätte der Staatspräsident Hartjenstein begnadigen dürfen. So steht es in den Aktennotizen, die die deutsche Botschaft dazu anlegte. Oder fand die französische Regierung einen anderen Weg, den zum Tode verurteilten Sterbenden aus humanitären Gründen noch im letzten Moment zu begnadigen? Belegt ist, dass sich in letzter Minute auch das französische Außenministerium noch einschaltete. In einem Telegramm vom 21. Oktober, 18.30 Uhr, heißt es: »H. auf Grund von Intervention im Außenministerium (…) 20. Okt. 18 Uhr noch bei Bewußtsein vorläufig freigelassen …«

Aus dem Gefängnishospital entlassen wird Hartjenstein also schon am 20. Oktober, 18 Uhr. Zwischen 18.30 und 19 Uhr kam er in der Privatklinik an. Verteidiger Heinz Siegmann schildert das in einem Brief an den Kollegen Richard Langeheine, nicht ohne sich selbst ein wenig zu beweihräuchern, so: »Es ist mir (…) in buchstäblich letzter Minute unter Einschaltung aller nur irgendwie denkbaren Möglichkeiten und dadurch, dass ich ganz erheblich Dampf gemacht habe, gelungen, Fritz Hartjenstein in liberté provisoir zu bekommen. Er ist im Laufe des Nachmittags des 20. Oktober 1954 aus den Gefängnisanstalten Fresnes in Paris in eine Privatklinik im 7. Bezirk überführt worden, wie mir die deutsche diplomatische Vertretung in Paris noch am 20. 10. nachmittags fernmündlich mit einer besonderen Anerkennung meiner Bemühungen mitgeteilt hat. Leider ist Hartjenstein dann bereits in den Vormittagsstunden des 21. 10. und zwar an Blasenkrebs gestorben. Er ist doch aber immerhin, wie mir der betreuende deutsche Pfarrer fernmündlich aus Paris mitgeteilt hat, in voller Kenntnis seiner wiedererlangten Freiheit gestorben.«

So ganz stimmt das nicht. So viel Zeit, wie Siegmann schreibt, blieb dem Freigelassenen nicht. Dr. Walter Guttmann, der Botschaftsvertreter, schreibt es am 21. Oktober in einem Brief an den inzwischen in Ludwigshafen lebenden Sohn K. genauer. »Mein lieber K.! Den unentwegten Bemühungen von Herrn Gesandtschaftsrat Dr. Weinhold und von mir und dank dem verständnisvollen Entgegenkommen der zuständigen französischen Behörden war es am 20. Oktober gelungen, die Freilassung Ihres lieben Vaters zu erwirken. So wurde er noch bei Bewußtsein im Laufe des Nachmittags unter Assistenz des Pastor Friedrich in die sehr schöne Privatklinik Saint-Jean-de-Dieu gebracht, wo ich ihn erwartete. Er hat es noch verstanden, als ich ihm sagte, er sei nun frei, ist aber dann um 23 Uhr sanft entschlafen und so von seinem unheilbaren Leiden erlöst worden. Das Urteil gegen ihn ist nicht mehr rechtskräftig geworden, sodass er in Frankreich als nicht verurteilt gilt. Heute wird Ihre liebe Mutter erwartet, am 23. Oktober findet die Trauerfeier statt, und anschließend wird die sterbliche Hülle in die Heimat überführt.«

Nicht verurteilt? Hatte er nicht gerade das Todesurteil anerkannt, um begnadigt werden zu können? Was dann auch erfolgte, obwohl die Rücknahme seines Kassationsantrages noch nicht bestätigt, damit das Urteil noch nicht rechtskräftig und folglich die Begnadigung rechtsmissbräuchlich war? Niemand würde diese Fragen je beantworten.

Befreiungsaktion. – Dass die »Befreiungsaktion« noch in letzter Minute beinahe am Veto der Ärzte gescheitert wäre, erklärt erst Anfang November der Pfarrer Theodor Friedrich in einem Dankesschreiben an Botschafter Dr. Hausenstein. Er muss es wissen, er war dabei. »Ich habe die sterbliche Hülle dieses Gefangenen nach Deutschland überführt und am Grabe desselben neben anderen Kränzen auch den Kranz Ihrer Dienststelle niedergelegt«, heißt es unter dem Briefkopf der »Ökumenischen Kommission für die Pastoration der Kriegsgefangenen«. Dann schildert er die Bedenken von Direktion und Chefarzt, den Sterbenden in diesem Zustand noch aus dem Gefängnishospital in eine Privatklinik zu überführen. Er könnte während des Transports sterben, fürchteten sie. Andererseits muss auch den Ärzten klar gewesen sein, welche Schlagzeilen der Tod eines verurteilten Kriegsverbrechers in der Obhut eines französischen Militärgefängnisses zur Folge haben würde – noch dazu, wenn sich für ihn die deutsche Botschaft und gar der eigene Staatspräsident eingesetzt hatten. Gewollt aber habe Hartjenstein seine Freilassung selbst, schreibt Friedrich. Er habe den Ärzten und dem Gefängnisdirektor den Vorschlag gemacht, ob nicht der Sterbende entscheiden dürfe. So »stellte ich ihm die Frage, ob er aus der Todeszelle heraus wolle.« Mit letzter Kraft, und nachdem er »mich mit seinen großen, fragenden und bittenden Augen« angeschaut habe und einige Augenblicke nichts habe sagen können, »sagte er ganz deutlich: ›Ja, Herr Pfarrer, ja, heraus, heraus!‹«

Der Sterbende wurde dann in einer von der Gefängnisdirektion zur Verfügung gestellten Ambulanz in das Hôpital St. Jean-de-Dieu nach Paris gebracht, »wo er vier Stunden später im Frieden Gottes heimgehen durfte. Als ich mit dem Schwerkranken an der Klinik ankam, erwartete uns dort Herr Dr. Guttmann (…) mit einem Blumenstrauß. Im Beisein von Herrn Dr. Guttmann sprach ich mit dem Gefangenen noch das Sterbegebet und segnete ihn zu seinem letzten Gang ein.«

Leichenpass. – Werners jugendliche Vision, wie der Pfarrer auf dem Zinksarg sitzend in der Bahn von Schienenstoß zu Schienenstoß geschüttelt wird, stimmt nicht. »Auf dem Strassenweg von Paris nach Peine bei Hannover, Deutschland, via Vogelbach«, so heißt es im amtlichen Leichenpass der Direction de l'Hygiène. Vogelbach, Am alten Zoll, war damals der Bahn- und Straßenübergang vom französischen Saarland nach Rheinland-Pfalz; erst zwei Jahre später sollte das Saarland wieder deutsch werden. In dem Papier heißt es weiter: »Da die Überführung dieser Leiche genehmigt worden ist, werden sämtliche Behörden der Länder, auf deren Gebiet der Transport stattfinden wird, aufgefordert, die Leiche frei und ohne Hindernisse durchfahren zu lassen.« Darunter der Vermerk der Préfecture de Police: »Gesehen bei der am 22.10.54 um 17.30 Uhr erfolgten Einsargung und bei der Abfahrt am 23.10.54 um 8.15 Uhr. Le Commissaire de Police.«

Die Todesursache wird in dem Papier mit »Blasenneoplasma« angegeben. Blasenkrebs also – in Notizen der diplomatischen Vertretung war überdies von Gelbsucht und Sumpffieber die Rede. Während sich also der Geistliche persönlich ans Steuer setzt, um die Route Paris–Vogelbach–Peine zu nehmen, notiert in Bonn ein Mitarbeiter des Auswärtigen Amtes am 23. Oktober, »dass die Überführungskosten (…) übernommen werden. (…) und dass Pfarrer Friedrich die Beerdigung morgen in Peine vornehmen werde.« Hocherfreut gibt Kirchenpräsident Stempel auch der Familie bekannt, »dass die Kosten (…) aus amtlichen Mitteln übernommen werden!« Die Rechnung aus Frankreich über 193.000 Franc für »die Einfuhr der Leiche« wird dann zum größten Teil (166.862 Franc) von der deutschen diplomatischen Vertretung beglichen. Ein neuerlicher Antrag von Kirchenpräsident Stempel, auch den Rest noch zu übernehmen, wird am 3. Dezember positiv entschieden. 2350 Mark bewilligt das Auswärtige Amt. Nur in den anschließenden Streit unter den Verteidigern mischen sich Bonn und die Pariser Diplomaten nicht mehr ein. Der französische Verteidiger hatte nämlich noch seine Rechnung geschickt (45.000 Franc). Wer die bezahlt hat, ist unbekannt.

Siegerjustiz. – Der Familie Hartjensteins wurde also geholfen, sogar über seinen Tod hinaus. Auch von »Mutter Elisabeth«. Wer sich dahinter verbarg? Darüber sollte lieber Stillschweigen herrschen. Und das hat geklappt. Nach allem, was man bisher weiß, dürfte es die Stille Hilfe der Prinzessin Helene Elisabeth von Isenburg gewesen sein, der »Mutter der Landsberger«, die mit ihrer von den Kirchen und vom Hochadel mitfinanzierten Organisation den Kriegsverbrechern den Rücken stärkte. Es gab Weihnachts- und Entlassungsgeld für die Verurteilten, aber eben auch Geschenke und praktische Hilfen für die Familien. Die Stille Hilfe, Ende 1951 gegründet, war eine Hilfsorganisation für Kriegsgefangene und Internierte. Vermutlich aus steuerlichen Gründen hatte sich die Organisation als eingetragener Verein gegründet und galt sofort als gemeinnützig. Diverse Vorgängergruppen, darunter der »Arbeitsausschuss für Wahrheit und Gerechtigkeit« sowie in der amerikanisch besetzten Zone die »Arbeitsgemeinschaft zur Rettung der Landsberger Häftlinge« gingen in der Stillen Hilfe auf. Weil sie sich besonders für die verurteilten Kriegsverbrecher engagierte und die Prozesse der alliierten Militärgerichte immer wieder als »Siegerjustiz« kritisierte, war sie stets umstritten. Bis heute gilt sie als geschichtsrevisionistisch und eng verbunden mit Holocaust-Leugnern. Argumentativ vertrat der Verein genau das, was auch Hartjenstein und andere NS-Täter vor Gericht stets ins Feld führten: Sie seien schuldlose Opfer einer Justiz der Sieger, denn sie hätten sich nichts zuschulden kommen lassen und nur in Treue zu ihrem Eid die Befehle aus Berlin ausgeführt.

Offiziell taucht die heimliche Hilfsorganisation der Prinzessin in Hartjensteins Rechtsschutz-Akten aus dem Bundesarchiv nirgendwo auf. Seine diversen Anwälte streiten zwar immer wieder über die Finanzierung ihres Bemühens, wundern sich dabei auch vielfach, wie die alleinerziehende Ehefrau mit den drei Kindern und der helfenden Milchhändlerin im Hintergrund immer wieder Vorschüsse und Reisekosten der Anwälte auftreiben kann, doch konkrete Verweise, aus welcher Quelle das Geld zum Leben kommt, finden sich nicht. Nur in jenen Schreiben, in denen die Anwälte sich dafür einsetzen, dass Vater Staat die Verteidigungskosten übernehmen möge, verweisen die Schreiber stets auf die materielle Not der Familie und dass einzig die Kirchen den streng gläubigen Hartjensteins mit Almosen helfen würden.

Das war ja so falsch nicht. Auch in der Stillen Hilfe engagierten sich die Kirchen – dank der guten Beziehungen der Gründerin zur katholischen Kirche. Helene Elisabeth war im Jahr 1900 als Tochter des Grafen Alfred von Korff, genannt Schmising-Kerssenbrock, und der Freiin Helene von Hilgers geboren worden. Sie heiratete Wilhelm Prinz von Isenburg und Büdingen, der sich in der NS-Zeit in München einen Namen als Rassenideologe machte. Als Blaublütige verstand sie es, den Hochadel, aber auch die Kirchen für ihren Verein zu gewinnen. Mehrere Bischöfe finden sich in der Vorstandsliste, aber auch etliche Altnazis, darunter mit SS-Standartenführer Wilhelm Spengler sogar ein Ex-Abteilungsleiter des Reichssicherheitshauptamtes. Gut möglich, dass diese Helfer auch still im Hintergrund mitwirkten, dem in Frankreich einsitzenden Hartjenstein hochrangige Entlastungszeugen, darunter Generäle der Waffen-SS, für positive Aussagen anzubieten.

Bekannt wurde die Prinzessin mit ihrem Verein aber vor allem durch den Einsatz für die zum Tode verurteilten Kriegsverbrecher in Landsberg, dem Gefängnis der US-Zone, dem War Criminal Prison No. 1. Dort waren bis zur Gründung der Stillen Hilfe 288 Todesurteile aus den diversen Nürnberger Nachfolgeprozessen vollstreckt worden. Der Verein setzte sich vor allem dafür ein, dass es keine weiteren Hinrichtungen mehr gab, was auch gelang; zudem half er im Geheimen den Familien der Verurteilten. Ihren Namen – »Mutter der Landsberger«, in der Familie Hartjenstein abgewandelt in »Mutter Elisabeth« – hat sich die Prinzessin quasi selbst gegeben: Im November 1950 schrieb sie an Papst Pius XII. über die verurteilten Kriegsverbrecher: »Ich kenne jeden, um den es geht. Niemand kann mehr von Schuld und Verbrechen reden, der in ihre Seelen geschaut hat.« Und schließlich appelliert sie an den Papst, mitzuhelfen: »Es bittet Dich, heiliger Vater, ganz im Vertrauen, die Mutter der Landsberger.« Und tatsächlich sagte der Pontifex zu, »dass von Rom aus alles getan wird, um den Landsbergern das Leben zu retten«. Wenn »Mutter Elisabeth« jeden kannte, wird sie ganz im Stillen versucht haben, auch dem in Frankreich in der Todeszelle sitzenden Hartjenstein das Leben zu retten.

Naziprinzessin. – Ob auch die »Naziprinzessin« geholfen hat? Engagiert in der Stillen Hilfe, und zwar ganz im Hintergrund, hat sich auch die Tochter jenes Mannes, der angeblich mit seinem Befehl Fritz Hartjenstein erst ins KZ-System zwangsversetzt haben soll: Gudrun Burwitz, Tochter von SS-Reichsführer Heinrich Himmler. Bis in die 90er Jahre hinein engagierte sie sich für die Kriegsverbrecher. So zeigte sich ihr Wirken etwa darin, dass sie für den über Jahrzehnte in Italien versteckten SS-Mann Anton Malloth einen »standesgemäßen Platz« in einem Seniorenheim beschaffte. Das von der Stillen Hilfe und der Sozialhilfe finanzierte Zimmer in der noblen Altenresidenz liegt ausgerechnet auf jenem Grundstück in Pullach, das sich einst Hitler-Stellvertreter Rudolf Heß für den eigenen Altersruhesitz gesichert hatte. Öffentlich bekannt gemacht haben den Fall die Journalisten Andrea Röpke und Oliver Schröm in ihrem Buch »Stille Hilfe für braune Kameraden«, einem »Insider-Report« über das Netzwerk von Alt- und Neonazis, in dem Gudrun Burwitz bis zu ihrem Tod im Mai 2018 als »lebende Ikone« galt. Die Autoren hatten sich bei ihrer Recherche –

»getarnt als brauner Führungsnachwuchs«, so der Tagesspiegel – in SS-Veteranentreffen eingeschmuggelt.

Um die Stille Hilfe ist es ruhig geworden, obwohl sie als Verein im Register des Amtsgerichtes Walsrode (VR 170231) formal noch immer existiert. Aber die Neonazis hatten vorgesorgt. Die »Hilfsorganisation für nationale politische Gefangene« (HNG) kümmerte sich seit 1979 um Unterstützung verurteilter Rechtsextremisten. Laut Tagesspiegel galt die HNG zumindest um das Jahr 2000 herum als größte rechtsextreme Organisation in Deutschland – »und trotzdem kennt sie kaum jemand«, hieß es in dem Artikel vom 10. Juni 2001. Am 21. September 2011 wurde die Organisation infolge einer bundesweiten Razzia im Jahr 2010 durch einen Erlass des Bundesinnenministeriums verboten. Bekannte Mitglieder waren auch Uwe Mundlos und Beate Zschäpe (NSU).

Entschädigung. – Aber von Almosen allein kann man nicht leben. Das Papier, das ihr im Archiv für die Opfer des Nazi-Regims in Bad Arolsen gefunden habt, trägt das Datum vom 4. November 1954, eingegangen am selben Tag beim Kreiswohlfahrtsamt des Landkreises Celle. Der »Kriegsgefangene 188070« – das Formular gilt auch für »Internierte« und »Verschleppte« – beantragt die »Gewährung einer Entschädigung nach § 3 des Kriegsgefangenenentschädigungsgesetzes«. Erst seit 30. Januar desselben Jahres war dieses Gesetz in Kraft. Unterschrieben hat den Antrag Auguste Hartjenstein, die Witwe des einstigen Auschwitz-Kommandanten. Als Grund gibt sie an: »Ich war bisher nur auf meine Rente von dem Versorgungsamt angewiesen.« Auf Seite 4 unterschreibt sie in scharfkantigen Buchstaben: »Ich versichere, daß die vorstehenden Angaben (…) vollständig sind und in allen Teilen der Wahrheit entsprechen. Als Beweismittel führe ich an:« – nichts! Die Spalten für die Auflistung von Originaldokumenten bleiben frei.

Ob der Antrag mit dem Aktenzeichen 1478 erfolgreich war, lässt sich aus dem Dokument nicht erkennen. Am 27. Januar 1955 wurde er bearbeitet, doch die beiden Stempel, die das belegen, sind unleserlich. »Ma/Ws ausgewertet« – so lässt sich mit Fantasie der eine Stempel deuten. Darunter, ganz rechts am Rand, ein handschriftliches Wort, das eine Paraphe sein kann, möglicherweise aber auch »nein« heißen soll.

Das wäre wohl auch die richtige Entscheidung gewesen. Weder vollständig noch wahr war der Antrag, gleich in mehreren Punkten.

Für den »Berufsoffizier« Friedrich Hartjenstein gibt die Witwe an, dieser sei »Soldat« gewesen und er sei »in Gefangenschaft« verstorben. Den Beginn des Gewahrsams gibt sie mit »8.5.1945, Pilsen« an. Am 6. Juni 1946 sei er dann nach Werl überstellt worden. Und in der Rubrik »Verschleppung in ein ausländisches Staatsgebiet« nennt sie das Datum 2.8.1946, verschleppt von Werl nach Straßburg. Die dieser »Verschleppung« vorausgegangenen Militärprozesse, die Urteile (ein Todesurteil, einmal »lebenslänglich«) werden nicht erwähnt. Als Grund der Ingewahrsamnahme wird lediglich erwähnt: »war SS-Offz.«.

Die Stationen der Gefangenschaft vom Tag des Kriegsendes bis zu seiner Entlassung in Paris sind akribisch angegeben: »Feldlager Eipowitz 8.5.45, Sulzbach-Rosenberg Aug. 45. Landshut 8.12.45–8.5.46, Recklinghausen 9.5.46–19.5.46, Wuppertal 1.6.46–5.6.46, Werl 6.6.46–1.8.46, Strassburg 2.8.46–16.7.47, Metz 17.7.47–25.9.54«. Einzig die abschließende Angabe, »nach Fresnes/Paris 19. Oktober 54« ist falsch. Es war der 20. Oktober, zugleich der Todestag. Und sie ist so platziert, dass sie schon in die Spalte 11 hineinragt: »Tag der Entlassung«. Absicht? Täuschung oder Platzmangel? Immerhin war Fritz Hartjenstein ja tatsächlich kurz vor seinem Tod noch entlassen worden. Dass seine Witwe den feinen Unterschied zwischen Kriegsgefangenschaft und Untersuchungs- beziehungsweise Strafhaft für einen verurteilten und immer wieder wegen weiterer Taten angeklagten Kriegsverbrecher nicht erwähnt, vielleicht auch nicht kennen konnte, mag man ihr nachsehen. Nicht aber ihre zentrale Lüge: »in der Gefangenschaft gestorben«. Denn hatte sie nicht gerade erst betont – zum Beispiel in der Todesanzeige –, dass Fritz Hartjenstein nach langer, qualvoller Gefangenschaft entlassen und also als freier Mann gestorben sei?

Auch in der Rubrik »Welchem militärischen oder militärähnlichen Verbande gehörten Sie an?« klaffen Lücken. »SS-Panzerjäger u. Sturmgeschützschule Janowitz« werden zwar erwähnt, auch, dass Hartjenstein »Obersturmbannführer« war, nicht aber das, wonach das Formular ausdrücklich fragt: »a) Vorletzte Einheit« und »b) Letzte Einheit«. Die Frau, die über Jahre in »Oberschlesien« lebte, im Haus 177 am Rande des Massenvernichtungslagers Auschwitz-Birkenau, die dort in Blickweite zur Tötungsfabrik ihre Kinder großzog, einen Sohn gebar und nach wenigen Tagen begraben musste, die bis Sommer 1944 ihren Wohnsitz noch in Auschwitz hatte, die mit ihrem Mann für kurze Zeit ins

Kommandanten-Wohnhaus des KZ Natzweiler-Struthof zog, die dort in den Bergen der Vogesen ihre Tochter empfing, die schon schwanger auch aus Struthof in die neue Kommandantur im Hotel Zum Karpfen an den Neckar umsiedelte und die schließlich hochschwanger vor der heranrückenden Front aus der Führungszentrale des Konzentrationslagerkomplexes Natzweiler nach Österreich fliehen musste, um dort ihr viertes Kind zu gebären, will nicht gewusst haben, wo ihr Mann zuletzt eingesetzt war?! Ins Formular schreibt sie: »ist der Ehefrau nicht bekannt«.

Der Antrag muss noch einige Monate geschmort haben. Es fehlte ein Entlassungsschein, um die Entschädigung zugesprochen zu bekommen. Erst im Januar 1955 setzte sich dann auch Pfarrer Friedrich für die Witwe ein. Er schrieb dem Gesandtschaftsrat in Paris, dieser möge ein Papier über die Freilassung Hartjensteins besorgen. Ganz besonderer Wert werde dabei auf das Wort »entlassen« gelegt.

Legendenbildung. – Kaum war der freigekämpfte Kriegsverbrecher im Zinksarg zurück in Deutschland, da begann die Legendenbildung. Dabei sollte man doch wenigstens von einem Kirchenpräsidenten erwarten, dass er sich an das Achte Gebot hält: »Du sollst nicht falsches Zeugnis ablegen wider deinen Nächsten!« Hans Stempel, der sich am 4. November in einem Brief ans Auswärtige Amt für die Unterstützung der Familie bedankte – »die war stark davon berührt, dass das AA diesen wesentlichen Dienst geleistet hat« –, gab nun zum Besten, was ihm der Verstorbene »schon vor Jahren anvertraut« habe. Es ist die Geschichte, die sich die Verteidiger schon vor Gericht nicht getraut hatten ins Feld zu führen. Stempel stellt sie nun als Wahrheit hin. Er liefert die detaillierteste Beschreibung der behaupteten Strafversetzung, aber auch wieder ohne Ort, Zeit und vor allem ohne den Namen des Vorgesetzten zu nennen, der Hartjenstein mit dem KZ-Kommando bestraft haben soll: »Eingeschlossen in einem großen Kessel während der Kampfhandlungen im Osten, hat er sich geweigert, einem irrsinnigen und unmenschlichen Befehl eines bekannten hohen SS-Generals zu gehorchen. Man bestrafte ihn damit, daß man ihn zum Kommandanten des Lagers Struthof machte. Darin liegt eine besondere Tragik im Leben Hartjensteins. Er gehörte zu den Männern, die sich im Laufe der Haft von der christlichen Botschaft ergreifen ließen und sich treu und regelmäßig zu Gottesdienst und Sakrament hielten.« Die Jahre in Auschwitz waren wie vergessen – noch.

Trauerrede. – Vergessen? Nicht eher verschwiegen? Kann es sein, dass auch jene mitlogen, die sich angeblich ganz ihrem Gott und der Wahrheitsliebe verschieben hatten? War der millionenfache Mord in Auschwitz auch 1954 noch so unaussprechbar, dass selbst ein katholischer Pfarrer am offenen Grab nicht zu erwähnen wagte, wer den Massenmord mitorganisiert hat? Oder war sogar der getäuscht worden, der für sich in Anspruch nahm, Fritz Hartjenstein habe sich ihm »bis in den tiefsten Winkel seiner Seele hinein offenbart«, so wie Friedrich die Trauergemeinde glauben machen wollte? Denn auch die Grabrede des katholischen Priesters Theodor Friedrich, des Seelsorgers der in Frankreich einsitzenden deutschen Kriegsverbrecher, enthielt die Schimäre von dem KZ-Kommandanten wider Willen, von dem braven Soldaten, der als Bestrafung für eine ehrbare Tat erst kurz vor Ende des Krieges unschuldig in eine ihm verhasste Rolle gezwungen worden sei.

Gehalten wurde diese entweder unaufrichtige oder unvollständige Trauerrede am 25. Oktober 1954 auf dem Friedhof an der Peiner Gunzelinstraße. Eine Kopie davon heftet heute in der Akte Hartjensteins im Freiburger Militärarchiv. Zur militärischen Laufbahn des SS-Mannes – etwa, wo genau er im Kampfeinsatz war, ob er wirklich am Westfeldzug teilnahm oder ob er Disziplinarmaßnahmen erdulden musste – findet sich dort nichts, zur Verklärung seines Lebens am offenen Grab aber sehrwohl. Vermutlich stammt das Papier aus dem Bestand des Verbandes der Heimkehrer, der dem Bundesarchiv überlassen wurde.

Es sei ihm ein »tiefstes Anliegen, dass diese Trauerfeier und dass alles, was ich hier an diesem Orte als Seelsorger der deutschen Kriegsgefangenen in Frankreich zu sagen habe, ein Zeugnis werde von der Größe und Majestät unseres Gottes und unseres einzigen Herrn und Heilandes Jesu Christi«. Dann fragt er: »Wer ist Hartjenstein? Wer ist Friedrich? Wer bist du?« Wenn er in dieser Stunde, so der Seelsorger, die »Person meines lieben Kameraden Fritz so stark zu Worte kommen lasse, so tue ich es nicht, um Menschen (…) zu verherrlichen, sondern um die Gnade Gottes zu rühmen, welche in den schwersten korperlichen und seelischen Nöten des Verstorbenen sich so stark offenbarte, dass man nur darüber staunen, danken und anbeten muss«.

Ja, wer sich je die Frage gestellt hatte, »wer war Fritz Hartjenstein?«, so wie Werner und du, der muss über diese Trauerrede wirklich staunen. Kann man dieses eine Wort »Auschwitz«, das für das größte Verbrechen der Menschheitsgeschichte steht und das untrennbar mit dem Leben des Fritz Hartjenstein verknüpft ist, wirklich ausblenden und damit eine Trauergemeinde hinters Licht führen oder, besser, ihr helfen, gar nicht erst hinzusehen? Kann man so abgebrüht als Mann Gottes am offenen Grab die Unwahrheit verkünden? Das hätte selbst Angehörigen und Anwälten unter den Trauernden peinlich gewesen sein müssen.

Der Pfarrer beginnt mit der »starken, unverbrüchlichen Sohnesliebe« zu seinen Eltern. »Ich bin dessen Zeuge, wie mein lieber Fritz Hartjenstein von dem hehren und heiligen Erbgut, welches er als kostbarsten Besitz seiner Seele rein bewahrte, bis in die letzte Stunde seines irdischen Kampfes hinein zehrte und lebte. (…) Seiner Familie galt seine einzige Sorge und seine ganz große Liebe. Es war ihm ein stetes Anliegen, dass seine Kinder, von welchen er ja durch seine bald zehn Jahre dauernde Gefangenschaft getrennt war und denen er deshalb in der Erziehung nicht mit Rat und Tat zur Seite stehen konnte, den rechten Weg gehen möchten. Wie dankbar war er noch in den letzten Stunden für die lieben Zeilen, welche er von seiner lieben Gattin und von seiner lieben Ellen erhielt.« Dann stellt der Priester den »lieben Heimgegangenen« als Soldaten »des Typus des vornehmen deutschen Frontoffiziers« dar, der nur »durch eine tragische Verwicklung gegen seinen eigenen Willen zum Schluss des Krieges noch das Kommando über ein Lager im Elsass übernehmen musste«. Das sei »ihm selbst schmerzlich« gewesen. »Niemand weiß das besser als seine liebe Frau und ich als sein Seelsorger, welchem er sich bis in die geheimsten Winkel seiner Seele hinein offenbarte. Er fühlte sich bei diesem Kommando nicht am rechten Platze, konnte aber gegen die über ihm stehende Gewalt des Befehles nichts tun.«

Der Trauerredner berichtet, wie Hartjenstein in Rastatt zum Tode verurteilt, dank der kirchlichen Hilfe aus Deutschland jedoch die Strafe aufgehoben worden sei. Wie er im Juli erneut verurteilt und in die Isolierzelle für die Todeskandidaten gesperrt worden sei, und wie er, der Priester, »diesen Menschen in materieller, geistiger und geistlicher

Hinsicht« unterstützt habe. Er malt ein Bild von der Gemeinschaftszelle, in der die Verurteilten zusammenkamen. Wir »tauschten uns aus im gemeinsamen Gespräch, achteten miteinander auf das, was uns das Wort Gottes zu sagen hat, gingen gemeinsam zum Heiligen Abendmahl, erhoben unsere Stimmen im Gebet und im Gesang zum Herrn. In solchen Stunden weiten sich die engen Zellen, die dicken Mauern verlieren ihre drückende Schwere, die Decken der Zellen öffnen sich, das Licht von oben leuchtet hinein und macht die Finsternis hell. Auf diesem Streifen Landes, welcher ganz nahe an die Ewigkeit grenzt, werden keine hohlen Worte und leeren Sprüche, auch keine religiösen, gemacht. Hier wird alles echt, klar und lebendig. Wie oft denke ich, wenn nur die Massen des oft so gleichgültigen, weltverlorenen und weltbesessenen Volkes in diese Zellen hineinschauen könnten, um zu sehen, wie hier gelitten und gekämpft und überwunden wird, um aber auch zu erkennen, was allein bleibenden Wert hat.«

Dann schildert Friedrich den Todeskampf Hartjensteins, seine Erkrankung und dass der Verstorbene alle im Rahmen des Gefängnisreglements nötige Hilfe bekommen habe. Er habe mit großer Hochachtung von der ihn betreuenden Krankenschwester gesprochen. Er habe aber unbedingt von dem ihn stark belastenden Todesurteil herunter gewollt. »Und Gott sei Dank gelang es noch am letzten Tag seines Lebens durch den vereinten Einsatz der Deutschen Diplomatischen Mission wie auch durch meine eigenen Schritte an höchster Stelle zu erreichen, dass das Todesurteil als nicht bestehend angesehen und die sofortige Freilassung in liberté provisoire verfügt wurde.« Der Trauerredner schildert, wie er mit dem Sterbenden in das Privatkrankenhaus gefahren sei, »wo wir von dem Superior mit großer Innigkeit aufgenommen und begrüßt wurden. Wir legten Fritz in ein schönes Zimmer, das mit Blumen geschmückt war, dann breitete ich meine Hände segnend über ihm aus und sprach mit ihm das Sterbegebet. (…) Drei Stunden danach war Fritz erlöst. Er war frei, wahrhaft frei.« Und was das für ihn bedeutete: »dass er somit nicht als ein des Todes würdiger Verbrecher, sondern als freier Mann und als deutscher Offizier sterben durfte. Das ist bei allem Unverständlichen und Notvollen der letzten Jahre seine letzte große irdische Freude gewesen, das ist auch für die ganze Familie und nicht bloß für diese, sondern auch für mich, ja für uns alle, die wir Fritz kannten und liebten, eine große moralische Stärke, Hilfe und Aufrichtung gewesen.«

Und dann verweist der Geistliche auf Jesus Christus, den König, der die Herrschaft über den Tod errungen habe. »Aus diesem Grunde sage ich allen meinen Gefangenen, und dies vor allem den zum Tode Verurteilten in ihren großen seelischen Nöten, sie sollen nicht auf die Menschen, nicht auf ihre Umgebung, auch nicht auf die Gewehrläufe achten, sondern auf den Herrn, welcher über allem steht. Ich habe es auch dem lieben Fritz als letzte Weisung in einer ganz notvollen Stunde, als die Verzweiflung seine Seele in die dunkelste Nacht stürzen wollte, zugerufen: Lasset uns aufsehen auf Jesum, den Anfänger und Vollender unseres Glaubens.« Er wisse, so der Redner, dass hunderterlei Fragen offen blieben. Und auch Hartjenstein habe gezweifelt, als er ihm »in einer großen Aufrechnung« gesagt habe: »Ich glaube, der Herr hat alle meine Gebete verworfen.«

Und doch gewinnt der Priester dem Tod Hartjensteins am Ende noch eine höhere Bedeutung ab: »Wenn der liebe Heimgegangene mit seinem namenlosen, unerkannten Leid und mit seinem tapferen, glaubensvollen Überwinden uns diesen Dienst erwiesen hätte« – und der Redner schließt die ganze Trauergemeinde mit ein –, »wenn mein Dienst hier in Peine die Frucht getragen hätte, dass wir dadurch in neuer Weise zu Jesus Christus, dem Herrn, hingewiesen werden und Acht haben auf die Dinge, die hinter allen Vergänglichkeiten dieser Welt stehen, dann war ich nicht umsonst hier in Peine gewesen, dann haben wir uns nicht vergebens in dieser Kapelle versammelt, dann hat auch das Leiden und Sterben von Fritz eine höhere Bedeutung gewonnen, dann redet er noch, wiewohl er gestorben. Amen!«

Tischgebet. – An die Beerdigung ihres Vaters hat Ellen kaum Erinnerungen. »Ich konnte nicht viel damit anfangen. Ich war bei der Beerdigung, aber ich hatte nicht das Gefühl, dass da mein Vater lag.« Über die vielen Leute aber habe sie gestaunt. Auch draußen vor der Friedhofskapelle drängten sie sich noch. So viele Peiner erwiesen dem in der untergegangenen NS-Zeit höchstrangigen SS-Offizier der Stadt die letzte Ehre. Großvater und Onkel Günter haben bitterlich geweint. Günter, das war der Onkel, den Hartjenstein von seinem letzten Kommando in Bergen noch nach Hause geschickt hatte, sonst wäre er mit an die Front gezogen und günstigstenfalls noch in Gefangenschaft geraten. Die Familiengrabstätte liegt gleich neben der Kapelle, dort, wo die Großeltern auch schon bestattet waren. Erinnern kann sich Ellen nur noch daran, dass sie für das Essen nach der Beerdigung ein Tischgebet aufsagen musste.

Werners Trauerfeier fand 66 Jahre später in derselben Kapelle in aller Stille statt. Nur der engste Familienkreis und einige ganz wenige Freunde waren gekommen – bedingt durch die Coronabeschränkungen. Es gab kein anschließendes Treffen, kein Tischgebet zum Mittagessen, keinen großen Austausch über einen Menschen, der ein Lehrerleben lang Tausenden Schülern ein Vorbild und seinen Freunden stets ein charmanter Gesprächspartner gewesen war. Werner ist nach einem anständigen Leben in aller Stille gegangen. Dieses Buch ist auch sein Vermächtnis. Eine Legende hinterließ Werner nicht.

Überläufer. – Hartjensteins Legende jedoch lebte fort und entwickelte sich: Jetzt, da ihr Mann für drei bis vier Stunden die Freiheit hatte genießen dürfen, wie ein Sterbender eben das Fehlen von Gitterstäben genießt, hatte Ehefrau Gustel die Chance, den Verband der Heimkehrer um Unterstützung zu bitten. Der Verband legte denn auch eine Karteikarte auf hellgrüner Pappe an und fügte Dokumente hinzu. Das waren einerseits einige Angaben zur Person Fritz Hartjensteins und seinem Fall, die ausschließlich von der Ehefrau stammen können. Offenbar hatte sie sich die Trauerrede des Priesters geben lassen. Andererseits war es nämlich diese Beerdigungsansprache »für den in Kgfschaft verstorbenen K. V.« Die Unterlagen aus dem Militärarchiv belegen, wie bereitwillig der Verband der Heimkehrer auch die abwegigste Behauptung als Tatsache annahm.

Zunächst ist etwas über den Autor der Beerdigungsrede notiert. Pastor Friedrich sei der Betreuer der deutschen Kriegsgefangenen in Frankreich, »der sich sehr wirkungsvoll und treu für die K. V. eingesetzt«. Mit seiner Rede einschließlich der offensichtlich unwahren Behauptung von der Strafversetzung macht er Hartjensteins Legende jetzt aktenkundig. Der Verband der Heimkehrer notiert: »Aufschlussreich für das Schicksal der K. V. in Frankreich.« Mehr noch: In den »Ergänzenden Personalangaben«, die offensichtlich von »Frau Gustel H., Oldau b. Zelle, 3 Kinder« stammen, wird die längst widerlegte Legende sogar noch zur Heldentat stilisiert: »H. hat sich s. Zt. in einem russischen Kessel geweigert, ihm unterstellte Soldaten wegen eines Überlaufversuchs zu erschießen. Er wurde auf Himmlers Befehl herausgeflogen, und ihm wurde zur Strafe das Lager Nattweiler (Schreibfehler) übergeben. Sein Vorgänger Kramer war ein übler Kerl. H. hat die Dinge wieder in Ordnung gebracht.«

Bittbriefe. – Die Rede des Priesters und die Erzählung von der heldenhaften Befehlsverweigerung waren eine gute Grundlage für das, was nun folgte. Außerdem hatte der Anstaltspfarrer aus Paris schon von sich aus beim Verband der Heimkehrer über das Schicksal des verstorbenen KZ-Kommandanten berichtet. Die Witwe stieß also offene Türen ein, als sie am 23. November 1954 die erste Bitte um Unterstützung formulierte. Sie bat den Verband um eine Beihilfe für die ihr entstandenen Kosten. »Ich habe durch Flucht alles verloren und nun noch den Mann, der gern die Geschicke der Familie selber in die Hand genommen hätte.« Die Antwort mit Kondolenzwünschen kam umgehend. Man wisse schon viel über den Verstorbenen und »was er und damit auch Sie durchgemacht haben«. Im nächsten Schreiben fragt der Verband der Heimkehrer, in welcher Höhe denn nun Kosten für die Überführung und die Bestattung entstanden seien. Sie antwortet, dass dies etwa 800 DM, »evtl. auch noch darüber hinaus«, seien. Sie führt etliche Kostenpunkte auf, ohne sie zu beziffern. Dass das Auswärtige Amt die Überführung schon bezahlt hat, erwähnt sie nicht. »Leider verfüge ich ja nicht über flüssiges Geld, weil der Lebensunterhalt von 130 DM für meine Tochter und mich nicht für so vieles ausreicht. Hat man doch die ganzen Jahre hindurch nur von der Hand in den Mund gelebt und dennoch vielerlei davon angeschafft, um aufzufrischen, weil wir alles verloren haben und alles im Elsaß stehen bleiben musste. Ich bin für jede kleine Hilfe sehr dankbar.«

Es wird ihr ein Scheck über 500 Mark zugesandt, das habe die Verbandsleitung beschlossen. Sie möge aber Rechnungen in etwa der Höhe als Beleg einsenden. Rechnungen schickt sie nicht, wohl aber eine Aufstellung über Reisekosten, Ferngespräche und Anschaffungen für die Beerdigung. Sie kommt auf 501,01 Mark. In zwei weiteren Schreiben bedankt sie sich auch im Namen ihrer Tochter. Dann schildert sie noch ihre Probleme mit der beantragten Heimkehrerentschädigung, weil sie noch immer keinen Entlassungsschein aus Frankreich erhalten habe. »So steht die Auszahlung auf wackligen Beinen, sagt man mir hier in

Celle.« Und dann fragt sie den Verbandsvorstand: »Steht mir die Entschädigung zu oder nicht?« Offenbar hat der Verband der Heimkehrer geantwortet. Im Februar bedankt sie sich für die Erläuterungen und verspricht, sich in Geduld zu üben. Dann bricht der Schriftverkehr ab. Ob sie je eine Zahlung nach dem Kriegsgefangenenentschädigungsgesetz erhalten hat, bleibt offen.

Sie hätte nach dem Krieg wieder heiraten können. »Aber sie wollte nicht«, sagt Ellen. Wie hätte sie einem neuen Mann die Vergangenheit im KZ-System erklären können? »Es sei gut, dass Vater nicht mehr lebt, hat sie gesagt«, erinnert sich Ellen. »Er hätte nie mehr Ruhe gehabt vor der Justiz.«

Fahndung. – Was wäre eigentlich passiert, wenn Hartjenstein nicht im Zinksarg heimgekommen wäre, sondern – wie seine Angehörigen in der Todesanzeige die Peiner Bürger Glauben machen wollten – als freier Mann das Ende seiner Kriegsgefangenschaft erlebt hätte? Wenn er also in Niedersachsen ein neues Leben hätte anfangen können – wenn er nicht gleich gestorben wäre? Dann wäre spätestens ab 4. September 1958 wieder nach ihm gefahndet worden. Dieses Datum trägt eine Liste mit 114 Namen, die Staatsanwälte für die Ermittlungen der Zentralen Stelle der Landesjustizverwaltungen in Ludwigsburg zusammentrugen. Sie bereiteten den fünf Jahre später beginnenden großen Auschwitz-Prozess vor. »Unvollständiges Verzeichnis der SS-ler, die in Auschwitz Dienst gemacht haben, mit teilweiser Angabe ihres Schicksals«, heißt es über der Liste.

An erster Stelle steht »Lagerkommandant Rudolf Franz Ferdinand Höss, Todesurteil Warszawa 2.4.47, vollstreckt am 15.4.1947.« Es folgten die Namen der weiteren Kommandanten Liebehenschel, Baer, Kramer, Schwarz und so weiter. Sieben von ihnen bereits verurteilt und hingerichtet. An 13. Stelle steht der Name Fritz Hartjenstein. Hinter Namen, Dienstrang und Funktion sieht man ein Fragezeichen. Dass er neun Jahre in Frankreich einsaß und längst gestorben war, wussten die Ermittler noch nicht. Nach dem damaligen Kenntnisstand waren 34 der 114 SS-Leute nach ihrem Todesurteil hingerichtet worden, drei waren in der Haft gestorben und einer hatte in seiner Zelle Suizid begangen. Über 63 der Gesuchten gab es keine Erkenntnisse, wo sie sich aktuell aufhielten. Deshalb steht über allem noch die Warnung: »(diese

Liste soll **nicht** veröffentlicht werden. Vor allen sollen diejenigen, die bisher sich jeder Strafe entziehen konnten, durch eine Veröffentlichung nicht vorzeitig gewarnt werden)«.

Abb. 36 Liebe Grüße von Arthur Liebehenschel: Als Ausdruck kameradschaftlicher Freundschaft hat der Kollege aus Auschwitz dem scheidenden Hartjenstein ein Foto gewidmet, das der bis zuletzt im Schreibtisch verwahrte (Quelle: privat/National Archives and Records Administration, College Park, Maryland).

Ludwigsburg. – Er hätte über Jahrzehnte keine Ruhe vor Strafverfolgung gehabt. Im Bundesarchiv Ludwigsburg stapeln sich die aufgenommenen und wieder eingestellten Ermittlungsverfahren gegen den angeblich so unfreiwilligen KZ-Kommandanten. Es begann im Spätsommer 1958 mit einer anonymen Strafanzeige. Am 31. August 1958, vier Jahre nach Hartjensteins Tod, nimmt ein Anzeigeerstatter Bezug auf ein Urteil wegen »Verbrechen aus dem 1000-jährigen Reich«. Gerade hatte in Ulm der sogenannte Einsatzgruppenprozess begonnen. Es ging um den Tod von rund 5500 Kindern im Spätsommer 1941 im litauisch-deutschen Grenzgebiet. Die gerade erhobene Anklage gegen zehn Männer von Gestapo und Ordnungspolizei ermutigte den Anzeigeerstatter offenbar, nun auch auf die Verbrechen in den Konzentrationslagern hinzuweisen. »Man bedenke, welche Heldentaten die Kommandanten der einzelnen Konzentrationslager vollbrachten, wenn sie ihrer Vorteils-Beförderungen wegen Tausende oder Hunderttausende von Menschen erschießen, erschlagen oder vergasen ließen und ihren vorgesetzten Stellen in Berlin die Vernichtung – Liquidierung – meldeten.« Der Anonyme stellte »im Namen der Gerechtigkeit« Strafanzeige gegen folgende Kommandanten: Es folgte eine Liste mit 20 Namen, an Position sieben »SS-Sturmbannführer Hartjenstein, 1942/44 KZ Auschwitz«.

Parallel erstattete Erich Nellmann, Generalstaatsanwalt in Stuttgart, eine »neuerliche Anzeige«. Seine bisherigen Hinweise waren offenbar versandet; deshalb hatte Nellmann öffentlichkeitswirksam immer wieder eine zentrale Bearbeitungsstelle für die Strafverfolgung der Verbrechen gegen die Menschlichkeit in der NS-Zeit verlangt. Jetzt fand er in der Zentralen Ermittlungsstelle in Ludwigsburg endlich einen Adressaten. Er lieferte ebenfalls eine Kommandanten-Liste, auf der sich Hartjensteins Name befand. Beide Verfahren wurden, soweit es den Beschuldigten Hartjenstein betraf, rasch eingestellt, weil dieser verstorben sei. Interessant ist dabei der Vermerk der Ludwigsburger in der Einstellungsverfügung: »am 20.12.1954 in Metz einem Herzschlag erlegen«. Gleich drei Fehler in einer Zeile: Datum, Sterbeort und Todesursache, alles falsch.

Es folgte am 20. Dezember 1961 ein Ermittlungsverfahren der Staatsanwaltschaft Stuttgart gegen Franz Hofmann und Fritz Hartjenstein sowie andere wegen Mordes. Die Akte beinhaltet eine Liste mit 55 Namen – alles Menschen, die in Natzweiler erschossen oder erhängt wurden. Eine zweite Liste enthält noch einmal 31 Namen von Opfern, die auf der Flucht erschossen wurden. Dazu hat die Staatsanwaltschaft 71 Verdächtige notiert, alles Mitglieder des Kommandanturstabes Natzweiler von 1942 bis 1944. Dieses Verfahren wird am 20. Dezember 1961 unter dem Aktenzeichen 18 Js 1537/61 formal eingestellt. Die Ermittler beziehen sich auf das Buch von Antony Webb, »The Natzweiler Trial«, Seiten 87, 89 und 91, in dem der Tod von 150 französischen Kriegsgefangenen in der Nacht zum 2. September 1944 geschildert wird. Abschließend heißt es: »Strafverfahren gegen Hartjenstein kann nicht durchgeführt werden, weil inzwischen verstorben.«

Zehn Jahre später wird Hartjenstein am 31. August 1971 zusammen mit Kurt Griegling und drei anderen wegen Tötung eines britischen Fliegers angezeigt. Mutmaßlich handelt es sich um den schon von britischen und französischen Militärrichtern ausgeurteilten Mord an dem Briten Habgood. Deshalb erfolgte auch hier Einstellung. Weitere zwei Jahre später die nächste Eingabe: »Streng vertraulich«, schreibt am 4. Juni 1973 Dr. Karl Heimburger aus Angermund bei Düsseldorf. Er schildert das Schicksal des katholischen Priesters Prof. Dr. Abbé Joseph Schmidlein, geboren am 29. März 1876. Dieser sei von den Nazis wegen des »Heimtückegesetzes« verurteilt und zunächst für sieben Monate in eine Nervenklinik gesperrt worden. Ende 1943 sei er ins KZ Schirmeck gebracht und dort »gemartert« sowie mutmaßlich irgendwann ermordet worden. Der Hinweisgeber bezieht sich auf eine unveröffentlichte Schmidlein-Biografie von M. Stürmel aus Altkirch: »Ein Apostel aus dem Sundgau«. Es sei ihm, schreibt er, »daran gelegen, daß der Fall zum Nutzen der französisch-deutschen Freundschaft und im Dienste der Manifestation der menschlichen Grundrechte behandelt wird.« Auch hier wieder wird Hartjenstein als Beschuldigter genannt. Ab 28. Juni 1974 werden Vorermittlungen geführt. Da aber keine Hinweise auf einen anderen als einen natürlichen Tod des Abbé zu finden sind, stellen die Ermittler das Verfahren schließlich ein.

1977 ein neuerliches Verfahren (19 Js 777/77). Diesmal geht es um Exekutionen vom 22. Juli 1944, also um den Mord an 141 französischen Deportierten. Ermittelt wird gegen Johann B. und sechs weitere, darunter auch der Kommandant Hartjenstein. Dieser sei nur insoweit verdächtig, »als dass er wegen Überlassung von Arbeitern an die Adler-Werke in Frankfurt/M. verhandelt haben soll«, heißt es in der Akte. Die von ihm überlassenen Häftlinge seien später bei der Räumung des Adler-Arbeitslagers getötet worden. Und zum Schluss ermittelte auch noch die Staatsanwaltschaft Hannover gegen ihn und 46 weitere Beschuldigte. Sie sollen in Krakau ein Massaker an polnischen Professoren und Personal der Universität Breslau begangen haben. Das Verfahren wird bald eingestellt: »Es sind auch keinerlei Erkenntnismöglichkeiten denkbar, diese Personen heute noch zu ermitteln.« Das Verfahren trägt das Aktenzeichen 11 Js 68529/88. Es stammt also von 1988, 34 Jahre nach Hartjensteins Tod.

All diese Ermittlungen gegen einen längst Verstobenen konnten zu nichts führen. Die Ludwigsburger Nazi-Fahnder hatten sich aber zumindest für alle beschuldigten Kommandanten die Personalvorgänge aus dem Berliner Document Center für die entsprechenden Tatzeiten beschafft. Beginnend mit den Kommandanten Adolf Haas und Johannes Hassebrook aus dem KZ Groß Rosen und natürlich auch mit der vollständigen Liste der Auschwitz-Kommandanten.

Ahnenforschung. – Werner hatte doch recht. Da war noch etwas, das wir brauchen können. Es muss ihm aus dem Sinn gekommen sein. Einer der losen Fäden, die er nie hat entwirren können, war die Frage nach dem riesigen Stammbaum, über dem er so viele Stunden grübelnd gesessen hat. Warum hat Onkel Karl in den Jahren 1930 bis 1939 diese Mammutaufgabe auf sich genommen, die Familienlinien der Hartjensteins aufzumalen und zu ordnen? Jetzt weißt du es: Weil ihn Fritz Hartjenstein, der Neffe und spätere KZ-Kommandant, darum gebeten hat!

Das Schreiben stammt aus dem Sommer 1939. Werners Kinder haben es in seinem Büro zwischen all den doppelt und dreifach ausgedruckten Internetseiten zu Fritz Hartjenstein, zu Auschwitz und zum Euthanasie-Programm der Nazis gefunden, als sie nach Werners Tod das Elternhaus ausräumten. Es muss ihm durchgerutscht sein, als er dir seine Unterlagen gab. Erzählt hat er nie von diesem Brief. Für euer Buchprojekt ist das Schreiben doppelt wertvoll. Jetzt schließt sich der Kreis, jetzt kannst du den losen Faden des riesigen Stammbaums mit dem dienstlichen Werdegang von Fritz verknüpfen. Denn das war ja schon verwunderlich, dass in dessen SS-Stammdaten nirgendwo der Nachweis arischer Abstammung belegt war. Aber auch die offene Frage, wann er auf der Wewelsburg war, beantwortet der dreiseitige Brief an Onkel Karl. Im Briefkopf steht der Absender: Wewelsburg bei Paderborn, 2.7.1939. Und Fritz Hartjenstein berichtet stolz, dass er »in der kurzen Spanne meines Dienstes bei der SS bereits zum SS-Obersturmführer befördert« worden sei. Das bedeutet, dass er bereits Führungsaufgaben ausübte. Denn seit Mitte 1939 waren Häftlinge aus Sachsenhausen zum Bergschloss Wewelsburg gebracht worden, um dort mit dem Umbau zu beginnen. Die markante Dreiecksburg sollte nach Himmlers Vorstellungen nach dem Endsieg für SS-Leute der »Mittelpunkt der Welt« werden – ein gigantischer Klotz Nazi-Architektur. Die ersten Arbeitskommandos, die bis 1941 noch in Holzverhauen in der

Gräfte, dem nicht gefluteten Schlossgraben, oder gar ganz ohne jeden Schutz im Freien und in Zelten vegetierten, hatte demnach Hartjenstein mit seinen Leuten zu bewachen.

Der frisch gebackene SS-Führer bittet nun in diesem Brief den Onkel, seine Liste von Vorfahren, die er angelegt habe – es sind 42 Familiennamen –, zu überprüfen und, wenn ihm das möglich sei, von diesen die Geburtsurkunden oder Taufscheine zu beschaffen. Er wisse ja, schreibt der Neffe, dass sich der Onkel schon seit zehn Jahren mit den Ahnen beschäftige. Und sicher könne er sich auch erinnern, dass er »schon vor zwei Jahren den Stammbaum unserer Familie von Deiner Aufstellung abgezeichnet habe«. Er sei jetzt »als Führer verpflichtet, meine Ahnen wenigstens bis zum Jahr 1750 nachzuweisen«. Natürlich werde er die Kosten übernehmen und die Urkunden zurückgeben. Auch die Ahnentafel, die daraus entstehen solle, werde er nach Überprüfung durch das Rasse- und Siedlungsamt in Berlin von dort zurückerhalten und sie an Onkel Karl zurückgeben, verspricht der Briefschreiber. So ist es geschehen: Hartjenstein wurde als arisch anerkannt, der Stammbaum ward ihm zurückgegeben. Er blieb aber in der Familie, fand sich im Nachlass von Hartjensteins ältestem Sohn und wurde auf sein Bitten hin irgendwann dem Großcousin Werner ausgehändigt. Wenn auch Hartjensteins Tagebücher vernichtet sind – der Stammbaum hat überlebt, den hast jetzt du.

Und mehr noch: Rund 30 Postkarten an Onkel Karl fanden sich in Werners Nachlass, die älteste mit 8-Pfennig-Beethoven-Briefmarke aus dem Jahr 1929, die jüngste, 1939 geschrieben, von einem professionellen »Sippenforscher« aus Hannover. Sie alle dokumentieren die mehr als eine Dekade währende Recherche für den Stammbaum der Hartjensteins. In jeder einzelnen der Karten dokumentiert ein von Karl angeschriebener Verwandter, was er über die Vorfahren der Familie weiß und wo sich Abstammungsurkunden finden lassen. Und noch ein Sippenforscher, ein Fachmann aus Karlsruhe, trägt mit einem Brief eine Art Gutachten bei, wonach Karls Forschung den Nachweis erbracht habe, dass »Ihre Vorfahren zunftmäßige Handwerker waren«, womit bewiesen sei, »dass eine jüdische Abkunft damit ausgeschlossen« sei. Denn: »Die Zünfte nahmen nie und nirgends Juden auf«, denn »der Jude drängte sich wohl zum Geschäft, zum Verdienen, aber niemals zu Handarbeit; er wusste, dass er auf leichterem Weg bessere Geschäfte machen konnte.« Das also war die Basis für den Stammbaum. Das Ergebnis bis zurück ins Jahr 1580 – laut Sippenforscher alles Arier – wird auch die SS befriedigt haben. All diese Mühe, obwohl er doch angeblich »aus der Wehrmacht zwangsversetzt (worden war) in die Totenkopfverbände«? Etwas viel Aufwand für einen Bestraften und eine zu steile Karriere für einen angeblichen Versager.

Gerechtigkeitssinn. – Und dann findest du in Ludwigsburg auch noch, wonach du überall in den Archiven gesucht hast. Hier, wo die Ermittlungsakten gegen einen längst Toten in den 50er, 60er, 70er, ja selbst noch in den späten 80er Jahren eröffnet und wieder zugeklappt wurden, liegen die vollständigen Personalverfügungen über die Laufbahn Fritz Hartjensteins. Sie sind vorsorglich in die Zentrale Ermittlungsstelle der Staatsanwaltschaften geholt worden, um sich ein komplettes Bild über den Beschuldigten machen zu können, auch wenn längst klar war, dass Fritz Hartjenstein nicht mehr verfolgt werden konnte. Die Dokumente sind durchnummeriert in die Rubriken 1 bis 15, beginnend mit »1. Lebenslauf«, »2. SS-Führerkarte« und endend mit »14. Strafverfahren von SS-Gerichten« und »15. Disziplinarverfügungen«.

Das hast du gesucht: Da muss er sein, der Hinweis auf die Zwangsversetzung nach Auschwitz, das Unrecht der Strafbeförderung eines ungehorsamen und deshalb geschassten Frontsoldaten ins System des Massenmordens – wenn es den überhaupt gibt. Du suchst, aber findest nur, was auch in seiner SS-Akte schon steht: die Karriereschritte in der Reichswehr, die Einsatzorte in der SS, die Beförderungen, Personalangaben (3 Kinder, 1 verstorben), die Orden und Ehrenzeichen, das Diensteinkommen. Die Dokumente zu den »Personalverfügungen« geben für den 1. September 1942 die Versetzung zum SS-Wirtschafts- und Verwaltungshauptamt als Führer der SS-Bewachungstruppe in Auschwitz, die Berufung vom 10. November 1943 als Lagerkommandant in Auschwitz und die Versetzung am 5. Mai 1944 nach Natzweiler wieder. Nichts, was nicht schon bekannt wäre.

Aber es gibt noch einen Personalantrag vom 10. November 1943. Darin wird seine Beförderung zum Obersturmbannführer vorgeschlagen. Der Text der Beurteilung, der allerdings erst acht oder neun Monate nach Antragstellung geschrieben wurde, lautet: »SS-Sturmbannführer H. ist ein brauchbarer SS-Führer mit ausgeprägtem Gerechtigkeitssinn und vorbildlicher Haltung. Er besitzt sowohl besondere Eignung zum Lagerkommandanten, als auch zum Truppenführer. Die Eignung zum Truppenführer hat er bei der SS-Totenkopfdivision im West- und Ostfeldzug als Kompaniechef und Bataillonskommandeur unter Beweis gestellt, wobei er beide Eiserne Kreuze erwarb. In meinem Dienstbereich hat er zunächst ein großes Wachsturmbann geführt und wurde später als Kommandant eines Frauen-KL eingesetzt. Im Mai 1944 hat er das KL Natzweiler übernommen. Er verstand es, dieses Lager vorbildlich zu führen und es weiter auszubauen und die Einrichtung neuer größerer Arbeitslager zu organisieren. H. ist für meinen Dienstbereich besonders geeignet. Er hat die Beförderung zum SS-Obersturmbannführer verdient.« Gezeichnet: Glücks, SS-Gruppenführer und Generalleutnant der Waffen-SS. Und ein Blatt weiter die zustimmende Stellungnahme von Oswald Pohl, dem Chef des Wirtschafts- und Verwaltungshauptamtes. Erstmals also ein Hinweis auf die Teilnahme am Frankreichfeldzug, aber kein Beleg dafür. Keine Disziplinarmaßnahme, kein einziger negativer Vermerk. Hört sich so der berufliche Werdegang eines Versagers an, den man zwangsversetzen musste? Klingt eher nach einer Bilderbuchkarriere.

Himmelfahrtskommando. – Jetzt hast du ein Jahr lang das Knäuel entwirrt, das du dir zusammen mit Werner vorgenommen hattest. Du hast unzählige weitere Informationen und viele Falschinformationen über Fritz Hartjenstein gefunden. Teils stammen die Ungereimtheiten von Hartjenstein selbst oder seinen Verteidigern, um vor den Richtern besser dazustehen, teils haben Historiker oder Biografen falsche Schlüsse gezogen. Oder die Beschönigungen des Andenkens in der Familie und im Helferkreis haben das wahre Bild verfälscht. Du hast alles entwirrt, aufgeribbelt und zu einem nachvollziehbaren Muster verstrickt. Doch es bleiben Lücken. Wie die Motten hat das Vergessenwollen der Nachkriegszeit Löcher ins biografische Gewebe gefressen. Und so bleiben auch bei dir am Ende lose Fäden, die du nirgendwo hast anknüpfen können. Einer davon: der Frankreich-Einsatz. War Hartjenstein je an der Front in Frankreich, oder hat er das nur behauptet, um vor Gericht nicht zugeben zu müssen, dass er schon ab 1939 im Konzentrationslagersystem im Einsatz war? Objektive Quellen hast du dazu nicht gefunden, einzig seine eigenen Angaben und eben jenen vagen Hinweis von Glücks: »im West- und Ostfeldzug«. Und irgendjemand muss ja im Frühsommer 1940, als die Deutschen Holland, Belgien und Frankreich überfielen, die Bewacher im KZ Wewelsburg weiter befehligt und im folgenden Jahr, ehe Kommandant Adolf Haas das neue KZ Niederhagen-Wewelsburg übernahm, den Aufbau Niederhagens begleitet haben. Das aber in den Prozessen zuzugeben, hätte Hartjensteins Narrativ von der Zwangsversetzung ins KZ-System vor jedem Richter zerstört.

Ein zweiter loser Faden blieb bis zur Abgabe des Manuskripts sein Einsatz im Kessel von Demjansk. Was hat er sich dort zuschulden kommen lassen, das eine Zwangsversetzung vom Front- in den KZ-Dienst rechtfertigte? War er tatsächlich im Kessel schwer verletzt worden, wie es in einigen Quellen heißt? Gab es wirklich eine Befehlsverweigerung, wie Hartjenstein vor Gericht behauptete? Gar die heldenhafte Weigerung, seine eigenen Leute zu erschießen, wie es später in der Familie erzählt wurde? Du hattest die Suche längst aufgegeben, als dir durch bloßen Zufall – du hattest dich bei der Internetsuche nach Fotos vertippt – der Hinweis auf die Lebenserinnerung eines alten Frontsoldaten auffiel. Herbert Brunnegger hat kurz vor seinem Tod 2002 seine Erlebnisse in den Totenkopfverbänden der SS aufgeschrieben, darunter auch seine Zeit im Kessel von Demjansk. Womit du nie gerechnet hast: In seinem Buch »Saat in den Wind« beschreibt der damals gerade einmal 19-jährige Brunnegger genau jenen Einsatz, der dem Leben des Bataillonskommandanten Fritz Hartjenstein ab März 1942 den vermeintlich entscheidenden Negativstempel aufdrücken und mit dem Hartjenstein bis zu seinem Lebensende hadern sollte.

Brunneggers Lebenserinnerungen wird man heute mit gemischten Gefühlen lesen. Der 1923 geborene Österreicher erlebte jene Zeit im jugendlichen Leichtsinn. Nach eigener Darstellung war er mit 15 Jahren der jüngste SS-Soldat der Deutschen, nachdem er sich 1938 freiwillig zur Schutzstaffel gemeldet hatte. Ungeschminkt gibt er noch im hohen Alter wieder, was er und seine Kameraden damals über den »Iwan« dachten. Die Not der von der Roten Armee eingeschlossenen deutschen Soldaten beschreibt er plastisch: 400 Gramm Brot, ein Esslöffel Marmelade oder Tubenkäse und 25 Gramm Margarine – das sei die ganze Tagesration gewesen. Bei bis zu 50 Grad minus, unvollständig ausgerüstet und einer dramatischen feindlichen Überlegenheit ausgeliefert, habe man die Randgebiete des Kessels von Demjansk verlustreich verteidigt. Erfrierungen und Ruhr seien an der Tagesordnung gewesen, und ein ständiger sowjetischer Angriff – Tag und Nacht – habe die Reihen dezimiert. Und doch habe man die Stellungen halten müssen, weil einzig über Demjansk die Russen den Nachschub für ihre bereits Richtung Westen durchgebrochenen Armeen hätten transportieren können. »Gelingt ihm das nicht, dann hat nicht er die Deutschen, sondern die Deutschen ihn eingekesselt, weil er dann mitten im Sumpf sitzt und bewegungsunfähig geworden ist«, schreibt Brunnegger über das, was den eingekesselten Deutschen damals in den Tagesbefehlen von ihrer Führung eingetrichtert wurde.

Und in dieser Situation kommt jenes »Himmelfahrtskommando« ins Spiel, an dem der Autor als Fahrer teilnahm und das von Sturmbannführer Friedrich Hartjenstein angeführt wurde. Es war der März 1942. Gerade hatten die Russen die letzte Verbindung aus dem Kessel, die Brücke bei Ramuschewo über den Fluss Lowat, eingenommen und die Deutschen damit endgültig eingekesselt. Jetzt sollte eine kleine Gruppe alter Rottenführer den »verzweifelten Versuch« unternehmen und »unbemerkt einen Verbindungsweg nach Westen aus dem Schnee wühlen«. Mit einem Dreiachspflug und Geländewagen, ausgestattet mit zwei Maschinengewehrständen und hinreichend Benzin und Sonderverpflegung für sieben Tage, rückt Hartjensteins Trupp Mitte März aus. Sorgfältig habe der Kommandant den Streckenverlauf festgelegt. Weil im Ost- und Nordostteil des Kessels heftig gekämpft wurde und dort auch die feindliche Luftaufklärung sich konzentrierte, habe man den kaum kontrollierten Südosten gewählt, um einen neuen Weg über den Lowat zu finden. »Es ist ein abenteuerliches, kaum erfolgversprechendes Unternehmen, ein Himmelfahrtskommando weit im Rücken des Feindes«, schreibt Brunnegger. »Beim gemeinsamen Abendessen mit Stubaf. Hartjenstein hat er mir eröffnet, daß ich ab sofort wieder zur Kampfgruppe Knöchlein gehöre, aber vom Stab derselben für diese Aufgabe abgestellt wurde. ›Nehmen Sie Brunnegger, diesen Überschlauen, der kommt von überall zurück!‹, soll Knöchlein gesagt haben.«

Die Gruppe schiebt sich bei völliger Dunkelheit und bei 20 Grad minus, nur nach Hartjensteins Kompassangaben, eine Schneise durch den tiefen Schnee. Dabei müssen sie auch zwei Versorgungsstraßen der Russen kreuzen, den eigenen schneebefreiten Weg dann aber unkenntlich und unbenutzbar machen, um nicht aufzufallen und verfolgt zu werden. Zwei Tage dauern die Vorbereitungen, wenigstens einen passierbaren Weg durch den Schnee bis zum Fluss zu finden. Hartjensteins Trupp ist schließlich 50 Kilometer außerhalb des Kessels im vom Feind beherrschten Gebiet, als er auf den Fluss Lowat trifft. »Urplötzlich stehen wir vor einem tiefen, weiten und langgestreckten Tal. Das Gelände fällt steil ab. Unten in der Senke steht kein Baum, kein Strauch. ›Der Lowat!‹, stellt der Sturmbannführer fest.« Allerdings: »Es geht verdammt steil da hinunter. Mit dem Wagen komme ich hier allein nicht mehr herauf. ›Hinunter gern, aber wie zurück herauf, Herr Oberst?‹, beharrt der Fahrer. ›Mein Auftrag lautet, einen Weg über den Lowat zu finden. Also los, und hinüber!‹«

Mehrfach nennt der Autor den Kommandanten »Oberst«. Tatsächlich war Hartjenstein als Sturmbannführer aber noch im Rang eines Majors. Und schließlich beschreibt Brunnegger das Scheitern des ganzen Unternehmens: »Es zeigt sich sehr schnell, daß der jenseitige Hang noch viel steiler und wegen des Tiefschnees einfach nicht zu überwinden ist. Wir folgen dem vereisten Flußlauf. Der angewehte Schnee ist hier viel höher als oben auf dem Plateau (…) Für mich ist die Sache klar: Wir können den Lowat tagelang hinab- und hinaufwühlen, aber ohne fest gebaute Straße werden wir das gegenseitige Ufer nicht hinaufkommen. Zu tief hat sich der Fluß in sein Bett gegraben. Zurück kommen wir auch nur, weil wir uns schon einen Weg vorgewühlt haben, sonst säßen wir jetzt in der Falle. (…) Verärgert befiehlt Sturmbannführer Hartjenstein den Rückmarsch.« Inzwischen ist es so spät, dass die Rückkehr nicht mehr im Schutz der Dunkelheit möglich ist. Die Truppe geht volles Risiko: Sie schleicht sich bei Tageslicht über den selbstgeschobenen Weg durch Feindesland zurück, hat Glück, dass die russische Schlittenkolonne, der sie begegnet, keine bewaffneten Begleitmannschaften hat, und erreicht schließlich die eigenen Einheiten im Kessel. Der Plan, einen Weg hinaus zu finden, ist gescheitert. Nicht an einer Befehlsverweigerung, nicht am Unvermögen der Beteiligten, nicht am mangelnden Mut oder fehlendem Engagement, auch nicht an einer Kriegsverletzung Hartjensteins. Gescheitert schlicht und einfach an der Topografie.

Dass dieser missglückte Versuch Friedrich Hartjensteins künftiges Leben vorzeichnen würde, dass er mit den Folgen bis zu seinem

Lebensende hadern würde, konnte Herbert Brunnegger damals nicht ahnen. Seinem Text ist auch anzumerken, dass er nie erfahren hat, was aus Hartjenstein später wurde – weder dessen Auschwitz-Karriere noch dessen Kampf gegen drei Todesurteile scheint Brunnegger bis zu seinem Tod 2002 je bekannt geworden zu sein. Auch als er im hohen Alter seine Erinnerungen ans Himmelfahrtskommando mit Hartjenstein schrieb, hat er nicht gefragt, was wohl aus Hartjenstein wurde. Er hat einfach seine damaligen Erlebnisse geschildert. Die klingen so: »Am folgenden Tag wird Sturmbannführer Hartjenstein zum Divisionskommandeur zur Berichterstattung befohlen. Nach langer Zeit komme ich somit wieder einmal ins Kesselinnere, dorthin, wo Obergruppenführer Eicke seinen Befehlsstand hat. Das Zusammentreffen der beiden Offiziere und die Berichterstattung Sturmbannführers Hartjenstein über das mißglückte Unternehmen erfolgen im Freien vor dem Gefechtsstand. Obergruppenführer Eicke läßt ein Gewitter auf den vor ihm Stehenden niedergehen. Mehrmals dringt ein abwertendes ›Unfähig!‹ an meine Ohren. Über die Fähigkeiten meines Sturmbannführers zu urteilen, steht mir nicht zu, aber egal, wie – die zu überwindenden Lowat-Ufer wären deshalb nicht weniger steil geworden und weiter unüberwindlich geblieben. Sie waren eigentlich nichts anderes als ein verlängerter Kesselrand; daher auch die festgestellte geringe Truppenkonzentration der Sowjets in diesem Raum.« Und schließlich beschreibt Brunnegger, der noch jugendliche Fahrer Hartjensteins, ganz arglos die Folgen für seinen Chef: »Sturmbannführer Hartjenstein wird, wohl auch unter Berücksichtigung seines fortgeschrittenen Alters, aus dem Frontdienst entlassen und aus dem Kessel geflogen.« Hartjenstein war da gerade mal 36 Jahre alt.

Kassation. – Welche Ironie: Da hat er sich und seinen Helfern über Jahre in Kriegsgefangenschaft und Todeszelle selber vorgemacht, er sei das wahre Opfer, an ihm habe sich die SS-Führung schuldig gemacht. Am Ende hatte Fritz Hartjenstein seine Schuld an den Morden im KZ Natzweiler-Struthof gegen die eigene innere Überzeugung sogar anerkennen müssen, um in Freiheit sterben zu können. Er war am 20. Oktober als freier, als begnadigter, aber eben zuvor als schuldig verurteilter Mann gestorben, da wurde das Todesurteil gegen ihn wieder aufgehoben. Er war also tatsächlich gestorben als Unschuldiger. Am

3. Dezember 1954 schrieb die diplomatische Vertretung der Bundesrepublik in Paris an das Auswärtige Amt nach Bonn: Der Kassationsgerichtshof in Paris habe am 5. November, also keine drei Wochen nach Hartjensteins Tod, die in Metz verhängten Todesurteile aufgehoben und zur erneuten Verhandlung an ein Gericht nach Paris verwiesen. Der Grund der Aufhebung sei »die Zusammensetzung des Gerichts aus vier Generalen und zwei Obersten, die mit Rücksicht auf den Dienstgrad des verstorbenen Oberstleutnant Hartjenstein erfolgt war, obwohl weder im Eröffnungsbeschluss noch in der Anklageschrift seine Kriegsgefangeneneigenschaft anerkannt wurde. Nach Ansicht des Kassationsgerichtshofes hätte das Militärgericht so zusammengesetzt sein müssen, wie es für Angeklagte, die nicht Militärpersonen sind, vorgeschrieben ist«.

Damit befand also das höchste ordentliche Gericht Frankreichs: Ein hochrangig mit Generalen besetztes Militärgericht war für den Lagerkommandanten von Auschwitz und Natzweiler zu viel der Ehre. Er hätte verurteilt werden müssen wie ein ganz normaler Verbrecher.

Kurzbiografie Friedrich »Fritz« Hartjenstein

Friedrich, genannt Fritz, Hartjenstein,
geboren am 3. Juli 1905 in Peine,
gestorben am 20. Oktober 1954 in Paris.

Eltern: Friedrich (Schuhmachermeister) und Else, geb. Rehbock (Inhaberin eines Milchgeschäftes), zwei jüngere Brüder.

Bildung: acht Jahre Volksschule Peine plus zwei Jahre Realgymnasium. Landwirtschaftliche Ausbildung: vier Jahre als Knecht in verschiedenen Gütern im Raum Hannover und Sehnde. Ziel: Gutsverwaltung.

Reichswehr: Eintritt im Dezember 1926 auf zwölf Jahre.
Stationen waren die 16. Kompanie des Infanterie-Regiments 17 in Celle, die 2. Kompanie in Braunschweig sowie das Unteroffizierskommando in Celle. Ab Dezember 1935 das Kavallerie-Schützen-Regiment 4 in Iserlohn. Er wurde als Oberfeldwebel und Leutnant der Reserve aus der Reichswehr entlassen.

SS: Übertritt im Januar 1939 zu den Totenkopfverbänden (Standarte Brandenburg).
Ab Sommer 1939 Kompanieführer der Wachmannschaften im KZ Wewelsburg, später KZ Niederhagen/Wewelsburg.
September bis Oktober 1939 beteiligt mit SS-Totenkopfregiment Brandenburg am Polenfeldzug. Eine Beteiligung am Frankreich-Feldzug 1940 wurde von ihm verschiedentlich behauptet, ist jedoch nicht sicher belegt.
Ab 25. Oktober 1941 bis 31. August 1942 Kommandeur des I. Bataillons des SS-Totenkopf-Infanterie-Regiments 3. Beteiligt an der Kesselschlacht von Demjansk.

Vom 1. September 1942 bis 22. November 1943 Leiter des Wachsturmbanns im Konzentrationslager Auschwitz.
Ab 22. November 1943 Kommandant des Konzentrationslagers Auschwitz-Birkenau.
Ab 9. Mai 1944 Kommandant des Konzentrationslagers Natzweiler-Struthof im Elsass.

Ab 24. Februar 1945 Kommandeur der Panzertruppenschule Putlos in Schleswig-Holstein.
Ab 8. März bis 23. April 1945 Kommandeur der Panzertruppenschule Bergen.
Am Tag des Kriegsendes, 8. Mai 1945, bei Pilsen in amerikanische Kriegsgefangenschaft. Internierung in Landsberg am Lech, später in Wuppertal (britische Gefangenschaft) sowie in Rastatt und Metz (französische Gefangenschaft).

Er wurde am 1. Juni 1946 von einem britischen Militärgericht in Wuppertal zu lebenslanger Haft verurteilt. In einem zweiten Prozess verurteilten ihn die Briten am 5. Juni 1946 zur Todesstrafe.
Am 1. Februar 1947 wurde er in Rastatt von einem französischen Militärgericht erneut zum Tode verurteilt.
Am 2. Juli 1954 verurteilte ihn das französische Militärgericht in Metz zum dritten Mal zum Tode. Keines der Todesurteile wurde vollstreckt.

Hartjenstein wurde am 20. Oktober 1954 nach seiner Anerkennung aller gegen ihn verhängten Urteile vom französischen Staatspräsidenten begnadigt. Er starb vier Stunden später in einem Privatsanatorium in Paris als freier Mann an Blasenkrebs.

Literaturverzeichnis

Adressbuch der Stadt Gifhorn 1941.

Adressbücher der Stadt Peine 1935 und 1939.

Binner, Jens: Die Reichspogromnacht im November 1938 in Peine und der Prozess gegen den Mörder von Hans Marburger Peine, November 2017.

Broszat, Martin (Hrsg.): Kommandant in Auschwitz – Autobiografische Aufzeichnungen des Rudolf Höß, München: dtv 1994, ^{24}2013.

Brunnegger, Herbert: Saat in den Sturm, Graz: Ares, 2000.

Centre Européen du Résistant Déporté: Struthof, Leitfaden für Besucher, Natzweiler, 2011.

Czech, Danuta: Kalendarium der Ereignisse im Konzentrationslager Auschwitz-Birkenau 1939–1945, Reinbek bei Hamburg: Rowohlt, 1989.

GEW-Kreisverband Peine: Peine unterm Nationalsozialismus – antifaschistischer Stadtführer, Peine: Selbstdruck, undatiert.

Glauning, Christine: Entgrenzung und KZ-System – das Unternehmen »Wüste« und das Konzentrationslager in Bisingen 1944/45, Berlin: Metropol, 2006.

Gutschow, Niels: Ordnungswahn. Architekten planen im eingedeutschten Osten 1939–1945, Basel u. a.: Birkhäuser, 2001.

Gutschow, Niels/Durth, Werner: Träume in Trümmern. Stadtplanung 1940–1950, München: dtv, 1993.

Höß, Rudolf; Broad, Pery; Krem, Johann Paul: Auschwitz in den Augen der SS. Auschwitz: Verlag Interpress, 1992.

Huth, Arno: Das doppelte Ende des K. L. Natzweiler auf beiden Seiten des Rheins. Dokumentation, Neckarelz: Landeszentrale für politische Bildung Baden-Württemberg, 2013.

Josewski, Grete: Rad des Lebens, Diekholzen: Selbstverlag, 2009.

Klee, Ernst: Personenlexikon zum Dritten Reich. Frankfurt/M: S. Fischer, 2003.

Klee, Ernst: Auschwitz – Täter, Gehilfen, Opfer und was aus ihnen wurde. Ein Personenlexikon, Frankfurt: S. Fischer, 2013.

Kogon, Eugen: Der SS-Staat – Das System der deutschen Konzentrationslager. Frankfurt: Heyne Verlag 1988.

Kozlik, Francois: Der Berg des Grauens – Streiflichter aus dem Lager Struthof, hrgs. von Sedal Service de Diffusion, Straßburg, 1945.

Meyer, Alwin: Vergiss deinen Namen nicht – die Kinder von Auschwitz, Göttingen: Steidl, 2015.

Orth, Karin: Die Konzentrationslager-SS, München: dtv, 2004.

Schupack, Joseph: Tote Jahre. Eine jüdische Leidensgeschichte, Tübingen: Katzmann, 1984.

Segev, Tom: Die Soldaten des Bösen. Zur Geschichte der KZ-Kommandanten, Reinbek bei Hamburg: Rowohlt, 1992.

Smith, Arthur L. jr.: Die deutschen Kriegsgefangenen und Frankreich 1945–1949, in: Vierteljahrshefte für Zeitgeschichte, 32 (1), 1984, S. 103–121.

»So was Pery Broad«, in: Hefte von Auschwitz, Heft 9, Muzeum w Oswiecimiu, Krakau 1966, S. 3–6.

Steegmann, Robert: Das Konzentrationslager Natzweiler-Struthof und seine Außenkommandos an Rhein und Neckar 1941–1945, Straßburg: Metropol, 2010.

The United Nations War Crime Commission: Law Reports of Trials of War Criminals, Vol. V (Official Publications on the Trials of German Major War Criminals at Nuremberg), London, 1948.

Vrba, Rudolf: Die missachtete Warnung, Betrachtungen über den Auschwitz-Bericht von 1944, in: Vierteljahrshefte für Zeitgeschichte, 44 (1), 1996, S. 1–24.

Walter, Martin: Das Tribunal Général de la Zone Française in Rastatt, Rastatt 2014.

Walter, Martin: Die Nachlässe von Dr. Helga Stödter und Paul-Julien Doll im Kreisarchiv Rastatt – Neue Quellen zur Geschichte des Tribunal Général de la Zone Française in Rastatt, Ringvorlesung, Rastatt 2014.

Webb, Anthony M. (Hrsg.): War Crime Trials Vol. V: The Natzweiler Trial, London: Hodge, 1949.

Willems, Susanne: Auschwitz. Die Geschichte des Vernichtungslagers, Berlin: Edition Ost, 2015.

Würzburger, Ernst: Der letzte Landsberger. Amnestie, Integration und die Hysterie um die Kriegsverbrecher in der Adenauer-Ära, Holzminden: Verlag Jörg Mitzkat, 2015.

Ziegler, Jürgen: Mitten unter uns – Natzweiler-Struthof: Spuren eines Konzentrationslagers, Hamburg: VSV-Verlag, 1986.

Internetquellen

Wikipedia
www.forum.axishistory.com
www.redcap70.net
www.tenhumbergreinhard.de

Quellenverzeichnis

Arolsen Archives, International Center on Nazi Persecution, Bad Arolsen

Sammlungen 1.1.2.0,
Sammlung 1.1.29.0,
5.1-NS-Prozesse

Bundesarchiv Berlin

Bestandssignatur R 9361 – III/529154

Bundesarchiv Freiburg, Abteilung Militärarchiv

RW 59/2077
B/433/653

Bundesarchiv Koblenz

B 305 Zentrale Rechtsschutzstelle
Deutsche Kriegsverurteilte in Frankreich – Einzelfälle, Archivsignatur B 305/329
2 Gemeinsamer Beratender Gnadenausschuss, Gnadenverfahren vor dem Gemischten Beratenden Ausschuss – Einzelfälle, Archivsignatur B 305/1261
Einträge aus der Personensuche, Archivsignaturen
B 305/6394
B 305/6395
B 305/6396
B 305/14044
B 305/14046
B 305/14047
B 305/14048
All. Proz. 8 241
All. Proz. 147

Kreisarchiv Landratsamt Rastatt, Sammlung Rastatt Tribulan

Kreismuseum Wewelsburg, Archiv, Büren, Kreis Paderborn

Landeskirchliches Archiv Hannover

Bestand L 3 III Nr. 750

Niedersächsisches Landesarchiv, Abteilung Hannover
NDS. 171 Lüneburg Nr. 15125

Stadt- und Verbundarchiv Eberbach, Hist. Archiv Guttenbach
Nr. 315

Stadtarchiv Stadt Peine

Justiz-online, Landgericht Detmold, Auschwitzprozess
Pressemitteilungen vom 16. Februar bis 26. August 2016 sowie Urteil vom 17. Juni 2016